经信智声丛书

培育新质生产力
构筑战略新优势

上海市经济和信息化发展研究中心◎编著

上海人民出版社

序　言

习近平总书记强调，要牢牢把握高质量发展这个首要任务，推动技术革命性突破、生产要素创新性配置、产业深度转型升级，推动劳动者、劳动资料、劳动对象优化组合和更新跃升，催生新产业、新模式、新动能，发展以高技术、高效能、高质量为特征的生产力。对上海而言，发展新质生产力是实现高质量发展，加快建设"五个中心"的关键所在。十二届市委五次全会明确提出因地制宜培育发展新质生产力，持续壮大集成电路、生物医药、人工智能三大先导产业，围绕构建创新生态、产业生态和培育龙头企业、高增长企业，出台政策、部署任务。在此背景下，上海市经济和信息化发展研究中心推出"经信智声丛书"第六册《培育新质生产力　构筑战略新优势》。

全书重点围绕党的二十届三中全会提出的新产业、新模式、新动能进行篇目编排，共分为卷首综述、新产业、新模式和新动能，四个部分，收录了50篇文章。其中：

卷首综述部分，从宏观层面探讨了培育发展新质生产力对构筑上海战略竞争新优势的重要性，以及上海先行构建现代化产业体系的思考，剖析了新时期上海推进新型工业化的底层逻辑，强调了加快营造制造业高质量发展良好生态的必要性，并通过借鉴发达国家制造业发展战略为上海推进新型工业化提供了参考。

新产业部分，聚焦于新兴产业的发展。例如，探讨了如何打造人工智能大模型发展上海高地，以及加快布局上海人形双足机器人产业、推进上海脑机接口产业发展等前沿领域发展的具体措施与建议。此外，还涉及算力产业、放射性药物产业、低空经济产业、新型储能产业、氢能产业等多个新兴产业的发展布局和推进策略，为上海培育新产业、抢占新赛道提供了有益的思路和建议。

新模式部分，着重探讨了创新模式对于培育新质生产力的重要作用。包括对 OpenAI 发展模式、完善数据交易生态、优化数据跨境流动监管、加强数字安全体系建设的研究。此外，还探讨了公共数据授权运营试点、新能源汽车换电模式发展、绿色金融、"工业上楼"、国内外创新联合体建设等新模式的实践总结和思考，为上海产业生态培育、产业创新体系的建设提供启示和借鉴。

新动能部分，深入探讨了新动能的培育和发展。涵盖生成式人工智能发展、可信人工智能构建、空中互联网建设、生物制造创新应用、合成生物技术进展与应用前瞻等新兴技术的发展。此外，该章节还关注了汽车产业焕新提质、独角兽企业成长壮大和民营企业创新发展等重要议题，体现了对新动能培育的深入思考。

希望本书的出版为关注上海产业经济和信息化发展的各界人士提供一个观察的窗口，为大家带来有益的启示和帮助。由于水平有限，书中内容难免有不当之处，请各位读者不吝赐教。

经信智声丛书编辑委员会

目录

第二编　｜　新模式

第三编　│　新动能

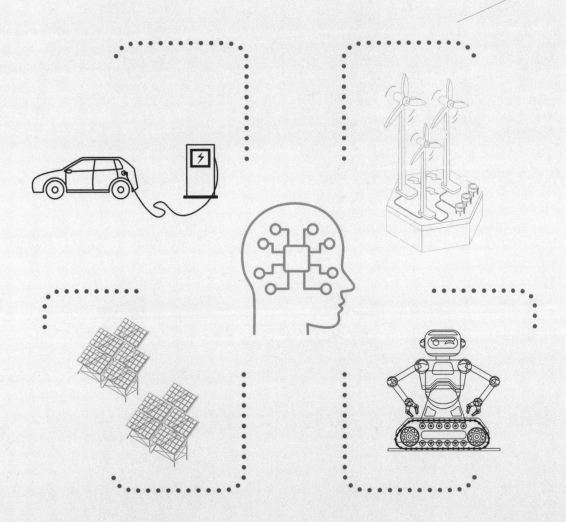

培育发展新质生产力，构筑上海战略竞争新优势

2023 年 9 月，习近平总书记在黑龙江考察时指出："积极培育新能源、新材料、先进制造、电子信息等战略性新兴产业，积极培育未来产业，加快形成新质生产力，增强发展新动能。"新质生产力是生产力的一次整体跃升，是以科技创新力量开辟出新领域、新赛道，创造出新价值、新体系，形成以战略性新兴产业和未来产业为代表的各种新动能新优势，最终体现为高质量发展，以及生产力可能性边界的扩大、生产力能级的大幅跃升。对上海而言，面对新一轮科技革命和产业变革的加速演进，应大力推进新型工业化，围绕"（2+2）+（3+6）+（4+5）"，加快传统产业转型升级、新兴产业发展壮大和未来产业前瞻布局。

一、新质生产力是对现有生产力的一次整体跃升

（一）新质生产力的内涵外延

"新质"指的是新的质态，"新质生产力"是新质态的生产力。从资源要素来看，新

质生产力是以高效能、高质量为基本要求，不再依靠大量资源投入、高度消耗资源能源；从驱动力来看，相对传统生产力而言，新质生产力是一种新型生产力，技术含量高，强调把创新和创造力驱动作为关键要素，并以科技创新推动产业创新；从产业形态来看，具有创新活跃、技术密集、发展前景广阔等特点的新兴产业和未来产业（两者共同之处在于，都是从时间维度和重要性的角度来划分的产业，由重大技术突破或重要社会需求带动产生的新兴产业；不同之处在于，未来产业的技术突破更为前沿，产业发展更处于早期萌芽阶段，产业成长的不确定性更大）将成为生成和发展新质生产力的主阵地；从生产方式来看，新质生产力以新技术、新经济、新场景应用为主要特征，突出大数据、互联网、云计算、区块链及人工智能等赋能，凸显新的生产要素的组合；从增长特征来看，新质生产力是以高端化、智能化、绿色化、融合化为基本特征，并以高质量发展推动高品质生活。

（二）加快形成新质生产力的核心要义是"以创新促质效"

新质生产力对应的是新的生产方式、新的科学技术和新的产业形态。基础是"新"，以科技创新为引擎，以创新和创造力驱动新经济变革；突破点在"质"，以新产业为主导，以新经济引领高质量发展；落脚点在"生产力"，以产业升级为方向，以提升核心竞争力为目标；产业是经济之本，是生产力变革的具体表现形式，其根本表现就是对产业体系进行系统性重塑。因此，通过围绕构建现代化产业体系，筑牢实体经济之基，强化创新驱动之本，激发经营主体之力，加快形成更多新质生产力，可以点燃高质量发展新引擎，其关键在于培育形成新兴产业和未来产业。

1. "新"的关键在于创新驱动

新质生产力中的新，关键在于创新驱动，而创新驱动则包括：作为根本驱动力量的科技创新、作为创新承载形态的新兴产业和未来产业，以及作为生产力组织模式的新模式业态等多个方面，总括而形成适应新时代要求的新质态的生产力形态，而且它区别于在原有技术基础上实现的一般效率升级，而更加突出地表现为新生产力的跃现、生产可能性边界的扩张，并同时带动新生产关系的构建。其中：

科技创新涵盖新一代信息技术、先进制造技术、新材料技术、新能源技术、生物技术等领域的突破和新技术体系的形成，注重创新驱动和知识产权保护，鼓励经营主体加大研发投入和成果转化力度。

新兴产业和未来产业涵盖代表了未来生产力的发展方向和趋势的新能源、新材料、先进制造、电子信息等战略性新兴产业，及未来健康、未来智能、未来能源、未来空间、未来材料等未来产业。

新模式业态涵盖新的要素投入方式、资源配置方式、要素效率提升方式以及经济发展方式等，并融合人工智能、大数据等数字技术，更强调内在的发展质量，追求高效、高质、高能的发展模式。

2. "质"的锚点在于高质量发展

体现在创新切实转化为现实生产力，基础研究面向应用转化而最终创造出新产品，还体现在可持续、高质量、高效率、高适配的特性。这些特性使得新质生产力能够适应时代发展的要求，为经济发展和社会进步注入新的力量。其中：

可持续注重绿色低碳，通过加强生态环境保护，追求经济效益、社会效益和生态效益的统一，促进高持续性发展。

高质量通过科技创新和产业升级相互促进，不断提升生产效率和产品质量，追求卓越品质和高附加值。

高效率注重资源的节约和利用，通过先进的技术手段和智能化设备提高生产效率，减少浪费和成本。

高适配注重产业升级和转型升级，不断优化产业结构，提升产业链和供应链的协同效应。

二、上海加快形成新质生产力面临的挑战

从人工智能、工业互联网到大数据，无一不是由新技术带来新产业，进而形成的新生产力，成为全球经济增长新引擎。国际科技竞争白热化的今天，中国由"跟跑者"变为"同行者"，甚至是"领跑者"，需要一个相当长的过程。即加快新兴产业、未来产业从基础研究到技术体系，再到产业化的创新发展进程。新兴产业、未来产业和新质生产力相互关联，构建一个完整的逻辑链条，目标是形成一批颠覆性技术和重大原创成果、培育一批行业领军企业，进而形成若干全球占先的新兴未来产业集群。

当前，上海正加快构建"（2+2）+（3+6）+（4+5）"现代化产业体系。新兴产业规模持续增长。2022年，上海三大先导产业总规模超1.4万亿元（人民币，下同）。战略性新兴产业增加值由2015年的3746亿元增长至2022年的10641.19亿元，占全市生产

总值比重从 15% 提高到 23.8%。其中 2022 年新能源、高端装备、生物、新一代信息技术、新材料、新能源汽车、节能环保、数字创意等工业战略性新兴产业完成规模以上工业总产值 17406.86 亿元，比上年增长 5.8%，占全市规模以上工业总产值比重达到 43%。而 2023 年上半年，上海工业战略性新兴产业总产值 8385.47 亿元，同比增长 14.6%，新能源汽车、新能源和高端装备产值，分别增长 69.8%、57.8% 和 33.1%。全社会研发经费投入逐年递增，占全市生产总值的比重由 2015 年的 3.7% 提高到 2022 年的 4.44%。5G、人工智能、云计算、大数据等新一代信息技术产业快速发展，持续赋能实体经济。浦东（张江）、闵行、徐汇、杨浦、嘉定、松江、临港新片区等重点区域初步形成特色鲜明、创新活跃的新兴产业集聚区。

（一）新旧产业和发展动能转换正处在接续关键期

上海规上工业总产值已突破 4 万亿元，对旧动能的依赖性仍较大，新动能的推动力仍不足（战略性新兴产业总产值占规上工业总产值比重提高到 43%，三大先导产业总规模超 1.4 万亿元，新能源汽车、高端装备等产业长期保持两位数增长，但体量还不够大、比重还不够高）。上海工业占 GDP 比重持续下滑，制造业比重下降较快。上海工业增加值占 GDP 比重十年间从 35.2% 下降到 24.2%，年均下滑 1 个百分点（与上海相比，苏州十年间从 51.8% 下降到 44.2%，年均下降 0.7 个百分点；深圳从 41.9% 下降到 35.1%，年均下降 0.6 个百分点；北京从 16.2% 下降到 12.1%，年均下降 0.4 个百分点）。

（二）科技和产业自主创新能力还不够强

2022 年上海的研发强度明显低于北京的 6.83% 和深圳的 5.49%。从市场主体方面看，三大先导产业相关环节研发经费投入强度优势不明显〔与国内重点城市相比，集成电路设计 24.1% 低于北京（44.5%）、集成电路制造 12.6% 低于合肥（16.9%）、生物药品制品制造 7.9% 低于苏州（44.5%）、制药装备及原材料 4.5% 低于深圳（15.7%）、生物医药服务环节 17.6% 低于苏州（36.4%）〕，缺乏有竞争力的领军企业、新兴领域的龙头企业还不够多、独角兽企业仍需加大培育力度〔2022 年世界 500 强的 12 家上海企业中 10 家是央企国企，近年来入围制造业企业数量未有新增，在互联网、半导体、计算机软件和信息技术服务等领域入围企业仍是空白；第五批国家级专精特新"小巨人"公示名单中上海新增企业 206 家，新增数量低于深圳（310 家）、北京（243 家）、苏州（230

家）；中国入选"2023 年全球百强创新企业 / 机构"的 4 家企业均不出自上海〕。从市场要素方面看，人才竞争加剧，各层次产业人才供给能力不足对新兴产业发展的制约愈发明显（无论是在顶尖管理人才、高端科技人才、中端技术人才还是车间蓝领工人方面，上海都不同程度存在招人难问题），由于承载能力约束，目前上海市大科学设施对企业用户使用大致设定了 10% 的比例。从市场机制方面看，全社会鼓励创新、宽容失败的环境氛围仍需优化。基础研究或创新转化为技术、产品、现实生产力的链条还不够顺畅，科研成果转化率不高（《2022 年中国专利调查报告》显示，国内高校发明专利实施率为16.9%，其中产业化率仅为 3.9%，另外一项针对上海 12 家三级医院的统计显示：2016年至 2022 年间的 1599 项授权专利，成果转化率仅 4.3%，61.9% 的成果转化金额小于100 万元）。

（三）增强产业链供应链韧性和竞争力面临更高要求

上海在集成电路、生物医药、人工智能等三大先导产业，仍面临外国技术垄断或与世界先进技术水平有代差（据天风证券研究报告显示，国内车规级芯片在汽车计算、控制类芯片的自主率不到 1%，传感器为 4%，功率半导体为 8%，存储器为 8%，车规级 MCU 国产化率约为 5%；大多数高校药学院均规定科研人员在一定的期限内如果没有做出一定的成果，"非升即走"，也会间接导致国内生物医药原始创新较少；国内 AI大模型基础能力研发不足，部分行业数据搜集整理难度大）。目前，上海在关键零部件和核心零部件方面对发达国家的依赖度仍不低〔High NA EUV 光刻机、全环栅晶体管（GAA），以及晶体管背部供电技术等短期难以突破，部分企业关键核心零部件依赖进口〕。EDA 行业杠杆效应极大（依托 100 多亿美元的规模，支撑起全球超过 4000 亿美元的半导体市场），国内工业软件等方面仍然落后于发达国家（目前全球 EDA 软件的供应商主要是三巨头 Synopsys、Cadence 和 Mentor Graphic，占全球市场份额近 70%，占国内市场份额近 90%）。

三、国内外加快发展新兴产业、未来产业的经验借鉴

新一轮科技革命和产业变革正在重构全球创新版图、重塑全球经济结构，世界各国纷纷加速布局未来产业，加大创新投入，抢抓发展先机。据 ICV 发布全球未来产业发展指数报告（GFII 2022）数据显示，美国综合评分排名最高，最具影响力的"未来产业"

企业排名中，美国企业占比 43%；"未来产业"城市（集群）排名中，美国城市上榜率达到 27.5%。中国综合评分排名第二，中国城市占最具影响力的"未来产业"企业排名的 17.5%；"未来产业"城市（集群）排名中，中国城市上榜率为 16.7%。中国的"未来之城"上榜了 4 家：北京、粤港澳大湾区、上海、合肥和苏锡常，美国有 7 家，中国紧跟美国，位居全球第二。

（一）欧美、日韩等国家

从战略规划层面看，美国、欧盟、日本、韩国、以色列等全球主要国家和地区对未来产业的发展方向、重要性、发展路径判断都较为一致，而产业路径上都采取产业链视角"补短板"和创新链视角"建长板"相结合的模式。相关国家均紧密围绕自身优势及发展目标、高度重视未来产业发展机制创新，在新工业革命初期将各自国家科技战略的重心向基础研发强势回归。如美国以新兴技术群突破推动未来产业发展，日本以"社会 5.0"愿景牵引未来产业发展，英国以应对未来挑战为导向发展未来产业，法国以未来投资计划牵引未来产业发展，德国期冀加强未来产业投资，韩国以制造业为基础发展未来产业，俄罗斯以 PPP 模式发展未来产业等。

从欧美、日韩等国未来产业的领域分布来看，未来产业主要集中在数字智能、人工智能、量子信息、未来网络、绿色低碳、生命健康等方面，并已衍生出八个发展方向：一是数字经济及其细分产业和深化领域，如人工智能、物联网、区块链、数字货币、NFT、无人驾驶等；二是新一代通信技术和下一代互联网，包括量子信息、5G/6G、云计算 + 、Web3.0 等；三是打通物理世界与虚拟世界的技术、设备、产品及商业模式，典型领域有元宇宙、VR/AR/MR/XR、穿戴设备、视觉触觉听觉融合产品等；四是智能制造与协同制造及设备，涵盖机器人及自动化、数字孪生、增材制造（3D/4D）、未来工厂等；五是清洁高效可持续的下一代可再生能源，绿色低碳、气候友好的技术和产业，以及氢能等新能源、高效储能技术设备、新能源汽车、减碳去碳无碳工艺技术产品设备等；六是高端硬件和先进材料，辐射支撑未来产业所需的关键材料、硬件及集成系统；七是生命科学与大健康，包含合成生物、脑科学、基因精编、再生医学、新型药物疫苗器械、智慧康养等宽口径的生物科学及药物医疗、健康养老领域；八是航空航天及太空、宇宙、海洋、极地可产业化的开发方向。

（二）国内重点城市

目前国内各地都开始逐步构建更加适应新兴产业、未来产业发展的体制机制和政策体系，深圳、北京、上海等部分重点城市在分项规划中将未来产业更加细化。

2022 年 6 月，深圳发布《深圳市培育发展未来产业行动计划（2022—2025 年）》，充分考虑城市自身的创新资源和产业优势，明确了深圳未来将要重点发力的八大产业。具体来看，合成生物、区块链、细胞与基因、空天技术等 4 个未来产业处于扩张期，已初具规模，5 至 10 年内有望实现倍数级增长；脑科学与类脑智能、深地深海、可见光通信与光计算、量子信息等 4 个未来产业，则处于孕育期，规模较小，10 至 15 年内有望成为战略性新兴产业中坚力量。

2023 年 9 月，北京发布《北京市促进未来产业创新发展实施方案》，锁定的未来产业中有近半数都来自信息和健康领域。面向未来信息通信和先进计算需求，北京将在海淀、朝阳、石景山、通州、经开区等区域，重点发展通用人工智能、第六代移动通信（6G）、元宇宙、量子信息、光电子等细分产业。面向未来生命健康和医疗需求，北京将在海淀、石景山、通州、昌平、大兴、平谷、密云、经开区等区域，重点发展基因技术、细胞治疗与再生医学、脑科学与脑机接口、合成生物等细分产业。其中，在市民关心的基因技术方面，将支持先进基因诊疗技术和药品在患病风险筛查、预防以及靶向治疗等领域开展临床试验和应用推广。

四、加快形成新质生产力，构筑上海新战略竞争优势的对策建议

上海加快形成新质生产力的打造要从多个维度入手，需要政府部门、市场主体企业和社会各方面的共同努力。通过提升"从 0 到 1"的自主创新能力、推动产业链创新链深度融合、优化"（2+2）+（3+6）+（4+5）"产业体系结构、完善全生产要素配置、构建新型生产关系等方面的综合施策。

（一）提升"从 0 到 1"的自主创新能力，筑牢上海新兴产业和未来产业的基础

加快以创新萌生新生产力，开拓新边界，筑牢上海新兴产业和未来产业发展基础。依托长三角、在沪高校、科研机构加大基础研究力度，紧扣国家和经济社会发展需求开

展研发和攻关，聚集优势队伍，聚焦国家重大战略需求，加强需求导向的基础研究。加强前沿技术多路径探索、交叉融合和颠覆性技术供给。鼓励多元化主体参与新兴产业和未来产业研究，在科教资源优势突出、产业基础雄厚的区域，如浦东新区、徐汇区、杨浦区、嘉定区等，支持高校、科研院所设立新兴产业和未来产业相关实验室、研究院、技术学院等。

鼓励上海新兴产业和未来产业基础研究国际合作，推动国内外新兴产业技术合作研究。推动相关企业加强与国际科研机构和高校合作，扩大国际影响力。争取国家部委支持，构筑国际基础研究合作平台，整合全球智力资源，设立面向全球的科学研究基金，围绕气候变化、能源安全、生物安全、外层空间利用等全球问题，拓展和深化中外联合科研，共同推动基础研究的发展进步。以更加开放的思维和举措扩大基础研究等国际交流合作，努力增进国际科技界开放、信任、合作，营造具有全球竞争力的开放创新生态，并有效维护上海高端产业科技安全利益。

（二）推动产业链创新链深度融合，强化"链"式思维

围绕创新链布局产业链，通过"基础研究＋技术攻关＋成果产业化"的路径，建立融"应用研究—技术开发—产业化应用—企业孵化"于一体的科技创新链条。构建创新链和产业链链接平台，支持在沪新型研发机构以"赛马制""揭榜制"等方式，直接将技术和需求对接，实现技术供给和技术需求匹配，实现创新资源的互动互通，最终实现创新链和产业链融合发展。

完善风险共担、利益共享机制和全链条加速机制，探索产业数字化和数字产业化共性支撑平台，构建市场化的共性技术协同攻关体系，重视前端基础研究与基础共性技术、中端关键共性技术与瓶颈技术、后端一般共性技术与工程技术的分析以及未来技术的预测，处理好产业化、转移转化、中试孵化、应用研究、基础研究之间的关系，面向产业技术、抢占科技前沿，实现产业链创新链前中后端的贯通，促进产业链上下游合作，推动创新形成新产品，形成新生产力，推动新兴产业、未来产业发展壮大。

（三）优化"（2+2）＋（3+6）＋（4+5）"产业体系结构，提升不同所有制企业竞争力

围绕上海"（2+2）＋（3+6）＋（4+5）"相关领域创新全过程，增强产业发展的接

续性和竞争力，深度融合数字化转型和绿色化转型，强化对钢铁、化工、汽车等分类指导、分业推进，推动相关企业设备更新和技术升级，降低用工、能耗，促进产品、企业、产业全面升级，加大产业技术改造力度，运用新技术、新工艺、新设备，不断提升产品附加值。

在新兴产业和未来产业核心技术创新能力方面，推进"补短板"，针对"卡脖子"的高端芯片、高端装备、高端功能材料等关键产品，充分发挥企业在科技创新和产业创新中的主体作用，鼓励相关企业加大创新投入力度，集中攻关实现突破；强化"促长板"，加强对下一代移动通信、人工智能、新能源、空天地海等的创新体系建设；持续"强基础"，对新材料、量子通信、通用大模型等重点领域与重点技术长期持续投入，依托不同所有制企业作为科技成果转化核心载体，积极打造一批"未来工厂"。

（四）完善全生产要素配置，推动创新转化成现实生产力

依托上海市 53 个特色产业园区，聚焦园区主导产业，大力引进和培育产业链"链主"企业，引导产业链上下游企业集聚，打造产业链创新链融合的重要"中心"。加强政府部门、企业、科研院所、金融机构之间的合作，鼓励金融机构围绕科技企业各层次需求，推出符合未来产业发展的立体化金融产品体系，涵盖特色信贷产品、政策咨询服务和产业链撮合、研究团队和高管服务等多种类型的服务，并有序推进知识产权质押融资，将知识产权作为质押物引入新兴产业和未来产业相关企业授信方案。

加强上海新兴产业和未来产业基础研究和人才培养，推动高新技术研发和知识产权保护，提高自主创新能力。在未来产业细分领域，培养使用战略科学家，支持青年科技人才挑大梁、担重任，不断壮大科技领军人才队伍和一流创新团队。同时，鼓励相关企业加强员工培训和管理，提高员工素质和技能水平。厚植人才成长沃土，重视科学精神、创新能力、批判性思维的培养培育，加强全领域、全周期的高水平创新型人才自主培养，激发各类人才创新活力和创造潜力，做到人尽其才、才尽其用。

（五）构建新型生产关系，促进资源共享和优势互补

联动有关部门，加强对上海新兴产业、未来产业细分领域实施指导，推进一批政策试点、设施试点、应用试点、专项工程等优先在张江、临港、大零号湾等区域落地。

多管齐下构建发展新质生产力的政策体系，涵盖财政支持、税收优惠、金融扶持

等，完善产权保护、市场准入、公平竞争、社会信用等制度创新，基于夯实基层基础、优化整合资源、增强服务能力、完善评估机制等维度，通过科创能级提升打造新质生产力的创新内核，通过现代产业体系建设推动新质生产力的成果转化，有效促进上海新质生产力的快速发展。

（王建）

上海先行构建现代化产业体系的思考

　　建设现代化产业体系是党中央从全面建设社会主义现代化国家的高度作出的重大战略部署。先行探索现代化产业体系的架构和路径，是上海在新征程上继续当好改革开放排头兵、创新发展先行者的关键所在。浙江省工业和信息化研究院先期开展相关研究，并获得浙江省委省政府主要领导批示。我们结合浙江院等长三角产业和信息化发展研究联盟的相关成果，对比分析上海与国内兄弟城市的产业现代化发展情况（具体比较见附件一），从产业体系现代化的内涵出发，提出上海先行构建现代化产业体系相关建议。

一、先行构建现代化产业体系的重要内涵和特征要求

　　建设现代化产业体系，事关我们能否引领世界科技变革和产业变革潮流、赢得国际竞争和区域竞合的主动，事关我们能否当好中国式现代化建设的排头兵、先行者，顺利实现"社会主义现代化大都市"的发展目标。习近平总书记多次深入阐述现代化产业体系的概念、特征、内涵与外延。其重要内涵和特征之一，集中体现为实体经济、科技创

新、现代金融、人力资源、数字资源等协同发展。

基于以上概念认识，结合国家战略部署要求，以及上海发展基础优势，上海先行构建现代化产业体系的核心内涵与主要特征，应在产业结构、科技创新、产业生态、企业主体、产业治理五个方面现代化上先行一步，充分发挥改革开放排头兵、创新发展先行者的作用，先行探索构建现代化产业体系的路径和规律，加快形成引领性典范，为我国现代化建设贡献更多上海经验。

一要在产业结构现代化上先行一步，核心内涵是巩固壮大实体经济根基、促进国际价值链的高端化，主要特征是培育形成"现代化先行"的新体系、新支柱。实体经济是产业体系现代化先行的根基，是一国经济的立身之本、财富创造的根本源泉、国家强盛的重要支柱。要着眼于形成新发展格局，先行培育建设多元发展、多极支撑、面向国际、竞争国际，最终领先国际的现代化产业新体系，战略性新兴产业、先进制造业实现战略先行，数字经济、现代化服务业提供战略支撑；先行培育壮大产业体系基础支撑和新兴动能，深入推进产业基础高级化、关键产业链的安全化、战略性新兴产业的集群化，在未来产业领域形成具有一批引领性、支撑力的增长点。持续推动产业结构升级，实现产业从基础到链条、到体系的全局贯通掌控和竞争力提升，更好代表国家参与国际合作与竞争。

二要在科技创新现代化上先行一步，核心内涵是实现高水平科技自强自立、引领新一轮科技变革与产业变革，主要特征是基础能力与应用能级绞合互促的科技创新全体系化能力凸显并实现引领，科技投入产出效益、生产力创造能级不断提高，科技创新在实体经济发展中的贡献份额不断提高。充分认识科技创新是上海现代化建设的关键，是提高劳动生产率和核心竞争力的关键，也是当好排头兵和先行者的关键。充分激发科技创新是引领实体经济发展的第一动力、建设现代化产业体系的战略支撑，产业体系现代化先行的关键引擎作用。牢牢把握创新能力这一国际竞争力的核心要素，着眼国家战略需求、产业创新需求、未来前沿竞争需求、生产力创造需求，强化战略科技力量建设和布局，大幅提升创新体系全局化、整体性、实绩性效能，在科技前沿实现突破带动、重要领域实现跨越发展、基础及关键核心技术实现自主可控，推动科技创新更快更好地转化为现实生产力，形成更多"核爆点"，并返向促动更前沿更深远的创新策源。

三要在产业生态现代化上先行一步，核心内涵是服务实体经济高质量发展、可持续演进，主要特征是各类资源要素推动产业发展的内在逻辑深刻转变，资源要素配置机制更加优化，推动经济发展更高水平地扩能增效。现代金融、人力资源是影响实体经济发展的重要因素，数据是新型生产要素，三者共同构成现代化产业体系的产业生态。要转变过度依赖投资拉动和要素资源投入驱动的原有扩张模式，加快迈向创新驱动、数字赋能、绿色低碳、开放协同的可持续发展方式。着力打造富有活力的产业生态，提供完善的公共服务平台，不断增强现代金融服务实体经济的能力，优化人力资源支撑实体经济发展的作用，推动数据要素成为生产力进步和生产方式变革的重要驱动力，从而推动要素实现最优配置效率，大幅提升要素释放生产力、带动生产力的能级。

四要在企业主体现代化上先行一步，核心内涵是强化企业面向未来、面向市场的创造创新竞争能力，主要特征是企业整体竞争力强、大中小协同发展，形成一批可策源创新、可引领变革、可创升动能的领先企业，形成企业群体互促共荣的良好生态。要善于抓最具"先行"特色优势的产业、最具活力的企业，聚焦"先行"产业培育优质企业、以优质企业带动产业体系现代化先行。聚焦"（2+2）+（3+6）+（4+5）"产业体系架构，围绕"3+6"新型产业体系、四个"新赛道"和五个未来产业集群重点发力，进一步壮大具有国际竞争力的大型企业群体，加快聚集具有产业链控制力的生态主导型企业，持续培育具有核心竞争力的创新型企业，突破带动上下游要素聚集，支持中小企业发展，通过大企业开放供应链产业链带动孵化中小企业，构建大中小企业相互依存、相互促进的企业生态。

五要在产业治理现代化上先行一步，核心内涵是引领科学高效的产业治理现代化范式，主要特征是契合产业数字化、绿色化等发展趋势，构建要素配置效率高、制度环境优、营商环境好的综合治理体系。推动产业数字化和绿色化的协同发展，强化绿色科技和治理模式创新，实现生产效率和能源效能的双提升。释放行业领域数据价值，加速数据、技术、平台、算法等资源要素统筹协同，向经济重点领域集聚。降低全链条能源消耗，推进产业链供应链资源节约集约利用，以碳足迹清单数据库建设推动产业链上下游科学减排。提高全过程生产效率，动态优化普惠性产业政策和精准性产业政策，全面支持生产力跃升。推行体系化服务企业模式，持续营造市场化、法治化、国际化的一流营商环境。

二、上海与部分城市推动现代化体系建设实践的比较分析

北京、深圳、苏州、杭州等城市积极探索现代化产业体系构建，在产业结构、科技创新、产业生态、企业主体、产业治理等五个方面情况如下（具体见附件一）。

一是产业结构方面，2015—2021 年期间，上海实体经济规模在五个城市中始终维持首位，但北京、深圳两城同期实体经济相对增速高于上海。上海战略性新兴产业增加值

年均增速高于北京、深圳，但占 GDP 的比重低于北深两城。上海数字经济核心产业规模低于其他四个城市。

二是科技创新方面，上海的创新资源投入强度高、经济效应明显，上海的专利平均价值较高，其中每项专利授权的技术合同成交额年均增速远高于其他四个城市，反映出上海科技创新的潜在经济价值较大。但研发经费支出占 GDP 的比重低于北京、深圳，显示出企业主体的科技创新力度偏弱。在创新成果产业化转化方面，仍需强化以产业化为导向的全过程创新能力提升。

三是产业生态方面，上海与北京、深圳历年信贷余额流向实体经济的比例相当，未来需要进一步提升金融服务实体经济质效水平。对人才就业、落户的吸引力方面，以上海城镇单位就业人员平均工资 / 商品房销售均价的指标来看，低于苏州、杭州等新兴城市，但与北京深圳相比具有一定优势。

四是企业主体方面，北京作为首都对总部企业具有较强的吸引力，世界 500 强和上市公司总部数量始终位居第一。2021 年上海市境内上市公司数量共计 390 家，稍低于同年北京 424 家。世界 500 强企业数为 12 家。苏州上市公司企业数量年均增长速度以 18.71% 远高于北京、上海和深圳。

五是产业治理方面，上海单位能耗 GDP 降速从 2016 年的第 5（3.7%）上升至 2021 年的第 4（2.6%），绝对值和城市排名波动较大。单位污水处理量对 GDP 贡献从 2016 年的 0.13 亿元 / 万立方米上升至 2021 年的 0.19 亿元 / 万立方米，增长幅度位列兄弟城市第二位，污水治理成效突出。

三、上海加速构建现代化产业体系的对策举措

构建现代化产业体系是一段充满生机活力的阶梯式递进、渐进式发展、攻坚式跃迁的过程。建议在已有产业体系基础上，明确重点围绕发展实体经济的战略定力，聚焦战略性新兴产业、未来产业、产业链价值链关键环节、先进制造业、有效创新投入等 12 个关键方面实施突破性举措，加速取得若干标志性成果。

（一）着力优化实体经济基石、战略性新兴产业先导力量、创新经济活跃力量 3 大方面的体系结构

一是强化实体经济作为国际经济中心主体支撑的基石作用。做实做优做强制造业，

强有力地带动实体经济规模体量持续增长、能级水平加快跃升、基础支撑强健雄厚，成为上海国际经济中心建设、城市首位度竞争的坚强基石，国家参与全球竞争的坚实力量。打造高端装备、航空航天、汽车制造等具有强大带动力、规模支撑力的优势产业集群；加速工业经济转型升级，健全现代化产业体系。提升产业基础能力和产业链现代化水平，锻造产业链供应链长板、增强产品和服务质量标准供给能力，加速率先构建系统完备的产业链供应链体系。二是增强战略性新兴产业作为产业发展的先导支撑。以未来产业谋划未来发展先锋力量，以数字经济、绿色低碳、元宇宙、智能终端等新赛道领域构筑竞争优势跃变力量，围绕集成电路、生物医药、人工智能的创新突破与自主可控形成重要战略支撑力量；代表国家率先形成引领性领跑性的战略新兴产业力量。三是进一步激发创新经济作为未来产业发展的动力引领。以改革开放排头兵的姿态和创新发展先行者的要求，率先形成在全球具有竞争力的创新经济力量，进一步强化技术和产业创新能级、深化制度改革和创新，重塑革新社会生产力跃升路径，提高全要素生产力，形成高质量发展的动力源泉。

（二）持续加大科技创新在提升有效创新投入和增强创新成果产业化 2 方面的力度

一是对标国际创新中心的发展目标进一步提升创新投入的总体强度。面向产业基础、产业化应用，先导性地布局创新力量，依托上海丰富的高校、研究单位、企事业单位等科技创新资源，对标国际领先的创新城市，围绕战略性科技前沿领域、战略性新兴产业、产业链核心技术等领域，追赶提升科技经费投入强度至 4.5% 以上，甚至形成重要标杆。二是推动创新成果与产业化进程加速对接，强化创新成果的产业化成效。深入推进创新体制改革，优化产学研转化路径。强化企业创新主体地位，加快构建顺畅高效的转移转化体系，支持高研发链主加大基础研究和前沿技术攻关投入，先行探索社会主义市场经济条件下关键核心技术攻关新型举国体制的上海路径，推进高技术战略链主项目、基地、人才、资金一体化高效配置，促进研发创新活动切实形成产业化力量。

（三）全面增强金融、人才、数据要素 3 方面对产业发展的支撑

一是优化金融服务实体经济，增强金融对实体经济全链条全流程融入支持力度。结合上海建设国际金融中心的优势，引导各类金融资源向实体经济领域倾斜，强化对上海

主导产业、先导产业、未来产业的全链条全流程支持。推动金融链与创新链、产业链互促共荣，构建以金融促投资、育项目、强创新、创动能的高效联动机制，推动各类金融产品创新实践，精准服务实体经济。二是创设以创新链、产业链攻坚需求为重要导向的一流的人才发展生态，提升对一流人才的凝聚力。以体系化、生态化的系统思维，产业链、创新链攻坚发展的需求导向，进行总体统筹优化各类人才政策，持续推动"海聚英才""浦江人才"等人才发展项目，形成国家最重要的高端人才汇聚中心。加强对不同类型高端人才的奖励激励，提高对高端科研人才、杰出工程师、突出技能型人才的激励力度，实现面向高质量发展需求的资金链、人才链、产业链、创新链的融通与对接。三是营造超大城市场景应用生态，驱动数据要素生产力的全面释放。充分发挥数据要素在生产过程中的"倍增器"作用，提高全社会资源配置效率，推动生产质量变革和生产效率变革。依托上海超大城市丰富的应用场景，加速推动数据全链赋能元宇宙、区块链等融合创新应用，全面释放数据要素"红利"，提供经济社会新的增长源泉。

（四）努力引培世界一流企业和成长型企业 2 类企业

一是加大力度扶持一流企业。围绕产业链，"招大引强"主导产业，在提升招引能级、优化营商环境、完善企业服务等方面增强对优质企业的吸引、培育和扶持。加快布局新动能、新赛道，培育更多上海自己的链主型企业、龙头企业。二是持续招引培育一批成长型企业。瞄准具有潜力的发展领域，培育对产业链发展起到关键根节作用的专精特新中小企业，培育一批对产业链未来跃升竞跑发挥引领作用的瞪羚企业、独角兽企业等。

（五）促进在产业智能化转型和绿色化转型 2 方面加大力度

一是大力发展绿色低碳产业。加大在储能技术、绿色氢能、煤制材料技术、核聚变、光伏一体化、碳捕集利用和封存等领域的系统攻关力度，加快创新技术成果转化及应用推广，形成面向未来的绿色低碳产业竞争力。加快构建上海碳足迹标识认证体系，完善绿色制造和绿色工业产品标准体系的构建。布局一批潜力绿色产业园区，加快青浦氢能经济生态园、临港再制造产业园等重点载体建设。二是促进传统产业绿色化、智能化转型升级。加强数字技术与绿色低碳产业持续融合，推动构建实时分析、科学决策、状态感知、精确执行的能源管控体系，加速生产方式绿色化、智能化转型。优先考虑在钢铁、化工等重点行业开展绿色转型升级认证，积极发挥质量认证在产业绿色治理中的作用。鼓励龙头企业运用智能控制技术加强温室气体排放核查，同时为下游产品提供碳足迹清单数据，带动产业链上下游科学减排。鼓励各类企业参与制定行业低碳、零碳的实施与评价标准，鼓励企业参与自愿减排交易、碳普惠等。对标国际主流信息披露框架，加快建立重点行业强制性碳披露制度。

（顾晨 等）

附件一：上海与部分城市推动现代化产业体系建设实践的比较分析

对标北京、深圳、苏州、杭州等城市，将有助于上海在构建现代化产业体系过程中找准发力点、聚焦重点、科学设定发展目标、精准施策，打造社会主义现代化先行城市。我们从产业结构、科技创新、产业生态、企业主体、产业治理五个方面，开展比较分析，以期明确上海构建现代化产业体系的关键领域、重要目标，并提出相关建议举措，加速取得若干标志性成果。

（一）加快走出产业结构转型阵痛期，提升战略性新兴产业支撑作用

1. 巩固实体经济发展势头

2015—2021 年上海实体经济规模在五个城市中的排名始终维持首位，远高于苏州、杭州等城市，但相较于北京、深圳等城市同期实体经济占全国比重增长、相对增速高于上海的情况来看，上海处于产业结构转型的阵痛期，应保持传统产业优势，控制产业转移风险，持续发挥好实体经济对现代化产业体系的基石作用。

表 1　5 个城市实体经济占全国比重情况

地区	2015	2016	2017	2018	2019	2020	2021
北京	3.07%	3.10%	3.12%	3.17%	3.14%	3.10%	3.10%
深圳	2.28%	2.34%	2.49%	2.40%	2.50%	2.44%	2.40%
苏州	2.11%	2.06%	2.09%	2.03%	1.88%	1.91%	1.91%
杭州	1.44%	1.51%	1.52%	1.56%	1.49%	1.50%	1.49%
上海	3.38%	3.42%	3.47%	3.46%	3.37%	3.33%	3.27%
上海排名	1/5	1/5	1/5	1/5	1/5	1/5	1/5

表2　5个城市实体经济相对增速情况

| 地　区 | 实体经济增速 / 非实体经济增速 | | | | | | | 年均增速 |
	2016	2017	2018	2019	2020	2021	2020*	
北京	66.72	108.59	122.69	77.60	12.30	188.76	50.24	82.0%
深圳	85.01	369.94	116.25	63.76	−2.39	150.44	72.38	99.50%
苏州	42.92	219.25	112.33	−3.78	39.68	187.67	65.48	59.30%
杭州	178.62	111.88	112.04	6.36	17.14	141.11	72.70	57.19%
上海	41.26	228.18	83.34	55.32	10.14	130.51	38.28	71.0%
上海排名	5/5	3/5	5/5	3/5	4/5	5/5	5/5	3/5

注：2020* 为 2020 年、2021 年的平均增速。年均增速为 2015—2020* 的年均增速。

2. 加强战略性新兴产业的支撑力度

战略性新兴产业体现现代产业变革趋势，展现区域现代产业体系的核心竞争力。与北京、深圳两地相比，上海战略性新兴产业规模相对偏小，但近五年保持持续增长的态势，近两年增速较快，有望持续追赶。上海应加速推动三大先导产业的规模倍增，持续发挥六大重点产业的支撑作用，实现集群化发展。

表3　3个代表城市战略性新兴产业增加值

| 地　区 | 战略性新兴产业增加值（亿元） | | | | | | 2016—2021 年均增速 |
	2016	2017	2018	2019	2020	2021	
北京	5654.70	6619.80	7831.50	8441.90	8965.40	9961.60	11.99%
深圳	7874.72	9183.55	9155.18	10155.51	10272.72	12146.37	9.05%
上海	4182.26	4943.51	5461.91	6133.22	7327.58	8794.52	16.03%
上海排名	3/3	3/3	3/3	3/3	3/3	3/3	1/3

表4　3个代表城市战略性新兴产业增加值占比

| 地　区 | 战略性新兴产业增加值 /GDP | | | | | | 2016—2021 年均值 |
	2016	2017	2018	2019	2020	2021	
北京	22.03%	23.63%	23.66%	23.87%	24.83%	24.74%	23.79%
深圳	40.40%	40.83%	37.80%	37.71%	37.13%	39.61%	38.91%
上海	14.84%	16.14%	15.17%	16.07%	18.93%	20.35%	16.92%
上海排名	3/3	3/3	3/3	3/3	3/3	3/3	3/3

3. 进一步扩大数字经济核心产业规模

根据非官方数据，上海数字经济规模 GDP 占比已超过 50%，和北京、深圳等地同处于全国领先水平。但从数字经济核心产业（数字产业化）的统计口径看，上海数字经济核心产业规模低于其他 4 个城市。据统计，全国 88.1% 的 ICT 上市企业、92% 的互联网百强企业、91.7% 的独角兽企业集中于东部沿海地区，广东、江苏占据了其中的重要份额。未来在深度推动数字化转型过程中，需要更侧重应用场景引导、需求牵引，以壮大数字经济核心产业规模。

表 5　2021 年 5 个城市数字经济核心产业规模 GDP 占比

地区	占比
北京	22.1%
深圳	30.5%
苏州	15.4%
杭州	27.1%
上海	12.0%
上海排名	5/5

＊上海 2021 年数据按照 0.55 万亿元的数字经济核心产业规模除以当年 GDP 进行估算。

4. 提高全员劳动生产率增速

近五年上海全员劳动生产率不断提升至 30 万元 / 人以上，稳定位于 5 个城市第二位。未来需要以更大的力度推进技术和制度创新，推动经济加速向新发展模式转变，推动劳动生产率实现新的飞跃。

表 6　5 个城市全员劳动生产率情况（万元 / 人）

地　区	全员劳动生产率（万元 / 人）							年均增速
	2016	2017	2018	2019	2020	2021	2020*	
北京	32.43	34.46	40.41	44.70	48.79	52.58	8.45	10.04 %
深圳	16.72	18.30	18.76	20.98	21.41	24.62	8.33	7.56 %
苏州	20.85	23.20	24.82	25.59	26.97	29.54	7.46	6.93 %
杭州	16.71	18.51	20.55	21.35	21.52	23.84	5.66	7.84 %
上海	20.64	22.32	26.18	27.73	28.17	31.66	6.86	9.41 %
上海排名	3/5	3/5	2/5	2/5	2/5	2/5	4/5	2/5

注：2020* 为 2020 年、2021 年的平均增速。年均增速为 2015—2020* 的年均增速。

（二）统筹谋划和推进科技创新，以产业化为导向加强全过程创新

上海创新投入的总体强度稳步提升，较好体现上海科研要素集聚、城市创新策源、创新码头的功能，但与北京、深圳相比略低。上海的专利平均价值较高（表8）且增速较快，反映出上海科技创新的潜在经济价值较大。综合表7、表8、表9，显示上海的创新资源投入强度高、经济效应明显。对标全球科技创新中心的定位目标，创新投入仍有较大的提升空间，以及产业化转化能力的提升，需要强化科技创新的体系化能力，进一步强化全过程创新，牵引形成新的生产力。

表 7　5 个城市研究 R&D 经费支出占 GDP 比重

地区	2015	2016	2017	2018	2019	2020	2021	2016—2021 年均值
北京	6.01%	5.78%	5.64%	5.65%	6.31%	6.44%	6.53%	6.06%
深圳	4.18%	4.10%	4.13%	4.80%	4.93%	5.46%	5.49%	4.82%
苏州	2.61%	2.73%	2.77%	3.23%	3.64%	3.78%	3.80%	3.33%
杭州	3.00%	3.10%	3.20%	3.30%	3.40%	3.50%	3.50%	3.33%
上海	3.48%	3.51%	3.66%	3.77%	4.00%	4.17%	4.21%	3.89%
上海排名	3/5	3/5	3/5	3/5	3/5	3/5	3/5	3/5

表 8　5 个城市规模以上工业企业 R&D 经费投入占营业收入比例

地区	2015	2016.	2017	2018	2019	2020	2015—2020 年均值
北京	1.29%	1.29%	1.30%	1.28%	1.25%	1.25%	1.28%
深圳	2.69%	2.84%	2.73%	2.92%	2.88%	3.00%	2.84%
苏州	1.13%	1.19%	1.23%	1.52%	1.78%	1.84%	1.45%
杭州	1.55%	1.70%	1.78%	1.77%	1.86%	1.96%	1.77%
上海	1.51%	1.43%	1.42%	1.43%	1.48%	1.61%	1.48%
上海排名	3/5	3/5	3/5	4/5	4/5	4/5	3/5

表 9　5 个城市技术合同成交额 / 国内专利申请授权量发展比较（万元 / 项）

地区	2016	2017	2018	2019	2020	2021	年均增速
北京	299.19	363.20	463.57	566.26	671.71	352.44	−0.75%
深圳	/	58.90	41.56	42.32	46.59	58.28	−0.26%
苏州	/	29.31	36.26	46.48	35.53	33.79	3.62%
杭州	20.51	52.75	68.65	81.39	56.31	62.98	4.53%
上海	128.11	119.16	140.95	151.33	129.87	153.99	6.62%
上海排名	/	2/5	2/5	2/5	2/5	2/5	1/5

（三）持续优化产业生态，充分发挥金融、人才等方面优势

1. 金融服务实体经济质效水平有待提高

从历年信贷余额流向实体经济 [1] 的比例来看，上海与北京、深圳水平相当，受一线城市房地产行业信贷需求体量较大影响，挤出了部分金融资源对实体经济的支持比例。未来随着房地产市场整体降温趋势延续，预计信贷流向实体经济的比例将有所提升。

表10　4个城市信贷流向实体经济比例

地区	2015	2016	2017	2018	2019	2020	年平均值
北京	90.42%	77.37%	76.48%	89.18%	89.32%	89.53%	85.38%
深圳	91.20%	92.05%	90.48%	88.47%	87.57%	86.57%	89.39%
苏州	95.38%	94.52%	94.46%	94.41%	91.78%	90.02%	93.43%
杭州	/	/	/	/	/	/	/
上海	87.17%	89.60%	89.26%	88.74%	88.29%	87.80%	88.48%
上海排名	4/4	3/4	3/4	3/4	3/4	3/4	3/4

＊因数据可得性，上述指标缺少杭州历年的统计结果。

2. 增强对人力资源吸引力

上海城镇单位就业人员平均工资近五年一直处于第二位，低于北京，但就业人员近五年平均工资增速低于北京、深圳、杭州。同时，受一线城市商品房价格较高因素影响，上海城镇单位就业人员平均工资/商品房销售均价指标低于苏州、杭州等新兴城市，但与北京深圳相比具有一定优势。未来需加快完善人力资源要素的发展生态，提升对人才就业、落户的吸引力。

表11　5个城市城镇单位就业人员平均工资（万元/人）

地区	2015	2016	2017	2018	2019	2020	年均增速
北京	11.14	11.99	13.17	14.58	16.68	17.82	9.85%
深圳	8.10	8.98	10.02	11.17	12.78	13.94	11.47%
苏州	7.23	7.99	8.74	9.44	10.56	11.25	9.26%

---

[1] 在实践中，城市信贷总量流向金融行业的比例较低，在本表中信贷流向实体经济的比例按照信贷余额总量剔除房地产行业的口径进行估计比较。

（续表）

地区	2015	2016	2017	2018	2019	2020	年均增速
杭州	7.80	8.70	9.70	10.70	12.00	13.20	11.10%
上海	10.92	11.99	12.98	14.04	14.94	17.19	9.50%
上海排名	2/5	1/5	2/5	2/5	2/5	2/5	4/5

表 12　5 个城市城镇单位就业人员平均工资／商品房销售均价

地区	2015	2016	2017	2018	2019	2020	2015—2020 年增幅
北京	2.82	2.08	2.28	2.43	2.85	3.10	0.27%
深圳	1.95	2.07	1.95	2.10	2.33	2.46	0.50%
苏州	5.90	4.94	5.70	5.57	5.40	5.19	−0.71%
杭州	4.85	4.02	3.40	3.73	4.44	4.74	−0.11%
上海	3.39	2.89	2.45	3.03	3.11	3.37	−0.02%
上海排名	3/5	3/5	3/5	3/5	3/5	3/5	3/5

（四）发挥企业主体作用，增强对龙头企业的吸引力

1. 保持对上市公司吸引力

上海作为国际金融中心有着金融要素齐全、金融业务创新活跃、金融基础设施完备、金融人才资源聚集的优势，对企业有天然的吸引力。2021 年上海市境内上市公司数量共计 390 家，位列 5 个城市第二位，稍低于同年北京 424 家。上海需要进一步提升自身优势，增强对专精特新、高科技中小企业等优质潜力企业吸引力。

表 13　5 个城市境内上市公司数量

地区	2018	2019	2020	2021	年均增速
北京	316	334	381	424	10.30%
深圳	285	299	333	372	9.29%
苏州	107	120	144	179	18.71%
杭州	132	128	145	168	8.37%
上海	287	308	343	390	10.76%
上海排名	2/5	2/5	2/5	2/5	2/5

2. 增强对大企业、大集团的吸引力

《财富》世界 500 强最新数据显示，上海市世界 500 强企业数为 12 家，全国排名第二，与北京（54 家）差距悬殊，去除北京首都功能对总部企业的聚集效应，未来上海需要进一步增强对总部企业的吸引力，增强企业在上海的经济活动和总部布局，提升总部企业集聚度。

表 14　5 个城市世界 500 强企业数量

地区	2018	2019	2020	2021
北京	56	55	60	54
深圳	7	8	8	10
苏州	2	2	3	3
杭州	4	4	7	8
上海	7	9	9	12
上海排名	2/5	2/5	2/5	2/5

（五）完善产业治理体系，优化资源要素治理效果

上海单位能耗 GDP 降速在 2016 年至 2021 年间绝对值和城市排名波动较大，从 2016 年的第 5（3.7%）上升至 2021 年的第 4（2.6%）。单位污水处理量对 GDP 贡献从 2016 年的 0.13 亿元 / 万立方米上升至 2021 年的 0.19 亿元 / 万立方米，增长幅度位列兄弟城市第二位，污水治理成效突出。低于北京、与深圳水平差距不大；近五年年均降速为 4.95%，排名第二，但尤其到 2021 年能耗降速大幅走低，反映出当前产业结构下产业绿色低碳转型可能面临瓶颈。未来在加快产业绿色低碳转型，推动高质量发展进程中，应持续提升产业绿色低碳发展质效。

表 15　5 个城市单位 GDP 能耗降速

地区	2016	2017	2018	2019	2020	2021	年均降速
北京	4.79%	3.99%	3.82%	4.53%	9.18%	3.00%	5.262%
深圳	4.21%	4.23%	4.20%	3.54%	5.54%	2.70%	4.344%
苏州	4.10%	3.90%	3.19%	5.41%	3.52%	2.70%	4.024%
杭州	6.90%	3.40%	4.30%	5.00%	5.10%	0.90%	4.94%
上海	3.70%	5.28%	5.56%	3.61%	6.64%	2.60%	4.958%
上海排名	5/5	1/5	1/5	4/5	2/5	4/5	2/5

表 16 5 个城市单位污水处理量对 GDP 贡献发展比较（亿元 / 万立方米）

地区	2016	2017	2018	2019	2020	2021	累计增幅
北京	0.17	0.16	0.17	0.18	0.20	0.20	0.03%
深圳	0.12	0.14	0.14	0.14	0.15	0.15	0.03%
苏州	0.25	0.29	0.31	0.28	0.33	0.32	0.07%
杭州	0.21	0.19	0.20	0.20	0.20	0.19	−0.02%
上海	0.13	0.14	0.16	0.18	0.18	0.19	0.06%
上海排名	4/5	4/5	4/5	4/5	4/5	3/5	2/5

新时期上海推进新型工业化的底层逻辑

习近平总书记近日就推进新型工业化作出重要指示：实现新型工业化是以中国式现代化全面推进强国建设、民族复兴伟业的关键任务，为中国式现代化构筑强大物质技术基础。李强总理在全国推进新型工业化大会上强调，要适应时代要求和形势变化，突出重点、抓住关键，围绕产业链韧性和安全、提升产业创新能力、产业结构优化升级、实数融合、绿色发展、各类企业竞相发展、主体功能区战略、用好国际国内两个市场两种资源等方面进行部署。上海作为我国改革开放的排头兵、创新发展的先行者，在推进新型工业化中应当发挥排头兵和先行者的作用，率先探索具有时代特征、中国特色、上海特点的超大城市新型工业化道路。

一、新时期新型工业化的内涵

（一）新型工业化的提出与发展

从我国工业化发展进程来看，新型工业化是根据中国经济发展实际提出的中国特色发展理论，在不同发展阶段不断被赋予新的内涵。党的十六大报告首次提出新型工业化概念，新型工业化道路是一条坚持以信息化带动工业化，以工业化促进信息化，科技含量高、经济效益好、资源消耗低、环境污染少、人力资源优势得到充分发挥的发展道路。十七大报告强调，要"坚持走中国特色新型工业化道路"，十八大报告指出，主要关注工业化和信息化关系以及工业化和城镇化关系。十九大报告增加了"坚持新发展理念"，明确提出要把"新发展理念"作为推进新型工业化的指挥棒和"红绿灯"。进入新发展阶段，我国已基本实现工业化，党的二十大报告提出要继续推进新型工业化的新任务，这一新任务既区别于西方发达国家走过的工业化道路，也不同于我国以往工业化阶段的发展任务。与西方发达国家相比，我国是后发赶超型国家，不可能完全重复传统工业化道路，要走一条具有中国特色、时代特征的新型工业化道路。

从外部环境变化来看，当今世界正处于百年未有之大变局加速演进期。新一轮科技革命和产业变革深入发展，数字化技术和数据资源正成为新型的生产要素从更深层次、更广领域加速拥抱实体经济，推动制造业生产方式、发展模式发生根本性变革。全球产业链、供应链、价值链正在深度调整，大国围绕制造业布局的竞争和先进制造技术的博弈日益加剧，发达国家积极布局前瞻性技术方向和产业领域，工业化的全球格局和技术内涵都在发生深刻变化。在此背景下，新型工业化要求主动适应和引领数字化、智能化、绿色化趋势，要求增强发展的主动性、安全性。

（二）新时期新型工业化内涵

新时期新型工业化与以往几次党代会提出的新型工业化是一脉相承的，在不同的时期，根据不同的发展环境、阶段特征和发展要求，不断地丰富内涵并延续发展。概况起来讲，新时期新型工业化是贯彻新发展理念，服务构建新发展格局，坚持以人民为中心，以高质量发展为主线，走出一条创新引领、韧性安全、绿色低碳、深度融合、开放共享的工业现代化道路，推动经济发展质量变革、效率变革、动力变革，为中国式现代化构筑强大物质技术基础。

二、上海推进新型工业化的阶段性和紧迫性

（一）上海产业发展的阶段性

1. 后工业化阶段制造和服务深度融合

按照传统工业化理论，从工业化进程来看，上海已率先进入后工业化阶段。推进新

型工业化，需要考虑后工业化阶段制造业与服务业之间的内在共生关系，以制造与服务深度融合支撑实体经济稳步增长。一方面，制造业具有培育发展生产性服务业的功能。另一方面，在新一轮技术革命和经济全球化驱动下，制造与服务"两分法"逐步转变为"两业融合"。产业边界逐渐模糊，制造业服务化、服务业制造化成为全球产业发展主流，上海应当推进生产性制造向服务型、消费型制造转变，从高端环节重塑"上海制造"的价值网络，拓展和提升"上海制造"的价值链。

2. 产业发展高端引领作用突出

上海推进新型工业化的产业基础好、起点高、引领性强。三大先导产业取得创新突破。集成电路领域装备、材料等一批核心技术取得重要突破。生物医药领域涌现出一批全球首研新药、国际一流医疗器械等。人工智能领域发布实施全国首部领域省级地方性法规，布局国际算法创新基地，启动建设亚洲最大 AI 算力中心。重点产业链控制力不断增强。在能源装备、船舶、新能源汽车、高端医疗装备、航空航天等领域涌现一批实力雄厚的"链主"企业。上海要进一步发挥先导产业和重点产业的高端引领作用，加快建设现代化产业体系，持续推动重点领域从国际"跟跑"向"并跑""领跑"迈进，提升"上海制造"全球影响力和竞争力。

3. 产业链区域整合控制能力强

上海产业发展对长三角地区产业链上下游的资源整合能力不断增强，通过以重点产业领域的龙头企业为引领，进行产业链跨区域优化布局。如新能源汽车和智能网联汽车、集成电路等行业龙头企业通过跨区域兼并重组，建立"总部—基地"等方式，实施一批区域产业合作重大工程和重点项目，实现产业链整合。上海要充分发挥产业链区域整合控制能力强的优势，深化与长三角地区的区域合作，增强区域产业资源配置能力，引领长三角产业链一体化发展。

4. 数字经济发展基础优势明显

数字经济竞争力强，根据《中国城市数字经济发展报告2022》显示，上海位列数字经济竞争力前三名。数字基础设施建设领先，率先建成双千兆宽带第一城，到2026年上海将率先迈入全球双万兆城市行列，成为全球网速最快、覆盖最全、时延最低的城市之一。数字化平台加快建设，形成了"工业数据、工业知识、工业算法"三大能力体系。上海要推动数字产业化与产业数字化协同创新，为推进新型工业化的"数实融合"打下坚实基础。

（二）上海产业发展的紧迫性

一是亟待加快推进新旧动能转换，面临传统优势领域增速下降、优势逐步缩小、转型压力增大等挑战，新兴领域新动力仍在积蓄能量、成规模还需要时间。二是亟须加快提升产业创新能力，投入和转化机制仍待完善，一批核心技术仍需突破，企业创新主体地位还需强化，企业主体尤其是内资主体的作用仍待进一步发挥。三是亟待突破资源要素制约瓶颈，土地的混合集约利用仍待突破，数据新要素作用发挥面临约束，产业规模扩张面临能耗排放的统筹。四是亟待加强产业对外开放控制力，制造业全球化程度偏低，国际资源配置能力偏弱，全球价值链话语权不强。

三、新时期上海推进新型工业化的建议

在全国推进新型工业化战略背景下，根据新型工业化的内涵、特征以及当前发展环境条件，结合上海发展阶段性和紧迫性，研究建议构建上海推进新型工业化"1+6+3"逻辑框架体系，即：锚定一个战略定位、推进六大重点任务、加强三项政策支撑，探索具有时代特征、中国特色、上海特点的超大城市新型工业化道路。

（一）锚定战略定位：一个引领、六个示范

上海作为改革开放的排头兵，创新发展的先行者，在全国推进新型工业化过程中应当发挥示范引领的作用。在国家战略定位的指引下，将新型工业化作为深化上海"五个中心"建设、强化"四大功能"、实现高质量发展的必由之路；将新型工业化作为夯实上海市实体经济发展能级、实现产业升级和经济结构调整的关键环节。立足"四个放在"，贯彻新发展理念，服务构建新发展格局，坚持以人为本，以高质量发展为主线，打造成为全国推进新型工业化的示范引领区。具体表现在"六个示范"：

价值高端示范。推进新型工业化产业基础好、起点高，高端产业引领功能显著增强，战略性新兴产业和高技术产业的比重持续提升，高端生产性服务业能级不断增强，培育一批具有全球竞争力的世界级领航企业。

创新引领示范。产业创新策源功能不断强化，核心技术加快向"并跑、领跑"迈进。在前沿和关键核心技术领域不断创新突破，形成独特竞争优势，具备高端链接能力、自主可控能力和国际竞争水平。

韧性安全示范。产业链供应链韧性和战略资源保障能力增强，以新型基础设施、新型基础材料、新型基础技术、新型基础人才的"新四基"为牵引，加快推进产业基础能力建设。

深度融合示范。制造业和服务业深度融合，生产性服务向专业化和价值链高端延伸，服务型制造比重不断提升。数字经济与实体经济深度融合，传统企业数字化改造升级加快推进，智能化、个性化、定制化生产模式加快普及。

绿色低碳示范。建立在绿色低碳基础上的新型工业化，旨在构建现代化绿色制造体系，打造绿色低碳产业链供应链，推动能源转型和工业结构调整，推进能源清洁化、绿色化高效利用，构建绿色低碳标准体系。

开放共享示范。发挥产业链区域整合控制能力强的优势，深度参与全球产业分工合作，加强与长三角地区产业链合作，优化产业资源要素配置，共同打造区域产业发展的核心竞争力。

（二）聚焦重点领域：推进六大重点任务

加快建设"（2+2）+（3+6）+（4+5）"现代化产业体系。持续推动产业结构优化升级，坚持推动传统产业改造升级和培育壮大战略性新兴产业两手抓，加快传统产业数字化转型和绿色低碳转型，以"3+6"新型产业体系为主体，拓展发展新赛道，前瞻布局未来产业，构建形成三大先导产业战略引领、六大重点产业基础支撑、新赛道和未来产业加速布局、制造和服务深度融合的现代化产业体系。强化企业创新主体地位。全面提升企业技术创新能力，加强关键核心技术攻关，聚焦大飞机、燃气轮机、集成电路设备、能源装备、高端船舶等领域，实施专项技术装备攻关行动。推动产业基础高级化，深入实施产业基础再造工程。推动创新链和产业链深度融合，促进科技成果高效转移转化。提升产业链供应链韧性和安全水平。聚焦芯片、大飞机、新能源汽车、高端医疗影像设备、细胞治疗、智能机器人、大型邮轮、燃气轮机、北斗导航、化工新材料等标志性产业链，梳理上海在重点产业链领域的短板和薄弱环节，有针对性地推动补链固链强链。支持国产替代加大应用，加大关键备品备件提前储备。深入推进数字技术与实体经济融合。引导传统企业数字化改造升级，推动新一代信息技术在企业研发设计、生产制造、运营管理、售后服务中的深度应用。加快数字化技术创新，支持先进数字装备、关键配套设备、核心系统的研发攻关和推广应用。打造新兴数字产业新优势，加快平台化、定制化、轻量化服务模式创新，培育壮大平台企业、共享经济、智能经济等新增长点。积极稳妥推动工业绿色低碳发展。推进工业绿色低碳改造，研发推广绿色工艺技术装备，加强绿色低碳产品研发应用。推进化石能源清洁高效利用，加快提升非化石能源在能源供应中的比重。加强绿色低碳标准体系建设，完善绿色低碳产品评价体系和绿色采购制度。积极推动国家主体功能区战略。强化上海在长三角产业分工中的龙头地位，深化与苏浙皖分工合作，增强跨区域产业资源配置能力，以高端化发展引领长三角产业链一体化发展，开辟区域产业合作新格局。以产业链、创新链、供应链、技术链协同推动长江经济带高质量发展。

（三）加强政策支撑：工作机制、要素保障、人才建设

一是建立工作推进机制。新型工业化是一项系统工程，建议在上海市层面建立统筹协调机制，研究成立上海推进新型工业化工作领导小组，负责上海市推进新型工业化的总体设计、统筹协调、整体推进、督促落实。加强部门协同，建立市级部门会商交流机制，及时协调解决新型工业化推进过程中问题，提升工作推进效率。加大市区联动，建立市区两级常态化沟通反馈机制，形成合力推进新型工业化的实施。同时，鼓励各区在上海市新型工作方案总体指导下，研究制定本区新型工业化推进方案，并配套相应支持政策，确保新型工业化推进落实到位。

二是加强要素保障。适应全球一体化市场下的工业竞争形势，推动工业竞争从以往的单纯价格竞争，转向标准竞争、专利竞争、品牌竞争、质量竞争和增值效益竞争。汇聚数据新要素，发挥数据交易所功能，完善多层次数据交易流通机制，建立要素国际流动链接通道。完善财税金融支持，深化产融对接合作，推动形成全周期、全类型、全覆盖的金融产品和服务网络。发挥政府资金的引导作用，有效整合发挥各类资本、各方力量的作用，全力推动新动能新赛道发展。加强产业项目用地保障，通过提质增效、存量盘活、城市更新、土地出让等方式，保障产业用地规模。在符合安全、环保相关法律条件下探索简化中试项目流程。

三是加强产业人才建设。落实"1+3+1"产业人才制度框架（即1个产业人才队伍建设实施意见、3大先导产业人才培育专项、1个紧缺人才开发目录），在人才引进、人才评价、人才分配激励等方面不断优化政策举措。加强创新型人才队伍建设，培养造就一批产业技术创新领军人才和高水平创新团队，实施面向未来的复合型产业人才培养试

点。创新技能型人才培养模式，注重专业培训与基础教育并重，职业教育与通识教育融合，大力培养"数字工匠"。

（黄治国　高世超　高文迪）

参考文献：

【1】黄群慧：《以新型工业化推进中国式现代化》，载《学习时报》2023年5月12日，第1版。

【2】马海倩、杨波等：《"十四五"期间上海国际经济中心发展重点问题研究（中）》，https：//mp.weixin.qq.com/s/ue61D8WhQJWBN8qPjKqDRw。

【3】《数字经济竞争力指数，上海位列前三》，载《解放日报》2023年1月1日第2版。

加快营造制造业高质量发展的良好生态

制造业是国民经济的主体，是立国之本、兴国之器、强国之基。党的十八大以来，习近平总书记高度重视制造业发展，强调"任何时候中国都不能缺少制造业"，"一定要把我国制造业搞上去，把实体经济搞上去"，这为各地推动制造业的高质量发展指明了方向。党的二十大报告指明了制造高质量发展的趋势：高端化、智能化、绿色化。2023年以来，国务院常务会议多次就制造业升级作出部署，各地也立足自身特点积极发展壮大制造业。近期上海、山东、广东、重庆等地陆续发布政策，本文从保持和提升制造业比重、主导产业补链、优势产业延链、产业转型升链等不同角度对这些政策做了对比分析，并提出推动上海营造制造业高质量发展的良好生态的对策建议。

制造业是我国实体经济的基础，也是科技创新的主战场，要大力推动制造业高端化、智能化、绿色化发展，加快建设制造强国。未来三年是我国制造业产业升级和技术改造的关键期。2022年下半年以来，中央围绕建设现代化产业体系多次对产业转型升级进行顶层部署，要求"狠抓传统产业改造升级和战略新兴产业培育壮大"，2023年以来，国务院常务会议多次就制造业升级作出部署，尽管面临挑战，但也要看到我国迈向中高端制造业的优势和潜力，各地也立足自身特点积极发展壮大制造业。

近期各地密集出台推动制造业高质量发展行动方案或政策措施，提法虽各有不同，但内核都指向"提质增效"这一关键词，并主要从保持和提升制造业比重、主导产业补链、优势产业延链、产业转型升链等不同维度，着力营造各地制造业高质量发展的良好生态。

一、保持制造业比重基本稳定：避免经济"脱实向虚"

保持和提升一定制造业比重成为跨越中等收入陷阱的必要条件。当前全球多个国家都面临"去工业化"进程，无论是发达国家还是发展中国家都面临着制造业比重下行的压力。据相关研究显示，迄今为止，几乎所有的发达国家均是通过保持和提升一定制造业比重（25% 及以上）进而成功跨越了中等收入陷阱。

产业链供应链重构进程将给中国制造业发展带来一系列挑战，部分省市开始率先关注稳定和提升制造业占比。上海、广东等提出了工业增加值 / 制造业增加值占地区生产总值（GDP）比重的目标。如《上海市推动制造业高质量发展三年行动计划（2023—2025 年）》（以下简称"《上海行动计划》"）提出，到 2025 年，上海将不断夯实"（2+2）+（3+6）+（4+5）"现代化产业体系；工业增加值将超 1.3 万亿元，占 GDP 的 25% 以上；还提出工业战略性新兴产业产值占规模以上工业总产值比重达 45%；生物医药、人工智能、集成电路三大先导产业总规模达 1.8 万亿元；工业机器人使用密度力争达到 360 台 / 万人等细分指标。广东《关于高质量建设制造强省的意见》（以下简称"《广东制造强省意见》"）提出，到 2027 年，制造业增加值占 GDP 比重达到 35% 以上（深圳 2022 年再提"工业立市、制造强市"，时至今日，深圳制造业占 GDP 比重仍超过 30%）。

二、主导产业补链：从内部运行的"稳"向不惧外部冲击的"韧"转变

（一）锚定自主创新

强化创新引领支撑，提升产业链韧性是各地共同发力点，但突出各地特色。如上海推动产业基础再造和重大技术装备攻关。《上海行动计划》提出每年实施攻关项目 100 个以上；打造 10 条在细分领域具有主导力的标志性产业链，"一链一策"抓好强链补链

固链。加快建设制造业创新载体，布局一批国家级和市级创新平台。广东开展产业链供应链"百链韧性提升"。《广东制造强省意见》提出着眼核心基础零部件、核心基础元器件、关键基础软件、关键基础材料、先进基础工艺、产业技术基础等领域，推进工程化攻坚和平台建设，建立长周期支持机制持续推进共性技术攻关突破和推广应用；充分发挥"链长＋链主"协同作用，"一链一策"实施精准补链强链，提升自主知识产权和替代接续能力。

山东强化产业基础技术攻关。《山东省制造业创新能力提升三年行动计划（2023—2025年）》（以下简称"《山东行动计划》"）提出每年推进制造业创新中心攻克产业基础技术 10 项左右。每年组织实施 100 项重大科技创新工程项目和 30 项以上重大基础研究项目；加快突破工业母机、关键原材料、机器人、光电子、高端软件等核心领域，精准补齐基础零部件、基础元器件、基础材料、基础软件、基础工艺等"五基"短板。湖南聚焦先进制造业关键配套产品工程化攻关。湖南省工业和信息化厅等三部门发布拟认定名单包括高压大流量柱塞式液压耦合器、航空重油活塞发动机等。开展了清单内产品研发的企业，有望获得资金奖补。

（二）提升要素保障

围绕提升要素保障能力，各地均推出务实举措。如上海的《上海行动计划》提出推动浦东等地区加快制造业增长、推进"工业上楼"等 4 项任务。山东的《工业经济高质量发展要素资源保障十条措施》聚焦用地、财政、融资、人才、环境要素、数据要素、科技支撑等提出支持措施。天津的《天津市推动制造业高质量发展若干政策措施》（以下简称"《天津政策措施》"）提出对总投资 2000 万元以上且属于基础零部件、基础元器件、基础材料、基础工艺、基础软件等领域攻坚突破和产业化的产业基础再造项目，竣工投产后按照设备、软硬件工具等投资额的 20%，给予最高 3000 万元支持。坚持"一业一策"，还出台了支持信息系统与应用、集成电路、车联网、新材料等 12 个重点产业发展的"专属政策"。

江苏的《江苏省贯彻落实扩大内需战略实施方案》提出，加大制造业投资力度，聚焦节能环保、新一代信息技术、新能源等领域，扩大高技术产业和战略性新兴产业投资。发挥先进制造业基金、省产业链投资基金等引导扶持作用，支持 16 个先进制造业集群和 50 条重点产业链的强链固链延链项目建设。江苏的《关于金融支持制造业发展的若干意见》从进一步加大银行保险业支持制造业的力度、着力提高制造业企业直接融资比重、切实减轻制造业企业融资成本等六个方面提出 18 条具体意见。

三、优势产业延链：从门类布局的"全"向基础能力的"强"转变

（一）培育提升优质企业

围绕创新能力提升，各地非常重视发挥企业的主体地位。如上海聚焦优质企业梯度培育，《上海行动计划》提出打造具有全球竞争力的本土制造业企业；将向首次"小升规"和"新建入统"工业企业发放最高达 50 万元的"成长券"，支持企业采购数字化管理、技术创新、法律咨询、检验检测等专业服务。广东着重企业全过程创新。《广东制造强省意见》提出建立健全以企业为主体、市场为导向、产学研深度融合的技术创新体系，加快构建"基础研究＋技术攻关＋成果转化＋科技金融＋人才支撑"全过程创新链。山东关注企业间协作创新。《山东行动计划》提出全面推行"链长制"，支持企业间战略合作和跨行业、跨区域兼并重组，提高规模化、集约化经营水平，聚焦"十强"产业，加快打造一批具有生态主导力、核心竞争力的领航型企业；每年新培育瞪羚企业400 家、独角兽企业 3 家左右；支持企业建设各级"一企一技术"研发中心、工业设计中心、软件工程技术中心、重点实验室、企业技术中心、工程研究中心研发机构和创新平台。

天津推动企业规模壮大。《天津政策措施》围绕提高产业能级，出台了壮大企业规模、推动战略性新兴产业发展、支持产业集群集聚发展等多项支持举措，属于政策首创，支持力度全国领先。其中对年度产值首次突破 1000 亿元、500 亿元、100 亿元，且年度产值增速达到要求的重点企业，将分别给予企业或企业管理团队 5000 万元、2000万元、1000 万元一次性奖励。对纳入中国战略性新兴产业领军企业 100 强榜单前 10 强、50 强、100 强（含细分行业）企业，分级给予 2000 万元、500 万元、300 万元支持。单一企业享受支持金额累计最高 2000 万元。

（二）推动集群式发展

构建产业集群是制造业发展的重要方向，各地竞相打造先进制造业集群。如上海推动世界级产业集群建设。《上海行动计划》提出要推动三大先导产业打造世界级产业集群，加快先进制造业与生产性服务业融合发展，打造电子信息、生命健康、汽车、高端

装备 4 个万亿元级产业集群，先进材料、时尚消费品 2 个五千亿元级产业集群，培育一批细分领域千亿元级产业。广东推动战略性产业集群建设。《广东制造强省意见》提出巩固提升十大战略性支柱产业，培育壮大十大战略性新兴产业，打造一批世界级先进制造业集群。在超高清视频显示、新能源、生物医药与健康、数字创意等领域，培育新增 3 至 4 个万亿元级战略性产业集群（2022 年 6 月深圳发布《关于发展壮大战略性新兴产业集群和培育发展未来产业的意见》，发展以先进制造业为主体的 20 个战略性新兴产业集群，前瞻布局八大未来产业，截至 2022 年底，深圳"20+8"产业集群增加值约 1.3 万亿元，占 GDP 比重已突破 40%）。

江苏推动先进制造业集群建设。江苏研究制定新一轮推动先进制造业集群高质量发展的政策文件，提出加快梯次培育战略性新兴产业融合集群，推动新型电力和新能源装备、生物医药等集群加快迈向世界级。浙江推动世界级先进产业群建设。《浙江省"415X"先进制造业集群建设行动方案（2023—2027 年）》提出打造新一代信息技术、绿色石化与新材料等 4 个世界级先进产业群，集成电路、数字安防与网络通信等 15 个省级特色产业集群和一批高成长性"新星"产业群。

（三）加快布局未来产业

未来产业成为各地发力经济、谋划长远的重头戏。统计显示，全国有约 20 个省市围绕类脑智能、量子信息、基因技术、未来网络、深海空天开发、氢能与储能等前沿领域推进未来产业。如上海的《上海行动计划》提出加速布局"四大新赛道"和"五大未来产业"，推动先进制造业和现代服务业融合共进。山东的《山东行动计划》提出加快布局人形机器人、元宇宙、量子科技、未来网络、碳基半导体、类脑计算、深海极地、基因技术、深海空天开发等前沿领域，推进 6G 技术研发和应用；建设济南、青岛未来产业先导区；力争到 2025 年，重点依托省级以上高新区、经济开发区等特色园区，打造 10 个左右特色鲜明、创新力强的未来产业集群。

重庆的《深入推进新时代新征程新重庆制造业高质量发展行动方案（2023—2027年）》（以下简称"《重庆行动方案》"）提出培育高能级的"33618"现代制造业集群体系，即聚力打造智能网联新能源汽车、新一代电子信息制造业、先进材料三大万亿元级主导产业集群；升级打造智能装备及智能制造、食品及农产品加工、软件信息服务三大五千亿元级支柱产业集群；创新打造新型显示、高端摩托车、轻合金材料、轻纺、生物医药、新能源及新型储能六大千亿元级特色优势产业集群；规划布局了一批未来产业先导区，包括培育 6 个未来产业集群，以及 12 个五百亿元级、百亿元级的高成长性产业集群。

四、产业转型升链：从整体规模的"大"向融合赋能的"精"转变

（一）数字赋能

产业转型升级是制造业发展的长期主线，各地正利用数字化技术，推动制造业质量变革、效率变革、动力变革。如上海的《上海行动计划》提出将实施智能工厂领航计划，打造 20 家标杆性智能工厂、200 家示范性智能工厂；实施"工赋上海"行动计划，打造 30 个行业性工业互联网平台，梯度培育 40 家"工赋链主"企业。天津的《天津政策措施》提出对国家级、市级智能制造领域试点与新模式应用等项目，分别按照实际投资额的 30%、20%，给予最高 1000 万元支持。对被评定为国家级智能制造和工业互联网系统解决方案供应商的单位，给予 500 万元一次性奖励。鼓励智能制造和工业互联网系统解决方案供应商为用户提供解决方案，根据服务方案质量，分级分类给予最高 1000 万元支持。

（二）绿色赋能

各地制造业贯彻新发展理念，从只要"含金量"，已转为既要"含金量"更要"含绿量"，有序推进绿色低碳循环发展。如上海的《上海行动计划》提出加快绿色低碳技术研发应用、推进重点行业节能降碳、健全绿色制造体系。围绕氢能、高端能源装备、低碳冶金等领域，加快低碳零碳负碳等技术创新，突破共性关键技术、重大节能先进装备等。天津的《天津政策措施》提出支持绿色制造体系建设，保障绿色低碳企业生产。对工业节能与绿色发展标杆单位，给予最高 60 万元奖励。对获得国家高质量发展专项支持的绿色制造项目，按照国家给予总奖金额的 20%，给予最高 500 万元奖励。

河南的《河南省制造业绿色低碳高质量发展三年行动计划（2023—2025 年）》（以下简称《河南行动计划》），组织实施制造业绿色低碳发展十大行动，加快构建绿色制造体系，大力推进工业节能减碳，为建设先进制造业强省提供坚强支撑。提出在新一代信息技术、高端装备、新材料、新能源、节能环保等绿色低碳产业，建链延链补链强链，培育绿色低碳产品供给体系。加快开辟氢能与储能、量子信息、类脑智能、前沿新

材料、碳捕集与封存等未来产业新赛道，壮大绿色低碳产业规模，提升产业绿色化水平；提出实施绿色低碳产品创新、绿色供应链协同、资源循环利用提升、数字化赋能、绿色制造服务供应商引育等十大行动。到 2025 年，培育 100 个绿色设计产品和节能节水技术装备产品、培育 500 个绿色工厂、建设 20 个左右循环再生工业园、建设 100 家数字化能碳管理中心等。

综上，当前以大量人力和自然资源为主要投入要素的传统制造业发展路径，已面临局限，其中更低端的生产流程已有部分转移到了人员工资更为低廉的国家和地区。而部分依托生产工艺不断改进的资金或技术密集型制造业，也因受制于物理极限、基础科研、材料更新和加工能力的瓶颈，短期内亦难以再次完成价值跃升，因此，"提质增效"的工业经济作为稳住各地经济大盘的"压舱石"，受重视程度更是不言而喻。而保持一定比重、数字化转型和绿色化转型加持下根深叶茂的先进制造业，与互联网和人工智能背景加持下的现代服务业，尤其是新兴服务业中的生产性服务业深度融合，持续提升产业链安全韧性，培育提升优质梯度企业，打造世界级产业集群，将是未来制造业高质量发展的必由之路。

当前上海及其他省市各地在国家总体要求下，陆续出台制造业高质量发展相关举措和政策，为探索构建制造业高质量发展的良好生态迈出了坚实的步伐。上海构建"（2+2）+（3+6）+（4+5）"现代产业体系过程中，未来应深入落实《上海行动计划》，基于保持和提升制造业比重、主导产业补链、优势产业延链、产业转型升链等方面，率先引领发展，率先展现成效，显现上海担当，走出上海特色，积极为中国的制造业高质量发展路径贡献上海力量。同时着重持续跟进评估和深化分析《上海行动计划》的具体推进情况，及时了解和吸收借鉴其他省市的创新举措和有效做法，不断丰富提升上海制造业高质量发展生态的内涵与形式，持续推动重点产业领域龙头企业牵头组建创新联合体，积极突破关键核心环节，维护国内和上海产业链安全韧性，提供更优质的要素资源保障，培育更多"专精特新"和"小巨人"企业，不断激发产业创新集群发展的内在动力，并把制造业和服务化作为产业创新集群发展的重要方向，以 C 端和终端为重点，大力引育生态主导型企业，切实实现上海制造业的高质量发展。

（王建）

借鉴发达国家制造业发展战略，加快推进新型工业化

上篇：新加坡保持制造业比重基本稳定的启示

近日发布的《上海市推动制造业高质量发展三年行动计划（2023—2025 年）》提出，到 2025 年上海工业增加值占地区生产总值的比重达到 25% 以上，制造业支撑全市经济发展的功能地位显著增强。同为国际金融中心、航运中心、贸易中心和亚太地区具有重要影响力的全球城市，上海和新加坡都面临在做大城市经济总量的同时，保持制造业稳定在合理比重的挑战。过去 20 年，新加坡 GDP 由 925 亿美元增至 3970 亿美元，同期制造业比重成功站稳 22.46%（2022 年），实现量的合理增长（制造业规模）和质的有效提升〔全要素生产率（新加坡 2008 年至 2018 年的全要素生产率保持年均 0.5% 的增速）〕，制造业成为推动经济增长的重要驱动力，发展经验值得上海学习借鉴。

《上海市推动制造业高质量发展三年行动计划（2023—2025 年）》以六大重点任务、

共 22 条举措，加快推动上海市制造业高质量发展，对工业增加值在地区生产总值中占比提出了 25% 以上的要求。新加坡的制造业增加值在 GDP 中占比基本稳定（约 20%），在维持制造业韧性与经济支撑作用方面有诸多经验。本文基于上海市推动制造业高质量发展的六大重点任务，梳理分析新加坡的制造业发展经验和对上海的政策启示。

一、新加坡制造业概况

（一）制造业维持高占比、高水平

从支撑能力看，制造业是新加坡经济的一大支柱，其增加值在 GDP 中占比常年维持在约 20% 的水平，2022 年达到了 22.46%，在主要发达经济体中名列前茅。从整体水平看，新加坡制造能力在全球排名较高，根据彭博创新指数，2020 年新加坡制造能力排名全球第三、2021 年排名第六。新加坡也被世界经济论坛认定为最适合工业 4.0 的国家之一。从发展韧性看，虽然新加坡制造业由外贸驱动、在 2023 年第一季度遭遇重创，但业内认为其强大制造实力增强了风险抵御能力，长期向好态势不变。

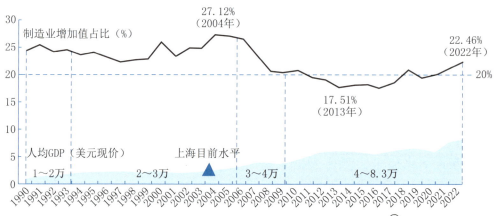

图 1　新加坡制造业增加值在国内生产总值中的占比情况 ①

（二）高附加值产业与龙头企业集聚

制造业领域主要包括电子 ②、化工、生物医药、精密工程、一般制造业、交通工程等。新加坡是全球第四大高科技产品出口国，据其经济发展局统计，新加坡目前拥有

---

① 数据来源：世界银行。2022 年比例数据由官方数据计算得出。
② 新加坡半导体产业主要聚焦于集成电路设计和晶圆制造。

2700 家精密工程公司、300 家半导体企业，制造了全球约 70% 的半导体引线焊接机、60% 的微阵列、35% 的热循环仪和质谱仪，占据了全球约 30% 的助听器市场、11% 的半导体市场、10% 的制冷压缩机市场。值得注意的是，新加坡不仅吸引全球高科技企业建立区域中心，新加坡还吸引了一批国内互联网巨头前往投资、开展大规模活动。

图 2　新加坡制造业各部门产值占比情况（2017—2021）①

图 3　新加坡产业地区规划图

---

① 数据来源：新加坡统计局。

另外，新加坡各大产业创新园区各尽其能，成为打造各领域优势产业的重要载体。以裕廊工业区为标志的西部以石化、修造船、工程机械、一般制造业、物流等为主导产业。中部是人才高地和创新中心，纬壹科技城内汇聚了三大研究中心，重点发展医药研发、信息科技和数字媒体产业。机场所在的东部发展国际货物中转与金融产业。东北部依托实里达航空园区巩固新加坡的航空枢纽地位。北部地区发展船舶产业，以三巴旺船厂为产业载体。

（三）制造业未来规划

新加坡将制造业发展规划融入每五年更新的"研究创新和企业系列计划"（RIE）。该计划由新加坡总理办公室内部的部门主管，计划下设诸多制造业科研项目，主要由新加坡科技研究局（A*STAR）执行具体研究任务。根据最新计划，即"RIE2025"和"制造业 2030"愿景，新加坡将于 2030 年打造为先进制造业的全球业务、创新与人才中心，既要实现制造业未来 10 年 50% 的增长，也要确保制造业对新加坡 GDP 的贡献维持20% 左右水平。

二、新加坡制造业发展经验

（一）新旧赛道并行，打造优势产业链

新加坡在产业发展策略上坚持传统与未来并重的模式，几乎每 5—10 年就进行一次产业转向，开辟新赛道的同时又对老赛道进行持续升级，实现了如今的多元化、高附加值产业体系。

表 1　新加坡制造业赛道历程（2000 年至今）

2000—2009	2010—2014	2015—2019	2020—2025
发展现有电子、化学品、生物医药、工程制造产业的同时，探索工业 IT、微机电、纳米技术、光子学等新技术，发展信息通信和媒体产业作为新重点产业	发展现有电子、生物医药、信息通信和媒体产业、精密制造产业的同时，探索清洁能源等新技术，应用营养品、游戏、航天、海洋和近海产业新技术	继续发展电子、化学品、生物医药、机械、海洋和近海产业、精密制造、医疗制造等，探索数字化应用和先进材料，发展机器人和自动化数字化制造	发展数字技术、人工智能、网络技术、量子科技、信任技术、通信技术，提升制造业可持续性，扩大数字化应用，以技术赋能提高空域、海域的连通性

另外，新加坡始终致力于确保自身处于国际产业链供应链的核心节点。"制造业2030"愿景下，新加坡政府致力于夯实新加坡在全球价值链中关键节点的地位。贸工部长陈振生也表示，在全球"洗牌"中，新加坡的目标不仅是吸引高附加值的企业，而且是获得整个全球供应链的关键部分。

（二）研发招商并重，强化制造业基础

1. 助力企业技术攻关与产业创新

一是依托公共投资，激励研发与创新。"RIE2025"中计划投入 250 亿新元（GDP 的1%）用于研究与创新创业，其中有 37.5 亿新元将用作"空白资金"，以应对全球格局、技术格局快速变革下的潜在新机遇。二是建立公共研发平台，为技术攻关提供工具支持。新加坡建立了新加坡地球观测站、量子技术中心、癌症研究所、力学生物学研究所等一批国家级实验室和研发中心。三是推动校企合作，助力科技成果转化。新加坡国立研究基金会推出"大学—企业研究室"计划，促进科技研究开发和实用技术转化。目前已有劳斯莱斯、新加坡电信、吉宝等 10 余家企业与新加坡几所高校开展"大学—企业研究室"合作。

2. 政府大力推动招商引资

早在 20 世纪 60 年代，李光耀就已亲自游说企业，吸引外资。至今，新加坡仍然在积极吸引跨国公司前往该国开展业务，提供税收减免、研究合作、培训补贴、提供制造商业务升级拨款等。

3. 构建国家产业创新生态

通过国家战略调整，新加坡构建了一种注重知识产权保护的创新创业文化。在第四轮经济变革时期（2011 年起），李光耀认为"必须将'创造力'融入新加坡的文化、思维定势和价值观中"。由此开始，新加坡工业开始转型，转向以知识为基础的活动，激励中小企业成长。知识产权保护方面，"制造业 2030 愿景"将知识产权投入作为向先进制造业转型的重点，致力于开发"独一无二的技术和产品"。

（三）创新工业模式，合理化空间布局

1. 案例：裕廊创新区

新加坡在裕廊工业区内实现了港口、产业和城市相结合的发展道路，已成功打造生产与生活的综合体。建设初期，政府赋予了裕廊工业管理局相当大的自主权，有权直接

批准项目、城市规划和园区规划，还能发放居民暂住证、商业许可证等。管理局更名为裕廊集团后拓展全球市场，被誉为亚洲"工业园区孵化器"。

最近，新加坡又为制造业载体带来一大创新——占地 620 公顷、坐落在公园里的裕廊创新区已动工，将于 2024 年开始分阶段开放。这是新加坡首个以先进制造业为主、将企业和社区联成一个生态系统的综合土地用途的产业公园，实现产城融合。

在楼宇布局方面，创新区的旗舰开发项目布林广场将为重型机械提供高负载的结构地板，并为不同的制造类型提供不同的楼层高度，包括 3D 打印生产线、机器人技术研发。首层为共享制造工作坊，2—3 层为机器人技术研发和制造，4—5 层为研发和原型设计实验室。

2. 新加坡"工业上楼"模式

新加坡首创了"工业上楼"概念。在 20 世纪 80 年代为解决城市土地资源紧缺问题而出现的"堆叠式厂房"基础上，新加坡贸工部下属的裕廊集团开展了多功能一体化工业空间的探索。新加坡"工业上楼"历经从政府主导到市场驱动，已发展为承载知识型产业的高层堆叠式厂房形态，集制造和研发于一体，容积率提高至 2.5 以上。

新加坡的"工业上楼"探索被称为"摩天工厂"模式，分为 B1、B2 两种模式，兼具工业空间和附属空间（6∶4），有利于增强职住平衡。"摩天工厂"以"REITs+PE"双基金模式运作，轻工业上楼成趋势，产品形态多为 4—7 层工业建筑，平均出租率高达 90.3%，2022 年总市值共计 106.5 亿元。

工业模式1（清洁工业、轻工业）				工业模式2（一般工业和特殊工业）			
最低60%主要用途		最多40%辅助用途		最低60%主要用途		最多40%辅助用途	
制造业（轻工业）	印刷/出版	辅助办公室	会议室	制造业	维修与保养	辅助办公室	会议室
食品工业（包装）	电子商务	陈列室	特定商业场所	生产	化学品油品储存	病房	柴油和泵点
		托儿中心	工业食堂	装配	针织厂	机电服务	陈列室
核心媒体	工业培训	工人宿舍	辅助展示区	核心媒体	电子商务	工人食堂	特定商业场所
				工业培训			

图 4　新加坡"摩天工厂"的两种工业模式比较

在工业用地模式方面，新加坡采取政府土地出让计划（GLS）。国家提供重点政策支持，政府土地出让计划对土地开发进行精细精准定价，对土地租金周期性灵活调整，对用途变化的土地征收发展税，以此抑制投机行为。另外，土地强化津贴（LIA）对受助人进行奖惩并举，补贴工业企业因提升容积率而产生的各阶段开支，对未达标者实施"降低出让年限"的惩罚。

（四）吸引高端制造，数字化赋能产业

新加坡通过自动化转型提升了制造业韧性与竞争力。根据世界银行的数据，2013 年新加坡制造业在 GDP 中占比降至 18%。之后，新加坡吸引半导体、生命科学、电子信息等领域的高端制造工厂，半导体生产商格芯、印刷龙头企业惠普等均在新加坡建立无人产线，惠普已实现制造成本降低 20%。2020 年，新加坡制造业在 GDP 中占比回升至 21%，英飞凌和美光在新加坡的工厂也入选全球 54 家"灯塔工厂"，为行业树立了先进制造的榜样。

新加坡各企业的自动化水平不断提升，根据国际机器人联合会的数据，新加坡每个工人使用工厂机器人的数量为世界第二（仅次于韩国），制造业工人的数量截至 2021 年已连续 8 年下降。同时，生产率的提高也带动了新加坡工资水平的持续上升。

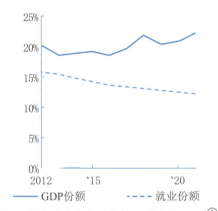

图 5　制造业占新加坡经济、就业的比重 [1]

（五）践行环保理念，绿色低碳化发展

新加坡正在经历高于全球平均水平的变暖，致力于打造绿色建筑、低碳出行、新能源体系。自 2017 年以来，新加坡多所大学投入"冷却新加坡"项目研究，计划开发出城市气候数字孪生模型。同时，新加坡以可持续的交通方式推进全岛内部交通优化。净

---

① 数据来源：新加坡统计局、新加坡人力部。

零排放需求下，新加坡也开始布局氢能产业。2022 年 10 月 25 日，《新加坡国家氢能战略》发布，提出新加坡将发展氢能源作为主要脱碳途径，以支持到 2050 年实现净零排放的国际气候承诺，同时加强新加坡的能源安全和弹性。

（六）满足企业需求，为企业成长助力

1. 高度重视中小企业的发展

中小企业是新加坡经济的主体，新加坡历届政府对于本土初创、中小企业采取了一脉相承的培育政策。20 世纪 70 至 90 年代，李光耀政府及时对经济政策纠偏，通过财政和中央公积金等措施，对企业进行多方面支持。之后的两任总理（吴作栋和李显龙）延续对本土中小企业的支持，通过减税、引进人才、创设政府基金（支持有前途的初创企业），建立新加坡自己的技术壁垒。

2. 强化政府服务与金融服务

政府服务方面，新加坡通过政府分支机构的项目与平台，帮助企业研发创新并走向成熟，从而支撑新兴产业发展。新加坡企业发展局推出"企业腾飞计划"等项目，助力本土制造企业发展。科技研究局下设专门研发机构，在产业孵化期进行牵头研发与市场引导，并在本地商业研究机构崛起后将此类政府机构适时退出。

金融服务方面，新加坡的金融机构以工业为依托，紧密服务制造业需求。不同于香港，新加坡金融业依托在本国强大的工业基础上，金融机构积极为符合资质的科技企业提供贷款，避免了产业萎缩与金融空心化，同时推动了高科技制造业发展。

3. 为企业提供充分人才保障

教育方面，新加坡始终将人才教育作为国家大事。尤其在中国改革开放以后，新加坡失去部分红利，更将人才视为核心竞争力。第一，新加坡充分开发本国人才资源，实施分流教育，既挖掘培养精英人才，也为基础较弱的学生提供职业技能培训。第二，新加坡保障教育可负担性，由国家承担主要教育经费，覆盖教育各阶段。第三，新加坡建立了一套终身教育体系，覆盖人生各阶段，在各级学校、企业、民众联络所提供各类职业培训。

引才方面，新加坡注重海外产业人才引进。新加坡为外来人才提供丰厚薪酬、家庭随居政策、税收优惠，还专门建立海外招揽机构，并以奖学金在国际人才市场上实现早期"收割"，为外企提供了大量讲英语的科学、工程和数学人才以及制造业经理人。

产业支撑方面，新加坡通过人力培训确保劳动力水平与产业发展相匹配。新加坡未

来技能局设立了未来技能系列项目，聚焦先进制造、数据分析、数字媒体等新兴产业领域，面向大众授课。另外，新加坡商业联合会发起了工业 4.0 人力资本计划项目，帮助企业设计人员培训方案，已帮助一些公司生产力提高 200%。2014 年至 2021 年全国制造业劳动者创造的人均附加值已翻倍。

4. 基于东盟开展地区制造合作

2021 年 2 月，东南亚制造联盟在新加坡宣布成立。该联盟为有意拓展东南亚市场的制造企业提供"新加坡 +1"战略，搭建工业网络、强化供应链。联盟的成立将新加坡与东南亚其他国家的制造业优势资源进行互补，产生 1+1>2 的效果，将协助新加坡制造业企业快速拓展区域市场、降低初期风险、完善生产链。

三、对策建议

（一）夯实基础，加快强链升级

借鉴新加坡对高附加值产业体系打造的经验，将上海打造为重要的国际节点。在"（2+2）+（3+6）+（4+5）"的现代化产业体系框架下，兼顾新旧产业赛道，既夯实传统优势产业，又抢占战略性新兴领域。例如，上海市要打造"五个中心"，可基于"世界第一大港"的既有贸易枢纽优势，打造国际碳交易、数字贸易、新能源贸易等新兴贸易形式，强化国际产业链供应链关键节点地位。

（二）加强支撑，实现强基筑底

借鉴新加坡培育本地企业经验，打造多元服务支撑企业，壮大上海制造集群。研发支持方面，进一步发挥公共研发机构的引领作用，更好支撑企业的科技创新、知识产权开发、先进工具利用，支撑战略性新兴产业的技术突破。资金支持方面，落实好相关人才奖励专项和资金支持政策，并发挥好产业基金引导作用，进一步鼓励民间资本和社会风险投资加大投资规模，更好地助力中小企业发展成熟。

（三）产城融合，实现空间扩展

借鉴裕廊工业区开发模式，赋予部分重点园区更大职权，打造重点地区增长极。上海市可适当拓展几大开发区、自贸区的自主管理权限，赋予重点地区进行产业创新、打通项目堵点的"加速度"，加快产业园区发展升级，探索工业上楼、制氢加氢一体化、产业公园等新模式，提升重点地区工业产值增量比重。

（四）应用技术，加快数字蝶变

借鉴新加坡自动化转型历程，以数字技术赋能制造业，提升上海产业竞争力。在"制造业回流"的国际趋势下，全球产业链竞争格局和投资结构变革的风险增强，上海需加快制造业数字化改造，提升制造业的核心竞争力与能级水平。借鉴新加坡经验，可将数字技术最新成果应用于制造业生产模式改造，提升产业效率、制造业工资水平，实现行业领先，提升国际吸引力。

（五）超前布局，谋求绿色领跑

借鉴新加坡绿色转型路径，探索适合上海的绿色制造，实现低碳领域的国际领跑。一方面，持续倡导绿色交通和绿色物流，提升新能源车辆制造水平和配套完善度，推动燃料电池技术发展，扩大各场景下新能源车的覆盖比例。另一方面，推进绿氢、绿氨等新能源应用，助力冶金、化工、储能、电力等工业场景的低碳发展，抢占绿色能源领域国际竞争的制高点。

（六）创新支持，助力企业成长

借鉴新加坡的"终身教育"理念，探索人才培养体系创新，打造产业人才高地。探索政府统筹下的人才集聚与培训机制，并为企业人力培训提供适当经费支持，借助上海顶尖科学家论坛等平台，探索塑造高端人才引领下的职业技能培训模式。开展职业培训质量追踪，确保人才水平与产业发展速度相适应。

（蔡懿）

下篇：欧美日制造业战略对上海推进新型工业化的启示

习近平总书记强调，新时代新征程，以中国式现代化全面推进强国建设、民族复兴伟业，实现新型工业化是关键任务。制造业高质量发展是实体经济高质量发展的核心，也是推进新型工业化、加快建设制造强国的根本路径。本文梳理了美国、欧盟、日本最新制造业战略的目标愿景、实施路径，总结国外战略经验，为上海加快推动制造业高质量发展、推进新型工业化建设提供参考和建议。

欧美日等发达国家的工业化实践经历了由"去工业化"到"再工业化"的转变。2008 年金融危机以事实宣告"去工业化"发展逻辑失败后，欧美国家开始重新审视工业尤其是制造业在经济发展中的重要作用，积极实施"再工业化"战略。当今新一轮科技革命和产业变革持续深入，全球产业布局深度调整，国际局势动荡不安，大国博弈和竞争不断加剧，节能减碳成为全球共识，欧美日等发达国家不断更新以制造业为核心的"再工业化"战略，力图重塑制造业新优势、巩固国际竞争地位。

一、欧美日制造业战略的目标愿景

美国《先进制造业国家发展战略 2022—2026》以"维持美国先进制造业的领先地位"为主旨，提出"促进经济增长、创造高质量的就业机会、增强环境可持续性、应对气候变化、加强供应链、确保国家安全、改善医疗健康"七大愿景，并制定了"开发和实施先进制造技术、壮大先进制造劳动力队伍、提升制造业供应链弹性"三项总体战略目标。

《欧洲新工业战略（2020—2030）》旨在指导欧洲工业实现气候中立和数字领军的双重转型，增强欧盟在全球产业竞赛的竞争力和地缘政治角逐的战略自主性，设立了"欧洲工业具备全球竞争力和世界领先地位、实现 2050 年的气候中立、打造欧洲的数字化未来"三大愿景，并提出新工业战略、适应可持续和数字发展的中小企业战略、服务企业和消费者的单一市场行动计划等。欧盟"工业 5.0"提出未来工业生产模式和技术发展趋势进一步向以人为本、可持续性和弹性的方向转型。

日本《制造业白皮书（2023）》认为数字化、脱碳、供应链安全等是今后全球制造业都将关注的问题，指出"增强供应链韧性来确保产能稳定""实现全供应链的碳足迹可视化""通过节省劳动力和自动化提高生产率和实现节能""通过数字技术，实现全供应链的可视化和共同协作"等举措是日本制造业的未来动向。此外，日本积极推进"社会5.0"战略，具体到工业领域即为"互联工业"战略，包含三大核心理念：人与设备和系统的相互交互的新型数字社会、通过合作与协调解决工业新挑战、积极推动培养适应数字技术的高级人才。

三大经济体都将绿色低碳、供应链安全、以人为本作为制造业战略的核心理念，美国强调以先进制造技术强化先进制造业的全球领导地位，欧盟和日本更关注以数字化绿色化双转型巩固和提升全球竞争力。

二、欧美日制造业战略对上海制造业发展的启示

（一）聚焦重点领域加大关键技术研发

开发和实施先进制造技术是美国《先进制造业国家战略》的首要战略目标。聚焦清洁和可持续制造、微电子及半导体、生物经济（包含生物医药、农业及食品、生物质能应用等）、新材料及新加工技术（包含高性能材料设计和加工、增材制造、关键材料、太空制造等）、智能制造五方面，大力支持先进制造领域关键技术研发，通过壮大"国家制造业创新网络"（Manufacturing USA），集中力量推动先进制造业创新发展。截至2023年12月，美国"国家制造业创新网络"已经组建了17个创新研究所，引领先进制造关键领域未来创新方向，详见图1。

欧盟《欧洲新工业战略》及"工业5.0"以绿色可持续发展和数字化转型为核心，重点发展战略数字基础设施和关键使能技术，巩固先进制造、机器人和绿色技术领域的领先地位，加强数字技术领域研发创新。其中，工业5.0使能技术包括与工业4.0相关的先进制造和数字化技术，以及生物仿生、能源效率和可再生能源等体现人性化和绿色化方面的技术。日本《制造业白皮书》提出，通过利用产、学、官相结合等方式积极推动创新型人工智能、大数据、物联网、材料、光学/量子技术、环境能源等对未来社会至关重要的关键前沿技术研发。

资料来源：美国制造业网络（Manufacturing USA）官网。

图 1　美国制造业创新网络创新研究分布

（二）政策技术双管齐下提升供应链韧性

2021 年《美国供应链行政令》启动了对美国供应链的全面审查，并指示联邦各部门协同努力，以关键产品和必需品为核心，建立更具韧性和更加安全的供应链。2022 年《关于美国供应链行政令：一年的行动和进展》要求联邦政府继续采取具体行动来提高供应链的弹性，包括成立供应链中断特别工作组、通过《2022 年美国竞争法案》和《美国创新与竞争法案》等，并授权 450 亿美元用于改善关键商品的供应链。美国《先进制造业国家战略》指出除了联邦政府的具体行动外，还需要对供应链漏洞进行更多的测绘和建模，强调通过供应链数字化转型来降低供应链脆弱性，包括：促进供应链内公私合作；追踪供应链上的信息和产品，加强数据共享、改进报告和标准化的网络安全集成；增加供应链可见性，利用人工智能系统和经济分析手段对供应链关键节点进行优先级监控与预警等。

2022 年日本颁布的《经济安全促进法》将蓄电池、半导体、永磁体、机床和工业机器人等 11 种商品指定为"特定关键商品"，以确保关键商品的稳定供应，并采取了包括强化国内生产基础在内的一系列措施。日本《制造业白皮书》提出加强新兴数字技术运用，推动企业共享资源，提升供应链的可视化程度，包括促进制造过程数字化与供应链数字化转型两方面。欧盟积极构建新战略投资机制，投资于对欧洲未来在绿色和数字化转型背景下的弹性力和战略自主至关重要的关键价值链，出台关键原材料行动计划、欧盟制药新战略以确保重要供应链安全，建设"清洁氢联盟""低碳工业联盟""工业云及平台联盟"和"原材料联盟"等欧洲共同利益重要项目。

（三）大力推动数字化绿色化双重转型

欧盟提出适应可持续和数字发展的中小企业战略，将中小企业作为推动实现绿色和数字双转型的主力军。一是加强能力建设和面向绿色、数字的转型支持，包括优化"欧洲企业家网络"，设立"可持续问题顾问"，开设数字培训课程，启动"数字志愿者"能力提升计划，扩大"数字创新中心"项目，探索共享经济等。二是在帮助开拓市场和减轻行政税负方面做加减法，包括支持政府对企业实行一站式服务；优化采购法律框架和承包合作指导意见等。三是优化融资渠道，包括支持中小企业募股上市，通过"欧洲风险资本扩张行动"（ESCALAR）扩大风险投资基金资本规模，启动有助于女性创业者的融资计划，启动绿色科技投资倡议、区块链产业倡议、简化国家援助适用规则等。

日本高度重视利用人工智能和物联网等数字技术赋能行业节能减排。《制造业白皮书》认为通过扩大对数字转型的投资和推动创新，提高生产率、增加利润，创造良性循环，对实现绿色转型至关重要。《革新环境技术创新战略》强调利用数字技术建设弹性电网，开发分布式能源控制技术，推进"智能城市基础设施"国际标准建设。《巴黎协定下的长期战略》提出利用人工智能等技术降低交通、运输、建筑、农业等行业碳排放，到2050年实现地区层面供需控制数字技术的部署。此外，《2050年碳中和绿色增长战略》提出半导体和通信产业等14个行业的碳中和目标和重点任务，包括打造绿色数据中心和研发绿色数字技术等。

（四）注重先进制造劳动力供给与技能提升

美国《先进制造业国家战略》将"提高人与机器之间的协作能力"作为"引领智能制造未来"目标的关键，通过实现安全高效的人机交互，扩大人与机器之间的协作，从而增强人的能力，增强生产工人的能力，并将"壮大先进制造业劳动力队伍"作为实现国家战略的三大支柱之一，主要路径包括：促进先进制造业教育和培训，将先进制造纳入基础 STEM 教育，开展先进制造业现代化职业技术教育；加强雇主和教育机构之间的联系，扩展基于工作的学习和学徒制，鼓励工人获得行业认可的证书和相关认证。欧盟通过"一揽子"措施促进劳动力知识结构转型和整体素质提升。更新 2030 年欧洲技能议程，增加关于职业教育和培训的建议；制定《数字教育行动计划》；利用如地平线 2020 项目 SAM（增材制造部门技能战略）和 SAIS（工业共生技能联盟——可持续流程工业跨部门蓝图），促进工人资格转变，重新培养数字技能。

三、上海推进新型工业化建设的对策建议

（一）构建与先进制造业相匹配的产业创新网络

加强关键核心技术攻关。借鉴欧美日抓住战略重点加大关键技术研发的做法，聚焦大飞机、燃气轮机、集成电路设备、能源装备、高端船舶、通信设备等高端制造领域，进一步梳理产业基础和重大技术装备的"攻关清单"，依托龙头企业，实施专项技术装备攻关行动，集聚全市力量创新突破。

打造先进制造业创新网络。借鉴美国"国家制造业创新网络"，发挥集成电路、智能传感器国家制造业创新中心引领作用，在基础部件、先进材料、高端装备等重点领域，加快打造制造业创新中心、技术创新中心、产业创新中心、新型研发机构协同发展的先进制造业创新网络，强化开放型创新平台功能，增强重点行业关键共性技术供给，提升产业创新策源功能。

（二）提升产业链供应链韧性和安全水平

聚焦短板补链固链强链。聚焦芯片、大飞机、新能源汽车、高端医疗影像设备、细胞治疗、智能机器人、大型邮轮、燃气轮机、北斗导航、化工新材料等标志性产业链，梳理上海在重点产业链领域的短板和薄弱环节，"一链一策"有针对性的推动补链固链强链。支持国产替代加大应用，加大关键备品备件提前储备；开展薄弱环节全球招商，吸引外部企业来沪投资，推动供应链的本地化生产以及创新成果本地孵化转化。

加强供应链可视化动态管理。借鉴美国、日本做法，加快供应链数字化转型，促进产业链供应链从清单式静态管理向可视化动态管理转变。一是完善工业互联网平台监测系统，推动重点平台互联互通，推动智能感知技术在制造供应链关键节点的应用，及时掌握产业运行情况和风险苗头，保障产业链供应链运转顺畅。二是以政府数据开放带动

平台、企业、产业数据开放，构建基于海关、税务、市场监管、企业等多渠道的数据采集机制，持续动态跟踪、监测和研判产业供应链动态。全面梳理重点产业供应链薄弱环节、核心供应商、潜在风险点和关键产品名录，建立供应链风险预警和应急响应机制。

（三）推动数字化绿色化协同转型和融合发展

引导中小企业加快数字化绿色化协同转型。中小企业是上海经济和社会发展的生力军，也是开展"双化协同"转型的重要主体，实际转型中往往面临路径依赖、资金与能力不足等问题，需要加强引导与支持。可借鉴欧盟做法，实施中小企业"双化协同"转型专项行动，加快中小企业上云上平台，推动工艺流程优化、技术装备升级，加快培育一批"双化协同"转型示范中小企业。加快"双化协同"转型功能性平台建设，深入实施"工赋上海"行动计划，加快打造一批行业性工业互联网标杆平台、跨行业跨领域工业互联网平台，促进工业互联网与低碳、零碳、负碳技术相融合，为中小企业提供数字化绿色化转型组团式服务。提升"双化协同"公共服务平台能级，在现有数字云等转型公共服务平台基础上，拓展绿色低碳板块，向中小企业提供转型咨询、技术推广、供需对接、政策宣教等全链条服务。

推动数字化绿色化融合发展。以智能化促进绿色化，以绿色化带动智能化，积极推动数字技术与绿色技术融合创新，推进产业智能化、绿色化、融合化发展。积极引导六大重点产业调结构、提能效，推动制造业企业加快机器人应用、设备联网和绿色化改造。增加数字技术和绿色技术供给，推广"工业互联网＋绿色制造"、智慧节能服务等新模式，培育一批专业化的数据服务商、绿色技术供应商、智能系统方案解决商，培育新型储能等融合型产业。加强新型基础设施建设，打造低碳交通物流、绿色数据中心、智慧能源等融合基础设施，推动智能园区和绿色园区建设。

（四）加强创新型技能型产业人才队伍建设

加强创新型人才队伍建设。培养造就一批产业技术创新领军人才和高水平创新团队。强化制造业人才供给，完善制造业从业人员薪酬增长机制，保持制造业从业人员对收入的稳定预期。开展制造业从业人员技能提升行动，不断提升制造业从业人员整体素质。实施面向未来的复合型产业人才培养试点，为新型工业化积蓄人才力量。创新技能型人才培养模式，注重专业培训与基础教育并重，提升行业对数字技术、低碳绿色技术等吸收转化能力；职业教育与通识教育融合，提高技能型人才的认知能力、学习能力以及对劳动力市场的适应能力，大力培养"数字工匠"。

（高文迪　高世超）

参考文献：

【1】美国国家科学技术委员会：《先进制造业国家战略报告》，赛迪研究院译，第7—10页（赛迪研究院编译，2022年）。

【2】驻欧盟使团经济商务处：《欧盟委员会提出新欧洲工业战略》，http：//www.mofcom.gov.cn/article/i/jyjl/m/202004/20200402952449.shtml（"商务部官网"，发表时间：2020.04.06）。

【3】苏楠：《欧盟"工业5.0"的辨析与启示》，https：//mp.weixin.qq.com/s/PCtiof7VhPdSe33eWGgScQ。

【4】石北、檀佳宜：《从日本2023年版〈制造业白皮书〉看全球制造业发展新趋势》，https：//mp.weixin.qq.com/s/diPLZiAMBMAveEcULT_P4A。

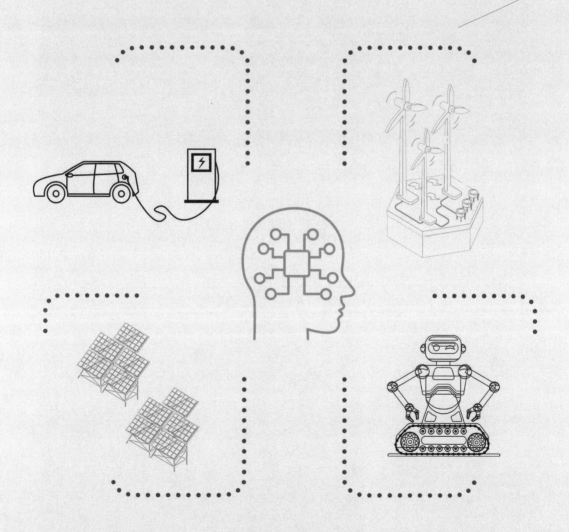

第一编

新产业

打造人工智能大模型发展上海高地

党的二十大提出，要建设现代化产业体系，推动战略性新兴产业融合集群发展，构建人工智能等一批新的增长引擎。2023 年 4 月 28 日，中共中央政治局会议强调："重视通用人工智能发展，营造创新生态，重视防范风险"。区别于此前中央经济工作会议等重要会议中泛指的"人工智能"，此次政治局会议明确强调"通用"，即 ChatGPT 自 2022 年 11 月以来引领的通用性 AI 大模型技术路线。北京市《若干措施》的发布是国内首个地方政府紧贴 AI 大模型产业化发展提出的专项措施，其目标是 2025 年实现百台人形机器人原型机生产，实现 3—4 个场景应用，而上海、深圳同样发布政策加紧布局人形机器人，加快其产业化进程。当下正值 ChatGPT 引发的"千模大战"打响，AI 大模型可能为人形机器人带来新的效率革命和体验升级，上海亟待推动关键技术创新和监管相关举措，抢占 AI 大模型赋能人形机器人发展的"窗口期"。

伴随着从 ChatGPT、文心一言到 BloombergGPT、DeepSpeed Chat、通义千问等在多

场景广泛应用，AI 大模型在语言理解、图像识别、自然语言处理等领域展现出巨大的潜力和迅猛的发展趋势。谁能率先场景落地、将技术变现将成为 AI 大模型赛场上的关键赛点。

一、全球 AI 大模型发展趋势

从参数规模上看，历经从预训练模型、大规模预训练模型、超大规模预训练模型的阶段，参数量实现了从亿级到百万亿级的发展，未来将开始在精度和成本做权衡，或将通过牺牲部分精度来大幅降低成本（主要通过降低模型参数量）。从数据模态来看，正在从文本、语音、视觉等单一模态大模型，向着多种模态融合的通用人工智能方向发展。从部署方式上看，逐步对接终端边缘侧，可直接部署在移动终端，且可离线运行。如 OpenAI 于美国市场 2023 年 5 月推出 ChatGPT 的 iPhone 端应用程序，国内首批通过《生成式人工智能服务管理暂行办法》备案的商汤"商量 SenseChat"、MiniMax 的 ABAB 大模型、上海人工智能实验室的书生通用大模型（上海地区 3 家），百度文心一言、抖音的云雀大模型、百川智能的百川大模型、清华系 AI 公司智谱华章旗下的智谱清言以及中科院旗下紫东太初（北京地区 5 家）等于 8 月面向全社会开放服务。

从中美相关领域融资事件来看，美国风险投资机构仍聚焦于 AI 软件、医药和机器人三大领域。通过梳理 *Bloomberg* 中 AI 相关资讯（22 年 1 月—23 年 5 月），目前 AI 落地应用主要集中在传媒游戏（24%）、机器人（19%）、办公（14%）、医药（12%）等领域。据 Crunchbase 数据库，2023 年 1—5 月，AI 融资项目中，AI 软件、医药、机器人、安防、金融占比依次为 55.7%、13.4%、9.4%、6.7%、6.7%。另据天眼查数据显示，截至 2023 年 6 月底，国内与"大模型"直接相关的融资事件 20 余起，从被投企业的地域分布来看，北京、上海以及杭州位居前列，其中北京融资事件数量超 10 起，显示其在人工智能领域的领头地位。从不同国家地区来看，AI 大模型的发展与所在国的互联网发展息息相关。包括芯片、云计算、高质量数据等产业基础，模型构架和算法经验以及用户群体、社会文化将共同决定所在国家 AI 大模型的发展高度，具体内容详见附件一。

二、AI 大模型赋能人形机器人逐步迈向真正的通用人工智能

（一）结合了 AI 大模型的人形机器人将真正突破虚拟与现实之间的边界

"AI 大模型 + 人形机器人"跨出通向通用人工智能的一大步。人形机器人是人工智

能、集成电路、新材料、先进制造等前沿技术系统集成的产品，是未来产业发展的重要方向之一。人形机器人相当于为 AI 大模型打造的物理身体。人形机器人提供了各种基于人类行为的学习和反馈系统，为实现更复杂行为语义提供了迭代的基础和试验场。此外，人形机器人还将持续拓展 AI 大模型的"实操"度，提升人工智能的"智能系数"。人形机器人对通用 AI 发挥良性促进作用。通用 AI 被赋予了超越文本存在的物理实体，具备与物理世界交互的能力，从而产生劳动价值和情感价值。人形机器人需求潜力巨大。在智能制造、智能服务、人机协作等方面都将有广阔的应用场景。据弗若斯特沙利文预测，到 2026 年全球人形机器人市场规模将达到 80 亿美元；GGII 发布的 5 月报告预测，到 2030 年全球市场规模有望突破 200 亿美元。而高盛则预计，到 2035 年，在蓝海市场情景下，人形机器人市场能够达到 1540 亿美元的规模，接近截至 2021 年全球电动汽车市场以及全球智能手机市场的三分之一。

（二）AI 大模型与人形机器人深度融合的发展路径

AI 大模型可能为人形机器人带来新的效率革命和体验升级。随着 ChatGPT 等大语音模型等人工智能应用的持续火热，AI 大模型受到了行业内外空前的关注度，而人形机器人需求潜力巨大，在智能制造、智能服务、人机协作等方面都将有广阔的应用场景。AI 大模型与人形机器人平台进行物理交互，叠加场景支持和数据反馈持续调优。如，达闼正致力于将多模态模型应用到服务机器人的云端大脑中，科大讯飞已经开始在消费机器人乐森（Robosen）上对星火大模型进行测试，阿里云正在实验将千问大模型接入工业机器人等。"AI 大模型＋人形机器人"深度融合将推进人形机器人的智能化水平与人机交互方式的变革，还将通过应用落地，促进 AI 大模型与通用机器人在垂直场景的研发、开拓与数据积累。

三、AI 大模型赋能人形机器人关键要义在于理解、推理，并与物理世界互动

在 AI 大模型赋能人形机器人过程中，AI 大模型作为通用人工智能智慧大脑，即拥有语言、视觉、运动控制、虚拟仿真等能力，形成感知、决策、控制闭环。人形机器人作为通用人工智能的物理身体，从属于智慧大脑，实现执行智慧大脑指导控制的最终行为。

语言理解能力：AI 大模型作为一种预训练语言模型，可以被应用于机器人与人类之间的自然语言交互。如，机器人可以通过 ChatGPT 来理解人类的自然语言指令，并根据指令进行相应的动作。自然语言是人类最通用的交互媒介，语音作为自然语言的载体将会是机器人拟人化的关键任务。场景理解能力：视觉大模型赋能人形机器人识别更精确，场景更通用。计算机视觉的发展经历了基于以特征描述子代表的传统视觉方法、以 CNN 卷积神经网络为代表的深度学习技术，目前通用的视觉大模型正处于研究探索阶段。思考决策能力：通用语言、环境感知能力是自动化决策的基础，多模态大模型契合人形机器人的决策需求。多模态统一建模，目的是增强模型的跨模态语义对齐能力，使模型逐步标准化，使得机器人能综合视觉、语音、文本多维度信息，实现各感官融合决策的能力。控制执行能力：生成式 AI 赋能机器人自我控制，最终形成感知、决策、控制闭环。要使人形机器人具备通用能力，首先需要让其具备"常识"，即通用的语言理解能力（语音）和场景理解能力（视觉）；其次需要让其具备决策能力，即接收指令后产生的对任务的拆解，通过行动能力（腿）+ 精细操作（手），把机器人做成人形，为了让机器人的执行能力更加通用。

　　目前国内北京、广东、浙江、上海等地的大模型数量最多。来自上海的包括中国首个对话式大语言模型—复旦大学 MOSS 系统、商汤科技日日新（SenseNova）、竹间智能魔力写作、上海人工智能实验室对全球中期天气预报的大模型"风乌"，以及上海联通发布算力网络医疗大模型"Uni-talk"等。同时，国内机器人产业已基本形成从零部件、整机到集成应用的全产业链体系，以人形机器人为代表的智能移动机器人出现并迭代。从智能手机、智能汽车到人形机器人，伴随着交互的智能化与移动功能的智能化不断迭代升级，是从"小"向"大"智能终端市场渗透发展的必然路径。当前波士顿动力、特斯拉等国外厂商，小米、优必选、宇树科技等国内厂商及上海相关企业纷纷探索大模型与机器人结合，如达闼人形机器人 Gingerxr-1、傅利叶智能通用人形机器人 GR-1、上海智元新创技术有限公司智元具身智能机器人"远征 A1（RAISE A1）"等。而作为上海三大先导产业之一，人工智能产业规模正不断扩大，且上海机器人密度已达到 260 台 / 万人，是国际平均水平（126 台 / 万人）两倍还多。当前 AI 大模型与人形机器人正处在两个产业急剧发展、互相交融、升级换代、跨越式发展的战略机遇期，通过聚焦提升人形机器人智能化水平，加快人形机器人在汽车、仓储物流、展厅导览、政企服务、家庭服务、综艺娱乐、高校科研等场景的应用落地，有望引发上海新一轮未来产业发展"核爆点"。

四、加快打造人工智能和人形机器人发展上海高地的对策建议

一是强化上海"AI大模型＋人形机器人"深度融合机制创新前瞻布局。目前国内和地方，"AI大模型＋人形机器人"领域仍未形成系统的产业发展规划和行动实施方案，上海可积极寻求国家支持，联动市级相关部门，鼓励扶持上海本地相关AI大模型、人形机器人产业链参与各方，前瞻推进人形机器人产业规划布局，完善配套政策和措施，并指导行业制定数据安全管理政策制度和标准规范，促进创新资源要素高效配置，全面推进未来上海人"AI大模型＋人形机器人"深度融合高质量发展。

二是鼓励上海整机企业联动产业链上下游企业加强核心技术联合攻关。坚持应用牵引、整机拉动、软硬协同、生态培育的工程化路径，充分发挥上海科创资源禀赋，鼓励开展建立在人形机器人基础上的AI大模型开发，上海整机企业联动产业链上下游企业，积极开展人形机器人本体、核心零部件及相关软硬件的生产和设计等，加强动力系统、智能AI系统、结构材料等领域核心技术联合攻关，突破人形机器人核心部组件和零部件性能优化等关键共性技术薄弱、技术与应用脱节等瓶颈。

三是持续深化AI大模型行业监管，探索划定数据安全边界。针对国内和上海许多AI系统模型和算法软件，如何确保训练过程中数据质量和"清洁度"，模型设计的安全性、生成信息准确性、真实性以及价值观、模型训练的稳定性仍有待进一步探索，需要上海网信办、经信委等相关部门联动积极探索政策监管的理性引导，探索划定数据安全边界。并且随着AI应用场景的深化，需要持续深化AI大模型监管，高度重视各种内生安全问题和危险。

四是加速培育通用型为主＋专业型有效补充的上海AI大模型赋能人形机器人应用场景。以通用大模型为主，专业大模型有效补充的并行路线，牵引打造"AI大模型＋人形机器人"产业生态。鼓励本地龙头企业、科研机构、行业组织联动建设软硬协同的通用型人形机器人开源创新平台，以开放的产业生态降低应用技术成本，同时加速智能制造、养老陪护等应用场景培育，推动人形机器人在上海汽车、安防、制造、公共服务、高校科研等领域深度应用，进一步优化产业创新生态和企业发展生态。同时，鼓励针对生物医药、遥感、气象等垂直领域的专业类大模型赋能人形机器人，发挥其领域纵深优势不断深化落地，提供针对特定业务场景的专业型人形机器人高质量解决方案。

（王建）

附件一：部分典型国家 AI 大模型发展方向、趋势及特征

未来大模型的普及率或将会与全球国家及城市的竞争力息息相关，不仅会成为区域科技创新能力的象征，也会成为一座城市整体向数字化、智慧化转型的重要基础。

（一）中国：国产大模型产业成为备受关注的新兴领域

AI 大模型正处于"赛马模式"。据科技部新一代人工智能发展研究中心 5 月底发布的《中国人工智能大模型地图研究报告》显示，我国 10 亿参数规模以上的大模型已发布 79 个，如百度文心一言、华为盘古、360 智脑、商汤日日新、阿里通义千问、京东灵犀、昆仑万维天工、科大讯飞星火、腾讯混元等。与国外大模型在实验室打磨成熟不同，国内大模型大多数是从产业端实战出来；与国外企业大多专注于一个大模型不同，国内头部企业在大模型方面的布局通过一个系列来打组合拳。在技术创新方面，如，百度推出文心大模型，该模型涵盖了自然语言处理、图像识别、语音识别等多个领域，为各个行业提供了强大的技术支持。从市场前景来看，国内各个行业都在积极探索数字化转型，据统计，我国大模型市场规模已经超过 100 亿元，并以每年 20% 的速度增长。从面临挑战来看，人工智能核心算法和硬件技术等技术创新能力亟待提升，开发成本仍需持续降低，提高模型的性价比。此外，有待于更加深入的行业知识和应用经验，从而衍生更多 AI 原生应用。

（二）美国：一手云大厂，一手高性能芯片

Transformer 网络架构的提出让大模型训练成为可能。现在几乎所有 AI 大模型训练时采用的 Transformer 网络结构，是谷歌在 2017 年推出的，它具有优秀的长序列处理能力，更高的并行计算效率，无需手动设计以及更强的语义表达能力等特征。掌握着全球算力的核心资源。目前，美国拥有世界上最大数量的云计算企业，而美国最具代表性的 AI 大模型初创企业，无论是 OpenAI 还是 Anthropic 都接受了微软和谷歌这样的云大厂投资。英伟达的高性能芯片 A100 仍然是唯一能够在云端实际执行任务的 GPU 芯片，2023 年新发布的 H100 配有 Transformer 引擎，可以专门用作处理类似 ChatGPT 的 AI 大模型，由其构建的服务器效率是 A100 的十倍。集中行业最具代表性的 AI 大模型。如，OpenAI 最新发布的多模态预训练大模型 GPT-4，谷歌最新推出"通才"大模型 PaLM-E，拥有全球最大的视觉语言模型的 5620 亿参数，能看图说话、能操控机器人，

以及刚刚解决 AI 绘画手指问题的 Midjourney 等。当前美国更在意人工智能技术的领先地位，正在形成以风险管理为原则的监管框架。

（三）欧盟：德国独自撑起大模型发展

欧洲在 AI 大模型方面缺少有影响力的企业。唯一一个总部位于英国的 DeepMind 还是由 Alphabet 全资拥有。而谷歌 2023 年 3 月 7 日最新推出的多模态大模型 PaLM-E，也是由谷歌和柏林工业大学共同打造。除了合作研发之外，德国还拥有欧洲目前唯一一款 AI 大模型。欧洲在 AI 大模型上的关注重点是立法。欧盟希望通过立法的方式参与到全球人工智能的标准制定当中，五年前已率先推出 GDPR（《通用数据保护条例》），并继续在监管和立法方面领先，2023 年 6 月，通过了世界上第一个 AI 监管相关法案，即《人工智能法案》草案。但欧洲的问题在于缺乏一个统一的大市场。在互联网时代没有创造出一个大型的互联网企业，进而在数据量、云计算、推理训练等 AI 大模型相关的基础设施上被持续拉开，欧洲对其他国家的技术依赖可能阻碍欧盟参与制定人工智能全球标准的努力。

（四）日本：大模型发展已打上美国或者韩国烙印

日本互联网和云计算无论是在全球市场，还是在本土市场都缺乏充足的成长空间。日本的即时通讯软件来自韩国的 LINE，云计算业务也被美国企业长期把持。2022 年，日本云计算市场份额约占全球的 4%，排名第四。但日本云计算市场的主要竞争者却是美国的三大云巨头亚马逊、微软和谷歌，它们在日本的市场占有率已经达到 60%—70%。目前，Rinna（微软日本）的日语版 GPT-2 和 HyperCLOVA（韩国搜索巨头 Naver）已经算是日本参数规模最大、最具代表性的大模型。日本政府采取措施扭转局面，但收效甚微。2022 年 5 月，日本政府计划将云计算服务列为涉及国家安全的"特定重要物资"，并将加强日本本国的"国产云"，但执行下来其实收效甚微。面临的诸多挑战。由于半导体产业的衰落，让日本在本应成为最大优势的 AI 芯片领域缺位；作为一个小语种国家，日语面临和中文一样缺乏语料的问题。

（五）韩国：财阀唱主角，紧跟美国步伐

韩国是最早加入 AI 大模型研发的国家之一。目前，韩国在大模型领域的代表只有

互联网巨头 Naver 和 Kakao，移动运营商巨头 KT 和 SKT，以及通信巨头 LG。紧跟美国步伐。在 GPT-3 的应用上，2020 年 OpenAI 发布 GPT-3 的论文，韩国企业在 2021 年就推出了相应产品，反应速度比中国更快。这种紧跟在 AI 方面也是如此，2020 年谷歌、亚马逊等美国巨头开始推出 AI 加速芯片时，SKT 就同步推出了自主研发的 AI 加速芯片 SAPEON X220。在基础设施方面非常完善。如算力方面，有三星电子，SKT 等半导体巨头；互联网方面，有 Naver 和 Kakao 等标杆企业，并推出了一系列具有代表性的 AI 大模型。面临的诸多挑战。如韩文在语料方面和中文、日语一样，面临复杂的语言体系和语料不足的问题。韩国是目前世界上数据信息管理最严格的国家之一，严格的数据使用规定阻碍了韩国初创企业收集足够大的数据来训练 AI 大模型。

加快布局上海人形双足机器人产业

  机器人被誉为"制造业皇冠顶端的明珠",其研发、制造、应用是衡量一个国家科技创新和高端制造业水平的重要标志。人形双足机器人作为机器人的高级形态及 AI 的绝佳载体,是当前全球未来产业的关键布局领域之一,其发展进程将从本质上改变人类生产和生活方式,重塑现有全球经济、军事、政治格局。

一、人形双足机器人发展现状

(一)人形双足机器人技术构成

  人形双足机器人是一种模仿人类外形、结构和功能的机器人,发展历程最早可追溯至 1927 年美国西屋公司制造的世界上第一台人形双足机器人"TELEVOX"。2000 年以来,随着人工智能、机器视觉、传感器等技术领域取得突破性进展,人形双足机器人进入智能化研发加速期,从简单模型发展到高度智能化、多功能化。人形双足机器人的核心技术包括环境感知、运动控制、人机交互三大模块(见图 1)。

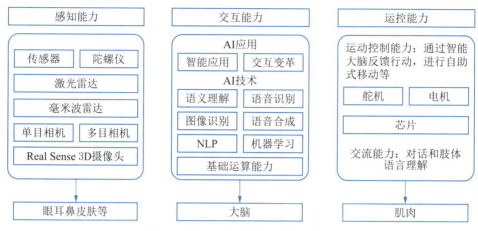

图1　人形双足机器人三大核心模块

环境感知模块模拟人类感官系统，通过摄像头、雷达等传感器经 AI 算法进行识别和测量，获取环境信息并形成数据输入。现有机器人视觉感知技术能进行精密执行操作，可实现对目标的识别、检测、定位以及机械手的伺服控制等功能。

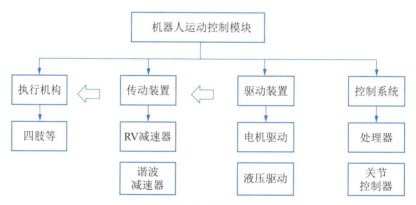

图2　运动控制模块结构拆分

运动控制模块模拟人类躯干，包括控制系统、伺服驱动系统、减速器三大核心，算法和技术壁垒高。控制系统（见图2）向伺服驱动系统发布指令并控制其完成相应动作，是人形双足机器人本体厂商核心竞争力。伺服驱动系统由驱动器和伺服电机构成，用于实现精准动作需求，驱动器数量与机器人灵活度成正比。减速器以谐波减速器和 RV 减速器为主，是一种精密传动装置，通过机械传动装置实现对原动机的减速增矩，人形双足机器人的膝关节、髋关节等重载关节多使用 RV 减速器，轻载关节以谐波减速器为主。

人机交互模块模拟人类大脑，包括数据及算力处理的储存器和 AI 芯片，主流研究方向有多通道交互、情感计算、虚拟现实、智能用户界面（表1）。AI算法及软件平台能力是人机交互核心竞争力，受算法及算力的发展限制。目前，在实际场景下高效人机智能交互仍具挑战，但以GPT-4为代表的大语言模型的问世有望加速人机交互技术进展。

表1　人机交互四大发展方向梳理

发展方向	核心技术特点	相关应用进展
多通道交互（MMI）	使用多通道与计算机通信的人机交互技术，包括言语、眼神、表情、唇动、肢体姿势等	视线跟踪、表情识别、触觉力反馈技术
情感计算（AC）	基于AI训练赋予计算机情感能力，让计算机能够理解和表达情感	情感鼠标、可穿戴计算机等
虚拟现实（VR）	以计算机技术为核心，生成与一定范围真实环境虚拟手术、互动游戏、在视觉、听觉、触觉等方面高度近似的数字化环境	虚拟手术、互动有限、数字博物馆、远程会议等
智能用户界面（IUI）	通过模型推理，从人机交互界面维度，实现人机领域模型、任务模型、交互的高效率、有效性和自然性	领域模型、任务模型、谈话模型、媒体模型等

（二）主流人形双足机器人发展现状

截至目前，全球主流人形双足机器人高度区间120—185 cm，重量区间50—90 kg。国外具有代表性的人形双足机器人中，波士顿动力研发的Altas运动性能最佳，适用于军方；Agility Robotics研发的Digit初步商业化，主攻物流服务；Engineered Arts研发的Ameca拥有最接近人类的面部表情；特斯拉研发的Optimus成本最低。国内具有代表性的人形双足机器人有优必选研发的WALKER、小米研发的CyberOne。

继特斯拉发布其首款人形双足机器人以来，全球头部互联网及人工智能企业相继切入该赛道。2024年3月，OpenAI领投挪威人形机器人公司1X Technologies，双足机器人模型NEO有望年内问世；4月，亚马逊投资Agility Robtics，加码物流仓储人形机器人垂直领域；上海达闼机器人也计划在2024年推出上海市首个人形双足机器人"小紫"原型机，并于2025年投入商用。

目前人形双足机器人行业企业主要分为三类：（1）传统人形机器人厂商，如波士顿动力研究方向侧重技术高点探索，商业化困难；（2）车企，如特斯拉以商业化为目标，不追求极致性能；（3）家电企业，如戴森、小米主攻家庭服务型机器人，通过IOT技术

名称	ASIMO	Altas	WALKER	Digit	Ameca	Optimus
国家/厂商	日本/Honda	美国/Boston Dynamics	中国/优必选	美国/Agility Robotics	英国/Engineered Arts	美国/特斯拉
发布时间	2000年	2013年	2018年	2019年	2021年	2022年
基本参数	高168 cm;重85 kg	高150 cm;重80 kg	高130 cm;重63 kg	高155 cm;重42 kg	高187 cm;重49 kg	高172 cm;重73 kg
自由度	57个	28个	41个	16个	51个	50个
价格/成本	250万美元	200万美元	成本约10万美元	25万美元	14万美元	计划量产价格2万美元
技术特色	多种传感器配备;纯电机驱动;I-WALK技术实现"预测运动控制"、水平反应控制,目标ZMP控制等;高性能小型多指手,能将瓶中水倒入纸杯	足部配备力控传感器,头部配备激光雷达与深度配相机进行环境感知;液压驱动,行为库+模型预测控制技术+自主伐步规划算法;可流畅"跑酷",包括后空翻、团身前空翻转体180度等动作	头部配备U-SLAM视觉导航,手部力矩传感器,膝盖高精度贯导传感器,脐部超声波传感器;纯电机驱动;复杂地形自适应,路径落地规划及动作模仿	模糊人形,可折叠;膝盖关节可做到向后完全,可在各种表面上改善平衡性和稳定性;支持大多数软件API;用户可利用其控件视觉算法开发应用程序	通过机器人操作系统Tritium结合Mesmer技术实现AI与AB的集成,拥有丰富的人类表情	电机驱动,搭载自研DOJO超级计算机;内置电子电器元件一体化电池组,能量可维持一天工作量;智能驾驶摄像头与autopilot算法,内置FSD芯片进行视觉导航
商业化程度	商业化失败	尚未商业化	商业化进程中	2021年出货40~60台	尚未商业化	尚未商业化

图3　主流人形双足机器人代表整理

打造智能家居生态。根据现有研究进度，拥有自动驾驶、汽车零部件等技术及产业链优势的特斯拉 Optimus 有望最早实现量产（预计 2025 年），率先获益。

（三）人形双足机器人技术难点

人形双足机器人的技术难点分硬件和软件两大类，从硬件来看：（1）环境感知模块中涉及的多种传感器得到迅速发展，但传感器精度与可靠性难题仍待解决。（2）运动控制模块中的驱动器模拟人体关节，技术门槛和成本极高，需要做到体积小、精度高、重量轻的同时辅助减速器来抗摔耐撞；尤其末端执行系统即"手"，对手指灵活柔软度与抓握力度要求较高，如擎天柱手部拥有 11 个自由度（关节），承重 9 公斤，抓握多种物品并且不打碎鸡蛋，具有硬件优势。总体而言，核心零部件技术壁垒高，技术成果以德日美为主，国内硬件技术逐步成熟，尚存赶超空间。

从软件来看，人形双足机器人主要技术难点有：（1）外部环境的识别和理解算法，包括识别未知物体以及识别物体的未知姿态。（2）运动控制算法，即如何根据感知信息来实时控制机身完成需要的移动操作任务。（3）顶层 AI 决策算法，即代替人脑发布决策指令。目前来看，软件算法美国领先较多，国内相对匮乏的是基于实时感知的多关节的控制能力。

（四）人形双足机器人未来趋势

具身智能（Embodied Intelligence），即通用型人形双足 AI 机器人，作为人形双足机器人未来发展趋势，将会是面向各类非结构化场景时连接数字世界与物理世界的通用终端，替代人类完成非单一复杂任务。除去工业场景应用，人形双足 AI 机器人还可在多领域发挥作用：（1）家庭服务：日常生活服务如做饭、打扫卫生、照顾老幼、教育辅导等。（2）医疗健康：作为康复机器人、护理机器人等辅助医生和护士治疗和照顾病人。（3）零售与服务业：应用于商场、餐厅、酒店等场所，担任导购、服务员、前台接待等职位。（4）公共安全：在森林火灾、地震、恐怖袭击等危险环境中，替代人类执行高风险任务。

人形双足机器人实现具身智能的基础是人类交互模拟，交互过程中，55% 的信息由视觉传达，38% 的信息由听觉传达，剩下 7% 来自纯粹语义，目前 ChatGPT 等大模型仅能识别 7% 的语义部分，余下视觉、听觉等信息的数据采集，还需要机器人进行海量学习。因此，大模型对人形双足机器人的应用尚在早期科研阶段，其通用性和准确性还未达到人形双足机器人的应用要求。

但从未来前景来看，大模型与人形双足机器人的结合是目前主流探索方向。2023年3月，谷歌和德国柏林工业大学共同发布拥有5620亿个参数的多模态视觉语言模型Palm-e，可听懂自然语言，并将自然语言任务直接拆解成可执行的部分，目前正应用于Everyday Robots，指导机器人完成复杂任务。4月初，Meta发布Segment Anything通用AI大模型，可帮助计算机视觉分割未识别物体，为机器人视觉识别带来助益。

二、上海发展人形双足机器人产业的分析

上海机器人产业以工业机器人为主，目前人形双足机器人仍处于早期孵化阶段。

（一）上海发展人形双足机器人产业的契机

1. 商业前景广阔

根据中国电子学会数据，2024年全球服务机器人市场规模达290亿美元，中国市场达102亿美元。马斯克在特斯拉股东日上预测成熟的Optimus销量将达100亿台，有望开启千亿元蓝海市场。

2. 政策支持力度大

工信部等15部门联合发布《"十四五"机器人产业发展规划》，重点推进工业机器人、服务机器人和特种机器人重点产品的研制及应用，推动产品高端化智能化发展。2023年1月工信部发布"机器人+"应用行动实施方案，提出十大应用场景，聚焦10大应用重点领域，突破100种以上机器人创新应用技术及解决方案，推广200个以上具有较高技术水平、创新应用模式和显著应用成效的机器人典型应用场景，打造一批"机器人+"应用标杆企业。

上海先后发布《上海市数字经济发展"十四五"规划》《上海市促进智能终端产业高质量发展行动方案》，加快服务机器人行为类人化，重点突破服务机器人关键核心技术，围绕运动、感知、控制三大系统，组织核心部件攻关项目，突破高性能电机、减速器、控制器等硬件系统，攻关云端大脑、知识引擎、自主学习、人机交互等软件技术。瞄准智能云端系统、芯片、智能传感器等领域，抢占智能机器人产业高地。

3. 未来全球产业竞争焦点

人形双足机器人代表了机器人技术的最高水平之一，其发展突破将极大提高劳动生

产力和生产效率，从本质上改变社会劳动关系。人机协作的推进将开辟全新市场和商业机会，在全球产业竞争中赋予国家或企业先进技术领导地位，重塑现有全球经济、军事、政治格局。

除上述国际企业的布局发展外，目前国内部分城市也在加快布局，深圳已发布智能机器人产业专项培养计划［《深圳市培育发展智能机器人产业集群行动计划（2022—2025 年）》］，开展通用型具身智能机器人的研发和应用，助力智能机器人产业规模跃升，拓展产业应用，优化产业生态，其人形机器人技术全国领先，代表企业优必选拥有大型人形机器人全栈式技术，正申请港股上市；北京发布《北京市机器人产业创新发展行动方案（2023—2025)(征求意见稿)》，提出聚焦发展机器人"1+4"产品体系，即发挥人工智能融合创新优势，加紧布局人形机器人整机，加快发展医疗健康、协作、特种/公共服务、物流四类优势产品；采取"公司＋联盟"形式组建人形机器人产业创新中心，争创国家级制造业创新中心。

（二）上海发展人形双足机器人产业的优势

1. 产业基础：上海拥有世界领先的制造业基础和产业链集聚优势，浦东、宝山、嘉定、闵行成为上海机器人产业聚集地。其中浦东新区张江机器人谷以医疗机器人、智能服务机器人和工业机器人为主要发展方向，代表企业 ABB，落户企业 80 余家；宝山区于 1990 年成立工业机器人产业园，代表企业科那发，规模企业 70 多家；嘉定区聚焦工业机器人，相关企业超 100 家，代表企业新时达；闵行区聚焦智能机器人，构建依托学校源头创新的智能机器人产业孵化生态，代表企业达闼科技、节卡机器人等。

2. 科创资源：上海拥有众多高校、研究机构和企业研发中心，属于全国省市大模型研发第一梯队，开源数量和开源影响力均居国内前三，上海市智能机器人制造业创新中心、国家人工智能实验室、上海人工智能研究院、上海交大医疗机器人研究院、硅谷人工智能（上海）中心、AI&Data 基金会中国社区、CSDN 和 DeepModeling 开源社区等均扎根上海，为人形双足机器人产业突破发展、持续创新、迈向高阶提供丰富的科创资源。

3. 应用场景：上海作为全国经济中心、先进制造业中心，机器人密度达 260 台/万人，是国际平均水平（126 台/万人）两倍，可覆盖人形双足机器人发展的完整产业链及落地场景，从服务行业到金融科技，潜在场景丰富程度较国外高数十倍。

（三）上海发展人形双足机器人产业的挑战

1. 高质量人才缺乏：人形双足机器人作为新兴跨领域研究方向，涵盖机械、自动控制、计算机视觉、人工智能等领域，需同时掌握前沿理论知识和实践操作能力。目前该行业现有人才数量不足，海外引才受限，高端人才匮乏。以运动控制模块动态步伐（Dynamic Walking）算法工程师为例，全球顶尖工程师总数不超过 30 名。

2. 技术突破难度大：人形双足机器人技术涉及多个行业领域，包括人工智能、机器人学、材料科学等。基础理论涉及机器人学、非线性控制、最优控制、优化理论与算法、多刚体动力学、机器学习、计算机视觉等。当前国内有关人形双足机器人核心技术研究尚处早期探索阶段，需要大量研发投入和长时间积累来实现技术突破，同时大模型在人机交互的应用涉及算法研发与海量数据采集学习（算力挑战大），需进一步突破。

3. 商业化进程缓慢：受人形双足机器人现有技术水平限制，以及研发、制造和维护成本高企等因素影响，人形双足机器人的大规模应用与普及尚需时间。上海乃至全国暂无已落地的人形双足机器人应用场景，商业化进程缓慢。

三、上海发展人形双足机器人产业的对策建议

人形双足机器人是智能制造和人工智能领域创新技术的集合，代表了一个城市的技术领导地位和创新研发能力，具有重要战略意义。上海应加快布局，吸引全球资源、统筹推进、集成力量加速突破，打好未来全球产业竞争的技术储备战，并争取率先在迈向具身智能等前沿方向上抓紧布局，抢占先机。

（一）完善人才培养体系建设，夯实产业发展基础

推动上海交通大学等院校打造机器人工程明星专业，引进国内外优秀科教资源，完善学科布局，在高校教学、科研、实训基地建设等方面予以支持。加大力度大规模培养高质量人形双足机器人人才，打好关键人才储备战。

完善产学研合作机制，推动校企多层次深度合作。鼓励上海各大高校拓宽人形双足机器人教育内容，加强与科研院所、企业的资源配置及项目共建，注重人才技能和实践培训，实现人才供需两侧充分对接与融合。鼓励校企共同开发人才培养方案和课程体系，由企业提供实践基地，参与高校教学评估。

（二）推进重大科技创新载体及公共服务平台建设，提升技术攻关能力

依托上海现有工业基础尤其是工业机器人产业资源，大力发展人形双足机器人技术，吸引一批龙头整机企业、零部件企业落户上海。鼓励企业加大自主研发投入，现实AI决策、环境感知、运动控制三大核心算法的突破，加速推进关键零部件如减速器、伺服电机、控制器、传感器等的自主研发，实现技术自主可控。立足上海，布局长三角，逐步培养完整的人形双足机器人产业链，保障供应链安全与稳定，提升核心竞争力，抢占未来技术的先发优势。

以创建国家级人形双足机器人制造业创新中心为契机，吸引集聚全球资源，探索与人形双足机器人头部企业共建开放式机器人实验室，汇聚社会智囊，加强机器人共性关键技术研究和技术扩散，推动机器人技术与新一代信息技术、生物技术、新能源、新材料等领域交叉融合发展，开展通用型具身智能机器人的研发和应用，支持重点企业持续研发和迭代商用通用大模型，加强大模型插件及相关软硬件研发，推动大模型与现有人形双足机器人操作系统、软件、智能硬件打通、互嵌。打造项目孵化生态平台，链接基础研究到产业化全过程，推动新技术创新、新产品培育、新模式应用，拓展人形双足机器人产品应用领域，满足智能制造与智慧生活新需求。

（三）优化产业创新环境，加快商业化进程

充分发挥上海市布局未来产业，建设科创中心的战略优势，出台人形双足机器人细分产业专项政策，研究政府引导母基金可行性，发挥其"政府引导、市场化运作、专业化管理"的优势，吸引社会资金投入产业链建设，让创新要素合理分享收益，均衡承担投资风险，形成科学家敢干、资本敢投、企业敢闯、政府敢支持的创新资源优化配置，赋能先进制造业。

探索与企业、研究院所共创开源社区，触达全球范围开发者，满足知识更新、技术提升、前沿趋势把控等开发者需求，打造开发者生态上海品牌。

进一步完善知识产权和法律政策体系。搭建行业知识产权公告服务平台，完善机器人产业知识产权保护制度，成立人形双足机器人道德伦理研究院，推进人形双足机器人制造的标准体系建设。研究出台人形双足机器人技术人才引进专项计划，一事一议，落实人才子女入学、住房保障、出入境签证等保障措施，为产业发展提供智力支撑。组织

实施创新产品支持政策，大力推进人形双足机器人应用场景试点建设与推广，打造容错空间，以"小步快跑、敢于试错、快速迭代"的创新模式加速人形双足机器人商业化进程。

（冯森裕）

参考文献：

【1】程兵、邱世梁：《从 CyberOne 看人形机器人行业发展产业链迎来重大发展机遇》，浙商证券，2022 年 8 月 24 日。

【2】程兵、邱世梁：《对比 Atlas 看人形机器人商业化可能性，关注精密减速器赛道》，浙商证券，2022 年 10 月 27 日。

【3】谢春生、袁泽世：《关注人形机器人驱动系统发展》，华泰证券，2022 年 10 月 10 日。

【4】孙柏阳、代川：《AI 赋能，人形机器人春天来了吗？》，华泰证券，2022 年 10 月 10 日。

【5】邱世梁、王华君，林子尧：《人形机器人风起，核心零部件助力扬帆远航》，浙商证券，2022 年 10 月 15 日。

【6】曾朵红、谢哲栋：《Tesla Bot 风起，万亿赛道启航》，东吴证券，2022 年 8 月 8 日。

【7】浦俊懿、蒯剑、杨震、谢忱：《特斯拉 Optimus 发布，人形机器人产业巡礼》，东方证券，2022 年 10 月 29 日。

【9】Jeremy Bao、Junwu Zhang、陈茜：《"Robot"一词诞生百年、具身智能却依旧遥远》，硅谷 101，2023 年 5 月 31 日。

推进上海脑机接口产业发展

　　当前上海正在加快打造以未来健康、未来智能、未来能源、未来空间、未来材料为重点的未来产业创新高地，发展壮大未来产业集群，而脑机接口领域作为上海发展未来健康产业的重要组成部分，其技术的商业化进程尚处于前沿探索时期，相关场景应用需求快速增加。为更好地发挥脑机接口产业在上海乃至全国未来健康领域的引领作用，本文通过对标借鉴国内外技术路线、政策环境等方面的先进经验，从技术创新水平、产业集聚基础、市场应用情况等方面开展分析，为上海打造全国脑机接口领域的创新高地提出对策建议。

　　脑机接口是生命科学和信息技术深度交叉融合的前沿新兴技术，结合了脑科学、神经工程、机器学习等多个领域的技术，旨在实现人脑与计算机之间的直接交互，也是集成电路、人工智能、生物医药三大先导产业深度融合的未来产业领域。上海在脑机接口领域技术积累领先，应用特色鲜明，提出将在非侵入式脑机接口技术、脑机融合技术、类脑芯片技术、大脑计算神经模型等领域实现突破。

一、脑机接口技术及产业链情况

（一）脑机接口技术概述

脑机接口从技术路径上可以分为侵入式和非侵入式。侵入式脑机接口通过外科手术等方式将电极植入大脑皮层，以获得高质量、高带宽的脑电信号，但也可能引发免疫反应。非侵入式脑机接口是将电极等传感器放置在头皮上，探测大脑活动，其安全性较高，技术难度较低，但容易受到外部环境的干扰。当前，全球脑机接口主要聚焦四大核心技术。

采集技术。电采集是主流方向。侵入式由刚性电极趋向于柔性化、小型化、高通量和集成化，提升生物相容性、安全性和长期植入性。非侵入式的主流是改进的干电极，凝胶半干电极可兼顾舒适度和信号质量，具有广阔前景。

刺激技术。一是闭环脑深部电刺激技术，通过植入体内的脑起搏器发送弱电脉冲，抑制病灶神经元的异常放电，未来还将向自适应调控发展。二是视觉调控技术，通过大规模多通道电极同时刺激，可提高辨识图像的细节度和连贯性，近几年开环视觉调控的关注点从视网膜刺激向皮层刺激转移，并加快探索安全可控、视觉输入更精准的闭环视觉调控。

编码技术。根据是否有外部刺激和辅助，分为被动式（视觉诱发电位刺激 P300 范式、稳态视觉诱发电位刺激范式等）和主动式（运动想象范式、运动相关皮层电位范式等）。

解码技术。植入式主流解码技术具有算法简单的优点，但是效果一般、鲁棒性较差；为解决这些问题，类脑解码器和神经学习正在加速发展，逐渐成为新一代的解码方法。非植入式主流解码技术广泛应用于系统降噪，近年来流行算法、深度学习算法和迁移学习算法逐步被应用到脑机接口系统中。

（二）脑机接口技术的应用方向

医疗领域是脑机接口技术的重要应用方向，最有可能在以下赛道率先落地：大脑解码，通过解码大脑中的运动意念和意识情感，重建大脑运动控制通路，帮助自闭症患者重建与世界的联系。脑机交互，通过体外神经模拟和机器人技术，实现大脑意图的传递，并通过外界刺激输入来改善脑部症状，实现双向闭环脑机交互，改善肢体运动障碍、抑郁症、疼痛、癫痫等症状。无创接口，结合软硬件和认知神经科学，推动数字药物的发展，为医疗领域提供更加高效和便捷的技术支持。

（三）脑机接口产业链分析

脑机接口产业链的上游主要包括基础材料和配套支持提供商。其中，用于采集大脑信号的电极是脑机接口的核心组件之一，非侵入式电极通常由德州电气、意法半导体等国外厂商提供，侵入式电极主要依赖美国 Blockrock；植入手术也是脑机接口产业链的重要环节，需要专业的医生和设备。中游主要是平台设备和产品能力提供商。采集设备是脑机接口系统中的重要组成部分，用于将大脑信号转换为数字信号以便后续处理和分析。日本光电、尼高力等国外厂商的产品在市场上占据主导地位，而国内只有博睿康等少数公司能够提供类似的产品。下游主要是应用服务和解决方案提供商等。这些公司利用脑机接口技术为医疗、康复、教育等领域提供各种应用和服务，如认知障碍评估与治疗、康复机器人、虚拟现实等。

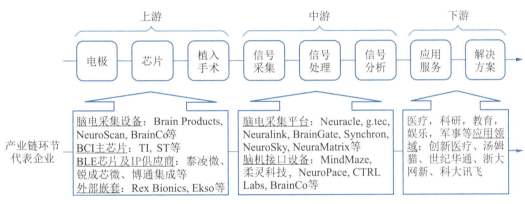

图 1 脑机接口产业链情况

二、脑机接口产业国内外发展现状

（一）国际发展现状

从资本热度看。据 Data Bridge Market Research 统计，截至 2022 年底，全球脑机接口代表企业融资累计超过 17.4 亿美元，其中美国占全部总投融资额的 50%，中国占比接近 30%。投融资活动主要集中在早期风险投资（天使轮、种子轮、A 轮），马斯克旗下的 Neuralink 等明星企业受资本的关注度较高。

从主要企业看。据中国信通院统计，截至 2022 年底，全球脑机接口代表企业近 750 家，其中美国占比超过 40%（NeuroSky、Neuralink、Paradromics 等领先企业均位于美国），中国占比 20%，位列第二，加拿大、英国、德国和以色列紧随其后，企业数量均超过 20 家。

从产品创新看。近八成企业采用非侵入式技术，产品逐渐从实验室走向临床实践，在肢体运动康复、意识与认知障碍诊疗、精神疾病诊疗、娱乐教育等领域探索应用。侵入式产品暂未获批上市，2023 年 5 月 Neuralink 宣布其侵入式产品首次人体临床试验获美国食品药品监督管理局（FDA）批准。

从政策环境看。美国最早提出脑科学计划，资金投入最多（超 30 亿美元）、技术水平最高，出口管制逐步升级；欧盟、日本、韩国、澳大利亚等也在加速布局。全球（除中国外）累计 3000 余项脑机接口科研项目，美国、欧盟、日本资助项目最多、金额最大，主要投向医学方面，鼓励科研机构、中小企业创新。

（二）国内发展现状

从资本热度看。国内虽然起步较晚，但是势头强劲。中国专利申请数量在 2020 年已超过海外申请数量的总和，投融资方面，强脑科技、博睿康科技、脑虎科技、回车科技、宁矩科技、云睿智能等众多企业都获得了多轮融资。

从主要企业看。企查查数据显示，广东、北京、上海、江苏、浙江、天津、山东等省市企业相对集聚。其中，上海的脑虎科技在侵入式脑机接口领域已完成核心技术突破以及关键器件制造，已有产品在部分性能上超过了 Neuralink，并率先开展人体临床试验；浙江的强脑科技是全球首个脑机接口领域独角兽，也是首家入选哈佛大学创新实验室的中国团队。

从产品创新看。国内企业在脑机接口领域主要采用非侵入式技术路线，并偏重于生命健康领域的消费级产品进行探索。在硬件芯片开发方面，企业的数量相对较少。部分企业产品在传输抗噪、采集、耦合方面较为成熟，个别企业产品能实现复杂噪声环境下脑电信号采集、过滤与分析。在脑深部电刺激技术方面，企业主要集中在植入式电极的设计和制造方面，在电极材料、制造工艺和产品性能等方面正在不断进行创新和改进。

从政策环境看。脑机技术首次写入国家"十四五"规划后，目前已有十余个省市出台了相关政策，计划突破脑机接口关键技术，实现产业化应用。

（三）上海发展现状

上海脑机接口产业发展迅速，在基础材料、芯片制造、采集处理技术等方面取得重要进展，产业链初具规模，涵盖了从基础材料到产品应用的各个环节。

技术创新水平。在部分技术领域，上海相关企业和院所已处于领先地位。如，术理创新聚焦人工智能多模态脑机接口平台，相关设备信号采集精度和解析算法实现脑电采集、信号处理、解码分析、应用服务一体化集成，并在国内多家医院试点应用。博睿康研发的"高性能颅内脑电采集系统"在通道数、采样率等相关核心性能指标上，可对标或超越进口产品，是目前全球唯一取得医疗器械注册证的1024通道脑电采集系统。中国科学院上海微系统与信息技术研究所免开颅微创植入式高通量柔性脑机接口系统已成功应用于鼠、兔、猴等多种动物模型，获得世界人工智能大会最高奖项SAIL奖。

产业集聚基础。从地区分布来看，浦东新区以37%的占比（17家）位居第一，聚集了上海中医药大学、中国科学院上海高等研究院等高校，阶梯医疗、卓道医疗、博睿康等企业以及上海交通大学医学院附属第九人民医院浦东院区等医疗机构。闵行区位列第二，占比17%，拥有上海前瞻创新研究院有限公司等新型研发机构，念通智能、零唯一思等企业，以及西北工业大学上海闵行协同创新中心等高校。嘉定、徐汇、长宁、杨浦等区也有较多相关主体分布。从企业发展来看，以A轮、B轮为主。2016年、2021年是企业成立最多的年份，半数企业成立于2018年及以后（国外研究脑机接口领先企业已成立十余年），小微企业占比超过八成。

市场应用情况。在医疗和康复领域应用最为广泛和成熟，被广泛应用于康复治疗、脑功能评估筛查、脑机控制假肢等方面。例如，念通智能与上海交通大学、复旦大学附属华山医院合作面向脑卒中患者研发脑控外骨骼康复训练系统；司羿智能、羿生医疗研发脑机软体手功能康复机器人；燧人医疗应用非侵入式技术，结合大数据和人工智能可高效筛查脑功能疾病。在娱乐、交通、军事等领域，上海相关企业也开展了探索。例如，厉鲨科技脑机接口可穿戴设备"思藤"将大脑与游戏结合，未来还计划与VR相结合；帝仪科技、唯师网络等将脑机接口与疲劳监测功能结合，在交通运输等行业领域开展应用。

存在问题。一是目前以科技项目和早期风险投资为主，产业化投融资支持较少，实验资源、共性平台等专业服务功能建设不足。二是超过40%的相关主体以专利为主，样机和临床试验偏少；多数企业选择非侵入式技术路线，突破性、引领型产品研发较少。

三是尚未形成产业集聚效应，技术转化渠道有待疏通，产业生态体系有待进一步打造。

三、上海市脑机接口产业发展下一步发展建议

一是加大基础创新投入。加大创新资源投入。加大对实验资源、共性技术等专业服务平台的建设投入，鼓励院校、企业、科研机构和应用单位合作攻关、共享数据。围绕疾病诊断、运动康复等重点领域，例如依托上海交通大学、上海中医药大学已建成的相关实验室等，针对神经调控、脑机交互、脑电采集等关键环节，在人工智能"揭榜挂帅"等项目中部署脑机接口攻关项目。增强工程化配套能力。加强脑机接口基础理论、信号采集、先进算法等前沿技术研发能力，加快关键核心技术与重要应用产品攻关，稳步提升脑机接口相关芯片、关键元器件等基础工业能力水平。基于产业链企业核心产品研发情况定向扶持研发，如多模态脑机接口平台（术理创新）、非侵入式干电极（帝仪科技）、立体三维脑电图（SEEG, stereoelectroencephalography）、AI 识别模型（诺竹科技）等，鼓励重点仪器、部件国产化替代。

二是建立应用标杆示范。建立试点示范应用场景。基于医疗、娱乐、交通、军事等领域遴选一批脑机接口试点示范应用场景，鼓励相关企业组建创新联合体进行揭榜挂帅，推进植入器件、超柔性电极、脑电采集通道等应用型产品落地。推动国产采购试用试点。建立供需对接渠道，结合医院、养老机构、VR 体验馆等典型应用场景，加快搭建仿真推演系统、多模态信号辅助分析系统、脑控外骨骼康复系统等设备采购招标平台，鼓励试用过程设备。开发需求感知、渠道建设、专业知识系列培训课程，增进社会各界对脑机接口的接纳度。尽早布局标准测评体系。由相关学会、技术专委会等智库机构牵头，开展脑机接口数据、传感器、外设、系统性能评估等标准体系和测评体系建设，探索开展技术性能和可靠性评估。

三是推动特色平台建设。组建脑机接口行业组织。建立跨行业、跨部门的开放式信息共享平台，梳理产业需求，促进商业化落地，构筑"技术研发—试验验证—产业化推广"的良性循环。推动汇聚高质量数据资源。推动跨应用领域的脑机接口数据集和算法库建设，加强数据和样本共享。明确应用场景和数据权限，制定数据保护规则，探索基于高质量大脑信号的脑机接口大模型。

（李晔）

加快上海算力产业发展

随着新一轮科技革命和产业变革的加速演进，全社会数据总量爆发式增长，数据资源存储、计算和应用需求大幅提升，全球进入"算力时代"。本文梳理国内外算力发展情况，提出可从创新应用发展态势入手，提升上海算力竞争力。

当下，算力正成为驱动经济增长的关键力量和数字经济发展的重要支撑。全球各国围绕数字经济关键领域加快算力部署，我国也陆续出台系列政策措施，加快构建以算力和网络为核心的新型基础设施体系，我国算力产业和产品正迎来发展的黄金时代。

一、算力成为全球经济增长主要驱动力

（一）算力形成新型生产力

算力主要通过算力基础设施向社会提供服务，并形成集信息计算力、网络运载力、数据存储力等于一体的新型生产力。作为新型信息基础设施，算力网络具有能够在云、边、端之间按需分配和灵活调度计算、存储以及网络资源的特点。业界关于算力网络组成的阐述已趋于一致：算力网络组成涵盖"算""网""脑""用"四个部分。其中，"算"

负责生产算力，"网"负责连接算力，"脑"负责统一感知、编排、调度、协同"网络中的算力"，"用"则通过提供运营服务实现算网的消费。这几大部分及其所关联涉及的相关技术、产品、领域等，共同构成了算力产业的基本内涵与框架。

（二）算力成为经济增长主要驱动力

2023年7月，国际数据公司IDC、浪潮信息、清华大学全球产业研究院联合编制的《2022—2023年全球计算力指数评估报告》正式发布。《报告》指出，在全球GDP增长乏力的背景下，数字经济保持强劲增长，算力是经济增长的主要驱动力。数据显示，全球主要国家数字经济占GDP的比重持续提升，预计样本国家整体比重将从2022年的50.2%增长到2026年的54.0%。计算力指数平均每提高1点，国家的数字经济和GDP将分别增长3.6‰和1.7‰，预计该趋势在2023—2026年将继续保持。

从国家算力指数排名看，美国和中国依然分列前两位，同处于领跑者位置；追赶国家包括日本、德国、新加坡、英国、法国、印度、加拿大、韩国、爱尔兰和澳大利亚；起步国家包括意大利、巴西和南非。

从行业来看，全球计算力水平TOP5的行业是互联网、制造、金融、电信和政府。制造行业首次超过金融行业，排名全球第二。同时，制造业的IT投入产出比表现更好，制造业全球Top30的企业中，IT每投入1美元，可以拉动45美元的营收额产出，6美元利润产出。

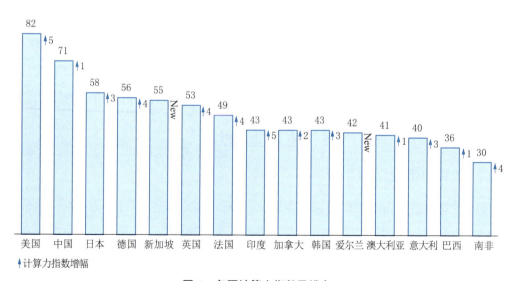

图1　各国计算力指数及排名

（三）算力及其相关产业成为各行业科技创新重要支撑

算力产业及其延伸影响的相关产业体系具有面向新领域、创新技术含量高、知识密集型及新兴产业和未来产业等特征。算力产业涉及"算、网、脑、用"几大部分及相关产业领域，通过纵横切入其他各个产业垂直领域，而对各行业的科技创新形成重要的支撑和动力，同时也在这些垂直领域的应用中不断获得创新发展的驱动与源泉。其中，人工智能受算力发展直接影响最大，以生成式人工智能（AIGC）为代表的 AI 计算呈现暴涨态势。在 AIGC 领域，人工智能算法和技术被应用于各种领域和行业，如自动驾驶汽车、医疗诊断、金融预测等。在 AIGC 等应用的驱动下，IT 基础架构正在由 CPU 密集型转向搭载 GPU、FPGA、ASIC 芯片的加速计算密集型，异构计算将逐步成为主流。而为了满足数据实时性、安全性以及大规模连接的业务需求，边缘计算成为云计算的重要补充。同时，绿色计算发展受到各国普遍关注，液冷技术可以显著减少数据中心的能耗并有效缓解碳排放问题，液冷服务器市场将迎来快速增长。

二、国家及地方层面大力推动算力建设与产业发展

在"新基建"的大背景下，为推动我国数字经济健康稳步向前，实现算力基础设施区域协同、绿色集约、安全可信等发展目标，从 2020 年开始，国家围绕数据中心的算力统筹规划，连续发布系列指导政策，逐渐形成以"东数西算"为核心的多层次、一体化数据中心布局。

（一）国家及各省市陆续出台推动算力产业发展的总体框架和具体政策文件

1. 在国家层面，明确算力基础设施及产业发展总体架构

一是明确界定并布局推进算力基础设施建设。2018 年"新基建"概念首次提出，2020 年国家发改委明确"新基建"范围，将数据中心、智能计算中心纳入算力基础设施范畴，并提出在全国布局 10 个左右区域级数据中心集群和智能计算中心。2020 年 3 月，《关于组织实施 2020 年新型基础设施建设工程（宽带网络和 5G 领域）的通知》发布，明确提出加快 5G 网络、数据中心等新型基础设施建设进度；重点支持虚拟企业专网、智能电网、车联网等 7 大领域 5G 创新应用提升工程。2021 年，国家出台《全国一体化

大数据中心协同创新体系算力枢纽实施方案》，明确部署"东数西算"工程。

二是明确算力及相关产业发展重要任务。2021年工信部发布《"十四五"信息通信行业发展规划》，进一步将算力能力的提升列入"十四五"时期的重点任务之一，提出要实现数据与算力设施服务能力显著增强。2023年2月，中共中央、国务院发布《数字中国建设整体布局规划》，指出要夯实数字中国建设基础，打通数字基础设施大动脉并畅通数据资源大循环。2023年10月，《算力基础设施高质量发展行动计划》重磅推出，明确算力基础设施高质量发展主要指标，提出推动关键技术创新和应用的一系列措施，推出算力强基揭榜挂帅、发布相关技术产品目录、打造一批优秀的算网城市标杆等行动指南，对我国算力基础设施的各个方面的高质量发展起到重要的方向指引和推动落地作用（具体政策文件详见附件一）。

"东数西算"工程启动以来，各地在政策引领下，着力加强算网资源供给，推进建设算力网络国家枢纽节点和千兆城市，发展算力中心项目，开通国家级互联网骨干直联点。

2. 省市方面，各地区着力算网基础设施层、编排管理层建设，完善算力产业生态

多省市发布算力网络建设政策或行动方案，推进区域算力发展。以北京、天津、上海、贵州四省市为例：北京市发布《北京市加快建设具有全球影响力的人工智能创新策源地实施方案（2023—2025年）》，提出提升算力资源统筹供给能力，分别在海淀／朝阳区建设北京人工智能公共算力中心、北京数字经济算力中心；在人工智能产业聚集区新建或改建升级一批人工智能商业化算力中心，推动自主可控软硬件算力生态建设；推进跨区域算力协同，建设统一的多云算力调度平台。天津市发布《关于做好算力网络建设发展工作的指导意见》，从算力、存力、运力三方面统筹部署，制定了做好算力设施建设发展工作、构建数据存力体系、筑强算力网络运力体系、提升算力网络赋能应用水平、促进绿色低碳算力网络发展、加强算力网络安全防护水平六项重点任务。上海市先后发布《新型数据中心"算力浦江"行动计划（2022—2024年）》《上海市进一步推进新型基础设施建设行动方案（2023—2026年）》等政策，提出到2023年底，依托上海市人工智能公共算力服务平台，接入并调度4个以上算力基础设施。到2024年，总算力超过15EFLOPS，高性能算力占比达到35%；形成算力网络一体化调度和结算体系。到2025年，上海市人工智能公共算力服务平台能级跃升，实现跨地域算力智能调度，

推动算力供需均衡，带动产业发展作用显著增强。到 2026 年底，上海市新型基础设施建设水平和服务能级迈上新台阶，人工智能、区块链、第五代移动通信（5G）、数字孪生等新技术更加广泛融入和改变城市生产生活，支撑国际数字之都建设的新型基础设施框架体系基本建成。贵州省发布《面向全国的算力保障基地建设规划（2023—2025 年）》，提出对面向全国的算力保障基地建设进行规划，从能力指标、质量指标、结构指标、通道指标、产业指标等 5 个维度，提出 2023 年至 2025 年的相关指标；对贵州省算力发展提出定位，打造我国"东数西算"南线主干道，主动承接东部发达地区算力需求，促进东西部地区算力资源供需平衡（具体政策文件详见附件二）。

（二）国内算力建设及产业获得蓬勃发展

1. 算力总规模快速增长

据《通信产业报》全媒体算力研究组监测，我国在算力规模、存力规模、运力质量等方面都在不断提升，截至 2023 年 6 月，全国在用数据中心机架总规模超过 760 万标准机架，算力总规模达到 197EFLOPS（每秒浮点运算次数），位居全球第二；算力总规模近 5 年年均增速近 30%。此外，围绕算力枢纽节点建设 130 条干线光缆，数据传输性能大幅改善。

2. 各省市竞相加强算力建设与竞争

据信通院《中国综合算力评价白皮书（2023）》数据显示，算力规模评价结果 Top10 省份分别为江苏省、河北省、上海市、广东省、北京市、山东省、山西省、贵州省、浙江省、内蒙古自治区。从在用算力来看，Top10 涉及省份与算力规模评价 Top10 省份一致。其中，上海市、江苏省、广东省、河北省、北京市位于第一梯队，在用算力规模均超过 13EFLOPS，第一梯队算力规模全国占比超过 45%。从在建算力来看，江苏省、河北省、山西省处于绝对领先位置。截至 2022 年底，我国在建算力规模排名前 10 的省份为江苏省、河北省、山西省、上海市、湖北省、广东省、内蒙古自治区、甘肃省、浙江省、西藏自治区。

3. 智能算力需求爆发性增长

随着 AI 大模型的快速发展，智能算力需求正呈现爆发性增长态势。当前，在国家统筹规划下，已有超过 30 个城市在规划和建设人工智能计算中心，深圳、武汉、中原、西安、成都、南京、杭州、沈阳、青岛、重庆、天津已相继上线或试运营，为企业、高校、科研单位等提供算力服务。

4. 算力相关企业及产品加快发展

国内业界在算力产品、生态等各个方面，紧抓全球变革趋势、对标先进标准，加快布局。2023年半年报显示，2023年上半年，三大运营商资本开支均呈现同比下降态势，投资结构不断优化，其中对于5G建设投资相应下降，但对丁算力和AI方面的投入则进一步加码。

除了运营商拥有广泛的网络基础设施和算力资源，用于支持其通信和互联网服务外，一些互联网大厂在全球范围内也拥有大量的数据中心和算力资源，用于支持其搜索引擎、云计算和其他人工智能应用。

当前，国内主流算力产品主要集中在面向2B和2C市场的云服务产品上。一种是资源型产品，包括云网络、云计算、云存储等。国内运营商主要基于在网络侧和大数据中心等基础设施方面的优势发展云主机、对象存储、弹性IP等资源型算力产品，同时还凭借特有的云网融合资源发展云专网、云互联等特色产品。另一种是能力型产品，包括人工智能、大数据、区块链等。阿里云、腾讯云、华为云等专业的云服务提供商凭借自身的科技创新基因，在能力型算力产品方面更具差异化优势。如阿里云智能计算平台飞天为全球大量企业提供超过1000万台服务器的算力资源。因此，在算力产品生态体系方面，当前我国数据中心发展正逐步注重技术创新，算力产品生态体系初步形成，科技公司与运营商合作竞争态势也开始显现。

三、推动算力产业发展需关注部分重要问题

当前，产业数字化、数字产业化是各行各业关注的重点，算力作为新兴生产要素，直接关系中国企业的数字化转型和经济高质量发展。而构建现代化算力产业体系，在上述的"算、网、脑、用"框架体系下，主要包括推动先进计算技术、数据存储技术和网络通信技术三大关键核心技术协同创新，包括算力设施建设、算力硬件产品制造、算法及算力服务创新、算力应用创新等一系列重点领域与内容。

目前来看，我国算力产业发展需要重点关注如下问题：

（一）算力产业基础较薄弱

首先，包括芯片、操作系统等在内的多样性算力产品体系仍需完善，先进算力硬件自主研发投入不足，国内产品存在一定的同质化竞争现象。尽管我国加大对芯片研发设计力度，但长期过度依赖于国外工具链导致芯片设计难以在短时间内攻克，使得相关制造工艺与世界先进水平拉开差距。其次，软件生态系统影响力仍不强，我国大数据产业在架构、分析及呈现等诸多方面仍与全球领先国家存在一定差距，对产业生态系统构建与公开领域开源技术的影响力较弱。再次，我国算力市场规模整体还较小，主要遍布于互联网、交通、电信、医疗、金融及教育等领域，在剩余行业中的应用大多停滞在基本的信息化表层。

（二）算力产品技术创新滞后

算力产品技术创新方面，系统化创新思维需要提升，尤其是关键领域的计算产品和技术创新方面的自主研发能力不足。并且，算力领域专业和复合型人才都较为匮乏，研发投入还不足，直接影响了算力产品技术创新和迭代，因此相关科研队伍建设和研发投入都有待加强与提升。

（三）算力产业国际竞争力较弱

从国际化水平方面来看，算力竞争属于全球性竞争，一国或地区算力规模扩张不仅局限于本土或木区域市场。美、日、欧的信息化起步较早，算力产业链中相关企业的发展史较长且开拓国际市场时间更早，其在国际市场占有率明显更高。反观我国，算力产业在国际市场中的竞争力明显低于国内市场。

四、加快完善上海算力产业发展路径

（一）强化算力核心模块，加快"超算中心""数据中心""智能计算中心"三大算力基础设施建设

各发展区域应大力推进底层算存模块和数字基础设施，通过算力赋能本区域城市数字化、网络化、智能化创新发展。在此基础之上，打造具有活力的新技术、新业态、新经济"示范城"试验场，推动区域内形成同频共振、融合共生的发展新模式。

（二）明确产业发展规划及布局等顶层设计，开展示范应用

在做好顶层设计的条件下，提前布局算力基础网络；构建产业联盟，形成开放化算力产业生态圈，并大力开展示范工程；搭建数据交易中介平台，加快开放性算力市场构建，使算力市场由原本的部分企业垄断局面向高度共享、协同供给的自由竞争局面转变，并打造公共数据集，为加速构建算力网络生态系统提供数据交易服务。在金融、电信等重点领域开展应用示范工程，推动操作系统、数据库、中间件等基础软件自主创新，推动基于国产计算体系的大型工业应用软件发展。

（三）探索专业化人才培育路径，强化对于交叉学科人才的培育及储备力度

尤其是对新材料、量子物理、数学等基础领域研究人才的培育，提前布局后摩尔时代存算一体、量子计算、非硅基芯片等新型算力技术研究和储备；还应加强对具有数据中心运营和维护、技术服务专业化人才培育的重视程度；提早布局前沿领域项目，鼓励高校院所联合行业龙头企业创建国家级或省级人工智能重点实验室、新型研发机构、工程中心等创新平台，开展产学研合作，从而持续深化专业人才在相关领域应用，为算力网络构建奠定扎实的人力基础。

（四）创新产业发展体系，发挥算力在提升国家综合竞争力中的支撑作用

政府部门可创设专门项目并提供一定资金保障，特别是鼓励民间资本投资新型基础设施、寻找算力伙伴、强化智能算力集群供给等方向，满足相关行业持续、创新发展需求。同时，以算力资源创新应用赋能社会治理，深度挖掘健康、教育、养老、社会服务等重点领域个性化算力需求，推动大数据、算力和相应的硬件设施相互促进，打造城市数字化底座，提升政府科学决策、精细化治理能力，进而带动算力应用范围及领域持续向创新趋势发展。在进一步提升国家的国际地位与竞争力方面，中国算力服务商可通过在国际主要城市建设数据中心、与当地企业建立合作伙伴关系或收购当地的算力服务提供商等方式，增强海外业务能力；中国云服务商则可通过建立全球数据中心和边缘计算节点，为全球用户提供稳定可靠的算力服务，从而在国际上积极合作拓展产业生态系统，为全球算力提供丰富的解决方案。

（李丹文）

附件一：我国算力相关政策一览

时　间	部　门	名　称	重　点
2020 年 3 月	国家发改委、工信部	《关于组织实施 2020 年新型基础设施建设工程（宽带网络和 5G 领域）的通知》	明确提出加快 5G 网络、数据中心等新型基础设施建设进度。重点支持虚拟企业专网、智能电网、车联网等 7 大领域 5G 创新应用提升工程
2020 年 12 月	国家发改委、中央网信办、工信部、国家能源局	《关于加快构建全国一体化大数据中心协同创新体系的指导意见》	到 2025 年，全国范围内数据中心形成布局合理、绿色集约的基础设施一体化格局。从"创新大数据中心体系构建""优化数据中心布局""推动算力资源服务化""加速数据流通融合""深化大数据应用创新""强化大数据安全防护"等方面提出指导意见
2021 年 5 月	国家发改委、中央网信办、工信部、国家能源局	《全国一体化大数据中心协同创新体系算力枢纽实施方案》	发展思路：在京津冀、长三角、粤港澳大湾区、成渝等地布局建设全国一体化算力网络国家枢纽节点，加快实施"东数西算"工程，节点之间进一步打通网络传输通道，提升跨区域算力调度水平
2021 年 7 月	工信部	《新型数据中心发展三年行动计划（2021—2023 年）》	提出到 2025 年，全国一体化算力网络国家枢纽节点、省内数据中心、边缘数据中心梯次布局。算力算效水平显著提升，网络质量明显优化，数网、数云、云边协同发展，基本形成布局合理、技术先进、绿色低碳、算力规模与数字经济增长相适应的新型数据中心发展格局。优先支持国家枢纽节点内的新型数据中心集群间网络直连，稳妥有序推进国家新型互联网交换中心建设
2021 年 7 月	教育部、中央网信办、国家发改委、工信部、财政部、中国人民银行	《关于推进教育新型基础设施建设构建高质量教育支撑体系的指导意见》	到 2025 年，基本形成结构优化、集约高效、安全可靠的教育新型基础设施体系，建设教育专网和"互联网＋教育"大平台，为教育高质量发展提供数字底座。"平台体系新型基础设施"重点方向提到，构建新型数据中心。支持省级教育行政部门通过混合云模式建设教育云，为本地区教育机构提供便捷可靠的计算存储和灾备服务。鼓励区域和高校共享超算资源和人工智能算力资源，提供基础算力工具
2021 年 11 月	工信部	《"十四五"信息通信行业发展规划》	到 2025 年，基本建成高速泛在、集成互联、智能绿色、安全可靠的新型数字基础设施。数据中心布局实现东中西部协调发展，集约化、规模化发展水平显著提高，形成数网协同、数云协同、云边协同、绿色智能的多层次算力设施体系。"建设新型数字基础设施"发展重点提到，提升 IPv6 端到端贯通能力，优化基础设施 IPv6 性能和服务能力。加快完成现网 CDN 节点、IDC 节点、云计算平台 IPv6 改造，新建全面支持 IPv6

（续表）

时　间	部　门	名　称	重　点
2021 年 12 月	国务院	《"十四五"数字经济发展规划》	到 2025 年，数字经济迈向全面扩展期，数字化公共服务更加普惠均等。数字基础设施广泛融入生产生活，对政务服务、公共服务、民生保障、社会治理的支撑作用进一步凸显。"优化升级数字基础设施"发展重点提到，推进云网协同和算网融合发展。加快构建算力、算法、数据、应用资源协同的全国一体化大数据中心体系。布局全国一体化算力网络国家枢纽节点。加快实施"东数西算"工程，推进云网协同发展。持续推进绿色数字中心建设
2022 年 1 月	工信部、国家发改委	《促进云网融合　加快中小城市信息基础设施建设》	到 2025 年，东部地区和中西部及东北大部分地区基本建成覆盖中小城市的云网基础设施，实现"千城千兆"和"千城千池"建设目标，即千兆接入能力和云资源池覆盖超过 1000 个中小城市
2022 年 2 月	国家发改委、中央网信办、工信部、国家能源局	联合印发通知	同意在京津冀、长三角、粤港澳大湾区、成渝、内蒙古、贵州、甘肃、宁夏等 8 地启动建设国家算力枢纽节点，并规划 10 个国家数据中心集群，标志着我国"东数西算"工程正式启动
2022 年 8 月	科技部、教育部、工信部等六部门	《关于加快场景创新以人工智能高水平应用促进经济高质量发展的指导意见》	提出场景创新成为人工智能技术升级、产业增长的新路径，场景创新成果持续涌现，推动新一代人工智能发展上水平。教育领域积极探索在线课堂、虚拟课堂、虚拟教研室、教学资源建设、智慧校园等场景。围绕高水平科研活动打造重大场景。"加强人工智能场景创新要素供给"方面，推动场景算力设施开放。鼓励算力平台、共性技术平台、行业训练数据集、仿真训练平台等人工智能基础设施资源开放共享
2023 年 2 月	中共中央、国务院	《数字中国建设整体布局规划》	《规划》指出，要夯实数字中国建设基础。一是打通数字基础设施大动脉。系统优化算力基础设施布局，促进东西部算力高效互补和协同联动，引导通用数据中心、超算中心、智能计算中心、边缘数据中心等合理梯次布局。整体提升应用基础设施水平，加强传统基础设施数字化、智能化改造。二是畅通数据资源大循环。构建国家数据管理体制机制，健全各级数据统筹管理机构。推动公共数据汇聚利用，建设公共卫生、科技、教育等重要领域国家数据资源库
2023 年 10 月	工业和信息化部、中央网信办、教育部、国家卫生健康委、中国人民银行、国务院国资委	《算力基础设施高质量发展行动计划》	提出到 2025 年，计算力方面，算力规模超过 300 EFLOPS，智能算力占比达到 35%，东西部算力平衡协调发展。运载力方面，国家枢纽节点数据中心集群间基本实现不高于理论时延 1.5 倍的直连网络传输，重点应用场所光传送网（OTN）覆盖率达到 80%，骨干网、城域网全面支持 IPv6，SRv6 等创新技术使用占比达到 40%。存储力方面，存储总量超过 1800EB，先进存储容量占比达到 30% 以上，重点行业核心数据、重要数据灾备覆盖率达到 100%。应用赋能方面，打造一批算力新业务、新模式、新业态，工业、金融等领域算力渗透率显著提升，医疗、交通等领域应用实现规模化复制推广，能源、教育等领域应用范围进一步扩大。每个重点领域打造 30 个以上应用标杆

附件二：各省市算力网络建设政策一览

时间	名　　　称	省市
2022 年 9 月	《关于统筹推进全省算力资源统一调度的指导意见》	甘肃
2022 年 9 月	《庆阳市建设全国一体化算力网络国家枢纽节点（甘肃·庆阳）暨"东数西算"工程要素保障方案》	庆阳
2022 年 12 月	《全国一体化算力网络成渝国家枢纽节点（成都）推进方案》	成都
2022 年 12 月	《关于加快推进数字经济发展若干政策的通知》	内蒙古
2023 年 1 月	《加快建设数字河北行动方案（2023—2027 年）》	河北
2023 年 1 月	《关于加强数据中心布局建设意见》	广东
2023 年 1 月	《成都市围绕超算智算加快算力产业发展的政策措施》	成都
2023 年 3 月	《全国一体化算力网络国家枢纽节点宁夏枢纽建设 2023 年工作要点》	宁夏
2023 年 3 月	《面向全国的算力保障基地建设规划（2023—2025 年）》	贵州
2023 年 4 月	《上海市推进算力资源统一调度指导意见》	上海
2023 年 5 月	《北京市加快建设具有全球影响力的人工智能创新策源地实施方案（2023—2025 年）》	北京
2023 年 5 月	《关于做好算力网络建设发展工作的指导意见》	天津
2023 年 6 月	《新型数据中心"算力浦江"行动计划（2022—2024 年）》	上海
2023 年 10 月	《上海市进一步推进新型基础设施建设行动方案（2023—2026 年）》	上海

参考文献：

【1】陈寒冰：《数字经济时代算力网络建构的国际比较与镜鉴》，载《新疆社会科学》2021 年第 5 期，第 56—65 页。

【2】国际数据公司 IDC、浪潮信息、清华大学全球产业研究院联合编制：《2022—2023 全球计算力指数评估报告》。

【3】中国信息通信研究院：《中国综合算力评价白皮书（2023）》。

【4】闵珊，郝可意，刁建超等：《数字经济时代全球算力政策走向与中国发展路径探究》，载《环渤海经济瞭望》2022 年第 1 期，第 7—9 页。DOI：10.16457/j.cnki.hbhjjlw.2022.01.053。

【5】缴翼飞：《智能算力成为上海建设新导向》，载《21世纪经济报道》2023年9月18日第5版，DOI：10.28723/n.cnki.nsjbd.2023.003759。

【6】许可、王筑、罗曼婷等：《新算力业务动能，新算力经营模式》，载《通信企业管理》2023年第6期，第13—19页。

【7】朱敏、洪亮：《数智时代如何重构地方政府算力竞争力》，载《通信企业管理》2023年第8期，第16—17页。

推进上海 RISC-V 产业生态建设

2022 年 10 月 7 日，美国政府以出台"临时规则"形式更新《出口管理条例》，近日又有美国多位人士打着所谓"保护国家安全"的旗号，公开呼吁拜登政府采取行动，限制美国企业参与合作研发在中国广泛使用的 RISC-V 开源技术。上海作为中国境内首个明确支持 RISC-V 指令集发展的地区，持续将 RISC-V 作为重点培育方向，在国内树立一个开源生态示范，建设积极旺盛的人才培养环境，推动相关企业在产业技术创新研发将 RISC-V 视作候补替代方案，给国内芯片行业提供多元化选择。

一、全球 RISC-V 架构产业发展现状

私有指令集形成的软硬件联盟，持续占据 IT 生态的价值高端环节，作为一个全新的开源指令集架构，RISC-V 正在全球强势崛起。相关数据显示，在大型机时代，IBM 大型机过去 55 年内平均每年创造了 100 亿美元收入；PC 时代，微软市值达到 20000 亿美元，x86 私有指令集下的 Wintel 联盟迅速发展；移动终端时代，Google 市值约

16000 亿美元，ARM 私有指令集下 AA 联盟迅速崛起。随着万物互联的智能时代来临，开源是目前已知的受地缘政治影响最小的跨国技术合作研发模式。当前，北美依然是 RISC-V 创新高地，覆盖处理器 IP 到软件、数据中心，欧洲的高效运算计算机已经大范围采用 RISC-V 架构，此外 NASA 宣布选中 RISC-V 作为下一代高性能航天计算（HPSC）提供核心 CPU，高通、特斯拉、微软等企业也不断在布局 RISC-V 芯片。

RISC-V 架构具有开放性和灵活性、可扩展性和可移植性、透明性，且安全、可靠、低功耗等特点，预计 RISC-V 将会和 x86、ARM 架构长期在市场上共存。相对于主流 x86 及 ARM 架构，RISC-V 的基础指令集只有 40 多条，加上其他基本的模块化扩展指令总共几十条指令，且任何企业、开发者都可以免费使用 RISC-V，创造出具有完全自主知识产权的 IP 核或芯片，x86 和 ARM 架构在国内应用存在一定风险的大背景下，RISC-V 架构的特殊属性，是我国芯片"换道超车"的机遇。据 RISC-V 国际基金会数据显示，截至 2023 年 7 月，会员单位数量已经超过 3820 个，涵盖 110 家芯片厂商、54 家软件厂商、146 家研究机构、3 家系统集成商、18 家服务商（Fab、设计服务）。

RISC-V 国际基金会、"RISE"等正加速推进 RISC-V 的软件生态建设及应用商业化进程。2023 年 6 月，由谷歌、英特尔、英伟达、高通以及平头哥等 13 家企业发起的全球 RISC-V 软件生态计划"RISE"，将进一步加速 RISC-V 在移动通信、数据中心、边缘计算及自动驾驶等领域的技术和商业化进程。另据 RISC-V 国际基金会数据显示，2022 年采用 RISC-V 芯片架构的处理器核已出货 100 亿颗（RISC-V 只用了 12 年完成这一里程碑，而 ARM 架构耗费 17 年），其中有 50% 来自中国。预计到 2027 年，基于 RISC-V 架构的 SoC（片上系统）复合增长率将达到 73.6%，越来越多投资还将进入 RISC-V 车规芯片领域。

RISC-V 架构已经从低算力的智能物联技术向桌面级、边缘计算渗透，并继续向 HPC、大规模计算场景进军。早期 RISC-V 处理器多应用于专用芯片（如 RF 通信、电源管理芯片等）。随着 RISC-V 指令集的逐渐完善，越来越多的 IoT（物联网）、MCU（微控制单元）类的 SoC 芯片（系统级芯片）采用 RISC-V，涵盖蓝牙、Wi-Fi、智能语音芯片等。随着 RISC-V 从低成本到高性能的不断拓展，特别是去年底以来，随着以 ChatGPT 为代表的生成式 AI 的持续火爆，引发了市场对于高性能 AI 芯片需求爆发式增长，RISC-V 开始覆盖到对算力要求更高的领域。

相较于 x86 和 ARM，目前 RISC-V 的应用领域虽不多，但在国内企业不断探索中，逐渐形成了一些发展路线和落地的产品场景。从 RISC-V 产业链来看，其核心产业链主要包括基于 RISC-V 架构的 IP 核及芯片设计 /IDM 企业。如国内一些芯片设计公司已经开始设计和生产基于 RISC-V 架构的处理器芯片，用于嵌入式设备、物联网设备等领域；一些大型互联网企业也开始在自己的服务器和数据中心中采用 RISC-V 架构的处理器，以提高性能和降低成本。一些初创公司专注于 RISC-V 的创新应用，如人工智能芯片、边缘计算等。据 Counterpoint Research 预测，到 2025 年，RISC-V 处理器累计出货量将超过 800 亿颗，年复合增长率高达 114.9%，预计 RISC-V 将占据全球 14% 的 CPU 市场、28% 的 IoT 市场、12% 的工业市场和 10% 的汽车市场。

未来 RISC-V 在高性能应用拓展领域具有较多定制化优势，也亟须涌现更多软件工具支撑相关市场应用拓展。涵盖车载、高性能计算、AI、机器学习、下一代无线通信等领域可能出现 RISC-V 能够发挥潜能的空间。特别是，手机作为第一代智能终端发展至今，正陷入摩尔定律极限瓶颈，新能源汽车的出现给电气化架构带来新变化，也意味着出现了新市场和新技术需求。相较于 ARM 先有通用内核再进行芯片和系统的开发流程不同，车载系统成为智能汽车的竞争核心，未来汽车企业为了实现差异化，电子系统必定趋向采用定制化的指令集，RISC-V 是唯一可选择的能够实现定制化的指令集。此外，相较于 PC 和手机终端加载较多的应用数量，RISC-V 仅面向一个行业应用，尤其是私有云，软件生态系统并不需要做出太大的改变，对软件的所有权、数量等各个方面可控度都比开放的软件更强。

二、上海 RISC-V 产业发展现状及面临挑战

上海是中国最早发展 RISC-V 产业的城市，一直将 RISC-V 作为重点培育方向。2018 年 7 月，上海市经信委率先发布《上海市经济信息化委关于开展 2018 年度第二批上海市软件和集成电路产业发展专项资金（集成电路和电子信息制造领域）项目申报工作的通知》，将从事 RISC-V 相关设计和开发的公司作为扶持对象。其中乐鑫 ESP32-Marlin 物联网芯片项目入选拟支持项目。芯原作为首任理事长单位牵头建立了中国 RISC-V 产业联盟。临港新片区是国内最早发力 RISC-V 产业的地区之一，也是国内 EDA 及 IP 企业集聚度最高的地区，目前已集聚十余家 RISC-V 芯片设计、EDA 和 IP 开发企业，以及数十家的 RISC-V 芯片应用企业。芯原微电子、芯来智融半导体、平头哥、时擎智能、上海思尔芯、钜泉光电、芯思原与上海恒锐知识产权服务有限公司共同启动

成立全球首个 RISC-V 专利联盟。

RISC-V 成为国内 CPU 领域最受欢迎的架构，成为推动新一代信息技术发展的新引擎。其中平头哥已推出 3 大系列 8 款 RISC-V 处理器，在 RISC-V 量产芯片中最广泛采用。芯原微电子已拥有自主可控的图形处理器 IP、神经网络处理器 IP、视频处理器 IP、数字信号处理器 IP、图像信号处理器 IP 和显示处理器 IP 共六类处理器 IP，1400 多个数模混合 IP 和射频 IP；14nm/10nm/7nmFinFET 和 28nm/22nmFD-SOI 工艺节点芯片的成功流片经验。据 2022 年 IPnest 统计数据，从半导体 IP 销售收入角度，芯原是中国大陆排名第一、全球排名第七的半导体 IP 授权服务提供商，在全球排名前七的企业中，芯原的 IP 种类排名前二。芯来科技 NA900 CPU IP 于 2023 年 7 月顺利通过 ISO26262 最高汽车功能安全等级 ASIL D 的认证，成为首个通过车规级认证的 RISC-V IP 核心。算能科技推出首款 64 位 RISC-V 多核处理服务器 SG2042。先楫半导体推出的一款高性能、高实时、混合信号，双 RISC-V 内核的微控制器 HPM6200 系列 MCU。上海清华国际创新中心集成电路平台团队发布国内首款基于 RISC-V 向量扩展（RVV）的 GPGPU "Ventus（承影）"。

同时，上海 RISC-V 产业发展仍面临软件生态、专利保护、人才培养等方面的挑战：

一是软件生态方面，国内及上海相关企业正面临加入 RISE 组织或建立本土软件生态项目的二选一困境。RISC-V 开放的硬件平台，是为了打造 RISC-V 开源的软件生态。一方面，国际巨头牵头的 RISE 确实能够引领软件生态，但组织者有自己的核心圈，任意一家国内或上海企业作为单个成员加入，提出的建议很难被重视采纳。另一方面，国内和上海不同企业有了 RISC-V 开发版本，虽然容易开源，将存在不同企业专注于各自的软件开发，容易出现重复投入。

二是专利保护方面，当产业发展到令 x86 和 ARM 倍感威胁时，届时专利将成为国内及上海 RISC-V 企业不得不面临的瓶颈。若其他 CPU IP 公司发起有关 CPU 微架构的专利诉讼，RISC-V 产业生态的健康发展将受到阻碍。亟待借鉴 Linux 的专利发展路径，如 2004 年，微软将开源操作系统 Linux 视为严重的竞争威胁，并实施专利政策，利用 4500 专利打压 Linux。2005 年，IBM、Red Hat、NEC、SUSE、PHILIPS、SONY 联合成立了开放发明网络 OIN（Open Invention Network），作为共享的防御性专利池，用以保护 Linux 及其相关的开源项目。直到 2018 年，微软终于结束与 Linux 竞争，并加入

OIN 拥抱开源，并免费许可其全部专利组合给 OIN 成员，包括 6 万专利。

三是人才培养方面，亟待在国内及长三角区域高校、科研机构等产学研协同、实验室共建及国家级竞赛中普及 RISC-V。单纯研发 RISC-V 开发课程，已较难激发高校学生的兴趣，培养 RISC-V 相关人才需要让高校学生全方位参与到竞赛中，这样学生才愿意花时间研究，真正去推动产学研共建。如 ARM 能够在中国市场上扎根，其中与高校的紧密合作发挥了极其重要的作用。

三、推进上海 RISC-V 产业生态建设的对策建议

（一）创新扶持机制，推动上海国产 RISC-V 产业自主可控发展

联动相关委办及典型区域，通过支持相关编译器、工具链和软件开发环境（IDE）开发、创新知识产权、应用场景、人才引进等政策、调整产业项目申报销售额限制门槛、支持 RISC-V 开源社区和托管平台建设等方式，降低中小初创型企业研发成本和门槛，鼓励相关企业参与开源 IP 设计。争取国家大基金二期战略入股，重点支持 RISC-V 产业开源芯片技术和创业公司。依托中国 RISC-V 产业联盟（CRVIC）、RISC-V 专利联盟等，持续维护培训教程、线下和网上交流会议、开发板和应用方案，分享技术中存在的瓶颈和问题，推动企业开展高效的技术迭代。在产业主管部门支持下，联合 RISC-V 产业龙头企业建立知识产权共享池机制，推进国内机上海产业生态合作以及 RISC-V 架构标准化。

（二）构建长三角区域自生长、共发展的开放式开发者生态圈

联动长三角三省一市，推动 RISC-V 技术链条上从事芯片、工具、基础软件、应用等各个环节相关企业与已经存在的生态连接，包括安卓、Linux、GNU 等开源生态，以及部分企业主导的生态。鼓励长三角区域相关高校、科研机构进一步开展开源精神的传播，参与开源创新，可借鉴清华大学、北京大学、浙江大学等方式，开设 RISC-V 相关课程，以及可参考和推广中国科学院大学"一生一芯"计划等，创新人才培养机制，加速芯片设计普及教育和人才培养速度；联合相关委办，鼓励平头哥、芯原等行业龙头企业基于 RISC-V 开源芯片，面向长三角区域高校提供产学合作协同课题，推动实验室共建以及国家级竞赛高质量发展。

（三）鼓励产业链相关环节企业积极推动 RISC-V 产业应用生态，突破商业化模式创新

围绕车载、高性能计算、AI、机器学习、下一代无线通信等关键领域，引导 IP、代工、芯片、模组、板卡、操作系统、软件工具、终端、应用等产业链不同环节企业结合自身实际，积极突破 RISC-V 全新商业化模式。如鼓励行业企业参考 ARM 模式，成立 RISC-V IP 公司，提供自研的 IP 核或 Chiplet（小芯片）；鼓励行业初创型企业针对高价值、高性能领域（如服务器、车载等）或某些特定的应用场景（如物联网 IoT 等），自研处理器核、Chiplet（小芯片）和 SoC（片上系统）；鼓励行业龙头企业打造解决方案式平台，为中小用户提供"一站式芯片设计服务"，满足面向 IoT 场景碎片化的定制芯片需求。

（王建）

促进上海放射性药物产业高质量发展

　　癌症是威胁人类健康最凶险的疾病之一。据相关报道，我国癌症新发病例数是美国的 2 倍，但死亡病例数约是美国的 5 倍；而我国肿瘤治疗控制率约 36%，比发达国家低近 50%，美国在研抗肿瘤新药数量占全球 48.7%，我国仅为 4.1%。从现今的癌症诊断和治疗看，除药物治疗、手术治疗外，放射治疗是重要发展方向，放射性药物成为全球高增长的赛道之一。在国家"健康中国"战略指引下，我国放射性药物产业也将迎来巨大的发展机遇。

　　放射性药物，又称核药、核素药物，是指含有放射性核素供医学诊断和治疗用的一类特殊药物，具备可视化、可定量化、耐药性表现佳等优势，发展至今已有 100 多年历史。居里夫人于 1905 年使用镭针进行了第一例放射性同位素插入治疗，美国雅培公司于 1950 年推出第一种商业放射性药碘 -131 人体血清蛋白（RISA），开启了放射性药物进入医疗市场的先河。在早期的发展中，放射性药物一直作为重要的癌症诊断药物被开发使用。近年来，随着放射性化学、核医学、分子生物学技术的发展和多学科交叉融合，放射性药物已成为全球药品研发的热门领域，在肿瘤诊断治疗、心血管疾病诊断等领域前景广阔，是精准医疗的"核武器"。上海生物医药产业发达、放射性药物研究机构和专业人才集聚，除核素外的配套企业齐全、临床应用单位多，在放射性药物研发方面优势较为明显，应发挥专长，加快布局，引领我国放射性药物的自主化和高质量发展。

一、全球放射性药物产业的发展趋势

2023 年发布的《核药行业白皮书》显示，截至目前，美国 FDA 共批准 118 款放射性药物，我国 NMPA 共批准 140 款放射性药物（包括 73 款放射免疫分析药盒），两者多数是基于常用医用同位素，^{99m}Tc 标记药物的数量最多。其中，我国获批的放射性药物以诊断性核药为主，但美国已批准多款创新治疗性核药，包括拜耳研发的 Xofigo（2013 年 5 月上市，晚期骨转移型去势抵抗性前列腺癌治疗）、诺华制药的 Lutathera（2018 年 1 月上市，胃肠胰神经内分泌瘤治疗）和 Pluvicto（2022 年 3 月上市，前列腺癌治疗），这些重磅的放射性药物产品问世，不仅为全球癌症患者提供了更多更精准的治疗手段，而且将深刻改变放射性药物的市场规模和版图。随着未来我国创新治疗用放射性药物陆续投入市场，临床对放射性药物产品的需求逐年增长，市场规模将加速增长。

（一）放射性药物产业的技术趋势

据行业专家介绍，放射性药物发展是基于医学、核素、放射化学、影像设备等的发展，每一次变革都需要差不多 20 年理论和技术的突破、积累、成熟直至商业化，预计未来放射性药物行业的扩容有待于新靶点、新分子、新适应症、新核素的突破。2023 年度发布的《核药行业白皮书》显示，创新核药研发已进入高产期，海外有近 7000 条管线进入临床，国内有 75 条管线在研。除了特异性的分子影像诊断药物（PET-CT 药物）将持续性发展外，全球放射性药物研发还呈现两种趋势：

一是 RDC 将引领放射性药物研发的新风潮。RDC[①] 药物的一大特色是能够实现诊疗一体化，国内外均逐步重视起该类药物研发，特别是 ^{68}Ga、^{177}Lu 核素标记的肿瘤靶向治疗药物。目前，POINT Biopharma、Telix、ITM、拜耳等欧美及澳洲药企正积极布

---

① RDC 药物是放射性核素偶联药物，将精准靶向分子（单抗或多肽 / 小分子）和强力杀伤因子（核素）用连接臂（Linker）偶联在一起而设计开发的一种药物形态。

局 RDC 赛道，多款肿瘤治疗产品处于临床阶段。据悉，已有 5 款涉及 ^{68}Ga 的诊断性核药获得美国 FDA 批准，正在替代传统的 SSTR 显像和 PSMA[①] 显像。另一方面，诺华制药两款 RDC 新药 Lutathera 和 Pluvicto 在 2022 年分别实现销售额 4.71 亿美元和 2.71 亿美元，预计 2023 年将分别达到 5.2 亿美元和 10 亿美元。两款药物在市场上的突出表现，进一步带动了 RDC 药物研发热度的火速上升，推动放射性药物市场从诊断性核药加速走向治疗性核药。国内 RDC 管线也较多，远大医药、诺宇医药、先通医药、辐联医药、蓝纳成等多家企业均是放射性药物市场的创新力量。

二是靶向 α 疗法显示了诱人的应用前景。放射性药物研发正在从 β 核素向 α 核素发展，^{225}Ac、^{211}At、^{227}Th 潜力巨大。在治疗性核药上，目前行业以 ^{177}Lu 为代表的 β 核素关注度最大，且在前列腺癌、神经内分泌肿瘤治疗上的价值已经得到验证。而靶向 α 治疗能够在靶点的有限区域内表现显著的细胞毒性效应，对其他健康组织和器官的有害辐射剂量较低，可实现更高强度的治疗效果且对正常组织的影响范围更小。虽然在核素供应、CMC（化学生产与控制）及安全性方面还存在技术问题，但诺华制药、拜耳等已开始系统布局，现全球已有 22 项 ^{225}Ac 标记核药进入临床，欧美等国已在白血病、脑肿瘤、神经内分泌肿瘤、骨转移及前列腺癌等患者中开展临床Ⅱ—Ⅲ期试验，对转移的微小散在肿瘤治疗方面效果良好。国内也有 2 项基于 ^{225}Ac 的放射性药物管线正在推进中。但是，目前治疗用 α 核素存在低产量、低纯度和化学分离难度大的问题，亟待全球创新技术的攻关突破。

（二）放射性药物产业的市场趋势

据 WHO 下属的国际癌症研究机构（IARC）的统计，2020 年全球新增癌症病例约 1930 万、死亡人数约 1000 万，共涉及全球 185 个国家和 36 种不同的癌症种类。该机构预测，到 2040 年，全球新增癌症病例将达到 2840 万例，且发展程度较低或中等的国家病例增幅最大，亟需更多的高效抗肿瘤新药以提高医疗救治水平。来自 Grand View Research 的数据表明，2021 年全球核医学领域的市场规模为 81 亿美元，预计到 2030 年将跃升至 240 亿美元。放射性药物市场的快速增长主要体现在两个方面：

一是治疗用放射性药物将释放巨大的发展能量。从市场需求看，据 Verified Market

① SSTR 显像：用适当的放射性核素标记物介导导神经内分泌肿瘤组织上，进行肿瘤灶和转移灶的定位诊断。PSMA 显像：通过特定核素标记的 PSMA PET/CT 能够准确识别出人体内的肿瘤组织。

Research 的数据，2021 年全球放射性药物市场规模为 43.8 亿美元；预计到 2030 年，全球放射性药物市场规模将达到 119.3 亿美元，从 2023 年到 2030 年的复合年增长率为 11.76%。亚太地区是全球放射性药物市场主要的增长板块，其中 2021 年我国放射性药物市场规模为 50 亿元，预计到 2025 年市场规模将超过 127 亿元。尽管我国放射性药物市场占有率和渗透率都远低于成熟市场，但近年来我国核医学一直保持稳健发展态势，将带动市场容量的稳步增长。从药物种类看，2021 年，诊断性核药约占全球市场规模总量的 82.7%，其中 ^{99m}TC 标记药物占比超过 50%；治疗性核药占比较小，为 17.3%，主要受限于医用核素产能，以及较为严格的审批流程和使用条件。未来随着治疗用放射性药物审批流程的不断优化，临床应用范围的持续扩大，治疗用放射性药物的市场空间将更广阔。

二是药企巨头积极开展并购和商业合作布局。从国际方面看，除了部分企业潜心研发新药外，不少知名企业通过并购，快速参与放射性药物市场，如拜耳在 2021 年收购两家专注开发放射配体疗法的公司 Noria Therapeutics 和 PSMA Therapeutics。诺华制药在 2021 年与 Artios pharma Limited 开展全球合作，开发并验证下一代 DDR 靶标，以扩充自身的放射性配体疗法（RLT）管线；同年与 Molecular Partners 达成合作，将后者自主研发的 DARPin 技术平台和自身 RLT 结合，旨在将放射性配体直接靶向身体任何部位的肿瘤细胞。从国内方面看，东诚药业原本专注原料药生产，现已投入超过 30 亿元完成多项收购，形成了覆盖诊断性核药、治疗性核药、核药房的布局，与中国同辐共同处于头部地位。远大医药、先通医药依托并购及商业合作加快进军核药市场，是中国核药市场后起之秀，其中远大医药与 ITM 合作，获得 ITM 公司开发的 3 款全球创新 RDC 在中国的独家开发、生产及商业化权益。此外，放射性药物也是 2022 年我国创新药领域过亿级融资事件占比最高的细分赛道，全年共融资近 9 亿元人民币，治疗性核药企业及在产业上下游拥有差异化创新能力的核药企业更受资本青睐。

二、国内放射性药物产业的发展瓶颈

全球放射性药物行业已进入了高速发展期，国内部分企业也逐渐加快了药物研发和临床应用研究工作。但是，行业专家和企业也指出，相比国外先进国家在技术水平、品质认可度、供应链稳定性和市场竞争力等方面具备的优势，我国放射性药物产业起步较晚，产业仍存在发展瓶颈。

（一）放射性药物产业发展的短板环节

1. 反应堆辐照生产医用同位素基本依赖进口

医用同位素短缺是全球都将面临的挑战。国内现有常规性放射性药物和同位素能满足临床需求，但受制于放射性同位素产能严重缺乏，且在放射性同位素提取方面，废液量小、成本低的化工工艺尚未突破，除 ^{60}Co 和 ^{18}F 等有限几种医用同位素，大多数依靠进口，尤其是我国高能医用加速器的同位素供应处于空白状态。随着荷兰、比利时等 5 个反应堆逐步关停，其所具备医用同位素产能也将消失，将进一步加剧全球医用同位素市场缺口的扩大和价格的升高，国内本土生产医用核素具有较强紧迫性。

2. 同位素制备装备和检测仪器基本依赖进口

全球有超过 650 多台 30MeV[①] 或更高能量的加速器，还有 3000 多台 15MeV 左右的 PET 用加速器用于规模化医用同位素生产。而国内医用回旋加速器市场基本被国外产品占据，且大部分是从比利时 IBA Group、美国 GE 及日本住友等采购的 10MeV 左右的小型核药加速器，售价及维护成本较高。其原因既有国外产品的先发优势，也有加速器配套的终端方面短板。此外，放射性示踪技术及放射性检测技术，以及 ICP-MS、ICP-AES、TIMS、能谱仪、液体闪烁谱仪、离子色谱仪、高分辨质谱仪等六大类分析仪器及其核心部件或关键辅助部件依赖进口。

3. 放射性药物种类偏少基本依赖进口

我国放射性药物产业受制于技术创新体系薄弱、专业人才团队匮乏以及审评监管体系等的不完善，研发基本跟随欧美，治疗性放射性药物研究能力不足，品种和原研新药稀缺，正电子放射性药物更少。如新的标记方法和 α 药物研究与国际水平比差距较大；主要医用放射性同位素 ^{99}Mo 制备技术比国外落后 10 年以上。另一方面，适应症、靶点雷同是产业爆发期会出现的普遍现象。国内大部分放射性药物企业的研发重点放在仿制或是改良型新药上，多集中于 PSMA、SSTR、FAP[②] 等热门靶点，亟须以临床价值为导向，打通"快速产品验证、快速产品上市"的路径。

---

① MeV：是量度微观粒子能量的一种非国际单位制的能量单位。
② PSMA：前列腺特异性膜抗原，高表达的前列腺癌的诊断和治疗；SSTR：生长抑素受体，高表达的神经内分泌肿瘤；FAP：Ⅱ型跨膜丝氨酸蛋白酶，高表达于许多上皮肿瘤相关成纤维细胞中，如胃癌、食管癌、肺癌等。

（二）放射性药物产业发展面临的挑战

1. 行业监管严格，进入门槛高

相对于普通药物，放射性药物存在一定的辐射危害风险，监管程序复杂，药物审批监管的周期较为漫长。从研制、生产、运输储备等环节需要受到药监局、能源部门、国防科技部门、环境保护部门等的严格管控；临床试验需要专业的资质条件、丰富的核医学诊疗经验、伦理委员会保障及科学规范的试验机构管理；制造商需要合格的防辐射生产设备和屏蔽设计，取得辐射安全许可证，整个生产过程由专业资格技术人员操作并监督，同时符合药品生产质量管理规范等。作为新的发展方向，国内对放射性药物监管还存在一些不确定的地方，从现有情况看，新产品获批较慢，全国每种产品的下发批文一般都只有2—4家。

2. 药物半衰期短，配送要求高

据行业专家介绍，诊断性核药半衰期一般为10分钟至6小时，治疗性核药半衰期通常限制在几天内，鉴于半衰期过短会影响诊断和治疗效果，半衰期过长又会导致诊断对于患者的辐射剂量大，这对放射性药物的生产、贮存、配送提出了极高的要求。由此放射性药物的生产、运输基地一般都建在医院附近，基于需求订单立刻生产、立刻配送，而一家医院附近原则上只建一家放射性药物生产企业，谁先抢占更多位置，留给后来者的机会就越少。目前，中国同辐和东诚药业已基本建成放射性药物的国内供应网络，掌握了主动权，其他企业在核药房建设方面难以施展拳脚。

3. 临床科室不足，人才要求高

原则上，医院建立核医学科室需要取得放射性辐射许可证、放射诊疗许可证、放射性药品使用许可证，各项资质齐全后才可开展核医学诊断及治疗的临床工作。目前，国内核医学科室占比低，无法满足临床需求，而美国拥有12000多家核医学科。另一方面，放射性药物属于多学科交叉领域，涉及药学、辐射剂量学、辐射生物学等多个专业，体系复杂，壁垒高，专业人才难招，国内从事放射性药物研发和核医学人才不足的行业现实越发凸显。据悉，全国设立放射性药物学科研究生培养的仅有厦门大学、北京师范大学、原子医学研究所等4家高校和科研院所，本科阶段放射化学和药物结合的专业，国内没有一家高校设立。

三、上海放射性药物产业的发展基础及相关建议

近两年，国家相继发布了《医用同位素中长期发展规划（2021—2035 年）》和《放射性体内治疗药物临床评价技术指导原则》，从顶层设计上进一步促进了放射性药物研发和产业发展。国内现有注册品种的放射性药物生产企业（RS）16 家，其中有 5 家为放射性诊断试剂生产企业（R2），多数集中在北京、天津和四川等地，处于中国同辐和东诚药业双寡头并列局面，两家头部企业在诊断用放射性药物上具有明显的先发优势，在治疗用放射性药物上占比较少。目前，江苏、浙江两省也在积极布局放射性药物产业。

（一）上海具备发展放射性药物产业的扎实基础

与国内一些城市背靠核医学研究机构类似，上海放射性药物研发和生产主要起步于中国科学院上海应物所，经过数年积淀，集聚了一批科研机构、企业和临床应用单位，包括中国科学院上海药物所、上海化工院、上海医工院、原子科兴、安迪科、上海欣科等，以及中山医院、肿瘤医院等的核医学科，具备良好的产业基础，创新能力在国内处于领先水平。

从药物研发看，中国科学院上海应物所具有相当的实力，掌握了核素标记、合成和中试技术，放射性动物试验技术，可开展放射性药物的药学、药效、药代和安全性试验和评价，覆盖临床前试验全部关键环节。一是陆续完成了 ^{201}Tl- 氯化亚铊注射液、^{67}Ga- 枸橼酸镓注射液等多个核医学临床急需的重要放射性药物品种研发和产业化；在国内率先开展了 ^{18}F、^{188}Re 标记药物研发，一类新药 ^{188}Re-HEDP 已基本完成 Ⅱ 期临床试验。二是在国内首次研制成功 ^{188}W/^{188}Re 发生器，并系统建立了 ^{18}F、^{125}I/131I、^{99m}TC 等核素对小分子、多肽、核酸、纳米材料的标记技术，成功研制出十多种肿瘤或神经系统靶向的 PET 影像探针。三是旗下深景医药建立了上海地区唯一的综合性放射性药物研发平台，全面建成了 GMP 合成工艺实验室和 GLP 实验室。

从药物生产看，上海有着雄厚的医药生产基础，而且拥有原子科兴、上海欣科、安迪科、艾博兹医药、益泰医药、辐联医药、晶核科技等一批放射性药物领域的企业。其中，原子科兴已成为华东地区最大的放射性药物生产企业，主要生产氯化金思注射液、氟脱氧蒲塘注射液、锝 -^{99}m 标记药物等三大类产品，该企业地处嘉定的分子靶向诊疗药

物研发及生产基地项目预计 2024 年 8 月整体竣工，2025 年底投产，将集研发、生产、销售、服务、配送于一体，达产后年销售额可达 3 亿元。

从同位素供应看，组建了由同辐股份 100% 控股的中国同位素上海公司，能保障部分医用同位素供应。同时，中国科学院上海应物所借助自主开发的钍基熔盐实验堆（2MW），正在谋划熔盐堆 ^{99}Mo 提取分离新技术的攻关。通过加大对实验堆的核素提取分离技术、工艺热验证研发，将有助于推动符合药典质量标准的国产医用同位素规模化生产能力。据悉，2MW 钍基熔盐实验堆最大 ^{99}Mo 提取量为 49 万 Ci，接近每年的全球使用量。

此外，上海有 40 余家医院开设核医学科，其中包含一大批三甲医院，具有强劲的需求市场。

（二）推动以研发为核心的上海放射性药物产业发展建议

国家卫健委、国家发改委等 11 个部门于 2023 年 3 月下发了《关于印发推进放射性药物研发与应用攻关方案的通知》。文中提出，紧密围绕影响我国人民健康的重大恶性疾病、心脑血管疾病、神经疾病等领域开展放射性药物研发。到 2035 年，建成稳定的医用同位素和放射性药物自主供应体系。上海应围绕国家战略所需，紧盯新靶点、新机制，放射性药物，加大研发力度，加强综合性研发和产业化平台等创新体系和专业化人才队伍建设，全力打造以研发为核心的放射性药物产业高地。

1. 分层次推进放射性药物的创新研发

一是加强原始创新和基础理论研究，在放射性药物相关原创靶点探索、分子及细胞水平的辐射效应机制研究等新技术开发，以及诊疗一体化、放射性药物联用等创新策略开发方面形成技术储备。二是针对临床亟需的药物，加强多学科交叉融合下的放射性靶向创新药物的自主研发；同步瞄准国外已上市或临床结果优异的药物，组织开展仿制药研制转化，推动尽快在国内上市。三是积极布局 160Gd、176Yb、226Ra 等医用同位素规模化制备技术，加快推动熔盐堆生产医用放射性核素（^{99}Mo 等）提取分离新技术发展，并与信息技术、人工智能等深度结合。

2. 构建"临床—研发—转化—生产—临床"的闭环创新链

聚焦放射性药物临床前研究关键瓶颈，支持建设综合性核药研发与转化实验平台，鼓励中国科学院上海应物所利用已有基础，联合中国科学院上海药物所、中国科学院近物所、中国科学院高能所等国内研发单位和重点企业、三甲医院，深度整合各自优势资源，共同打造具有强创新能力的放射性药物研发工程中心，协同开展原创核药的攻关和临床研究，打通从实验室到临床试验的研究条件限制，建立自主研发和专技人员培养体系，解决从研发到产业化的难题，推动上海乃至全国放射性药物产业的发展。

3. 探索设立上海放射性药物特色产业园

依托四川核大省资源优势，成都医学城已在全国率先规划打造放射性药物专业化园区（占地约 2 平方公里）。上海市嘉定区也具备良好的产业生态环境和硬件设施，可结合其生物医药和精准医疗产业发展特色，借鉴成都市的经验做法，利用中国科学院上海应物所、原子科兴和深景医药现有具备放射性药物研究和生产许可的区域地块，以及甲级放化实验室、符合 GMP、GLP 标准实验室、C-30 医用核素专用加速器等科研设施和辐射安全许可证、放射性实验动物使用许可证等条件，探索建立放射性药物特色产业园，集聚一批产业链关键环节的企业和人才，打造放射性药物和核医疗产业生态集群。

（沈屹磊）

培育发展上海低空经济产业

当前上海正在加快打造以未来健康、未来智能、未来能源、未来空间、未来材料为重点的未来产业创新高地，发展壮大未来产业集群，而低空经济领域作为上海发展未来空间产业的重要组成部分，是推进新型工业化、形成新质生产力、赋能新经济的重要抓手和增长引擎。低空经济相关场景应用需求快速增加，新技术、新产品不断涌现，产业生态仍需完善、商业化进程有待提升。为更好地发挥低空经济产业在上海乃至全国未来空间领域的引领作用，本文通过对标借鉴国外政策环境、产业进展等方面的先进经验，从顶层设计、产业基础、市场应用等方面开展分析，为上海打造全国低空经济领域的创新高地提出对策建议。

2024 年的政府工作报告中指出，应积极培育新兴产业和未来产业，积极打造生物制造、商业航天、低空经济等新增长引擎。低空经济一般指在垂直高度 1000 米以下（最高不超过 3000 米）的低空空域范围内，以民用有人驾驶和无人驾驶航空器为载体，以载人、载货及其他作业等多场景低空飞行活动为牵引，带动装备、制造、机场、保障服务等相关领域融合发展的综合性经济业态，具有产业链条长、辐射面广、成长性和带动性强等特点。

一、低空经济技术及产业链情况

（一）低空经济产业概述

在低空经济一词首次纳入国家规划前，最常提及的关联词是通用航空。低空经济可视作通用航空的升格，涉及航空器研发制造、低空飞行基础设施建设运营、飞行服务保障等多项产业。低空经济的核心在于通过将新开放的空域资源，转化为经济资源，进而为千行百业赋能。

从应用场景来看，低空经济涉及军用、政用、商用、民用全方位场景，涵盖工业、农业、服务业等领域；从产品角度来看，低空经济主要包含低空飞行的无人机、直升机、传统固定翼飞机、电动垂直起降飞行器（eVTOL）等航空器；从产业构成来看，低空经济主要包括低空制造、低空飞行、低空保障、低空基础设施和综合服务等产业。综合来看，低空经济可被刻画为"低空域全产品＋地面相关产业链条＋相关衍生服务"的集合体。

（二）低空经济产业链分析

低空经济产业链上游为原材料与核心零部件领域，其中，原材料包括金属原材料 [①] 和特种橡胶与高分子材料 [②]，核心零部件主要有电池、电机等，电池及系统方面有宁德时代、比亚迪、孚能科技、德赛电池、欣旺达等企业，电机方面有法国赛峰集团（Safran Group）及国内卧龙电驱、松正电机、天津松正、迈吉易威等企业。产业链中游包含低空制造和低空飞行、低空保障与综合服务等，其中低空制造涉及飞行器的设计和生产，包括无人机、直升机及 eVTOL 等低空经济产品，代表企业如亿航智能、山河星航、沃兰特航空、峰飞航空、时的科技、御风未来等；低空保障包括运维、基础设施建设、数据管理、空中交通管理，代表企业如中科星图、莱斯信息、航天南湖、国睿科技、威海广泰等；综合服务包括飞行控制系统、导航系统等关键技术和设备，代表企业

---

① 制造飞行器和其他相关设备的基础材料，包括铝合金、钛合金等。

② 通常用于密封、绝缘和减震等部件。

如航新科技、安达等；产业链下游主要为军用、政用、商用、民用等四类应用场景，包括国防军事、旅游业、物流业、文旅业与巡检业等，如军事联合作战、低空应急救援、低空旅游、低空物流、低空娱乐直播、低空巡检安防、低空农林植保等。

低空经济产业相较于传统装备，从原材料特殊性来看，主要体现在轻量化、高强度、耐腐蚀等三大特点，如需要具备特殊弹性、韧性、耐磨性等特性以适应低空环境的复杂工况，具备耐腐蚀、耐高低温、抗疲劳等特性以应对各种气象条件和飞行环境。从研发新技术、新产品角度来看，在高性能电机中推动非晶材料的研发有望替代现有的硅钢片材料，以实现低损耗密度、高功率密度和高效散热；在电池上采用软包电池相较方形、圆柱具备高能量密度、高放电倍率优势，技术上由短期的"高镍三元＋硅负极"（300+Wh/kg）方案向长期的固态电池（400+Wh/kg）方案过渡，同时有望摆脱目前铝塑膜等核心封装材料主要依赖进口的现状，加速推进相关核心部件的国产化替代。

（三）低空经济正成为新质生产力重要领域与赛道

低空经济产业的发展，一是将开拓大量应用场景替代，如对现有载运、物流、巡检、植保等依赖规模化、人力密集的应用场景替代程度将逐步提高；二是将开辟一系列新的消费赛道，推动文化、体育、娱乐等各新兴行业场景的创新应用；三是将带动更多新技术、新产品、新领域的加速发展。低空经济未来技术发展方向将集中在电池技术、避障技术、通信系统、定位导航、自动飞行、AI算法应用、网联无人机等方面，并由此推动相关产业和领域的蓬勃发展。

二、低空经济产业国内外发展现状

（一）国外发展现状

当前，美国洛杉矶，日本东京、大阪作为较为典型的低空经济发展城市，在政策、制度及基础设施建设领域具有一定代表性，整体均以国家顶层设计、地方政府牵头引导、市场主体实际推进为主要形式。

以美国为例，在顶层设计方面，自20世纪70年代起逐步划归85%空域为民用，并将私人飞机主要活动空间（3000米以下）划为非管制区，允许私人飞机无需预交飞行计划即可飞行。同时，由联邦航空管理局（FAA）统一明确城市空中交通（UAM）硬件基础设施的建设标准及规范要求，并会同国家航空和航天局（NASA）与产业界深度合作，研发迭代地空授权和通告能力（LANNC）系统、国际空域系统等多个子系统，提供智能、高效、融合的低空管理服务。在基础设施建设方面，美国各州政府和私人机构兴建了上千个通用小机场，为美国通航产业的发展提供了基础设施保障支持，根据 Statista 数据显示，2023 年美国有近 2 万座机场，其中公共机场逾 5000 座，私人机场近 1.5 万座，可适用于低空经济的通用机场数量近 5000 座；在通用航空器制造方面，根据美国航空制造商协会数据，目前全球通用航空器保有量约 45.4 万架，其中美国占比近半，约为 21.3 万架，远远领先于世界其他国家，应用领域涉及公务飞行、出租飞行、空中旅游、医疗救援等民用民生领域；在 eVTOL 商业化运营方面，美国目前进展与我国大致相当，Joby 公司的 S4 目前已进入美空军"敏捷"项目测试阶段，军用方面已获得军用飞行许可（MFR），民用方面已通过 FFA 第一、二阶段认证，获批 FFA23 部 G-1 文件，但因 FAA 认证标准调整，第三阶段认证正在实施中，预计将于 2025 年推出空中出租车服务；Beta 公司的 Alia250 进度稍快，军用方面已取得 MFR，民用方面也已取得 FFA 的实验类适航证，预计 2024 年将实现交付及运营。

此外，日本由国家机构设计顶层规划，明确低空经济各阶段发展目标。在产业应用层面，由政府牵头试点，开展了多个场景的低空实践应用项目；在产业监管层面，由国土交通省统一管理系统，优化无人机审批监管流程，提升监管效率等；在基础设施层面，国家机构也已通过连续性研发项目，会同市场主体共同开发了相对完善的低空空域管理系统。

（二）国内发展现状

低空经济领域国内目前尚未形成系统的统计指标体系，仍需倚重通用航空的有关数据，发展状况主要体现为如下三方面：

一是通用航空持续快速发展。自"十三五"以来，我国依靠空域政策和产业政策的双重加持，通用航空领域实现较快发展。根据国家民航局统计，截至 2023 年底，传统通用航空运营企业 689 家，在册航空器 3173 架，通用机场 451 个，全年飞行 135.7 万小时，产业规模已超 5000 亿元 [①]；无人机运营企业 1.9 万家，注册无人机 126.7 万架，民用无人机全年飞行 2311 万小时。

---

① 预计到 2030 年有望达到 2 万亿元。

二是低空经济领域企业数量增速较快。根据天眼查调查数据显示，截至 2024 年 3 月底全国共有低空经济相关企业 6.9 万家，其中仅 2024 年 1—3 月就新增相关企业 1600 余家。从地域分布来看，广东、山东、陕西以及安徽，四地已拥有的低空经济相关企业数量位居前列，分别拥有 1.1 万余家、5400 余家以及 3500 余家，上海拥有相关企业近 3000 家；从成立时间来看，成立 1—5 年的企业占比最高，达到 44%，成立 10 年以上的企业占比 9.8%；从头部企业来看，无人机领域有大疆创新、AEE、臻迪、昊翔、极飞、亿航、华科尔、零度智控等，其中大疆创新的无人机产品约占七成市场；测绘领域主要有纵横股份、大疆、华测导航（上海）、飞马机器人；巡检领域则有科比特、易瓦特等企业；安防领域包括观典防务、科比特等；eVTOL 方面，有亿航智能、峰飞科技（上海）、时的科技（上海）、御风未来（上海）、沃兰特航空（上海）、零重力飞机、小鹏汇天等，其中，亿航智能已获得全球首张无人驾驶 eVTOL 型号合格证（TC）；从知识产权和标准建设来看，全国低空经济企业授权专利总量近 27 万件（发明专利 9 万余件），相关标准近 1.5 万条，其中，国家标准近 3000 条、行业标准逾 7000 条。

三是非通用航空领域加快发展。警用航空虽然不属于通用航空，却是低空经济的重要组成部分。目前，在我国公安系统中，警用直升机已发展到近百架，警用无人机超过 1 万架，无人机操控员近万人。警用航空特别是警用无人机在刑事侦查、治安管理、缉毒、交通管理等方面发挥着日益重要的作用。

（三）上海发展现状

上海低空经济产业发展迅速，在产业园区建设、头部企业集聚、示范场景应用等方面取得重要进展，技术积累领先，产业链初具规模，并具备产业化应用的良好市场条件，随着技术的不断进步和政策的进一步支持，有望在未来取得更加显著的成果。

一是特色产业园区初具规模。金山区华东无人机基地作为全国首批民用无人驾驶航空试验区，占地面积 5.5 万平方米，已累计引进涵盖制造、应用、材料等各类无人机产业链企业近 40 家。目前已获批 8 条无人机物流航线，海岛物流运输已累计飞行近 1.5 万架次，城市物流已累计飞行超 2 万架次。青浦区长三角低空经济虹桥产业园于 2024 年 1 月成立，聚焦电动飞行器制造、新材料研发生产，测绘无人机、旋翼及固定翼无人机研发制造，无人机芯片研发，以及飞机发动机维修与养护等低空经济细分领域开展建设，旨在打造共享群智能无人系统新基建。

二是头部创新企业形成集聚优势。目前全国范围内业界公认的eVTOL头部企业云集上海，如峰飞航空科技、时的科技、沃兰特航空和御风未来等。其中，峰飞科技的"盛世龙"于2023年2月实现单次航程超250公里创全球航程纪录，并于7月实现全球首次吨级以上eVTOL多架机、多机组、同空域、全转换的编队飞行，近日又向日本完成全球首家吨级eVTOL交付；时的科技的倾转旋翼载人电动飞行器E20，设计最大航程达200公里、巡航速度达每小时260公里，最快时速320公里，其申请的适航证已于2023年10月获民航华东管理局正式受理，预计将于2026年下半年实现适航；沃兰特航空的首款产品VE25，采用复合翼架构，起飞重量2.5吨，可搭载1名驾驶员和5名乘客，是目前世界上已知载重能力最强、空间最大、研制等级最高的载人eVTOL，2023年9月成为全球同型别第二家完成转换试飞的eVTOL，10月成为华东地区首家获得载人eVTOL适航受理的企业。

三是创新示范应用场景不断涌现。目前，上海在工业、农业、服务业等领域均已开展低空经济试点。工业方面，利用无人机对工业园区开展环境监测和安全巡查，可有效提高监测效率，减少人力成本，实现实时监控和快速响应；农业方面，无人机通过搭载高精度传感器和喷洒设备，被广泛用于农田的精准施肥、病虫害防治和作物监测，提升生产效率，实现资源优化分配；服务业方面，由美团运营的首条无人机配送航线在五角场合生汇至凯德·国正中心开航，有效避免路面交通变化对快递配送时效的影响，创新拓展物流行业的低空经济应用场景。

三、低空经济发展面临的瓶颈问题

一是目前低空经济产业以科技项目和早期风险投资为主，产业化投融资支持较少。低空经济企业的发展需要大量的资金投入，但由于国内相关市场尚处于探索发展阶段，投资风险较大，导致资金与融资困难成为制约企业发展的一个重要因素，如沃兰特航空近期才完成A轮融资，大多数企业受融资总额较低限制，其资金投向目标仍聚焦在产品早期研发阶段，面向产品量产、市场化推进的投融资活动较少。

二是低空经济产业政策法规不完善。低空经济产业发展需要完善的政策和法规支持，但目前存在诸多空白和模糊地带，如在民航领域部分通航法规仍套用运输航空的标准和体系，存在不适用、不适配的情况，给产业发展带来不确定性和风险。

三是低空经济产业配套基础设施严重不足，商业化进展较缓。目前满足低空经济产业运营、维护要求的航空器起降场数量过少，航空器与应用场景间信息共享和协同作业程度较低，缺乏相关专用信息交互平台。同时，因基础设施不足导致低空经济商业化场景试点推进、示范应用规划受限，eVTOL 等新产品、新场景的商业应用推进较缓。

四是低空经济通航空域资源管理存在局限，开放性、共享度亟待提升。我国现阶段实行的空管体制是"军航管片、民航管线"，难以合理划设低空空域，目前低空经济企业的通航空域审批往往需要同时经过军航及民航的批准，审批流程较为复杂、可用空域资源较少。

五是低空领域适航审定资源与需求无法匹配。以 eVTOL 为例，企业商业化运营须同时取得型号合格证（TC）、生产许可证（PC）和单机适航证（AC），但审批周期过长（一般需要 2—5 年），目前相关企业产品的申请数较多，仅有亿航智能于 2023 年底（历时 3 年）取得首张型号合格证（TC）。

六是低空飞行、运行、维修等领域专业人才资源紧缺。通用航空运输企业需要大量的飞行员、机务人员、运营管理人员等专业人才，但由于国内起步较晚，专业人才培养体系尚不完善、资金短缺、保障不足，导致专业人才短缺，如国内 eVTOL 规模化商业运营的时间节点预计最快将在 2025 年底至 2026 年初出现。

四、上海加快低空经济产业发展的建议

综合来看，上海发展低空经济产业在产业基础、人才资源、科技创新能力、商业应用场景等多方面拥有得天独厚的区位优势。为进一步提升低空经济产业发展速度，加快形成新质生产力，在基础材料与核心部件领域，应聚焦高性能材料、关键零部件、飞控系统、导航系统等方面研发；在制造与运营技术方面，应依托航空制造业优势产业基础着力发展 eVTOL 等低空飞行器制造，以及低空交通管理系统研发，为大规模低空交通商业化运营筑牢基础；在低空交通服务领域，应探索建立低空交通网络和低空示范场景，为低空飞行器提供运营环境和市场。具体建议如下：

一是加强政府引导，鼓励相关资本成立专项产业投资基金。将低空经济领域的企业、项目和人才纳入上海市现有产业支持政策体系，鼓励和引导国有资本、社会资本建立产业投资基金，聚焦低空经济头部企业，落实"投早、投小、投硬"，帮助企业渡过从技术到市场的商业化转化"死亡之谷"，如久事集团不仅可利用旗下相关产业投资基金助力企业发展，还可以拓展文化、体育、娱乐等大量应用场景为企业赋能。

二是制定低空经济扶持专项政策，推动相关立法完善优化。进一步将低空经济相关重点细分领域纳入上海市未来产业发展重点领域，推动相关立法部门针对低空经济领域设立专项政策法规，划定空域界限，厘清运维权责细节，加速产业发展。

三是推动低空经济基础设施规划布局，加快运营示范区（示范航线）试点。从短期来看，利用现有通航运行基础设施进行升级改造，如公交站顶层空间、轮渡码头、直升起降机场、民航机场和通航机场等，使之能够满足相关航空器的运营及维护要求；从长期来看，提前规划和建设不同等级的起降场，建立健全低空智能网联基础设施体系，开展低空感知、监测、导航等专用信息数据平台的建设探索，结合现有高铁站、机场、公交枢纽、地铁枢纽、CBD 和商业中心等开展城际转运、城郊航运、低空旅游等场景布局，打造"机场／高铁站—旅游／商业热点"的示范航线，如"虹桥枢纽／浦东机场—外滩"等。

四是贯通通航空域资源审批环节堵点，推动低空空域资源开放。联动军航、民航管理部门，加快推进低空空域管理改革，推行 3000 米以下低空空域开放试点，厘定低空空域审批权限及流程，如可借鉴 2023 年湖南省出台的《湖南省低空空域协同运行空管保障协议》，参照军民合用机场"永州机场"引入通航业务的试点经验推动上海市低空空域资源开放。

五是增设低空经济航空器适航取证审定机构，缩短取证周期。低空经济企业由产品技术向产业化发展的"最后一公里"是航空器适航取证。目前，华东地区仅有民航华东局 1 家航空器适航取证审定机构，建议有关部门开展增设审定机构研究，可考虑以增设审定机构或设立区域性分支机构为推进目标，进一步增强服务窗口、提升验证能力，将型号合格证（TC）取证周期缩短至 1—2 年，助力企业加速进行商业转化。

六是着力打造低空经济产业人才梯队。借助上海市现有高校、科研院所基础学科优势，以及大飞机产业资源优势，着力开展低空经济人才培育，鼓励相关高校、科研院所设立相关专业，并与低空经济企业开展定向人才联合培养，围绕低空领域空管人员、飞行员、运行人员、维修人员等方面开展专业人才培育，为低空经济产业储备足够的人才梯队。

（李晔）

抢先布局上海 eVTOL 新赛道

中央经济工作会议将低空经济列为战略性新兴产业之一，并写入 2024 年政府工作报告。近年来随着航空尖端技术的下放、民用航空科技的发展以及城市交通问题的凸显，低空经济又重新回归大众视野。上海作为中国最早发展低空经济的城市之一，在低空经济的重要载体—eVTOL（电动垂直起降飞行器）方面拥有着良好的产业基础，如何在低空经济领域走得"更快更远"，选择并加快 eVTOL 赛道的发展势在必行。

2024 年被誉为"低空经济元年"，经过多年的布局和发展，国内低空经济终于迎来一波井喷之势。其中，电动垂直起降飞行器 eVTOL（Electric Vertical Take-off and Landing），也被称为"飞行汽车"，主要瞄准城市内、城市间的短途飞行需求，是基于国内新能源汽车产业逐步发展壮大，精准切入陆海空三维交通全面电动化，有效推动新质生产力发展的新兴赛道。

一、电动垂直起降飞行器（eVTOL）正成为低空经济中蓬勃发展的重要赛道之一

目前，全球低空经济市场规模已经达到千亿美元级别，相关机构预测显示 2030 年全球城市空中交通（UAM）市场规模将达到十万亿美元级别。据 Morgan Stanley、德勤等预测，2040 年 eVTOL 市场全球规模保守估计将达到 1.5 万亿美元，其中 52% 货运物流，46% 城市载人，2% 城际通航和军政市场。

（一）新能源技术赋能航空电动化构成 eVTOL 重要优势

1. 高安全

目前全球 eVTOL 整机构型或技术路线主要有多旋翼构型、复合翼构型、倾转旋翼构型、倾转涵道风扇 + 完全矢量控制、隐藏式推进系统 + 无翼设计。其中前三种方案都采用多电池系统、多电机驱动多旋翼，具有多套独立可靠的动力系统提供安全冗余，第四种方案涵道风扇还消除了开放性螺旋桨在安全方面的隐患。同时这几类主流方案的巡航状态基本等同于固定翼飞机，无论是独立分布式电推进带来的安全可靠性，还是固定翼的稳定性都远超传统直升机。

2. 低成本

与通用载人载货无人机相比，其具有更长的续航和更大的载荷。与小型直升机相比，相关研究显示，目前涡轮风扇发动机对燃料的利用效率仅约 40%，而电推进系统对电能的利用率能够超过 70%，采用电动驱动的 eVTOL 效率更高，且无需昂贵的航空燃油，运营成本更低。随着规模化和供应链不断成熟带来的成本降低，未来 eVTOL 出行的公里单价可以做到和网约车的专车接近，在不受起降场地限制，电价低于燃油价格等因素的影响下，其使用成本（长期运营低至 2—3 元 / 公里 / 人）、维护成本远低于传统直升机和通航固定翼飞机，让私人飞机大众化普及变为可能。

3. 更环保

eVTOL 用电动动力系统代替了内燃机系统，基于电动化的独特优势，不产生碳排放，符合全球零碳愿景和环保要求，同时能够大幅降低噪声（起降噪声低于 65db），低于城市环境背景噪声，也能大幅提升使用者的乘坐体验和舒适度。

4. 智能化

相比传统城市公共交通，如地铁、轻轨等投建周期长，覆盖区域固定等缺陷，eVTOL 运营所需要的起降设施更灵活，不仅可以利用现有机场，还可以在城市 CBD，各城市功能区高楼楼顶设置运输节点，进行点对点运输，填补城市交通功能的空白。并且基于三维空间优势，让全智能化自动驾驶变得更容易实现。

（二）立体化交通的属性让 eVTOL 展现出广阔应用前景

2016 年，全球共享出行巨头 Uber 提出了 "Uber Elevate" 城市空中出租车计划，为 eVTOL 产品在城市空中交通（Urban Air Mobility，简称 UAM）领域的巨大应用前景打开了想象空间，并逐步拓展到城市机场班车、城际通航、景区空中游览等场景。目前来看，城市内、城市间的短途飞行需求是 eVTOL 厂商最容易切入的应用场景之一。除此之外，eVTOL 在货运物流，城市消防、医疗救护、搜索救援、农林植保等公共服务领域，军用警用市场，私人家用领域都展现出了广泛的应用潜力，为低空域交通出行电动化带来超级解决方案。

（三）众多国家和城市率先发布战略竞逐 eVTOL 新赛道

据美国垂直飞行协会（VFS）发布的最新统计，全球有超过 700 个 eVTOL 设计研发项目。在战略推进层面，美国于 2023 年 3 月由白宫科技政策办公室（OSTP）发布《国家航空科技优先事项》，提出优先发展 eVTOL 等 AAM（Advanced Air Mobility）运载器；日本于 2020 年 7 月批准通过《增长战略跟进计划》，提出在 2023 年开始试行 "飞行汽车" 业务，同时将 eVTOL 作为 "超智能社会 5.0"（Society 5.0）愿景中的重要技术之一。在政策实现及落地实施层面，美国联邦航空管理局（FAA）与韩国民航局（KOCA）于 2023 年 1 月就未来先进空中机动性飞机的开发和运营达成合作，并共同努力促进先进空中交通项目的安全监督；日本于 2023 年 2 月由国土交通省批准 MASC 公司的 "飞行汽车" 首次载人户外飞行，该次飞行取得了成功，在上升到离地面约 30 米的高度后，"飞行汽车" 以每小时 36 公里的速度盘旋，持续飞行大约 3.5 分钟。阿联酋和迪拜于 2023 年 2 月在世界政府峰会上批准了迪拜飞行出租车垂直起落站的设计模型，预计站点将在三年内开始运营。欧洲于 2023 年 12 月由 EASA 颁布了第四版 eVTOL 适航认证的拟议符合性评审方法，对 eVTOL 适航标准进行更新和修正。2023 年 10 月，国内工业和信息化部、科学技术部、财政部、中国民用航空局等四部委联合发布《绿色航空制造业发展纲要（2023—2035年）》，明确提出"到2025年电动垂直起降航空器（eVTOL）实现试点运行"的发展目标，同时明确要"加快将eVTOL融入综合立体交通网络，建立统一的空地智联管理平台，打造低空智联网，初步形成安全、便捷、绿色、经济的城市空运体系"。

二、上海聚焦发展eVTOL的优势基础和面临的挑战

（一）上海聚焦发展eVTOL的优势基础

要成为低空经济发展中的翘楚和引领者，必须在eVTOL赛道加快创新突破，形成重要牵引力量，占据主动和先机。而上海自身的产业发展基础、条件和环境，使其理应瞄准这一新赛道加快布局，奋力竞跑。

1. 正多维度营造低空经济产业发展良好环境

随着国家层面在2024年3月政府工作报告中明确提出积极打造低空经济等新增长引擎，以及2023年12月《国家空域基础分类方法》明确非管制空域的划分，都为eVTOL的试点运行以及商业化落地奠定了基础。上海顺应国家部署，也不断加快打造低空经济发展良好环境。在政策方面，2022年10月发布《打造未来产业创新高地发展壮大未来产业集群行动方案》抢占先机，针对低空经济，提出突破倾转旋翼、复合翼、智能飞行等技术，研制载人eVTOL，探索空中交通新模式等；2024年3月，《上海市经济和信息化委员会关于组织开展2024年度上海市未来产业试验场"揭榜挂帅"工作的通知》提出开展新型低空航空器分布式电推进、自主飞控、智能航电等关键技术攻关，加快新型通航飞机在中长途飞行场景试点应用，加快垂直起降航空器在中短途飞行场景试点应用等。在产业园区建设方面，青浦区长三角低空经济虹桥产业园于2024年1月成立，聚焦电动飞行器制造，新材料研发生产，飞行器运营、培训及数据服务，飞行器的应用场景等低空经济细分领域开展建设，旨在打造共享群智能无人系统新基建。在推广方面，充分利用进博会、上交会等高能级平台对eVTOL等新能源绿色交通工具进行相关企业最新成果的展示。在管理方面，3月29日，"上海市低空协同管理示范区"在金山区揭牌，正式在金山率先启动上海市低空协同管理示范工作。

2. 拥有大量eVTOL行业的头部公司

上海产业基础优势契合eVTOL产业链构建及核心技术攻关，包括峰飞、时的、御

风未来、沃兰特、磐拓等在内的 eVTOL 头部企业几乎全在上海，拥有"eVTOL 五小龙"之称。还有提供高性能碳纤维复合材料的康达新材料、为多家大型飞机制造商提供复合材料机器人缝合装备的上工申贝、专注于低空经济巡检场景应用的复亚智能科技等配套企业等等，这些公司为上海发展 eVTOL 提供了丰富的技术储备、产业人才储备，以及运营能力。

3. 拥有与 eVTOL 产业相关的一系列技术储备

上海已有的工业体系及制造技术为 eVTOL 主机整机及核心系统的研制提供重要技术支撑。eVTOL 上下游包括原材料、核心子系统、机体设计以及相关应用。主机厂主要承担整机研发和集成工作，其上游子系统供应商为主机厂提供专业模块组件。核心子系统主要包括能源系统、动力系统、飞控系统、通讯系统、导航系统以及机体六大类。而上海拥有世界级完整的交通运输制造业，是中国最大的工业和技术基地之一，拥有如商飞及相关航空供应链企业和船舶、汽车、大飞机、航天器等优势产业布局，具有丰富的产业链资源和技术储备，对发展 eVTOL 上述主机与系列子系统，都提供了较好的技术基础，形成国内其他区域短期内难以企及的比较优势。其中，上海新能源汽车及航空技术的积累尤其有利于 eVTOL 技术难点的突破。eVTOL 技术的难点在于三电系统（电池、电机、电控），其产业链与新能源汽车产业链、航空产业链高度相似，具有高度关联性。而上海在新能源汽车和航空领域有雄厚实力基础，可利用固态电池、电控、通信、动力分布技术，支撑 eVTOL 在航空电动化领域的弯道超车。如，能源和动力系统可以借鉴上海新能源汽车的管理系统，而在飞控、导航、机体方面可以充分发挥上海航空制造业的经验。

4. 拥有较好的 eVTOL 产业人才储备

eVTOL 作为新型行业，短时间内缺乏具有一定专业水平的高素质人才，但是它却与航空行业和新能源汽车行业以及互联网紧密相关，因此入局 eVTOL 行业公司主要有三类，分别为以谷歌、腾讯为代表互联网公司（拥有较为充裕的资金和软件技术），以波音、商飞为代表的航空公司（拥有航空技术的积淀和制造人才）和以大众、吉利为代表的汽车公司（拥有三电技术和制造人才），还有以这些公司人才为班底的新兴初创公司。上海拥有以商飞、上汽、特斯拉等龙头企业为代表的完备航空和新能源汽车产业链，在互联网浪潮中也占据一席之地，因而拥有大量相关高端人才，可以快速地转换为 eVTOL 产业所需人才。如上海坐拥"eVTOL 五小龙"，而其中时的公司的创始人曾是吉利太力飞车中国区负责人，御风未来和沃兰特的创始人都来自中国商飞，担任过 C919 大飞机的核心技术骨干。

5. 先发的数字基建设施布局有利于 eVTOL 体系化发展

eVTOL 发展需要高精度定位和实时通信。而上海在通信领域提前布局"天地一体"战略，即通过城市内大量的通信基站和定位基站，可发挥低轨卫星和 5G 融合技术优势，可以快速对 eVTOL 进行定位，及时生成飞行轨迹。因此，利用现有设施基础，可以显著提升 eVTOL 飞行控制精度，为未来 eVTOL 航线组网及体系化发展提供坚实的基础。

（二）上海聚焦发展 eVTOL 面临的挑战

eVTOL 行业自身发展的四大基础性要素是"天、地、人、机"，即空域、基础设施、专业性人才、产业链配套。这些因素在过去十年尤其是最近两三年发生了较大的变革，逐步成为 eVTOL 快速发展的原动力。但目前，在这四大基础性要素发展方面，上海除了在 eVTOL 专业型人才方面处于较为明显优势、数字基建布局具备一定先发优势之外，其他方面仍面临较多的挑战。

1. "天"——低空空域的航线较难审批

上海在空域遇到的问题与其他城市相类似，即涉及多方面监管主体，航线审批较为困难。由于上海空域既包括民用空域，又包括军事空域，涉及航空管理局、军委、交管局等不同部门，造成了空域的划分困难。同时民航航线的审批要考虑到气象状况、楼层高度密度以及航空器安全等因素，综合影响下导致航线审批困难，而且即便审批后航线认证周期也很长。

2. "地"——目前缺乏 eVTOL 部分必要基础设施

交通部出台相应规定，进一步大幅降低了 eVTOL 基础设施要求。但是上海在 eVTOL 的必要配套设施方面仍存在着巨大挑战。硬件方面缺乏起降场、专用充电系统；软件方面缺少标准化的检查准则和维修条例，eVTOL 使用寿命和安全难以得到保障。此外，在综合管理方面，低空空域管控系统、飞行信息系统等也有完善的空间，这些都将制约 eVTOL 的商业化进程。

3. "机"——在 eVTOL 配套产业链及技术方面仍面临挑战

一是在三电技术方面亟需新技术路线突破。三电技术在 eVTOL 行业中发挥着至关重要的作用。根据预测，系统能量密度达到 330 Wh/kg 时，续航才能较好满足 UAM

及城际运营场景，且还需要更快的充电速度和更长的循环寿命。目前现有的电池体系还难以满足，亟需固态、硅 / 锂阳极或其他新技术路线突破。二是在高性能电机、飞控、先进复合材料等环节积累还较薄弱，短期内较难快速突破。尤其当 eVTOL 涉及军用场景时，这些核心技术更容易受到国外的技术封锁。例如，在碳纤维机体制造方面，eVTOL 飞行器制造领域复合材料比例高达 70%，而碳纤维复合材料用量在 eVTOL 占比约 60%—65%。据 Strat view Research 预测，eVTOL 行业对复合材料的需求将在未来六年内大幅增长，预计将从 2024 年的约 110 万磅（约 499 吨）激增至 2030 年的 2590 万磅（约 11748 吨），增长幅度约 20 倍。但是目前世界碳纤维技术仍主要掌握在日本公司手中，中国供应商熟悉辅材结构制造，但受原材料和产能等因素影响仍需从日本进口，其主要原因是国内碳纤维生产技术有限，无法大批量稳定供应 T800 强度以上的小丝束碳纤维。三是 eVTOL 企业较多偏向于研发而制造环节仍需增强。eVTOL 成本构成中：机体结构占比 15%、动力系统 20%、能源系统 15%、航电系统 10%—15%、飞控系统 20%、电气系统 10%，此外还有其余一些机动成本。可见各个关键部件和系统的制造非常重要，而且可以牵引整个产业链体系的发展壮大，因此需要以研发优势为引领进一步延伸带动制造体系的强壮发展。

此外，据《中国电动垂直起降航空器（eVTOL）行业发展白皮书（2024 年）》，eVTOL 行业发展过程中主要面临：一是适航认证周期长，认证标准尚未完善；二是行业相关政策法规和基础设施都尚未完善，相关适航认证和监督的法律法规和标准空缺，使得 eVTOL 在短时间内难以实现大规模商业化。而这些问题也都是上海当前面临的问题和挑战。

三、推动上海加快布局 eVTOL 新赛道的路径建议

上海应聚焦 eVTOL 赛道，完善相关布局，构建特色竞争优势，牵引低空经济产业快速发展壮大。

（一）争取政策突破先行先试

一是在适航审定法规上加快细分政策制度探索创新。由空域管理部门（民用航空华地区管理局、上海应急管理局等多方联动）积极和国际标准对接，借助国家空域改革释放低空的契机，制定 eVTOL 的细分政策制度。尤其在航线审批方面，逐步探索实

现 eVTOL 固定航线飞行（借鉴无人机飞行的做法，在符合安全要求的前提下，无需提前飞行计划申请和审批，在报备飞行后自主飞行）；在飞行器装备取证方面，加快推进 eVTOL 等一批新型消费通用航空装备适航取证的速度。二是加强联动探索跨城市空域飞行机制。在长三角区域内率先探索打造和构建空域一体化发展体系及机制。三是健全完善相关标准规范。针对 eVTOL 航空器和起降场、充电设备、检修等配套设施内容等方面出台必要的政策规范，设置严格准入门槛，加强 eVTOL 应用的安全性可靠性评估验证，保障 eVTOL 生态良好发展。

（二）推动技术创新和制造产业化联动

充分发挥上海科技创新和产业创新趋于深度融合的优势，积极推进和布局制造端，使 eVTOL 朝向高安全、低成本、更环保、智能化、精度化等方向发展。一是加大低空航空器研制力度，充分发挥上海本地高校和航空类科研院所的优势，形成科研攻关合力，专注核心关键环节形成技术突破。如支持上海交大航空航天学院、航天八院、商飞等院所或机构，着力在外型设计、动力系统等方面率先形成突破。二是加强技术与制造有效联动，积极发展"院所设计 + 工厂制造""整机研制企业 + 关键材料及部件制造龙头"等模式，发挥龙头引领作用，瞄准智能驾驶、航空电池、新型机体制造、航路规划等环节进行重点发力，提早布局研发 + 制造，逐步实现生态完善。尤其在碳纤维机体制造方面，应当加速国内碳纤维制造龙头企业与 eVTOL 企业配合研发测试相关产品，在推动碳纤维需求结构向航空航天等高端化领域迈进的同时，为 eVTOL 提供所需关键部件材料制造，并推动实现相关认证及下游产品批量生产。

（三）推动产业发展要素资源及设施优化配置

一是在场景应用方面，结合航空应急救援、传统作业、物流配送等领域装备需求，加快推进统标统型，提升 eVTOL 在不同应用市场的兼容性。二是在资金扶持方面，在市级层面设立较大规模的产业基金，在 eVTOL 研发、测试验证、取证等各阶段、全流程保持相应扶持。在 eVTOL 中小型企业进行融资贷款时开辟快速通道审核放贷。对于 eVTOL 运货和载人航线以及引进相关人才给予一定资金支持。采取阶段性奖励等措施支持企业发展。例如，对 eVTOL 产业链所缺少的关键企业引入落户上海的给予一次性的奖励；可对将总部或研发、生产、制造基地落户在上海的 eVTOL 企业在获得中国民航局颁发的载人电动垂直起降飞行器航空器和无人驾驶航空器型号合格证和生产许可证后，分阶段（按照获得三证的时间）给予一定奖励。三是在人才建设方面，设立专门的机构开展 eVTOL 驾驶员、操纵员等专业人才培训。四是在相关设施配套建设方面，硬件上，加快起降场的标准化、智能化建设；软件上，推进新能源汽车充电技术和航空飞行信息管理系统在 eVTOL 领域的优化移植，完善 eVTOL 发展良好生态。

（陈斌）

推进上海新型储能产业发展

　　当前未来产业全球布局加速，上海正在加快打造以未来健康、未来智能、未来能源、未来空间、未来材料为重点的未来产业创新高地，发展壮大未来产业集群。新型储能领域作为未来能源产业的重要组成部分，正处于新一代技术革命突破的关键节点，产业链布局逐步拓展完善。上海拥有丰富的创新研发资源和扎实的产业基础，理应更好地发挥其在上海乃至全国未来能源产业发展方面的引领作用。但上海受限于客观的自然发电条件、土地资源及超大型城市安全保障等，新型储能产业发展也有着亟待解决的短板与挑战。有必要对标借鉴国内外先进地区在新型储能产业技术路线等方面的经验，助力上海打造成为全国新型储能产业发展的领头雁，走出具有地域特色的产业生态和场景，更好地服务国家能源安全保障和推动"双碳"目标的实现。

　　新型储能产业是未来能源的重要发展方向，也是实现可持续能源转型的关键领域。未来，随着新能源发电和智能电网的快速发展，以及技术的不断进步和成本的降低，新型储能产业将迎来更加广阔的发展前景，新型储能技术的应用也将更加广泛和普及。

一、新型储能产业发展概况

（一）新型储能发展情况概述

储能技术是一种能够实现能量时空转移和转化的重要技术。根据不同原理和用途，储能技术主要分为物理储能和化学储能两大类。物理储能主要包括抽水蓄能、压缩空气、飞轮储能、重力储能和相变储能等；而化学储能则主要包括锂离子电池、液流电池、钠离子电池以及氢（氨）储能等。

新型储能技术是指除抽水蓄能外的以输出电力为主要形式的储能技术。与抽水蓄能相比，新型储能技术具有选址灵活、建设周期短、响应快速灵活、功能特性多样等优点，正日益广泛地应用于电力系统中的源、网、荷各个环节，深刻改变传统电力系统的运行特性，成为电力系统安全稳定、经济运行不可或缺的重要配套设施。机械储能主要包括压缩空气储能和飞轮储能。压缩空气储能具有调峰功能，适用于大规模风场等场景。飞轮储能则适用于 UPS、调频系统等短时间应用，但能量密度较低，仅能持续数秒至数分钟。电化学储能是当前市场关注度最高的储能技术，主要分为锂离子电池、铅酸电池、液流电池和钠离子电池等类型。其中，锂离子电池技术最为成熟，已进入规模化量产阶段，成为发展最快、占比最高的电化学储能技术。电磁储能包括超导储能和超级电容器储能。超导储能在电网中的应用尚处于实验性阶段。超级电容器储能则更适用于短时间、高功率的应用场景。化学储能（氢储能）。目前电池系统的发电效率约为 45%，再加上水电解制氢过程的能量损耗，氢储能发电系统的系统效率仅约为 35%。因此提高能量转化效率是当前需要突破的重点，同时氢能的大规模产业化发展还需要一定时间。

新型储能不同技术路线对比如下：

表 1　新型储能不同技术路线性能比较

类别	技术类别	项目功率规模	放电时长	响应时间	总和效率	循环寿命/次	功率型应用	容量型应用
机械储能	压缩空气储能	几十—几百 MW	1—24 h	min级	65%—75%	15000—25000	不适合	完全适合
	飞轮储能	kW—几十 MW	S—30 min	ms级	90%	100000+	完全适合	适合
电化学储能	铅酸电池	kW—几十 MW	M—H	ms级	50%—85%	300—500	完全适合	完全适合
	锂离子电池	kW—几百 MW	M—H	ms级	85%—95%	2000—10000	完全适合	完全适合

（续表）

类别	技术类别	项目功率规模	放电时长	响应时间	总和效率	循环寿命/次	功率型应用	容量型应用
电化学储能	液流电池	kW—几百 MW	M—H	ms 级	65%—85%	5000—15000+	适合	完全适合
	钠离子电池	百 kW—百 MW	M—H	ms 级	75%—90%	2000—6000	完全适合	完全适合
电磁储能	超级电容储能	kW—几十 MW	S—m	ms 级	70%—95%	100000+	完全适合	不适合
	超导储能	kW—几十 MW	S—m	ms 级	90%	100000+	完全适合	不适合
化学储能	氢储能	kW—几百 MW 以上	NA	NA	35%—50%	NA	NA	完全适合

表 2　新型储能不同技术路线优劣势比较

领域	技术类别	商业化阶段	优　点	缺　点	应用场景
机械储能	压缩空气储能	逐步商业化	无污染、安全性高	响应慢、能效低、需要地理资源	调峰、系统备用
	飞轮储能	示范应用	功率密度大、响应快	储能量低、成本高、自放电率高	调峰、频率控制、UPS和电能质量
电化学储能	铅蓄电池	商用	技术成熟、性价比高	能量密度低、不能深充深放、环保问题	电能质量、频率控制、电站备用、黑启动、可再生储能
	液流电池	示范应用	容量大、可深放深充、能量功率分开控制	能量密度低、环境温度要求高、需辅助液泵、成本高	电能质量、备用电源、调峰填谷、能量管理、可再生储能
	钠离子电池	技术研发	功率、能量密度较大、自放电小、原材料储量丰富	高温条件、密封技术要求高	电能质量、备用电源、调峰填谷、能量管理、可再生储能
	锂离子电池	商用	功率、能量密度大、能效高	成组寿命低、高温性能差、电路保护要求严格，安全问题	电能质量、备用电源、UPS
电磁储能	超导储能	示范应用	响应快、能量密度高	成本高、维护困难	电能质量、输配电稳定、UPS
	超级电容储能	示范应用	响应快、能量密度高	成本高、储能量低	轨道交通、可再生储能
氢储能	氢储能	小规模产业化	能量密度高、存储时间长、运行维护成本低	能量转化率低、投资成本高	可再生储能、季节性储能

（二）新型储能的产业链及应用场景介绍

新型储能产业拥有较为完善的产业链条，涵盖了从原材料供应到终端用户使用的全过程。

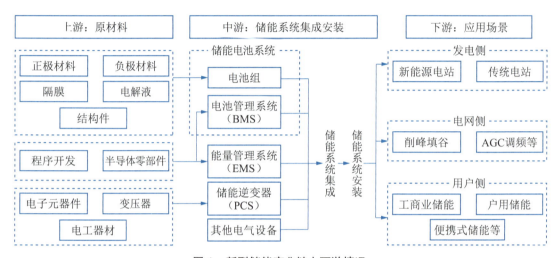

图1 新型储能产业链上下游情况

在电源侧。储能技术的应用场景包括可再生能源并网、电力调峰和系统调频等，为电源侧提供了稳定、可靠的电力供应，同时也有助于提高电力系统的效率和性能。

在电网侧。储能技术发挥了关键的作用，为电力系统提供了电力保供，帮助稳定电网运行。同时，也提升了系统的调节能力，使得电网能够更好地应对新能源的高比例接入和外送需求。此外，储能技术还替代了部分输配电工程投资，降低了电网建设的成本。

在用户侧。储能技术主要用于电力自发自用、峰谷价差套利、容量电费管理和提高供电可靠性等方面，为用户提供了更加经济、高效的能源使用方式，同时也提高了电力系统的可靠性和稳定性。

二、国内外发展现状

（一）国际发展现状

当前，全球各国都在积极发展储能产业，竞争储能产业的发展制高点，并将其作为国家战略。

美国在飞轮储能等领域的研究处于领先地位。商业化应用也较为广泛，Active Power 公司的 100 kW—2000 kW Clean Source 系列 UPS 飞轮储能系统、Penta dyne 公司的 65 kVA—1000 kVA VSS 系列 UPS 飞轮储能系统等已开始应用于电力系统、备用电源、交通工具、航天航空、军工等领域。

日本在氢能方面处于世界领先地位，掌握膜材料等关键核心原材料和关键核心设备。同时，在飞轮技术基础应用研究、关键技术及制造工艺、飞轮储能产品产业化开发与市场运作等方面拥有较强实力，三菱、日立、精工等公司和多个研究所、高校合作承担高温超导磁浮轴承飞轮储能研究，已研制出 3 种试验模型机。

英国、德国、澳大利亚、韩国等国也在特定储能领域具有发展优势。如德国是欧洲发展氢能最具代表性的国家，成立国家氢能与燃料电池技术组织（NOW-GmbH），启动氢能和燃料电池技术国家创新计划（NIP），可再生能源制氢规模全球第一，燃料电池供应和制造规模全球第三，运营着全球第二大加氢网络。

（二）国内发展现状

我国在锂电池储能和液流电池方面处于世界领先水平，在氢能储能和压缩空气储能等方面处于紧密跟随阶段。在国家"双碳"战略背景下，新型储能产业呈快速发展态势。

一是产业链不断完善。在上游，电池原材料和生产设备供应商得到了大力发展；在中游，电池、电池管理系统、能量管理系统以及储能变流器供应商不断涌现；在下游，传统电站、电网公司、通信运营商以及储能电站等终端用户积极参与。

二是技术水平稳步提高。电池储能技术逐渐成为主流，锂离子电池、液流电池等技术逐渐成熟；压缩空气储能、飞轮储能等新型储能技术也得到了广泛应用。同时，储能技术在回收再利用、数据中心、智能微电网等领域的研发和应用也在不断拓展。

三是应用领域不断拓展。应用领域从最初电力行业内的电力调峰、系统调频等应用场景，逐渐拓展到可再生能源并网、电力市场交易、用户侧自备用电等领域，再进一步拓展到电力行业外的交通、工业、城市等领域，如电动自行车、电动汽车、分布式能源等。

三、上海新型储能产业发展情况分析

近年来，上海新型储能产业发展迅速，在研发、生产、应用等环节已处于领先地位，形成较为完整的产业链和丰富的应用场景。在全球范围内，上海是中国新型储能产业的重要中心之一，在技术方面取得了重要进展，如锂离子电池、钠离子电池、液流电池等，这些技术在全球范围内都处于领先地位。在全国范围内，上海是新型储能产业的重要集聚地之一，在储能电池、储能系统、储能材料等方面都有很高的技术水平，并且积极推动产学研合作，加速技术的转化和应用。拥有完整的储能产业链和强大的研发实力，为全国储能产业的发展提供了重要的支持和引导。

从基础研究方面来看。上海拥有上海交通大学、复旦大学等众多知名高校和科研机构，为新型储能产业提供了强大的研发支持。这些机构在新型储能技术方面进行了大量的研究和探索，涉及的领域包括电池储能、超级电容器储能、飞轮储能、压缩空气储能等。在电池技术方面，拥有众多的电池研发和制造企业，如宁德时代、比亚迪、国轩高科等，在锂离子电池、钠离子电池、液流电池等新型电池技术方面都有很高的研发水平和生产能力。在储能系统方面，如科陆电子、南都电源、林洋能源等，可实现各种类型的电池与储能控制系统相结合，打造出高效、可靠的储能系统。在材料研发方面，如杉杉股份、璞泰来等，在正极材料的能量密度和循环性能、负极材料的电化学性能和加工性能、隔膜的安全性、透过性等储能材料卡点都有很高的技术水平。同时，上海还积极引进和培育了一批高素质的研发人才，为新型储能产业的发展提供了强有力的人才支撑。

从企业创新方面来看。上海在新型储能各个技术路线均集聚了一批企业，并在积极寻求各领域的技术创新突破。锂离子电池方面，拥有派能科技、璞泰来、杉杉科技、锦源昇等代表企业。压缩空气储能方面，上海电气参建世界首座非补燃压缩空气储能电站，涌现出开山股份等企业。液流电池方面，纬景储能成为锌铁液流电池方面的龙头企业，并开始产业化商业化应用；上海电气积极推动液流电池的研发。钠离子电池方面，璞钠能源等企业积极布局钠离子方向。氢储能方面，集聚了上海捷氢、上海氢晨、上海重塑等龙头企业。

从生产制造方面来看。上海已形成了一批具有国际竞争力的新型储能企业，在电池、储能系统、能源管理系统等领域均具有较强的技术实力和生产能力，能够提供高质量、高性能的新型储能产品和服务。例如，宁德时代、比亚迪等知名电池制造商都在上海设立了生产基地，生产高性能的电池产品。

从场景应用方面来看。上海在电力、交通、工业、城市等领域均具有广泛的应用场景。特别是在新能源汽车领域，上海已成为全国最大的新能源汽车生产和应用城市之一，为新型储能产业的发展提供了广阔的市场空间。此外，上海还积极推广智能家居、分布式能源等应用场景，为居民提供更加便捷和舒适的能源服务。

但是，与中西部地区相比，上海的风电、光伏资源并不丰富，因此对光伏配储需求相对较弱。同时，作为超大型城市，上海对安全底线要求更高，电网运行趋于保守，因此在峰谷电价差的政策支持方面与外地相比力度相对不足。2023 年 10 月，上海市经济信息化委制定发布了《上海市促进新型储能产业高质量创新发展行动方案（ 2023—2025年)(征求意见稿)》(以下简称《方案》")。《方案》表示，到 2025 年，实现新型储能由示范应用进入商业化应用初期并向规模化发展转变，上海市新型储能整体规模达到2000 亿元，打造 2 个以上新型储能产业园，培育 10 家以上新型储能龙头企业，并着重梳理了新型储能产业的重点领域及发展方向。

目前上海新型储能落地应用还是以示范标杆为主，载体集群或者规模化发展由于自然发电资源、土地资源相对有限等因素短期内很难实现爆发式增长。对于推进产业发展而言，加强企业创新主体地位，加快高校科研院所成果转化，发挥技术创新优势，强化技术引领和输出能力，带动产业创新发展是上海应当主要聚焦的发展方向。此外，发电端如何利用风、光等新能源转化技术提升电力产能，空间端如何合理布局有限土地资源扩大建设效能，产品端如何结合地域特色开拓应用场景拓展市场或许比布局更长期的新型储能技术孵化更为有效。

四、上海市新型储能产业发展下一步建议

上海未来新型储能产业的发展需要从技术、产业链、市场和政策等多个方面入手，全面提升产业的核心技术和市场竞争力。如何利用好上海市创新资源和产业基础优势，规避土地资源紧缺和安全保障标准严格等短板，结合属地实际情况，找寻上海特色储能场景并落地推广成为产业发展壮大的关键点。政府在此过程中也发挥着至关重要的作用，通过加大支持力度、出台产业政策、发布典型场景等举措，可以进一步推动新型储能产业的发展壮大。同时，上海应当借鉴美日德等国在新型储能产业推进上的先进经验，结合发展实际，积极发挥上海市新型储能产业在长三角一体化发展中的领头示范作用，推动创新要素集聚融合，加快场景创新应用落地。

一是强化新型储能空间支撑。要在上海全市范围内明确新型储能产业集聚发展的总

体布局，构建以头部创新企业为核心，集聚产业链上下游企业，布局示范应用场景的新型储能产业集群。如在临港新片区，以特斯拉储能项目为核心，打造世界级储能产业园。要着力保障新型储能产业发展的土地空间，建议在闵行、青浦、嘉定、奉贤等区域试点储能产业项目垂直工厂、立体工厂、智能制造工厂等，提高土地利用效率。要加强与城市规划、土地利用等相关部门的协调配合，确保新型储能产业空间布局与城市发展相协调，为产业的可持续发展提供有力保障。

二是加快攻关新型储能核心技术。加强企业与高校、科研院所的合作，通过成立联合研究中心、联合实验室、成立创新联合体等，借力高校大脑为企业技术攻关、储能技术迭代提供理论与实验支撑。如上海交通大学在低碳、零碳能源转化与利用，华东理工大学在化学储能、上海科学院在纳米电催化剂、同济大学在氢能与燃料电池技术等方向均已开展相关技术研究，可以为企业技术攻关提供理论支撑和实验验证。在储能技术方面，聚焦钠离子电池、固态电池等电池技术，以及超级电容器、飞轮储能等非电池储能技术的研究；在系统集成方面，开发先进的储能系统集成技术、能量管理系统与智能控制技术，实现储能系统与电力系统的深度融合和协调优化运行。

三是开拓更多新型储能业务场景。在工业园区、数据中心和充电设施等领域，选择具有代表性的场景，开展新型储能应用的试点示范。在张江、漕河泾等园区建设储能电站，利用峰谷电价差来实现储能收益，同时探索将储能与分布式能源、智能微电网相结合，实现园区的综合能源管理。利用新型储能技术来提高数据中心能源利用效率，如在数据中心附近建设储能电站，配合新能源发电技术，提高新能源发电消纳量，减少数据中心电网侧电力消耗。利用新型储能技术提高新能源汽车充电设施的充电效率。

（李晔）

依托制度创新优势，加快临港新片区氢能产业发展

当前氢能产业全球布局加速，上海正在加快推进氢能产业发展，而临港新片区作为上海打造"南北两基地、东西三高地"氢能产业空间布局的重要组成部分，氢能产业正处于快速成长期，产业链布局逐步拓展完善，为更好地发挥其在上海乃至全国氢能产业发展的引领作用，有必要对标借鉴国内外先进地区在氢能产业技术路线和政策法规方面的经验，助力临港新片区打造成为上海乃至全国氢能产业发展的制度创新试验田、技术攻坚先锋队、示范应用探索区、基础设施样板间、公共平台聚集地，上海建设国际一流氢能产业创新高地的新引擎和增长极，更好地服务国家能源安全保障和推动"双碳"目标的实现。

一、临港新片区氢能产业发展现状特点与问题

临港新片区目前正在依托制度创新和应用场景优势，推动氢能产业全产业链发展。在制氢领域，引入康明斯制氢、西爱西制氢设备项目，在储氢领域引入镁源动力镁基储

氢项目，在氢燃料电池系统领域，集聚了康明斯燃料电池系统、上海氢晨电堆、上海唐锋膜电极和催化剂、上海治臻金属双极板、上海嘉资碳纸和气体扩散层、汉丞质子交换膜等项目。在整车研发生产环节，目前已新引进了广微万象、中车数轨等氢燃料商用车项目。在检验检测领域，上海电气核电集团拥有高压储氢检测能力，此外引入律致检测装备及上海氢枫投资的燃料电池部件测试项目。应用场景得天独厚，示范应用走在全国前列，已开通 2 条中运量，拥有全国首条氢动力无轨列车，永安行在临港新片区（主要集中于环滴水湖区域）投放了 1000 辆氢能助力自行车，但也存在一些问题：

一是氢源供给保障亟须加强。临港计划在 2025 年实现 30% 以上的氢气自给率，绿氢占比不低于 10%。但目前临港氢能产业上游的氢气供应领域中，氢气生产、运输及设备研发的生产企业仍然较少，特别是绿氢生产较为滞后，仍需要拓宽氢气供应渠道，以保障产业链用氢的稳定性和持续性。二是基础设施建设进度需提速。截至目前，临港投入运营的加氢站共有 3 座，距离在 2025 年建成 14 座加氢站并且实现不低于 38 吨 / 天的加氢能力的建设目标仍有一定差距。三是示范应用场景有待拓展。目前应用场景主要在中运量公交车、渣土运输等领域，而连接临港与洋山港的东海大桥物流线路涵盖高速公路、码头、仓储各类场景港口集卡以及燃料电池热电联产应用有待推广。四是制度突破与政策支持仍需完善。目前临港氢能产业的专项支持政策还需进一步明晰，在审批流程和监管方面还需打通政策障碍，包括氢安全、液氢使用、IV 型瓶使用，以及站内制氢等方面。

二、国内外氢能技术路线和政策对临港启示

（一）国外氢能技术路线和政策

1. 建立多元化制氢技术路线

美国在全美境内建设区域氢能中心，根据区域特点制氢路线具有多样性，建立包括化石燃料、生物质 / 废物资源、可再生能源以及核能等各种途径来实现可持续且安全独立的氢气供应体系。日本制氢技术路线近期考虑制氢成本经济性，利用副产氢气及石油、天然气等化石能源制氢，后续再逐步过渡到可再生能源制氢、结合碳捕集与封存（CCS）技术的化石能源制氢、核电制氢等多种制氢方式相结合的模式。

2. 积极探索氢源供给保障

欧洲地区除本地通过海上风电、光伏制氢以外，积极对接与中东和北非地区的阿联

酋、卡塔尔、阿曼等氢能富集地区，开展国际氢能贸易，保障氢源供应需求。日本高度重视打造远程制氢、远程运输的全球氢能产业供应链，通过链接全球范围内可利用的褐煤及可再生能源，结合碳捕集与封存（CCS）技术完成零排放制氢，再采用氢气液化技术并通过远程海洋运输实现氢能供应。

3. 加大氢能产业政策支持

美国能源部开展了燃料电池离子交换膜、电解槽新型涂层材料、各类催化剂材料等多个新材料项目研发，并在 2020 年投入约 3200 万美元的研发经费进行在碳纤维等高强度储运氢新材料方面的研究。欧盟通过《地平线欧洲》项目，以 PPP 形式为约 250 个项目提供了累计 9.85 亿欧元的资金支持，同时，欧盟及其成员国针对制氢、储运加以及终端应用等各个环节提供包括电价补贴及登记税优惠、购买补贴、所有者税优惠、公司用车税优惠等各类优惠政策。

4. 创新基础设施建设运营

日本加氢站在发展初期主要采取企业自建自营模式，发展较为缓慢。从 2018 年开始，由涵盖金融、能源、汽车制造商的日本企业共同成立 Japan H₂ Mobility 联盟负责基础设施的建设和运营，加氢站的经济性和运营效率进一步提高。欧洲约 58% 的加氢站由产业链上下游企业法国液化空气集团、戴姆勒、林德、OMV、壳牌和道达尔等六家公司共同组建的合资公司 H₂ Mobility 运营和维护。

5. 加快氢能技术示范应用

日本氢能技术应用主要开发氢能在车用和家用领域的市场潜力，以丰田、本田为代表的日本车企在氢燃料电池汽车研发方面走在国际前列；日本燃料电池协会启动了"ENE-FARM"项目（家用燃料电池热电联供系统），推广家用氢能系统，目前已实现商业化的热电联供产品包括质子交换膜燃料电池（PEMFC/PEFC）。美国已率先实现固体氧化物燃料电池 SOFC 分布式发电系统的商业化应用。主要应用于便携式电源、分布式发电／热电联供系统、高性能动力电源、大型发电站等领域。

（二）国内氢能技术路线和政策

1. 氢能产业发展政策突破

广东佛山率先探索允许在非化工园外制氢，建设制氢加氢一体化站。同时，在加氢站建设过程中，为加快推进加氢站建设，缩短加氢站建设周期，提出"平行审批"的概念。即加氢站建设项目审批过程中各部门实行同步并联办理或提前对接，不互为前置。同时，率先出台全国首个加氢站建设运营及氢能源车辆运行扶持政策，单个加氢站建设补贴最高力度为同期全国各地区最大。

2. 积极探索氢源保障供给

佛山构建区外供氢和区内制氢相结合的氢源供给体系。由于缺乏工业副产氢资源，积极采购广州、江门、东莞等区外氢气，同时着手布局制氢加氢一体站，大力推动长海电厂氢能源综合利用和瀚蓝可再生能源（沼气）制氢加氢母站等氢气保供重点项目建设。

3. 加快推进氢能示范应用

北京以冬奥为契机推进运行超 1000 辆氢能源汽车，并配备 30 多座加氢站，是全球最大规模的一次燃料电池汽车示范。佛山南区积极打造全国首个氢能进万家智慧能源示范社区项目。张家口市率先迈入氢能源公交时代，投运氢燃料电池公交车 444 辆，成为全国燃料电池汽车运行数量最多、最稳定的城市之一。

4. 创新车辆运营机制建设

嘉兴港区通过国资平台浙江氢能出资购买氢燃料电池汽车，再租赁给运营企业，打通应用场景的同时减轻运营企业的财务压力。目前浙江氢能已购置公交、班车、重卡 50 辆。张家港港区主要由华昌能源科技牵头，发挥其在副产氢、燃料电池领域等优势，投放 80 辆氢燃料电池物流车，并打造"绿色港口"投放 10 辆氢能重卡。

5. 协同周边城市共建氢走廊

河南出台建设郑汴洛濮氢走廊方案，形成辐射带动全省、串联陕西"氢能产业集群"、山东"鲁氢经济带"的黄河中下游氢能产业发展格局。四川和重庆联合打造"成渝氢走廊"，两地规划于 2025 年前投入约 1000 辆氢燃料物流车，配套建设加氢站。

三、临港新片区氢能产业发展对策建议

根据临港新片区氢能发展现状特点，借鉴国内外氢能发展经验，从保障氢源、示范应用、设施建设、产业能级、创新运营、政策支持等方面提出对策建议，推动临港新片区打造成为上海乃至全国氢能产业发展的制度创新试验田、技术攻坚先锋队、示范应用探索区、基础设施样板间、公共平台聚集地，上海建设国际一流的氢能产业创新高地的新引擎和增长极。

1. 保障氢源供应

建立区外购氢与区内制氢相结合的氢能保障体系。近期就近充分利用上海化工区等本地氢气资源，同时积极与长三角区域拥有富余氢气的氢源基地建立氢能供应合作关系，加快推进加氢站内制氢项目落地，积极推进海上风电制氢，探索光伏发电制氢，增强临港自身制氢能力。中远期积极与山西、陕西、内蒙、宁夏等氢气富集地区建立供应合作关系，探索与澳大利亚、中东、北非等国际氢能富集地区开展供应合作，谋划启动氢能储运基地建设，建设服务上海、辐射长三角、面向国际的氢能储运交易中心。制氢方面，充分利用海上风电资源，加快推进"风电＋海水"制氢项目；发挥临港新片区标准化厂房集聚的资源优势，探索光伏发电制氢试点应用；同时，探索生物质／废物资源制氢等多种制氢方式。在电解水制氢方面，根据不同技术路线特点，建议在大规模绿氢制备中采取碱性电解路线，发挥其技术成熟、成本低的优势；在分布式及可再生能源结合制氢中推进 PEM 电解技术应用，更好地适配可再生能源波动性的特点。储运方面，建立长管拖车、船舶、管道运输等适用于不同场景且具有经济性的氢气运输体系。依托洋山深水港、南港、滩涂等未利用地和近海水域，建立大型氢能储运基地和氢能船舶运输码头。

2. 推进示范应用

加快推进特色交通服务领域应用示范，逐步扩大中运量、公交、渣土车、市政环卫车等示范项目的应用范围和规模。加快推进氢燃料电池重卡的应用示范场景落地，探索打造"零碳"港区。积极拓展能源领域示范应用，依托临港新片区新建人才公寓、保障房等项目，通过引入智慧能源管理系统和家用燃料电池热电联产设备打造"氢能社区"试点。推动氢燃料电池作为数据中心备用电源的重要补充，率先在国内打造氢能绿色数据中心示范。

3. 加快设施建设

加快推进加氢站建设，布局油氢电合建站、制氢加氢一体站、液氢加氢站等多种加氢站。积极争取政策支持，探索允许在非化工园区开展可再生能源制氢、布局制氢加氢一体化试点。优化加氢站规划建设审批程序，缩减加氢站建设周期，加氢站建设项目审批过程中各部门实行同步并联办理或提前对接，不互为前置。氢气管网设施方面，充分利用现有的天然气管道设施，升级管网设备和系统，探索天然气掺氢试点应用、纯氢管道改造及建设。规划布局输氢管道，建立连接氢源基地、储氢基地和氢能消费较为集中的工业区、港口、物流和交通枢纽的输氢管道线网。

4. 提升产业能级

加快关键核心技术攻关。鼓励行业领域科技领军企业，联合氢能领域龙头企业和重点科研机构，组建创新联合体，推进质子交换膜（PEM）、高耐蚀碳纸、低铂催化剂、Ⅳ型储氢瓶应用、高排气量制氢设备等关键环节项目攻关。建立氢能服务平台。建议由临港氢能公司牵头，联合氢能行业的龙头企业和专业碳交易平台机构，推进氢能交易平台建设。开展氢能国际贸易。积极与全球氢能丰富地区及"一带一路"沿线国家在氢能供应、应用示范、设备制造和基础设施建设等方面开展积极合作，打造成为全球氢能供应链的网络节点。

5. 创新运营模式

建议由临港氢能公司牵头，联合产业链上下游企业，以及国有资本和社会资金，在氢源保障、基础设施建设、氢车购置等方面联合开展示范运营。例如，在氢源供给保障方面，联合能源企业，国有资本、社会投资机构，积极拓展氢源供应，保障临港乃至上海市、长三角地区的氢源供给安全。在氢气管网建设中，积极协调长三角各地氢能公司，联合大型油气工程企业、设备生产商、管网运营商，谋划建立连接氢源基地、储运基地、氢能高需求区域的长三角氢走廊。在加氢站建设中，积极引入投资机构、氢气制备企业、加氢站设备制造企业，以及燃料电池汽车厂商，组建加氢站建设运营联盟，合力推进加氢站建设和运营。在氢车购置租赁中，联合氢车制造企业、投资机构、运营公司成立氢能源汽车运营平台公司，引入融资租赁等市场化手段，提升物流公司参与氢燃料电池汽车示范应用的积极性，扩大重卡、渣土车、叉车等氢燃料电池汽车的示范应用规模。

6. 完善政策支持

建议将氢能产业纳入临港新片区高新产业和科技创新专项重点支持领域，在关键核心技术研发、重大技术装备或核心部件首台（套、批）等专项优先给予支持。加快推进临港氢能产业发展基金落地，鼓励社会资本、风险投资积极参与临港氢能项目投资，特别是催化剂、碳纤维等关键环节技术突破和海上风电制氢等创新型探索应用项目。探索建立国内领先的全场景、全链条、全实时的氢能监测和管理一站式平台，委托专业机构进行规划建设、项目管理和全天候监督服务。

（高世超　田倩仪）

参考文献：

【1】上海市发展和改革委员会办公室：关于印发《关于支持中国（上海）自由贸易试验区临港新片区氢能产业高质量发展的若干政策》的通知，2002 年 8 月 17 日印发，第 5 页。

【2】丁曼：《日本氢能战略的特征、动因与国际协调》，载《现代日本经济》2021 年第 4 期，第 28—41 页。

【3】周传勇：《南海发布氢能产业发展三年行动计划》，载《佛山日报》2022 年 4 月 22 日。

【4】仲蕊：《氢能产业顶层设计"呼之欲出"》，载《中国能源报》2021 年 12 月 6 日，第 10 版。

【5】河南省人民政府办公厅：关于印发《河南省氢能产业发展中长期规划（2022—2035 年）和郑汴洛濮氢走廊规划建设工作方案的通知》，https：//fgw.henan.gov.cn/2022/09-08/2603392.html。

借鉴广东省推进氢能产业发展的经验，加快上海氢能产业发展

2022年11月，上海市经济和信息化发展研究中心一行前往广东省佛山、深圳两市，开展氢能产业调研，先后走访了佛山环能院、仙湖实验室、氢蓝时代、妈湾电厂制加氢一体站等多家企业与应用示范点。调研发现，广东省氢能布局早、成效显著，已推出一系列氢能政策与场景的先行示范，汇聚头部企业和行业精英，形成了活跃的产业生态。本文从广东调研成果出发，分析当地氢能产业推进策略，从而为上海市推动氢能高质量发展提供相关建议。

2022年，氢能上升为国家战略，并列入"十四五"规划中的六大未来产业。在上海市未来产业规划中，氢能也成为一大重点布局方向，是实现能源安全和可持续发展的抓手。未来，上海将打造"南北两基地、东西三高地"的氢能产业集群，其中临港新片区将打造成未来能源的策源地。而作为国内改革开放前沿、氢能发展高地，广东省已建成一批氢能示范项目，创新成果领先于全国，可为上海打造氢能产业、推进未来产业提供经验和启示。

一、广东省氢能产业发展概况

在发展进程上，广东省已成为国内氢能"领先者"。自 2009 年入局氢能产业起，广东已创下产业举措、基础设施建设、示范推广等方面的一系列行业"第一"。另外，截至 2021 年年底，广东氢能产业年产值超 100 亿元，累计推广燃料电池汽车超 3000 辆，运营超 3000 万公里，推广数量与运营里程均居全国第一。

在技术路线上，氢能产业链各环节均有最新技术布局。上游制氢领域，国内最大规模质子交换膜水电解装备基地正在建设。中游储运、加氢领域，佛山建成全国首个天然气站内制氢项目、深圳即将开展天然气管道掺氢标准制定工作。下游燃料电池领域，广东省已布局高温甲醇燃料电池技术，并打造国内首个固体氧化物燃料电池与电网耦合的应用示范。

在示范场景上，广东推出多元氢能应用方案。在交通出行领域，燃料电池应用于有轨电车、物流叉车、冷链车、共享两轮车、网约乘用车、游船以及市政用车。在建筑供能领域，中科润谷已建成氢燃料电池多元入户供能的示范社区。在产业融合领域，广东率先探索将氢能与自动驾驶、种养殖、陶瓷等行业相融合。

在营商环境上，广东省吸引头部企业，并成功培育本地企业。第一，长三角氢能企业纷纷向广东渗透。重塑、爱德曼、舜华等行业龙头均已在广东省占据较大市场权重。第二，国际知名企业也在广东布局。例如，康明斯与中石化合作建立电解水制氢基地、现代集团首个海外燃料电池工厂"HTWO 广州"即将竣工。第三，广东省在燃料电池 8 大零部件领域，均培育出了行业优秀企业。

二、广东省推进氢能产业发展的经验

（一）利用余电制氢，大幅降低氢气获取成本

广东的氢源不足问题较为严重，导致氢气成本居高不下。以佛山市为例，在供需结构上，2022 年佛山氢车的用氢需求为 16—18 吨 / 天，而供给量仅为 5 吨 / 天；在用氢成本上，2021 年佛山加氢成本高达 80 元 / 公斤，加氢站也普遍处于亏损状态。加氢困境导致广东部分氢能物流车辆被迫闲置，示范效果不佳。

为解决气源不足、售价高昂的问题，深圳凯豪达公司在妈湾电厂投资建设制加氢一体站，采用电解水制氢路径，首创电厂内余电利用、就近制氢的做法。该项目为深圳市

氢能科技示范工程项目，已于去年 10 月竣工。从效果上看，余电制氢模式的平均成本仅为 24 元 / 公斤，谷电制氢成本可进一步降至 20 元 / 公斤以下，远低于上海加氢站 35 元 / 公斤的补贴后价格，价格优势显著。

（二）改造现有场景，探索多元氢能应用

一是开拓新型合作模式，打造氢能的港口应用。目前，港口被认为是沿海城市应用氢能的重点场景，在广东省，应用氢能技术的绿色零碳港口已被列入深圳、珠海、汕头等市级能源规划。

在实际示范层面，深圳已在现有港口内布局氢能应用。2021 年 9 月，深圳"西部氢能产业示范港"项目签约。该项目由深圳市政府、招商港口、深圳能源、氢蓝时代四方共建，开创了地方政府、中央企业、地方国企和科技创新型民企之间的新型合作模式，已被列为深圳氢能重点应用示范项目。从效果上看，通过利用改造城市基础设施，四方将共同推动港口的氢能综合示范运营。

二是引进成熟技术，打造氢能的建筑应用。广东十分重视燃料电池供能的应用场景，相关政企人员均强调了实现供气与用电完全匹配的重要性。自 2014 年起，佛山市政府考察组多次前往各国调研，学习燃料电池供能相关的先进技术与成功经验。

在实际示范层面，2020 年 10 月，中科润谷与佛山南海区政府开展合作，开启中日韩合作下的全国首座氢能进万家智慧能源示范社区项目。该项目为国家能源局示范项目，计划实现社区建筑的冷热电智慧三联供。项目引进国际成熟经验，在建设上参照东京奥运会场馆规范，在设备上采用韩国斗山集团的成熟产品（经纽约世贸中心验证），并根据广东生活需求加以改造。佛山还将继续进行场景搭建，开展全国首批绿色零碳示范医院群项目。

（三）各环节政策突破，打造宽松的产业环境

在氢能政策上，广东省已先行放开一部分限制。加氢站建设方面，广东省率先提出支持制氢加氢一体化站不进化工园区，并于 2021 年取得实施进展，建成国内首个站内天然气制氢加氢母站——南庄一体化站；佛山率先提出加氢站建设行政审批的"同步并联办理"模式，加快审批速度，为各地提供示范样本，并于 2022 年纳入广东省加氢站管理办法的征求意见稿。建筑供能方面，佛山南海区专门辟出近 238 亩的土地作为国电

投华南氢能产业基地配套用地。

（四）扶持创新平台、配套设施，健全产业生态

咨询研究方面，佛山环能院着力推动省市能源产业升级，已牵头完成多项国家、省级、地方以及企业层面的氢能政策研究及规划编制工作。环能院负责人担任国家《氢能产业发展中长期规划（2021—2035年）》的主要执笔人之一，并参与评审示范城市群实施方案。2019年成立至今，基于项目咨询、技术研发、平台运作等活动，环能院成为地区、国家氢能产业推进的重要力量。

技术突破方面，仙湖实验室作为广东省最大的氢能实验室，聚焦氢能和氢氨融合关键材料与核心技术的研发及产业化。在科技成果转化上，实验室建立了1家平台公司、孵化3家科技企业，并与11家龙头企业达成战略合作。在智库功能上，实验室承担国家基金委重大项目、科技部"氢能技术"专项重大研发计划，并参与《广东省燃料电池技术路线图》的编制与发行。2019年成立以来，实验室为广东省双碳战略提供了专业技术支持。

标准制定方面，广东特检院担任广东省氢标委的建设依托单位，并设立液氢技术研发中心、国家低温容器质量检验检测中心（广东）等平台，提供特种设备检测服务。目前，特检院共有75个检验试验项目获市场监管总局核准，在全国特检机构中名列第一，业务范围涵盖十几个国家。自2005年组建以来，特检院为能源设备的质量监督、标准制定提供了专利技术支撑。

三、上海市推进氢能产业发展的建议

上海氢能产业发展基础较好，聚集了一批行业龙头企业、高校顶尖人才、潜在应用场景。例如，在企业优势方面，上海治臻已成为国内最大的金属双极版供应商，市场占有率高达90%；在人才集聚方面，上海交大、同济、中科院应用物理研究所等高校和研究机构聚集氢能人才；在场景应用方面，上海拥有港口、高楼、公路等超大城市场景，并在燃料电池汽车领域拥有较大优势。目前上海已初步形成一条完整的氢能产业链。

近期，上海氢能产业又迎来一系列进展。例如，在城市群第一年示范期内，全国首批氢燃料电池网约车落地虹桥机场，上海燃料电池汽车市场积累了宜家、京东、顺丰等多个终端客户，目前上海全市范围内有超800辆燃料电池汽车运营。然而，上海氢能

产业在去年上半年受疫情影响严重，需要进一步加强氢源保障、场景示范，健全产业生态。综合广东省经验，具体建议如下。

（一）创新建站模式，提升氢气产能、降低氢气成本

创新建站模式、支持技术创新，有望解决氢源不足问题。一方面，上海工业副产氢满足企业自用的比例较高，加氢站氢源有限。比如，临港新片区目前缺乏本地氢源，氢气生产企业较少，依赖化工区、宝钢的氢源供应。而对于到 2025 年运营 1500 辆燃料电池汽车的推广目标而言，临港年加氢需求将会达到近 1.4 万吨。另一方面，一体站模式尚未实现。虽然新片区计划探索建设上海市首个一体化站，并探索谷电制氢，但目前相关项目均未形成。

建议借鉴广东相关创新举措，探索电厂内就地制、加氢，加快一体站落地。为保障氢气供应，可考虑在上海部分百万千瓦级电厂内探索余电制氢，并在能耗指标上予以一定支持，所产氢气可经高速公路或输氢管道直供临港新片区、嘉定汽车城等重点示范区域。此外，建议考虑评估、探索利用某些颠覆性技术创新成果。例如，基于 MCH 有机物储氢技术（利用甲苯进行加氢、脱氢反应），有望实现氢气远途运输和长期储备。

（二）加强管网规划、加速技术应用，打造多元场景

第一，基于上海现状，可积极探索天然气掺氢技术。一方面，上海在管网输氢项目上已取得初步进展。临港新片区提出探索开展区域输氢管网规划建设，而宝钢已实现 4 公里输氢管道贯通。另一方面，上海具有管网掺氢的基础优势。上海天然气供气管道总长 3.3 万公里，管内剩余空间充足，具有超大城市的场景优势。

建议针对已有管道开展测试，并借鉴南海氢能进万家社区经验，实现建筑供能。在效果上，管网掺氢将不仅缓解天然气供应压力、增加电网柔性，还将带动全产业链创造价值。根据彭苏萍院士等人的研究成果，预计到 2030 年将有 270 万—630 万吨氢气掺入天然气管网，全产业链产值将达 800 亿—1800 亿元 / 年。

第二，应用燃料电池技术，可积极推进港口、船舶示范场景。上海具有超大城市港口示范基础，拥有世界第一港口、燃料电池头部企业，并出台了氢能港口相关规划，洋山港的重卡运营规模达到 4 万辆，氢能港口应用潜力巨大。建议上海充分利用燃料电池领域的先进技术，并借鉴广东深圳"西部氢能示范港"项目经验，依托多方力量打造氢

能船舶、港口中重载等综合应用，建设氢能产业示范港，推动港口绿色低碳发展。

（三）加快政策创新与突破，打通产业堵点、推动规划落地

在产业链各环节放开限制，可以缓解企业压力，加速氢能产业推进。如在车辆应用方面，由于氢能车辆单价较高（如公交大巴车单价 300 万元），整车企业与零部件企业均面临应收账款积累过多的问题。可以借鉴北京市相关政策——据佛山环能院负责人介绍，北京市燃料电池车辆只要上牌即可申领示范城市群奖补，可获得一定比例的预拨款项，而不必等到认证完成。缓解企业的现金流压力，将有利于企业申请贷款、投入技术创新。

（四）加强产业配套建设，优化营商环境、构建创新生态

建议完善产业配套平台，借鉴广东佛山环能院、仙湖实验室、广东特检院等机构的搭建经验，在咨询研究、技术突破、标准制定等方面全面支撑氢能产业生态。比如，可考虑依托上海特检院等权威检测服务机构，以及临港新片区的牵头引领作用，推进上海市氢能标准化建设工作，争取创建全国标准化基地，引领全国氢能产业。

（蔡懿）

推动上海动力电池回收利用产业发展

2022年12月，工信部发布了第四批符合《新能源汽车废旧动力蓄电池综合利用行业规范条件》企业名单，叠加已发布的前三批名单，国内动力电池回收白名单企业将超80家。本次白名单的发布意味着电池回收正愈发受到国家重视，但截至目前，国内现有的动力电池回收利用产业依然处于"野蛮生长"的状态。上海市经济与信息化发展研究中心综合分析后认为，上海具备发展废旧动力电池回收利用产业的条件及基础，应围绕技术突破、规范制定、场景开发和标准引领等关键环节，发挥自身技术和产业优势，把握住产业链高端环节，积极探索产业化和商业化新模式，为实现"产业绿色低碳化"和"绿色低碳产业化"提供有力支撑。

近年来，受制于环境污染和能源危机问题的日益严重，全球交通能源战略和汽车产业发展面临巨大变革，以纯电动汽车、增程式电动汽车、混合动力汽车、燃料电池电动汽车等为代表的新能源汽车，成为改变世界汽车产业现状和未来的主导力量。新能源汽车一直以来就是国家产业转型升级的重点关注对象，尤其是动力电池认证、回收，打造动力电池全生命周期安全闭环已引起社会的广泛关注。经国盛证券测算，我国动力电池回收实际市场规模 2022 年预计约为 146 亿元，至 2030 年理论上可达 1406 亿元，锂电回收整体市场规模 2022 年预计约为 314 亿元，至 2030 年理论上可达 2351 亿元。随着汽车工业、绿色能源、光伏产业迅猛发展的有力驱动，国内动力电池等储能设备加速产能扩张，老行业迎来新春天，这将给上海发展电池回收产业带来全新的挑战与机遇。

一、发展动力电池回收利用产业是实现气候中和目标的关键因素

（一）我国及欧盟已明确开展对车辆"全周期"碳足迹监管和动力电池回收利用

从欧洲看，欧盟于 2020 年 10 月发布了有关修订《电池指令》的法律草案，将管控方式由"指令"变成"法规"，以确保投放欧盟市场的电池在整个生命周期能保持高性能、可持续和安全。新的《欧盟电池与废电池法规》已于 2022 年 2 月获得欧盟环境、公共卫生和食品安全委员会（ENVI）的通过。欧盟要求自 2024 年 7 月 1 日起，进入欧洲市场的工业和电动汽车电池的制造商必须提供碳足迹证明，到 2025 年每一辆出口到欧盟的汽车需核算发布其生命周期二氧化碳的排放，而且电池的碳足迹、可回收成分含量、原材料采购是否可靠等情况必须经过第三方强制验证。到 2030 年，钴、铅、锂、镍再生原材料含量占比分别达到 12%、85%、4%、4%；到 2035 年则提升至 20%、85%、10%、12%。

目前，欧盟多国已立法要求生产商或零售商对其生产或销售的电池承担回收义务。在荷兰，电池生产商和进口商对回收和处理其经营的产品负有全部责任，必须告知消费者回收地点。在德国，消费者有义务将废旧电池送交商店或废品回收站，后者必须无条件接收并转送至处理厂进行无害化处理，一些市政部门还会定期派出车辆上门回收废旧电池。在瑞典，要求电池零售商回收废旧电池，并对电池销售征收特别销售税，用于支付回收、运输、处理电池的费用。

从我国看，2021 年 7 月，国家发改委印发《"十四五"循环经济发展规划》，其中一个重点行动便是"汽车使用全生命周期管理"，并明确废旧动力电池循环利用行动由工业和信息化部会同国家发改委、生态环境等部门组织实施。中国汽车技术研究中心发布 2022 年度《中国汽车低碳行动计划》研究报告，以 6725 款乘用车及商用车为样本，系统梳理了在中国境内销售的乘用车、商用车等全生命周期的碳排放核算及碳排放水平。

数据显示，我国汽车行业全生命周期碳排放总量达 12 亿吨，其中乘用车约占 58%。从全生命周期来看，一辆纯电动车碳排放约为 22.4 吨，碳减排的压力与潜力巨大。

近几年，国家部委开始大力推动行业发展。2018 年，七部委联合印发了《新能源汽车动力蓄电池回收利用管理暂行办法》，强调"动力电池回收实行生产者责任延伸制"，要求车企承担电池回收的主体责任，并提到对废旧动力电池首先进行梯次利用，再进行资源化回收利用。2020 年 3 月，工信部发布《2020 年工业节能与综合利用工作要点》，其中就包括推动新能源汽车动力蓄电池回收利用体系建设。2022 年 2 月，工信部等八部门联合印发的《关于加快推动工业资源综合利用的实施方案》中强调，推进再生资源规范化利用，并针对完善废旧动力电池回收利用体系单独作出指导说明。8 月 1 日，工信部、发改委、生态环境部印发《工业领域碳达峰实施方案》，实施方案设置了六大重点任务，再次强调建设动力电池回收利用体系。

（二）动力电池回收为实现资源综合利用和碳减排目标保驾护航

从矿物原料看，推进电池回收产业的发展，可有利于锂、镍、钴等资源综合利用和持续发展，降低供应链环节压力。目前，新能源汽车的销量还远未见顶，但是市场上已感受到电池所需矿物的吃紧。俄乌冲突的爆发和世纪疫情的反复给世界经济发展增加了大量不确定性，动力电池原材料价格大幅上涨及"求之不得"，让本就脆弱的新能源汽车产业更加"风雨飘摇"，不少国家已将矿物原材料列为战略资源予以重点关注。锂矿方面，欧盟将锂列为 29 种重大经济和战略价值矿产之一，并于 2022 年 9 月发布《欧洲关键原材料法案》，寻求确保锂和稀土等矿物的供应安全；美国将锂作为 50 种对经济和国家安全至关重要资源之一；中国将锂定位为 24 种国家战略性矿产资源之一。阿根廷外交部表示，阿根廷、玻利维亚和智利正在草拟一份文件，以推动建立一个锂矿行业的类似石油输出国的组织，力图在锂矿价值波动的情况下达成"价格协议"。据公开信息报道，截至 2021 年 11 月，全球碳酸锂价格从两年前的 4 万元 / 吨，涨到 55 万—56 万元 / 吨。镍矿方面，产量占全球近 30% 的印尼于 2019 年底突然宣布禁止镍矿出口，目的是要发展国内冶炼等产业链，不再出口附加价值低的原材料。钴矿方面，在"2022 清洁能源技术与双碳科学论坛"上，中科院物理研究所研究员、松山湖材料实验室副主任黄学杰指出，全球的钴大部分已经被用到锂电池中，锂电池未来可能面临无钴可用的情况。

从碳减排角度看，贯穿动力电池产业全生命周期的碳排放较多，回收动力电池更有利于碳排放的有效控制。根据中汽中心研究报告，动力电池在纯电动汽车全生命周期中的碳排放占比高达接近40%。全面电动化实现后，动力电池的减排将尤其重要。经过对产业链各环节碳足迹梳理分析，宁德时代提出，电池企业的碳排放仅占15%左右，电池产品碳足迹主要源于上游产业的碳排放。在加强规范采购的同时，大规模使用回收材料、加强技术工艺升级，是实现电池降碳的重要手段。另以2022年华友循环与宝马合作为例，通过对动力电池进行拆解，采用华友循环先进的绿色冶金技术，高比例提炼电池中镍、钴、锂等核心原材料，将首次实现宝马国产电动车动力电池原材料闭环回收及动力电池原材料的闭环管理。与原先回收再利用方式不同，动力电池材料闭环模式可实现核心原材料100%返回到汽车企业自有供应链体系，并再次用于新能源车型动力电池的生产制造。这一举措将有效减少矿产资源开采中70%的碳排放量，显著减少动力电池全生命周期的碳足迹。

二、国外动力电池回收利用行业的主要做法

（一）美国非常注重回收利用的技术研究

美国能源部于2019年投资1500万美元（3年期），联合阿贡国家实验室、国家可再生能源实验室、橡树岭国家实验室以及伍斯特理工学院、加州大学圣迭戈分校和密歇根理工大学，共同组建Recell中心，该中心作为美国第一家致力于研发锂电池回收利用的中心，主要通过开发新工艺和新手段，降低锂电池回收的成本（将电池回收成本降低至每千瓦时80美元），在保障电池回收有利可图的情况下，减少对外国矿物资源的依赖。2021年6月，美国能源部发布由联邦先进电池联盟编制的《美国国家锂电发展蓝图2021—2030》中提到，要实现锂电池报废再利用和关键原材料的规模化回收，在美国建立一个完整的具有竞争力的锂电池回收价值链，并要在科研培训方面进行一定的投入。2022年3月，美国总统乔·拜登援引《国防生产法案》来增加高需求矿物的供应，引导国内对采矿和其他形式的回收进行投资。例如，由特斯拉联合创始人、前首席技术官JB Straubel创立的Redwood Materials公司已在内华达州卡森市进行锂离子电池和电子垃圾的回收利用，计划再投资35亿美元在南卡罗来纳州里奇维尔建造第二家大型工厂，进行电池回收、提炼和再制造操作，该公司还宣布与大众、丰田、福特和其他汽车制造商在电池收集和回收方面开展合作。由华人科学家们在美国普林斯顿大学内部孵化创立的公司Princeton NuEnergy，正利用最新的锂电池增值回收技术，为商用电动车企

业 Cenntro 提供高性能的锂电池回收、正极材料及其副产品循环使用的解决方案。与传统方法相比可降本 50% 以上，减少 70% 的碳排放。

（二）欧洲以知名车企、化工企业为核心推动电力电池回收

欧洲各国与企业都在积极进行探索。德国宝马集团于 2017 年在其莱比锡工厂建立了"电池农场"，将宝马 i3 废旧汽车电池都回收到储存农场，利用废旧电池存储来自风力涡轮机的多余电力，为工厂和当地居民供电。2022 年下半年，宝马集团与比利时材料回收公司 Umicore 以及瑞典电池公司 Northvolt 共同创建汽车电池回收企业；宝马集团将与德国回收公司 Duesenfeld 合作，计划把动力电池回收利用率提高到 96% 等信息见诸报端。另据报端，全球化工巨头巴斯夫也将在德国东部勃兰登堡州的施瓦茨海德镇建造一家商业化的电池回收工厂。大众集团计划在其德国萨尔茨吉特工厂启动电池回收试点项目，自 2020 年起，该厂每年将回收约 1200 吨废旧车用锂电池。未来 10 年内，将电池组原材料回收利用率提升到 97%。此外，挪威电池回收企业 Hydrovolt 近日官宣已开始商业化回收业务。这家欧洲最大的汽车电池回收工厂每年能处理约 12000 吨废旧电池组，长期目标到 2030 年回收约 30 万吨电池组。

（三）日本企业在政府推动下强强联手探索商业化模式

日本汽车制造商早已开始探索废旧动力电池回收再利用的商业化模式，已形成以企业为主导，利用零售商、汽车经销商或者加油站的服务网络向消费者回收废旧电池的发展业态。日产汽车与住友商事早在 2010 年便成立合资企业 4R 能源公司，专注于电动汽车电池的有效再利用，并通过开发技术和基础设施，以再制造、再循环、再销售和再利用 4R 模式发掘车载电池能量价值为其他设施提供电力。2018 年 9 月，在日本经产省的撮合下，丰田、日产等企业联合启动了废旧电池回收项目，由各大厂商共同出资成立了"日本汽车循环利用协作机构"，总部位于东京，在北海道、秋田、茨城、爱知等地建立了 7 个工厂，同时建立更多的电池回收点和回收设施。主机商可以将旧电池交给协作机构及回收工厂来处理，前者按比例向后者缴纳处理费即可。同年，4R 能源公司发起建设的日本第一家专门从事电动汽车锂离子电池循环再利用的工厂正式开业。2019 年，日产集团独辟蹊径，利用日产纯电动车的废旧电池和一系列太阳能电池板推出全新立式路灯，并设置在日本福岛县，使城镇的供电不再依赖于当地电网。

三、国内动力电池回收利用是产业链上的薄弱环节

（一）我国动力电池回收起步早，但回收再利用市场有待经受考验

2015 年我国动力电池回收随着应用的拓展萌生。2018 年 9 月，工信部发布首批动力电池回收企业白名单，国内动力电池回收纳入正规化发展。在整车企业趋之若鹜的同时，电池制造商和第三方材料回收商也同样顺理成章地加入战局。2022 年后为爆发期，动力电池装机量保持高速增长，回收行业涉足者增多且竞争白热化，电池回收的经济性随金属价格上涨和技术进步有所增强。极具代表性的企业包括宁德时代下属的邦普循环、华友钴业和格林美。其中，邦普循环通过独创的定向循环技术，在全球废旧电池回收领域率先破解了"废料还原"的行业性难题，目前已具备年处理 12 万吨废旧电池的能力，镍钴锰金属回收率达到 99.3%。华友钴业是上游电池材料企业切入锂电回收业务的典型案例，华友钴业与多家知名整车企业合作梯次利用开发和承接废旧电池再生处理，目前具备年处理废旧电池料 6.5 万吨产能。格林美是中国城市矿山开采的领域的龙头，已与全球超 200 家整车厂及电池厂签署了动力电池回收协议并展开合作，2022 年回收废旧动力电池包 2 万吨以上，市场占有率达到 10% 以上。

但是，从国内动力电池回收利用行业发展态势看，存在着非正规企业较多、品类多、回收难度高等问题。一方面，由于工信部认定的"白名单"企业只有 80 余家，仅占行业 1% 左右，难以满足庞大的回收需求，众多小作坊则以高价收购冲击市场。据高工锂电数据显示，2018 年至 2020 年间，"白名单"企业仅回收了不到 20% 的废旧动力电池，其他大部分动力电池都流入了非正规回收企业。另一方面，市面上动力电池型号、品类众多，设计思路、电池材料、内部结构等诸多方面都存在差异，一定程度上增大了对废弃动力电池健康状态评估、拆解回收的难度。

（二）上海从事动力电池回收利用企业较少，但新能源车企具有良好的基础

截至 2022 年 12 月，工信部共发布了四批符合《新能源汽车废旧动力蓄电池综合利用行业规范条件》企业名单，上海有 4 家企业列入企业。其中，3 家是"梯次利用"企业，另 1 家是"梯次利用"与"再生利用"相结合。总体而言，上海的动力电池回收利用企业相比工业较强的兄弟省份仍然较少，在回收利用的模式上也稍显不足，但依然可以担当起发展的龙头。首先，新能源汽车是上海"3+6"新型产业体系和"四大新赛道"

的组成部分之一，从顶层设计已发布了《上海市瞄准新赛道促进绿色低碳产业发展行动方案（2022—2025年）》，方案明确抢抓"六化"市场需求形成新动能，资源循环化是其中之一。方案提出的绿色低碳产业培育行动中要求"发挥新能源整车龙头企业拉动效应，发展废旧动力电池循环利用产业"。其次，作为国家新能源汽车智能制造产业的龙头，上海拥有一批新能源汽车企业，应当推动车企承担电池回收的主体责任。考虑到其作为电动汽车的生产者，对电池溯源可以掌握更多的数据，在实现上更具优势，并且整车企业大都具备完善的经销网络，能够以此为依托，通过汽车4S店、汽车销售商等提供动力电池回收服务，缩短了铺设回收网点的时间，从而以较快速度开展动力电池回收业务。可以说，上海发展动力电池回收利用产业基础完备。

四、上海发展动力电池回收利用产业的相关建议

（一）聚焦回收技术研发与场景开发等关键环节

废旧动力电池"变废为宝"的关键是分解、提纯等回收技术的突破。在动力电池化学性能迟迟难以出现突破性进展的当下，各大主机厂纷纷将目光投向了其物理结构，刀片电池、麒麟电池、CTP与CTB等各技术的层出不穷增加了电池容量，但客观上也使得动力电池的拆解难度急剧增加。另据锂解数据报告，现阶段的梯次利用与回收仍然处于人工拆解阶段。随着一体化电池包成为主流，电芯主要靠强力胶水黏结在下底壳，强行拆解难度较大，且安全性、环保性、生产效率较差。

从上海实际情况看，发展动力电池回收利用产业的重点，应布局发展回收技术研发与多场景开发，着眼于技术开发、标准制定和流程设计等产业链高端环节。受制于上海的用地空间不多及具体的拆解回收产业可能带来的环境问题，上海市政府可以引导各大车企联合高等院校和科研院所聚焦动力电池梯次利用与分解、提纯技术研发，解决梯次利用性能稳定性和安全性问题，拓展像储存系统等多场景的开发，攻克不同型号和性能电池的回收技术难题。研究建立电池制造与拆解规范，对生产工艺进行把控，组建统一且可靠的测试平台。积极主导和参与动力电池原材料提取和废旧回收标准，通过打造属于自己的"上海认证体系"，为其他企业提供服务，力争在动力电池回收利用研究领域形成与国际领先水平同步的优势。通过主导产业链高价值环节，将整车厂的精力专注于回收本身，再送往其他地区按要求拆解、精炼、再生利用。在解决为企业"卸包袱"问题的同时，与兄弟省份合作完成对全产业链的掌控。

（二）指导企业落实动力电池回收利用数据共享互通

从目前国内动力电池回收利用产业看，回收机制并不清晰，涉及整个动力电池回收过程的参与方包括多个利益主体，这也导致回收责任划分及费用承担主体不明晰，产业链上下游信息不对称。上游有废旧电池市场找不到下游买家，或下游有买家找不到上游的电池，并且交易的透明度比较低。尽管国家层面有动力蓄电池回收利用溯源综合管理平台，但由于缺乏强制性政策，很多企业上报的数据严重滞后或不完整。仅仅基于不完整的数据，无法准确预测电池的剩余寿命和容量，这对动力电池梯次利用和回收将带来较大的影响。为有效推进动力电池回收利用产业发展，上海相关部门应研究制定相关指导意见，按照国家溯源综合管理平台的要求，指导整车企业及时收集电池生产企业的数据上传到平台。对于有电池调整或更换的，车企也要督促经销商、维修商和租赁运营上传更换信息、尽快汇总，以利于对动力电池的健康状况作出评估，更好地开展梯次利用或者直接回收再利用。同时运用"数据＋算力"的方式整合收集到的汽车数据，对未来电动汽车的销售趋势、品牌发展、技术偏好等关联方向做出预测。

（三）推动国家或地方性法规的制定支持产业发展

专项法律对于废旧电池的回收管理具有举足轻重的作用，美国是全球最早用法律的形式对电池回收问题进行规制的国家，而且不同层级的立法侧重点各有不同，联邦层面以行业宏观规范为主；州层面侧重于各方主体的责任和义务分配；地方层级立法主要出台各种激励政策。日本于1993年颁布了《环境基本法》，明确规定了生产企业的电池回收义务。在2024年刚刚结束的全国两会上，许多人大代表提出了规范动力电池回收产业链的建议。据公开信息报道，工信部于2021年就提出将从法规等方面，加快推动新能源汽车动力电池回收利用。上海应积极对接工信部，协同推动国家层面立法工作，建立适合中国国情的动力电池回收利用体系。此外，试点研究出台相关地方性法规，比如强化消费者的参与责任，需要将即将报废或是换掉的新能源汽车或是其他含电池的大宗物件交至获得授权的企业或回收站；明确生产企业、销售企业和回收单位的责任，相关企业必须无条件接收废旧电池，并转送返还生产者或回收企业予以处理。可借鉴国外一些成功经验或做法，采取发放费用或购买折扣的形式建立激励机制等，从根源上提高回收效率。

（施雨润）

以数字文创推动上海时尚消费产业融合创新

  数字文创产业是数字经济创新增长的重要领域，既是数字技术在文化创意生产领域的创新应用，又是推动上海时尚消费产业数字化转型、繁荣发展的重要抓手。数字文创产业传播互动化、呈现可视化、体验沉浸化、共享便捷化、消费多元化等特征趋势，使得其在通过协同推进移动互联网、在线新经济等领域场景迭代创新，构建数字经济新增长极的同时，也大力拉动了实体消费线上线下结合发力，推动时尚消费产业焕发创新发展活力。

一、上海数字经济与文创产业发展势头良好

  上海是全国数字经济起步最早的城市之一，而数字文创产业则是融合城市文化载体与时尚消费产业数字化转型的两大板块的重要交汇点。2022 年，上海数字经济和数字文创发展势头强劲。数字经济核心产业增加值 6025.13 亿元，增速 12.26%；文化创意产业总产出占上海市 GDP 的 13% 左右，从业人员人均产出达 170 万元。根据上海市文创办的统计，上海 6 家上海企业入选全国文化企业 30 强及提名。虽然受疫情影响，但文创

企业总体发展韧性较强、活力较足。上海文化及创意设计产业总产出1.64万亿元，同比2021年增长1.17%，其中数字化设计产业总产出6789亿元，占比达到41%以上，比重逐年提高，同时带动了时尚消费产业的长足发展（前三季度，上海社会消费品零售总额同比增长16.1%）。文化创意与数字化已然成为上海时尚消费产业及经济高质量发展的新引擎。

同时，上海持续加大对数字文创项目的扶持力度，上海市级文创产业发展扶持资金全年投入30128.4万元，共扶持777个文创项目，扶持重点向数字化转型、新兴创意领域、中小微文创企业等倾斜。这也显示出了数字文创产业在树立城市文化品格、构建经济新增长极、创新引领数字经济形态、助力全球文化产业竞争等方面的重要意义。

二、数字文创结合时尚消费产业升级呈现大势所趋

随着疫情的结束与国内生产消费水平的回升，时尚消费产业的复苏繁荣成为经济工作的重点之一。党的二十大报告中提出"加快构建新发展格局，着力推动高质量发展，增强国内大循环内生动力和可靠性"，明确显示了对消费力与内循环的重视。目前，时尚消费产业的发展正呈现出多元化、定制化、个性化等特征，亟待形成新的增长极。

除了已有的线上销售和服务等模式外，过往曾对电子线上项目犹疑不前的高端消费品牌，如今也正将线上作为发展核心，加速拥抱数字化浪潮。而其数字化发展，并不仅限于线上销售，和天猫、京东这些电商平台合作，而是更多地把目标指向文化创意行业，兴起了与文创领域"联名"等方式，试图更多地打入年轻人社交圈；试图通过数字经济与文化创意产业的深度融合，带动消费的焕新升级、提质扩容。

总体来看，当前数字文创开始逐步深度赋能时尚消费领域，依靠数字文创这一着力点，在需求侧，数字化赋能更加精准地立足时尚消费产业的个性化、品质化、文化性等价值体现特征；在供给侧，加快推动消费品产品和服务的数字化改造、产品升级、服务升级，从而不仅开创成就数字文创新赛道，而且推动时尚消费产业跃升步入新台阶。

三、数字文创推动时尚消费产业融合创新发展

（一）数字文创带动时尚消费产业发展呈现新趋势

数字经济与文化创意产业的深度融合催生了大批数字文创产业新业态，包括数字出版及音乐、游戏电竞、沉浸式体验、数字设计与服务、NFC产品等。通过不断实现技术

渗透、延伸产业链条，数字文创产业与多业态发生关联，能够在多个产业中植入消费场景，并打造更具时代性、创新性的数字文创消费产品和服务，持续释放价值，带动时尚消费产业整体创新繁荣。如近年来所涌现的文创产业与工业场景相融合的"云端"工业遗产展览和"云"旅游等业态就是数字化、文创产业与时尚消费产业合作的结果。未来"数字文创＋时尚消费产业"发展模式，将焕发出更大更新的活力。

一是"数字＋模式"，创造文创与消费产业新形态。当前传统消费行业积极拓展数字文创业务。如在电商销售领域，在经历了传统电商、垂直电商后，又迎来增长势头迅猛的直播电商，将数字传媒传播融入文化与消费，小众商家通过自媒体、短视频等内容创作模式得以在巨头的挤压当中获得自己的一席之地，并推动个性化商品不断发展；再如，在文旅消费服务领域，数字文创通过数字化手段和模式颠覆旅游产品和服务的呈现和体验形式，使消费者在欣赏各地景色的同时，将地方文化用简便的方式体验、带走、留存，催生了时尚消费新形态，并成为数字经济发展新风口。

二是"数字＋内容"，引领文创与消费产业新内核。数字时代的消费者对独特、个性化的内容体验和智能化的服务需求不断增长，由此"数字＋内容"的组合将成为数字文创与时尚消费产业的核心趋势。如数字传媒领域，东方广电大力发展电子商务与电视内容相融合的新模式，首播当天便达成总成交破量千万元，直播间涨粉 30 万的成绩；在广电传统的盈利模式岌岌可危的今天，拓展赛道，对盈利要素重新组合，东方卫视已成为中国最具品牌价值和影响力的综合频道之一。网络文学领域，上海阅文集团作为头部公司，旗下作品《大国重工》获中国出版政府奖网络出版物奖；其通过平台化运营、读者互动的创作模式，拉动数字化书籍的消费力度；上海古籍出版社启动建设"汇典·古籍数字服务平台"，在聚合上海、长三角乃至更广泛地区的优质古籍资源，利用自然语言处理、机器学习等算法技术，建设全新升级的传统文化知识服务与消费平台；赋予了旧书完全不同以往的特征和生命力。

三是"数字＋IP"，释放文创与消费产业新价值。IP 是链接内容创作与消费产业链两端的关键节点，是推动文化资源、文化作品向价值产品转化的重要转化器，也是消费者的文化获得感、参与度的重要依托与载体。如在动漫产业领域，深刻地体现了"数字＋IP"释放巨大价值的作用。以上海"张江国家数字产业基地"和"国家动漫游戏产业振兴基地"为基础，大量动漫 IP 的周边、设计、时尚消费品、消费体验活动及服务等，被源源不断地开发、生产制造与迭代更新，由此形成释放产业价值链体系、大力提升经济效能的重要源泉，也使动漫产业成为上海数字文创激活时尚消费行业发展的新亮点。2021 年上海动漫产业规模达到了 280 亿元，占全国总产值 10%，各类动漫公司数量达到 7.85 万家。

四是"数字＋跨界"，融合文创与消费产业新赛道。文创产业与时尚消费产业在产品、品牌上的融合、跨界渐成大势。通过"数字＋跨界"的方式，文创与时尚消费行业的融合能够充分整合渠道、用户等资源，实现品牌叠加"1+1"大于 2 的市场双赢效果，同时也开辟了产业新赛道。如在游戏领域，上海米哈游的《原神》联合携程与各地旅游局，推出"云游花海、奇旅相伴"等打卡活动；游戏《逆水寒》则复刻了诸如稻城亚丁、景德镇、洱海大理等著名景观并以古风呈现。成为巨大的时尚消费行业资源宝库，并带动了数字文创及消费品牌的双发展。上海在游戏领域实现销售收入 1250 亿元，占全国三分之一。

（二）数字文创融合时尚消费产业发展形成新优势

一是数字文创加速工具变革、引领时尚消费产业跨界创新形成新质生产力。数字文创加速了工具的变革，引发时尚消费产业要素的重新整合，加速了产业与科技、文化、创意的融合发展，并推进形成新质生产力。此外，时尚消费产业的数字化应用与转型使生产者和消费者建立直接、长期和高频次的联系和互动，形成了前所未有的销售新场景，极大降低了信息的不对称性，改变了传统商业模式，构建了全新的生产力发展格局和行业竞争格局。

二是数字文创紧贴需求变革、催生时尚消费产业全新服务增值。数字技术加强了时尚消费产业中各节点、各角色的联动性，企业、设计师可以快速通过数字化手段捕捉消费者的兴趣和需求，提升大众时尚设计参与度。通过数字文创，去实现基于大数据、以用户为中心的个性化定制，能够实现精细化的客户关系管理和精准地提升消费体验。随着元宇宙概念的提出和应用，时尚消费产业衍生出全新的产品类型——虚拟时尚产品，为行业发展带来突破口。

三是数字文创紧跟技术变革、提升时尚消费产业发展效率能级。数字技术的赋能不仅提升生产效率，而且实现企业效益的增进，带动整个产业的智能化发展与价值链创新。同时，业务流程数字化提升了管理水平和交易效率，通过直面消费者的网络互联，可以使企业越过中间商环节，通过数据直接掌握需求实现精准对接。

四是数字文创萌生形式变革、推动时尚消费产业迈向绿色发展。根据罗兰贝格的《可持续时尚联合白皮书》相关数据，2021 年时尚消费品制造业的碳排放量预计约占地球温室气体排放量的 8%，是继工业能源，建筑物能源，运输，农业、土地利用和林业之外的第五大污染产业。而且部分产品往往使用周期短、更新换代快，丢弃后易造成二次污染。数字文创，利用数字化这一范式，能够节约资源，降低时尚消费产业流通成本和环境污染。尤其是虚拟时尚本身作为数字产品，几乎不涉及资源使用，也不会污染环境。

四、发展数字文创、推动时尚消费产业融合创新发展需关注的问题

一是产业基础雄厚，但整体创新质量不高。我国市场规模庞大，2020 年我国时尚消费产业市场规模已超过美国、英国、日本、德国的总和［出自中国（深圳）综合开发研究院报告］。以电子商务为代表的数字化时尚消费产业不断发展壮大，已成为数字经济和实体经济的重要组成部分。但目前时尚消费产业重点集中在数字营销，而在能够带来高附加值的制造、设计、企业管理、虚拟文化等方面，数字化程度还有待提升，创新水平和质量也有待提高。而这一不足，也与作为数字文创与时尚消费产业融合发展的基础支撑的人才要素的不足直接相关。当前这方面相关人才总体处于供不应求状态，尤其是既懂数字技术又懂文化时尚运营的复合型人才匮乏。从岗位需求看，用户数据精准分析人才成为最迫切需求，其次是数字化产品规划及创意设计人员等。

二是基建支撑有力，但产业强健发展能力有待提升。数字文创融合时尚消费品创新发展需要依托强大的数字基础设施作为前提条件。我国目前已建成全球领先的数字基础设施，形成了较强有力的硬件支撑。但是产业发展方面的软性条件和环境还需完善。如数字文创融合时尚消费发展同样面临着供应链韧性强健的问题，疫情后多国实施"制造业回流"计划，美西方国家加紧围锁，时尚消费产业供应链遭遇冲击，实体消费品多环节中断、缺失导致线上产品无法在线下体验和服务中发力，最先进的数字技术可能无法最快地应用于数字文创与时尚消费的深度融合应用中。此外，版权保护问题仍然凸显，数字与跨界融合等多元创新形态可能天然地面临许多侵权边际的界定不清、监管体系建设不全、维权成本过高等问题。

三是聚焦绿色前沿，但机制配套尚不健全。当前时尚消费产业内代表性的纺织服装

产业等，通过数字化提升，增加制造的精准度，提高生产效率，优化生产流程，助力降低资源耗损；并通过对消费者数据的深度分析，利用数字文创的多内容与大 IP 模式，精准定位消费者需求，扩充丰富时尚企业的产品线，避免库存积压和快速迭代丢弃造成的二次污染，从而探索实践绿色发展路径。但是，目前数字文创融合时尚消费产业实现绿色发展方面，还缺乏总的推进框架、实施路径、配套政策，也还未将先进数字技术推动时尚消费产业绿色发展的先进经验形成更新更高的标准规范。

五、发展数字文创、推动上海时尚消费产业融合创新发展的建议

由于客观条件制约，上海不可能将所有的时尚消费产业制造生产全过程，进行本地化发展。依靠数字文创实现时尚消费产业的数字化创新转型发展，就是利用其模式多样、内容丰富、跨界融合、"IP 个性"等特性，在上海牢牢把握产业链的价值高端，排除一些低效制造、重复劳动、产生污染的部分。通过造型设计、品牌价值、标准体系建设等优势环节持续发力，在政策、人才、平台等环节保驾护航，最终为时尚消费行业的数字化转型增加应用场景、建立完善生态。

（一）以设计赋能发展，推动文创消费产业高端化

在政策层面上，加强数字文创版权保护。一是要坚定知识产权保护的强国战略目标，顺应数字文化创意产业的发展不断做出调整，加强前沿研究，让法律法规适应新兴消费形式，积极营造安全放心的线上消费环境，构建规范有序的市场秩序。二是针对数字文创产业的创作和传播环境的特点，以及人工智能、区块链、大数据等数字技术的兴起，针对数字文创等内容生态版权的保护采用链路追溯、智能合约等新技术新方法，构建数字文创与时尚消费产业融合发展的良性生态圈。

在人才层面上，加强设计人才体系培养。面对当前文化快速信息化的进程，应适时调整人才培养方案，在文化职业教育、专业教育、研究生教育等不同阶段，有倾向性地增加设计的数字化服务与管理等方面训练。制定合理的人才引进、培育政策，建立数字文创人才培养基地，针对数字与设计人才引进、安置等不同环节制定育留计划，以吸引跨专业综合性人才的系统融入。同时，可鼓励时尚消费行业企业增设数字文创相关岗位并打造校企合作的实践平台，增设企业数字化相关岗位、在部分高校优化课程设置，发展数字文创相关新兴交叉学科，并将数字文创产业人才，纳入数字人才培育支持范围内

等。使人才培养适应时尚消费产业数字化转型进程，缩小人才与用人需求之间的差距。

（二）以创意赋能需求，推动文创消费产业多元化

在技术层面上，加强数字消费内容创新。加强数字技术创新全链条布局，夯实消费行业转型生态。从技术研发、应用拓展、内容共享等方面，打造用于内部的人工智能数据库，将传统内容生产、运营等业务迁移至数字文创内容创新服务平台，利用文创产业的内在动能，激活时尚消费行业的线上线下联通。依靠元宇宙概念和VR、AR技术的广泛运用，寻找例如服装虚拟试穿、网络搭配、艺术标识自由设计等新的数字文创与时尚消费产业融合的内容增长点。在加强数字基础设施建设的基础上，聚焦数字创意、网络文学、游戏音乐、直播短视频等优势领域，满足数字环境下新的产品生产传播需求。将数字文创作为时尚消费产业新的发力点和方向，提升上海高端制造业发展质量和核心竞争力。

在平台层面上，加强数字消费载体建设。加快时尚消费产业与数字文创融合的生态建设。在上海市范围内重点布局一批数字文创产业发展平台，加快建设一批数字文创产业融合时尚消费发展的创新基地。利用上海资本要素集中的优势，推动国内外知名孵化器，包括VC、风头资本、创业服务机构等一流创新创业资源的聚集，聚焦对数字文创及时尚消费产业融合的长期挖掘。在供应链方面，发展多企业参与、平台互联互通和多向信息反馈的复链条模式。根据自身资源优势推动资源型或技术型产业集群建设，促进数字文创与时尚消费产业集群间联动、协同与升级。

（三）以数字赋能产业，推动文创消费产业绿色化

统筹谋划以数字化赋能绿色化，推动文创消费行业升级发展，明确相关推进框架、实施路径、配套政策，以及推进先进标准规范等的引领应用。推进支持企业利用人工智能等先进数字技术，打造文创消费领域产品和服务的全生命周期的数字孪生系统，有力促进研发设计、生产制造、供应链物流及终端产品回收等绿色化发展，提高柔性化智能化流程效能，在创新新产品新应用的同时实现流程绿色、耗损降低；鼓励支持无纸化设计、营销；以及虚拟文创形式、虚拟时尚形态等的多种呈现，探索给予一些数字文创产品的虚拟体验平台首店待遇或政策优惠，做好时尚消费产业数字化转型提升的配套服务。

（蔡晶静）

参考文献：

【1】黄佳宁:《积极推动文化创意产业高质量发展　提升产业加速度》,载《上海工业》2023 年第 4 期,第 10—17 页。

【2】潘瑾:《塑造时尚新名片　激发产业新活力》,载《上海工业》2023 年第 4 期,第 18—21 页。

以未来工厂驱动上海产业迭代创变

近年来，在中国日益巩固"世界工厂"地位的背景下，美、欧、日等发达工业体力图通过对"未来工厂"的探索性部署，实现新型再工业化和制造业高端化，以确保其先进制造业"引领者"地位。为应对实体企业离散化、工业能源绿电化，产供链条动态化等全球制造业变局，上海亟须引领未来工厂建设，加快在集成电路、生物医药、高端装备等战略新兴领域催生数—智融合化制造的新质生产力，加速在钢铁化工、能源基材、节能环保等传统产业形成绿—碳聚能的新型工业化载体，加紧在合成生物、智能终端、空天科技等未来产业耦合敏捷可控的产供链条，驱动上海产业深层次迭代与结构性创变。

一、全球未来工厂的创变导向

1. 从"数智融合"激变未来制造的导向看，"数智工厂"是将创新要素转化为生产要素的未来产业加速器。未来工厂将利用数字化、智能化与工业化深度融合，培育和完善产业基础和技术体系，以工业互联网为纽带，工业软件为新着力点，"工业元宇宙"

为风暴眼，形成"数智化制造体"，推动形成数—智融通的创新型融合制造生态，驱动先进制造的关键共性技术、前沿引领技术、颠覆性技术快速产业化迭代，相较于智能制造，数—智融合化制造的机理是智造模型通过 IOT+5G 网络，充分挖掘智能执行端（机器人）生成的制造数据并进行解析、判定和验证后，以经验算例的形式反馈训练智能执行端（机器人），自主决策全要素、跨流程、多链路的产品智造和运维服务，其关键是"数据＋算力＋模型＋智造"的深度融合作用：例如，美国通过实施制造业创新网络计划（NNMII），于 2021 年首次实现先进制造业测试平台（未来工厂的量化评价机制）的实践演示，展示创新软件和 IoT（物联网）如何与智能硬件一起加速未来制造业的数字化—智能化融合进程。企业可直观数据和数字工具的实时协作，更有效、更安全，甚至远程地设计、监控和维护产品。受益于该平台的推动作用，罗克韦尔自动化（Rockwell Automation）与鸿海精密正在探索在美建设的"未来超精密制造工厂"中导入"工业物联网（IIoT）"概念，通过"智造模型＋物联数据＋智主执行"的融合态智造模式，为超精密微电子加工、微纳米半导体材料制造、新概念通信设备终端集成等未来制造工厂，带来跨时代的"工业数智化"解决方案。

2. 从"绿碳协同"促变未来工业的导向看，"绿碳工厂"是增加环境友好与可持续发展的工业文明进化器。未来工厂将利用高效绿能、低碳减排和资源循环的聚合效应，推动工业经济的绿色、低碳和循环一体化进程，是集成了全绿电能供给、全过程碳中和及全资源链循环等功能的"绿碳化能效体"，相较于工业节能减排的传统模式，未来"绿碳工厂"将聚焦于通过提升含绿量来提升含金量，利用绿色装备特质大力提高清洁能源效率，推动高碳产业向低碳产业动能转换，构建"资源—产品—再生资源"的新型循环体系；例如，2030 年欧盟的未来工厂（EFoF）将大幅降低能源和资源消耗，增加可再生能源的使用，尽可能做到工艺过程零排放（包括对噪声和振动的限制），优化或简化制造过程中对材料的加工利用，比如大规模实施更加先进的增（复）材制造。日本在《制造业白皮书（2023 版）》中，重点提及 GX（绿色转型）对未来工厂建设具有指针意义。如基于"绿能"政策驱动，推动未来工厂实现"降碳—零碳—负碳"的理想能源和可持续发展转型。如，松下的未来"零碳工厂"设想是通过智能化能源管理系统（EMS）来全自动控制多元化〔氢能（或太阳能、风能）＋新型储能（燃料电池、锂电等）＋分布式电网〕再生清洁能源系统，以全面替代化石能源，目标是减少能源成本 60% 以上，并能通过引入灰碳化循环利用，以及碳排放交易等新模式，覆盖 20% 左右的工业脱碳投入和原料能耗成本。

3. 从"敏控产供"改变未来产程的导向看，"敏控工厂"是将敏捷柔性生产线与可控韧性供应链耦合的生产流程组调器，未来工厂是将快速响应市场需求和变化的敏捷生产系统，与具备动态性、灵活性和可控性的韧性供应链系统，进行高效耦合的"敏控化生产体"，相较于传统生产体制，其关键是通过人（生产、物流、服务人员）、机（生产机器、物流系统、远程运维设备）、柔性交互新型生产机制（互操作、互学习、互决策），使敏捷生产线与可控供应链的耦合，大幅优化产品线布局来降低市场供求变化对生产过程的影响，当市场供需、消费趋势、竞争策略变化时，生产—供应的耦合联动效应，可快速重构（再生）产供链体系规避风险。例如，2018年《美国先进制造业领导者战略》中提出，捕捉灵巧智慧的制造系统未来，即通过信息技术（IT）＋运作技术（OT）的正确集成和利用，构建起"敏捷韧性"生产供应链体系，使复杂产品的高度集成设计和制造在更短时间和更低成本下完成，同时加快新产品推向市场的步伐。在德法英三国联合开展实施敏捷制造的"未来工厂"计划中，葛兰素史克英国维尔工厂探索性采用跨流程建模（BPM），集成企业资源管理系统（ERP）—生产制造执行系统（MES）—仓储管理系统（WMS），人机交互效能提升了10%，生产速度提高了21%，生产—供应动态适配，产供体系耦合的敏捷度和柔韧性迅速提升，成为构建先进柔性生产系统＋专业模块化生产组织＋动态优化供应链＋市场快速反应的"敏韧工厂"的成功实践。

二、以未来工厂驱动上海制造迭代的必然性

1. 上海制造正逐步紧随全球未来工厂的"数智化"进程，未来还需加快前瞻布局和迭代以形成引领创变优势。上海从2020年开始在三年内推动建设100家智能工厂，打造10家标杆性智能工厂、10家一流智能制造系统集成商、10个垂直行业工业互联网平台。例如，2023年入选全球灯塔工厂榜单和新一批国家级智能制造标杆的上海华谊新材料有限公司，在2022年建成了自决策、自执行、自适应的生产管控中心，经运行测算，通过数字化、智能化升级，企业运营效率提升6.5%，成本下降7.5%。但上海还未形成构建以新一代工业物联网（IIoT）为载台的数据＋智造未来工厂的发展导向。首先，上海的化工、钢铁、医药等流程智能制造工厂，在核心"数据端"还有短板，如还未广泛构建分布式计算、分析和处理海量制造数据的大算力云边计算中心等；其次，上海的集

成电路、航空航天、高端装备等离散智能制造工厂，在关键"智造端"还存瓶颈，如还未实现人形机器人等具备智能感知、决策和执行的一体化智造机构的泛在部署；最后，在"数据端"与"智造端"深度融合方面，还没有布局构建以工业物联网为载体的数据—智造交联融合体系，如，跨工厂、跨工艺流程的异构数据与并行制造融合赋能的智造模型等，对数据流的海量解析能力亟须快速提升。

2. 上海正在着力打造承载新型工业化增长极的"绿碳工厂"标杆，未来亟须加快形成"绿能—低碳"一体聚合的工业化新势力。"十四五"期间，上海将积极探索"绿能＋零碳＋智造"等绿色循环的新型工业化场景，试点打造"零碳工厂"，实施绿色工厂建设改造。如跨国药企勃林格殷格翰的人用药品生产基地是国内制药行业首家获国内外权威认证的"零碳工厂"，涵盖碳排放数据采集、碳排放指标分解、场地碳管理、能源追踪、绿证追踪、绿证验证等全流程脱碳制造，2021 年较 2014 年二氧化碳减排 12000 吨，减少能源费用 3100 万元。但上海在布局未来"绿碳化工厂"过程中须关注工业绿能、脱碳规划、循环资源等方面存在的瓶颈：一是在绿色能源替代与供给、绿色能源多元高效利用等方面，"绿动力"持续性递增偏弱，与欧盟"净零方案"等全球领先的"绿碳工厂"建设技术标准差距拉大；二是"绿碳工厂"生产全过程碳排放跟踪规划、碳捕获—利用—封存（CCUS）路线等全流程精准化"碳"治理的路线规划缺乏过程实操性；三是在自给绿能、超级储能、灰碳循环、数—碳融合、生物绿能等未来"绿碳工厂"系统性集成解决方案前瞻性部署还不够，局限了上海作为全球枢纽城市的工业绿碳化、工厂楼宇化（工业上楼）进程。

3. 上海已经在创新探索建设敏捷生产线和韧性供应链可控耦合的未来工厂，未来需要加快引发新型生产机制与可控弹性供应联动耦合的模式创新。例如 2022 年入选全球"灯塔工厂"的西部数据上海工厂，为应对年增长率高、技术转型期短以及劳动力稀缺等挑战，在半导体后端生产过程中部署了多样化柔性定制和敏捷制造技术，包括自动化定制产品设计系统、基于机器学习的虚拟晶圆测试和动态规划生产供应链系统等，使新产品上市周期缩短 40%，成本降低 62%，生产率提高 221%。但上海产供载体的总体"敏控性"依然有待提高，一是时尚消费等规模定制产业还没有标杆性的"高定工厂"，生物医药等先导产业"快响工厂"缺少防脱钩、抗断链应变工具，民用航空等高端制造业具备敏捷生产能力的"脉动工厂"稀缺。二是未来上海亟须打造"流程优，应变快，生产敏"的"敏韧工厂"以动态优化产供链条：解决由不具备动态配置生产线产能的系统工具所导致的"高端定制"无法灵活兼顾优制（制造优化）和优质（品质优化）的困局，以降低生产成本和提升供应链效率；三是必须突破由于缺乏产品结构模块化、并行制造工程及可重组生产供应系统等运作技术与管理方法的融合应用，所导致的"敏韧"生产—供应体系难以规避非市场化风险的局限。

三、未来工厂驱动上海产业迭代—创变的策略建议

（一）依托未来工厂建设，驱动上海制造加"数"—"智"变

上海布局"未来智造工厂"应秉持"数牵引、深智变、促创新"的指导方针，加快在集成电路、生物医药、高端装备等战略新兴领域催生数—智融合化制造的新质生产力。一是建立未来数—智化工厂的研究开发机构（借鉴欧洲未来工厂研究协会EFFRA），加快以下一代信息物理系统（CPS）集成融合的数据、网络与制造一体化新型智造系统的探索应用，推动工业物联网（IIOT）、工业元宇宙、虚拟制造大模型等影响"数智工厂"未来的前沿基础技术展开跨界研究与探索性应用。二是推动构建未来工厂体系化验证测试平台。通过构建"专精特新"企业的未来工厂体系化预先发展和验证测试平台，借鉴三一重工等成功案例，应用工业物联网（IIoT）驱动数据（设计—工艺数字孪生）与智造（自主学习的操作机器人）深度融合智造场景落地实施。推动未来工厂数—智融合制造场景的可预设、可验证、可量化、可评估、可推广。三是联合高校、企业、联盟，跨越通用大模型鸿沟，打造智造领域专属工业模型，从单模态的智能制造向多模态的数—智融合制造跨越。探索在未来"数智造"工厂中，开拓性部署以工业物联网为载体，以制造数据为底座的智造大模型，探索引入谷器科技等数据模型解决方案，实现可视化制造数据解析、判定和分析，与"预训练＋精调控"工业机器人执行智造的全流程数—智融合闭环。

（二）着眼未来工厂愿景，推动上海工业"碳"循—归"绿"

上海建设"未来绿碳工厂"应从战略性、全局性的高度，在钢铁化工、能源基材、节能环保等传统产业形成绿—碳聚能的新型工业化载体，一是深度聚焦对未来工厂清洁能源转型起到关键作用的"战略净零"技术（对标欧盟《净零工业法案》），出台上海未来"绿碳工厂"的技术发展路线与建设规划，设立专项资金，支持企业在未来工厂建设中深入探索和系统应用"绿能技术"。二是政产学研用联动，加快构建以未来"绿碳工

厂"为载体的精细循环示范应用平台。从"碳源"入手打造全球领先的 DAC（空气直接捕碳）未来工厂，并在碳捕集材料的创新、工艺设备的改进，直接捕集装备技术等方面体现上海优势，如，可与加拿大 DAC（直接空气碳捕集）公司 Carbon Engineering 等掌握"直接空气碳捕集"先进技术的国际企业合作，建设国内首座 DAC 未来工厂。三是以未来"绿碳工厂"为绿色工业化和工业楼宇化的承托载体，支持加快新型能源系统与工业绿色循环系统的综合设施建设。发展先进合成生物材料、灰碳化再制造、可再生能源等零碳—低碳化制造、加工和循环利用技术创新，实现多能互补的综合能源系统和低碳循环利用配套的未来工厂标杆和产业化应用。

（三）引领未来工厂模式，策动产供链条"敏"捷—可"控"

未来上海要把新型工业化和构建新质生产力体系结合起来，加紧在合成生物、智能终端、空天科技等未来产业，以及六大重点产业领域率先打造敏捷柔韧的可控产供链条。一是政府企业协同联动，探索推进未来工厂的"敏控化"进程，加快人机深度交融为代表的未来生产模式变革（人机融合制造将成为"工业 5.0"的重要特征）。探索人机全向生产互操作、人机自然语言交互学习等方面的新生产机制、新生产方法和新生产规则的生成创变与先导性实施。二是聚集生态能量，引导产业链头部企业，加快未来工厂的供应链体系向快响＋柔韧＋重组转变。构建应急状态下的产供链条风险管理机制，以快速、准确地响应顾客和市场需求的变化；引入保障机制，确保产供链条能够实现运作的总体连续性，即便出现中断，也能够快速恢复；三是及时出台"增量＋提质"双轮驱动的未来工厂建设导引，主要聚焦在汽车、电子信息、高端装备、生命健康、先进材料、时尚消费品等 6 个重点产业领域，加快构建以未来"敏控化工厂"驱动的交互生产高效化、敏捷制造标准化、高端定制规模化、韧性供应多元化和制造技术融合化为特征的未来生产创变模式。

（吴寄志）

第二编

新模式

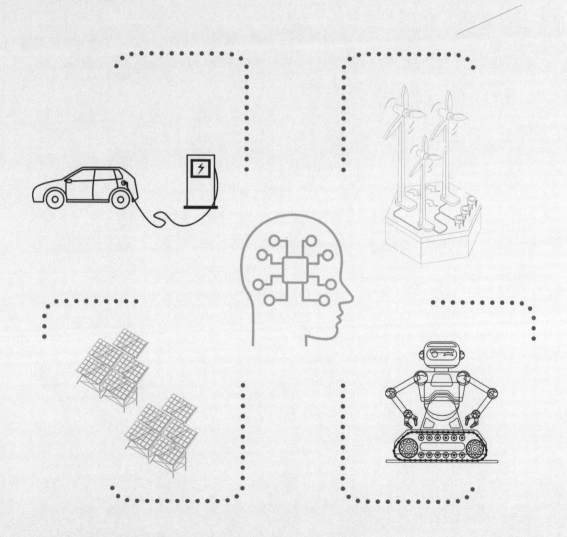

OpenAI 的发展模式与 AI 创新发展

OpenAI 是全球顶尖的人工智能实验室之一，引领了本轮大模型技术的创新浪潮。分析 OpenAI 的发展过程，可以展现前沿技术创新所需的创新生态、资源投入和技术创新的曲折过程、盈利的不确定性，为上海市推动大模型技术深化创新以及人工智能领域的前沿技术突破提供思路借鉴。

随着 ChatGPT 的火爆出圈，其背后的人工智能实验室 OpenAI 引起了广泛的关注。分析并跟踪 OpenAI 的发展过程后我们发现，OpenAI 的阶段性成功既是特例，也遵循创新的一般规律，能够为后续上海市的大模型及相关创新机构提供启示。

一、OpenAI 的背景与发展历程

（一）设立背景：纯粹的初衷与顶尖科学家的一致行动

2015 年，Elon Musk、Sam Altman、Greg Brockman 等人创立了 OpenAI 人工智能实验室，以抗衡谷歌投资的人工智能公司 DeepMind，旨在通过人工智能领域的竞争来确保人工智能与人类保持紧密的配合与协作以及安全发展。OpenAI 为非营利性机构，其

初始运营资金来自特斯拉等企业逾 10 亿美元的投资，并确立了"确保通用人工智能（AGI）造福全人类"的发展愿景，承诺向公众开放其专利和研究。

（二）发展关键节点：技术持续创新与管理架构变革

1. 在专注前沿创新的过程中找到技术聚焦

2016—2018 年，OpenAI 相继发布了开源强化学习工具包 OpenAI Gym、Universe、"情绪神经元"等项目，并通过智能体项目 OpenAI Five，用电竞训练模型的强化学习能力。在这一过程中 OpenAI 确信：如果想要提升智能体的性能，其根本并非要实现训练方法的突破，而是要不断扩大模型训练的计算规模；随后，在 DeepMind 发布的 Transformer 模型基础上，OpenAI 发布了第一代 GPT，并逐渐将技术力量相对聚焦于大模型领域，为后续开发 GPT 系列项目奠定了基础。

2. 更新管理架构实现商业和社会责任的平衡

2015 年以来，人工智能技术发展突飞猛进，前沿创新所需算力资源、资金规模不断增长，OpenAI 的发展也亟须更多的算力和资金支持。2019 年，Sam Altman 接管了 OpenAI 并推动创建了限制性营利实体 OpenAI LP，从而可以接收外部资金支持后续的模型训练。这种创新性的管理架构较好平衡了企业的商业化发展和社会责任，为企业接受外部资源提供了切入口，也强化了企业的凝聚力和员工积极性。2019 年 7 月，微软宣布投资 OpenAI，在资金和算力上给予支持。虽然这一管理架构的长期稳定性依然存疑，但直接推动了 2022 年底 ChatGPT 这一现象级产品的诞生。

（三）面向未来：商业化与安全发展的抉择考验发展韧性

1. 通过打造开发生态强化基础软件地位

在当下阶段，面对商业化落地和众多技术追随者带来的技术竞争的双重压力，不同于国内企业倾向于自身向下延伸做垂直应用的普遍做法，OpenAI 的野心在于成为大模型技术生态下的主导者。2023 年 11 月 6 日，OpenAI 举办首届开发者大会，在推进 ChatGPT 更新的同时推出了包括 Assistant API、GPT 应用商店等产品，旨在从单一软件提供者的角色进一步向人工智能产品生态的主导者转型。

2. 商业化与安全发展的价值冲突导致管理层分裂

近期，因为商业化布局与服务人类宗旨之间的矛盾，OpenAI 管理层内部产生冲突，暴露出公司治理结构的脆弱性。显然，如何平衡商业化布局和安全底座成为 OpenAI 未来将要面对的关键问题，将持续影响着大模型技术将以何种方式成为泛化的工具以及这家企业未来的发展走势。

二、OpenAI 的发展模式及相关启示

（一）OpenAI 的发展模式

1. 资金和人才的长期单项投入推动前沿创新

自 2018 年成立以来，在 OpenAI 曲折的成长过程中，企业的使命和愿景一直没有变更，即确保通用人工智能造福全人类。在这个显然需要长期追求的目标指引下，注定了 OpenAI 是一个需要长期投入且前景充满着不确定性的企业。随着大模型技术的兴起，人工智能技术呈现出技术和资本双重密集的发展特征，资金和技术投入的压力进一步增大。在这种趋势下，OpenAI 没有转换技术赛道或是为了尽快完成价值变现做一些商业化的尝试，而是通过吸收股权投资的做法达成与微软的合作以及更加充分的资源投入，最终实现了技术突破式创新。

2. 比肩竞争者来显著提升创新效率和前沿

从 OpenAI 的创立和发展过程看，谷歌投资的 DeepMind 不仅是推动其创立发展的直接原因，也是其后续进步发展过程中如影随形的竞争者。这种具备比肩抗衡能力的竞争推动 OpenAI 持续追求技术上的卓越。更为重要的是，开放式的技术竞争使得技术创新呈现出"创新接力"的态势，大大提升创新效率。OpenAI 的 GPT 系列项目正是在 DeepMind 率先发布的 Transformer 模型基础上发展而来，后又通过与 Bert 等大模型的竞争中不断提升模型参数和性能，逐步实现技术领先。

3. 以通用技术底座构建技术生态实现商业价值闭环

从目前的动向看，OpenAI 的商业逻辑很大程度上接近微软、苹果等科技寡头，即通过为中小开发者提供极具性价比的开发工具、平台、社区、基金，吸引下游开发者聚集形成行业最大的开发生态。在这一策略下，一方面能够推动大模型成为未来人工智能应用的通用技术底座，加速确立 ChatGPT 在各垂直应用领域处于基础设施型工具的功能定位，从而削弱或者击败其他竞争者。

4. 推动人工智能安全发展的重要性和紧迫性

从企业宗旨、人员背景、治理结构到技术实践，OpenAI 非常关注人工智能与人类

的价值对齐（aligned），并将安全发展的理念贯穿企业发展全过程。随着大模型技术发展以及此次 OpenAI 管理层变动事件，预计人工智能治理的讨论焦点从治理安全逐渐向"价值对齐"转变，OpenAI 以及其他人工智能企业可能面对来自政府及公众对技术安全与伦理的严格审视。同时，此次冲突事件向外界展示出以下信息。一方面，在当下时点，安全发展的重要性和紧迫性愈加凸显，如何实现人工智能的价值对齐已成为包含在技术创新总体目标之内的关键评价维度，很大程度上决定了人工智能企业和技术的生命力。另一方面，安全发展的路线之争可能持续，即以推动技术加速创新的同时来实现"价值对齐"还是选择在"价值对齐"的基础完善后再加速创新，成为未来各国发展大模型及人工智能所需要做出的战略性考虑。

（二）相关启示

纵观 OpenAI 的发展过程，既展现了鲜明的硅谷创新特色，如对前沿技术的持续追求、全球科技巨头间的角力、根植于繁荣的软件开发生态等，但也体现了人工智能前沿技术创新所需遵循的一般规律，为上海市大模型技术的创新发展以及相关创新平台提供了借鉴。

1. 融入创新竞争，加速推动大模型的技术创新与生态繁荣

加快大模型技术创新。准确认识大模型成为人工智能通用技术底座的这一发展趋势，在用好国外开源算法、生态的同时支持引导上海市大模型企业在开放竞争中加速追赶，在模型的参数规模、性能、应用环境方面尽快对标和超越，并利用中文语料训练数据集、各类应用场景等形成差异化的竞争优势，强化大模型领域自主化的基础模型底座，保持并扩大应用开发生态的话语权。加快自主技术生态繁荣。借鉴 OpenAI 的做法，进一步支持国内人工智能头部企业开放软件框架、基础模型、开发平台等工具产品，持续培育基于自主产品的开发者生态，不断推动开发者聚集，推动企业间的技术协作开展技术创新。

2. 聚力前沿创新，探索相关创新组织的制度与人才建设

探索科研组织制度创新。对标 OpenAI 等创新企业，支持上海人工智能实验室等新型研发机构进一步优化科研经费、科研人员管理以及绩效考核等方面的体制机制，为研究人员提供一个更加宽容自由的创新环境，更好地满足前沿创新长期投入的需要。试点推动产业资本介入创新平台建设。鼓励上海人工智能实验室等新型创新组织，联合产业

资本、私人投资与政府资金，探索打造一个长期从事前沿技术研究以及紧密嫁接市场应用的开放性功能平台，支持人工智能领域的头部企业与该平台开展资金、数据、场景、技术等方面的深度创新合作，依托双方的差异化优势，加速技术创新孵化和应用落地。进一步高质量推动人工智能领域的创新人才队伍建设。一是培育壮大兼具技术能力和企业家精神的创新人才队伍，支持青年技术人才进行技术创新和风险开拓，在算力、创新平台、风险投资等方面为早期技术创新项目提供更好的资源支持和发展环境。二是培育壮大兼具技术创新和工程师能力的复合型人才队伍，加快前沿技术理论到技术落地之间的创新转化。

3. 着眼长远发展，夯实行业安全发展的技术和制度底座

进一步深入对大模型及人工智能技术安全发展的认识和研究，回应全球人工智能治理倡议中有关"推动建立风险等级测试评估体系"以及"坚持伦理先行"的建议，将安全发展的技术和制度建设进一步融入上海人工智能发展生态的维度。推动技术治理与行业自治。依托上海人工智能伦理委员会等相关组织，推动人工智能安全可信的评价技术发展，完善人工智能安全与伦理评测功能，支持相应的行业应用和司法实践。支持相关企业基于安全发展、价值对齐等目标，积极采取用户举报、伦理影响测试与评估、技术模型完善等手段，发展安全可信的人工智能技术。推动组建相应的行业组织，支持大模型领域的企业联合自治、相互监管、技术合作，完善人工智能安全领域的标准体系，构建更加将健康安全的发展环境。加快制度建设与监管实践。建议科研、产业、司法等部门密切关注大模型技术应用带来的安全、伦理等治理议题，持续完善相应的技术体系和法律法规，推动相关监管技术的发展，强化监管能力效力。

（张渊阳）

参考文献：

【1】三思派：《人工智能国际领先机构 OpenAI 创新管理模式及对中国的启示》。

【2】腾讯研究院：《OpenAI 成功的背后，鲜为人知的游戏训练史》。

【3】腾讯网：《硅谷 101：万字揭秘 OpenAI 成长史：一度被谷歌"吊打"，还和马斯克搞"决裂"》，链接：https://new.qq.com/rain/a/20230505A06RD500。

完善数据交易生态，释放数据赋能潜力

数据是数字经济时代的关键生产要素，是国家基础性战略性资源，是推动经济社会高质量发展的重要引擎。以数据驱动产业数字化的存量扩容和数字产业化的增量提速，已经成为城市数字经济发展的必答题。我国数据要素丰富但交易流通还处于起步阶段，上海要先试先行，抢抓国家推动数据价值化新机遇，布局数据交易生态，为千行百业赋能。

一、我国数据交易的发展现状

（一）市场空间快速增长，数据交易类型日益丰富

据国家工信安全中心测算，2020 年我国数据要素市场（含数据清洗、标注、交易等环节）规模达到 545 亿元，"十三五"期间市场规模年均复合增速超过 30%；预计"十四五"末，这一数值将突破 1749 亿元。在国家政策的推动下，数据交易从概念逐步落地，产品类型日益丰富，数据变现能力不断提升。目前数据交易模式主要包括原始数据直接交易、对原始数据进行初加工的数据交易商模式以及提供撮合服务的独立第三

方平台交易模式。现阶段数据产品交易大多表现为前两类模式，即原始数据或数据库（集）持有者直接参与数据资源的交付。近几年，数据信托、数据银行、政府数据运营等，通过数据委托运营的新模式为数据交易发展也提供了一些新的方向。

（二）交易平台各具特色，政府主导数交所快速建设

从建设主体角度，目前数据交易平台大致可分为三类。第一种是政府主导建立的大数据交易所和交易平台，以各地方数据交易所为典型代表。据信通院数据，全国目前已有 40 多家数据交易机构，多以政府牵头、国资引领和企业化运营为特征。深圳的跨境数据交易、杭州数据质押、贵阳的金融数据中介等成功案例，体现了数交所在探索数据交易市场化实践的重要作用。第二种是企业主导型数据服务平台。平台以提供数据产品或数据服务为主，一般是由自身拥有大量数据资源或者本身以技术为优势的企业主导建立，以数据堂、数粮等数据服务商和中国电信、国家电网、阿里巴巴等大型企业为代表。第三种是产业联盟数据交易平台。以交通大数据交易平台和中关村大数据产业联盟为代表，为行业内的数据供需方提供开放的数据交易渠道，平台本身不参与数据交易的储存和分析，其服务和商业模式更为综合，涵盖数据汇聚、技术研发、咨询培训等。

（三）数据交易政策保障不断完善

政策方面，确立数据要素地位，有力地支撑了数据交易规范战略体系。"十三五"初期，我国明确将数据要素发展上升至国家战略层面。其后，正式对大数据产业发展做出规划，推动大数据落地与实体经济深度融合，提出一系列更加明确的战略性部署。最新出台的《关于构建数据基础制度更好发挥数据要素作用的意见》强调数据基础制度建设，要求加快构建数据产权、流通交易、收益分配、安全治理等基础制度体系。在国家政策方针引导下，各省市层面纷纷进行有益探索。上海先后发布《上海市数据条例》《上海市公共数据开放实施细则》等地方文件，推动数据要素的政策规定走向细节化。

技术方面，数据交易保障技术全面发展，成为数据产品交易的基本保障。随着隐私计算、区块链等技术的快速发展，"数据可用不可见"已经成为数据产品交易 2.0 时代的核心技术模式。通过隐私计算技术，实现数据在加密状态下被用户使用和分析，解决个人信息保护和"数据不动，计算动"的问题。与数据脱敏、区块链、安全沙箱等其他技术协调配合、融合应用，在应对数据交易流通合规、强化信任等方面发挥重要作用，成

为突破数据交易流通障碍的重要方向。

二、数据交易中存在的问题

（一）流通模式中基础性问题尚待解决

在数据确权方面，目前我国尚未形成明确的数据确权体系。国家层面虽要求探索建立数据产权制度，推进数据分类分级确权授权[①]，但具体实操流程尚未走通。以互联网平台用户行为的数据为例，用户是数据的逻辑起点，理应是拥有者，然而数据创造价值的前提却需要平台的规模化汇聚。数据所有权的取回、管理、授权、收益分红的具体配置，以及要求平台出让现有利益后，是否还能享受其现有免费服务等，都仍待思考解决。在数据定价方面，由于当前数据交易规模较小，存在市场竞争不充分、供求关系不对等、数据的使用价值高度依赖使用场景等情形，无法形成可供参考的市场定价标准。在流通方面，对卖家而言，数据使用的非竞争性容易引发搭便车和所有权保护的问题。数据几乎为零的边际成本，导致买方可以很容易地生成副本并以较低价格转售，引发数据盗版问题，损害数据所有者或卖家的权益。对买家而言，难以对数据集的价值做出准确评估，从而更加谨慎购买数据服务。

（二）数据交易产品的供给体量及深度不足

一是数据开放程度低。数据主体缺乏共享理念，很多拥有大量数据的数字平台企业不愿意参与数据交易活动，而中小企业缺乏数据发挥作用的协同要素，没有能力参与数据交易活动。以电商平台数据为例，海量的流量数据大多用于平台内部分析用户画像、广告投放等功能，除了公开发布的趋势报告等，电商平台对数据对外交易的意愿与程度较低，更缺乏对相关数据衍生应用场景的探索和挖掘。二是数据产品附加值低。数据交易主要以单纯的原始数据"粗加工"交易为主，如 API 接口调用、数据云服务、技术支撑等，大部分平台的产品相似度高，开发程度低。大规模开展数据应用场景探索、可视化数据分析解决方案、数据模型、数据金融衍生品等产品和服务的程度较低。

---

① 2022 年 6 月中央全面深化改革委员会《关于构建数据基础制度更好发挥数据要素作用的意见》提出：探索建立数据产权制度，推动数据产权结构性分置和有序流通。建立公共数据、企业数据、个人数据的分类分级确权授权制度；建立数据资源持有权、数据加工使用权、数据产品经营权等分置的产权运行机制。

（三）数据交易机构作用发挥不足

尽管全国数据交易所建设数量暴增，但目前平均注册资金接近 1 亿元的数交所在我国数据交易市场中所占份额不足 5%[①]，较易导致数据孤岛和碎片化问题。我国数交所大多将自身定位于数据产品上架、交易撮合等基本功能，缺乏定价咨询、数据产品化、标准化等方面的职能，也少有如国外亚马逊 AWS Data Exchange、梅奥诊所健康患者数据等特色数据市场。数交所本身的模式单一，加之数据产品的非标准化使其成交价格主要由买卖双方协商确定，导致数据撮合业务的价值较难体现。此外，场内交易为保证合规性，存在审核严、周期长等影响交易效率的因素，使得场内交易更加缺乏吸引力。

（四）数据交易市场监管体系不健全

一是监管架构不完善。未设立数据产品交易专门的监管机构，实际治理过程存在监管对象多元、监管边界不清、职责交叉等问题。从国家层面来看，网信、发改、工信、证监、市场监管等都承担了一定的监管职责，但对数据行为的统筹监管力度较小。同时，缺乏全国统一的规范体系，各地数据交易所的规制各不相同，增加了企业合规成本，且无法有效集中控制风险。二是制度建设仍待优化。数据要素流通的各环节缺少全国统一的数据交易、安全等标准体系。国家层面虽提出了要求，但在各场景下的流通标准尚未明确具体做法，导致各地方省市在实操建设中仍需自行探索。

三、上海加快完善数字交易生态的相关建议

（一）加快解决数据交易过程中的基础性问题

一是探索建立长三角示范区的统一数据登记体系。依托上海数交所等可信第三方机构，联合浙江、江苏、安徽大数据交易中心，通过数据"上云入链"，建立健全唯一且不可篡改的数据资产登记机制，对相关数据主体的权利进行备案，建立资源目录、基础库、专题库等，率先构筑长三角地区一体化的数据资产登记体系，确保数据资产相关利益方的权属关系得到确立。同时，借鉴欧盟《数据法案》中的相关确权规则，通过更具开放性的数据补偿制度安排，就数据权属及数据要素收益分配在时间、方式上作出具体

---

① 南都大数据研究院 2022 年 4 月研报。

明确规定，同时，突出数据的非排他性，确保数据价值的开发利用和有效流动。

二是积极推动数据市场扩容，探索多样化数据产品定价模式。一方面，积极扩大数据交易规模。推动数据交易机构进行兼并重组，提升数据共享效率，允许数据产品在各数交所同时上架，产品互认。同时，加快落实公共数据开放，使数据交易市场能够突破临界规模，实现市场定价。另一方面，在特定行业和领域探索标准化数据产品。例如金融信贷风控、智能网联汽车等数据交易场景较为成熟的领域，建立与数字平台企业、行业协会、公共服务部门等的合作机制，推动标准化数据产品的开发与定价。此外，探索"以数易数"等多样化泛交易模式。绕开定价问题，针对数据需求互补且规模相似的企业，通过数据互换促成交易，既减轻企业支付压力，又能发挥数据价值的倍增作用。

三是继续推进隐私保护和数据溯源规则建设。建立对数据进行溯源的制度标准，发展数据溯源等相关服务，出具相应的证书文件，对数据交易后的使用方向进行动态跟踪。鼓励数据交易技术开源，提高工具的自动化、智能化水平，降低技术使用门槛。

（二）丰富数据产品，打造特色产业数据产品体系

一是归集，吸引数据所有者共享数据。明确哔哩哔哩、拼多多等在沪大型数字企业流量数据的分级分类和公共属性，鼓励平台在通过加工、脱敏等技术处理后，共享数据资源，强化社会责任。以高价值公共数据为突破口，吸引和带动商业数据开放，与公共数据进行融合应用。试点国外个人数据调解员（MID）模式，对个人数据的交换和利益分配等进行协调，推动更多的个人数据在符合各方利益的情况下进场交易。在技术上，加快推进数据采集和接口标准化，促进数据整合互通和互操作。试点与阿里云等云服务商合作，建立如 Snowflake、Marketplace 等完全云原生共享市场，探索用户间无缝的数据共享体验。

二是赋能，从应用场景出发形成一批特色数据产品。依托上海嘉定汽车、张江生物医药、青浦现代物流等产业资源，结合各区产业发展特色和优势，探索公共数据资源开放和收益合理分享机制，推进公共数据与社会数据融合应用，在各区范围内先行探讨出一批需求明确、市场化程度高、应用场景广的特色产业标准化数据产品，再向全市范围集聚数据资源，形成交通、金融、健康、物流等一批高价值行业的数据产品。同时，依托国际数据港建设，积极探索跨境数据产品。构建国际互联网数据专用通道、功能型数据中心、离岸数据中心等新型基础设施，在临港新片区内探索低风险跨境流动数据产品目录，并打造全球数据产品汇聚流转枢纽平台。

（三）营造数据交易生态圈，构建安全有序的交易环境

一是做大生态。以上海数交所为主要载体，招引各领域特色企业、龙头企业挂牌；针对前期业务规模较小、生存压力大的数据交易主体，出台相关的扶持政策。同时，完善数据交易服务商体系，大力培育数据经纪、合规性评审、数据审计、资产评估、争议仲裁等专业中介服务机构，鼓励大型律所、审计事务所、咨询公司等带头拓展数据业务；联合高校、科研机构组建数据创新实验室、场景实验室等，开展技术创新、产品开发、数字创业等活动，搭建数据要素流通的生态圈。此外，通过搭建峰会活动、行业论坛、沙龙等互动交流平台，扩大影响力。

二是完善监管。探索建立"多跨协同"监管机制。强化跨部门、跨层级、跨区域协同监管，明确监管范围和统一规则，加强分工合作与协调配合。建立网信、发改、经信等跨部门联合监管机制，设立数据要素市场建设的联席会议，配套建立交易中心自律机构。逐步健全数据交易法律法规。对国家提出的方向性建议加快完善细化，如建立质量监管、分类分级、数据回流等细化政策，明确数据产品可组织、可交易的范围，完善公共数据开放的具体规则等。同时，鼓励交易机构、行业协会参与制定落地性强、操作性强的行业标准以及技术规范，形成自上而下、自下而上的政策规范合围。

（池沁怡）

参考文献：

【1】刘彦林、郑小林等：《数据产品交易标准化白皮书（2022 年）》，第 18—22 页（"第四届数字经济标准创新论坛"，温州大学，2022 年 11 月 22 日）。

【2】李勇坚：《我国数据交易机构高质量发展：现实问题、理论逻辑与实现路径》，载《广东社会科学》2023 年第 1 期，第 47—56 页。

【3】黄丽华，郭梦珂等：《关于构建全国统一的数据资产登记体系的思考》，载《中国科学院院刊》2022 年第 10 期，第 1426—1434 页。

【4】冯海红：《高质量推动公共数据资源开发利用》，https://theory.gmw.cn/2022-07/01/content_35852816.htm（"光明网"·理论频道，发表年份：2022 年）。

【5】张怡：《数交所第八年：数十亿投入，只换来5% 的场内交易量？》，https://baijiahao.baidu.com/s?id=1741575152716573083&wfr=spider&for=pc。

优化数据跨境流动监管

数字经济产业高速发展，数据作为数字经济的关键生产要素，其战略地位堪称当代"新石油"。当前世界正处于数字经济蓬勃发展时期，各经济体基于其内在价值观分别推出各自秉持的数据监管规则。为确保我国在数据跨境流动中处于主动地位，应全面实现数据跨境流动治理法治化，鼓励各部门、多领域协同共治数据跨境流动，采取多样化行动，致力使我国成为国际监管协调的重要参与者。

数据跨境流动促使全球知识、信息共享，是科研技术创新的必由之路。作为大数据、物联网等新兴技术的内在驱动力，数据的快速流动可以让企业及时捕捉全球市场变化动态，促进科研型企业创新发展。大型跨国互联网企业在运行中将数据作为新型企业基础资源中的"石油"，通过对海量数据收集并分析，可以及时捕捉消费端变化趋势，引导数据合规流动，有利于促进跨国互联网企业发展，进而促使我国全方位成为数字经济强国。

一、数据跨境流动监管现状

在数据跨境流动监管领域，目前国际上并没有形成完全统一的规制模式，在国际上具有广泛影响力的包括以人权视角为导向的欧盟数据监管模式、以市场视角为导向的美国数据监管模式等。

（一）欧盟——数据人权本源模式

欧盟一直是世界上对个人数据保护最严格的地区之一，欧盟将个人数据视为基本人权，倾向于从人权保护的层级看待个人数据保护与数据跨境流动。

1. 广泛适用范围的 GDPR 法案

2016 年通过了《一般数据保护条例》（General Date Protection Regulation，以下简称 GDPR 法案），将被遗忘权、数据转移权、隐私权等基本人权融入数据保护条例，并扩大了法案的管辖范围。GDPR 法案适用的地域范围基于两个原则——影响原则以及属地原则。影响原则为数据控制者或者处理者在欧盟之外，但在欧盟领土内基于数据处理产生了实际影响。属地原则为数据控制者或者处理者在欧盟范围内设有机构。这使得 GDPR 法案具有广泛的域外适用范围，它可以适用于那些不在欧盟境内设立，但向欧盟内的数据主体提供商品或者服务、或者监控数据主体在欧洲境内发生的活动的数据控制者或者处理者。在确定数据跨境流动标准上，GDPR 法案延续了 95 号指令所确定的"充分水平保护"规则。欧盟坚决防止境内数据生产要素流失，通过"视听例外"和"隐私保护"两大规则彰显其审慎的数字经济治理安全理念和人格权优先保护倾向。

2. 立法避免跨国科技巨头数据垄断

2020 年 7 月，欧洲法院裁定，禁止欧盟个人信息数据大规模地传输给美国公司，欧美双方于 2016 年签订的《欧美隐私盾协议》失效，且该项裁决不能上诉，美国公司必须完成数据本地化储存方能继续经营。欧盟于 2020 年提出《数字服务法》和《数字市场法》草案，并于 2022 年 7 月通过。《数字服务法》侧重从内容及形式等方面规范数字企业提供的服务，《数字市场法》则旨在规范数字市场，尤其是数字企业之间的竞争，避免跨国科技巨头凭借垄断优势在欧洲市场过度扩张。

（二）美国——数据贸易流动模式

美国在建立数据流动监管规则时始终将促进信息安全流动发展作为重要目标，其将个人隐私置于商业利益范畴内进行考量。

1. 鼓励信息和数据自由流动

克林顿政府时期，美国就主张"最大限度地实现跨境信息自由流动"，在国际规则制定过程中，确保"国与国之间的监管差异不会成为实质性的贸易壁垒"。在美国主导的贸易协定中，焦点问题一般集中在强调个人在对数字产品和服务的选择自由和限制国家对数据流动的控制两个方面上。此外，在美国的主导和推动下，2016 年《跨太平洋伙伴关系协定》（Trans-Pacific Partnership Agreement，简称 TPP 协议）第一次在电子商务章节中对跨境数据自由流动做出了具有约束力的承诺，如 TPP 缔约方承诺，将在确保保护个人信息等合法公共政策目标得到保障的前提下，确保全球信息和数据自由流动，以驱动互联网和数字经济等。此外，美国在数据跨境保护上侧重针对特定行业以及特定领域进行针对性的立法，并通过联邦和州法规的相互衔接对数据流动监管问题进行规制。

2. 区域贸易协定保障核心利益

为方便大型跨国科技企业进军海外市场，扩张全球数字霸权带来的商业利益和安全利益，美国频繁地签订 RTA（Regional Trade Agreements，区域贸易协定）并不断扩充和提升数字经济规则的内容与水平。经过 20 多年的发展，美式模板从 1.0 版的《美韩自由贸易协定》、2.0 版的《跨太平洋伙伴关系协定》（TPP），升级到 2.5 版的《美墨加协定》（USMCA）和《美日数字贸易协定》（UJDTA）数字经济规则的条款覆盖面最广泛，且具有强制约束力。

（三）新加坡——寻求数字安全与效率的动态平衡

新加坡政府认为在安全的数字环境下才能够最大限度发挥数字经济优势，企业和个人对数字经济需要足够信任，才能实现社会整体的数字转型。

1. 意图成为全球"数据枢纽"

2012 年，新加坡政府出台《个人数据保护法》（Personal Data Protection Act，简称 PDPA），2013 年新加坡信息通信媒体发展局（Infocomm Media Development Authority，简称 IMDA）下设个人数据保护委员会（Personal Data Protection Commission，简称 PDPC），实施多项数据保护措施。2015 年，新加坡政府成立网络安全机构（Cyber Security Agency of Singapore，简称 CSA），开发了"安全在线"（Gosafeonline）网站为个人和企业提供网络安全提示和资源，以保护网络空间并巩固国家数字安全。2018 年 2 月，《网络安全法案》，旨在加强对关键数字基础设施和网络服务提供商的保护。2018

年 3 月，推出第一个专注于网络安全的创业加速器——Block 71 创新网络安全生态系统（Innovation Cybersecurity Ecosystem at Block 71，简称 ICE71），以应对不断增长的网络威胁解决方案。

2. DEPA 确保制度弹性

2020 年 6 月 12 日，新加坡联合智利和新西兰三国签署了《数字经济伙伴关系协定》（Digital Economy Partnership Agreement，简称 DEPA），于 2021 年 1 月在新加坡和新西兰生效，2021 年 11 月在智利生效。针对在 WTO 谈判中各方关切的数据跨境流动、数据本地储存和数字监管分歧，DEPA 避免采用"硬约束"的方式强行突破，提高了制度弹性。在跨境数据自由流动方面，各缔约国原则上应允许数据（包括个人信息）跨境自由流动，禁止要求数据本地存储或处理。

（四）中国——倡导数字主权兼顾数据流通

中国数字货物贸易规模位居世界前列，但不可否认，中国在数据跨境流动监管方面起步较晚，成长空间较大。

1. 立法保障流动数据安全

2020 年，我国发布了《全球数据安全倡议》，既强调各国应该致力于非歧视的营商环境，促进数据安全流动，又重申各国可以设立法律保障本国国家安全、公共安全。此外，我国还加入了《区域全面经济伙伴关系协定》。该协定中一方面强调了各国应当积极促进数据流动，不应当采取任何任意或者不合理的方式，进行歧视或变相限制贸易；另一方面强调各国可以为保护本国安全利益而采取任何必要的措施。

2022 年 9 月，我国《数据出境安全评估办法》（以下简称《评估办法》）出台后，形成了以《网络安全法》《数据安全法》《个人信息保护法》《评估办法》为主体法律框架的数据监管机制，数据监管顶层战略逐渐明晰。

2022 年 12 月国家出台"数据二十条"，明确数据跨境流动优先在跨境电商、跨境支付、供应链管理、服务外包等典型应用场景进行先行先试。2023 年，国家互联网信息办公室发布《规范和促进数据跨境流动规定（征求意见稿）》（以下简称《规定》），旨在保障国家数据安全，保护个人信息权益的基础上，进一步规范和促进数据依法有序自由流动。《规定》重申需申报数据出境安全评估的场景，第六条强调向境外提供 100 万人以上个人信息的，还是需要申报数据出境安全评估。至于国家机关以及关键信息基础设施运营者这些主体向境外提供个人信息和重要数据，以及涉及党政军和涉密单位敏感信息、敏感个人信息、重要数据出境的，《规定》第八条、第九条提出依照现行规定执行。

2. 数据跨境双向流动的上海实践

作为全国数据要素市场发展的核心枢纽，上海积极发挥在数据要素流通交易、数商发展、数据资产化探索等方面优势。

2023 年 11 月，上海市发布《关于在上海市创建"丝路电商"合作先行区的方案》。2023 年上海发布《全球数据跨境流动规则全景图》对标国际数字经济规则，探索国际数据合作新模式；《数据要素流通典型应用场景案例集》聚焦 8 个行业形成 28 个典型案例，重构场景驱动下的数据价值。

2023 年 4 月，上海数交所国际板正式在新加坡开建，探索数据跨境双向流动的新机制。

二、数据跨境流动监管规范需加快完善

当前，各国在跨境数据流动规则制定上远未达成共识，在推进"双循环"的复杂国际背景下如何达成与国际规则的有效协调与国际执法合作，提升规则制定的国际话语权亟待探讨。

（一）数据跨境流动立法的系统性和规范性仍待完善

当前我国现有法律制度还存在系统性与衔接性不足、规范性缺位的问题。在加强国际对话与交流方面，我国数据领域法律规范也应积极探索强化数据跨境流动监管的国际合作机制，拓展数据自由流动生态圈，实现安全高效的数据跨境流动。当前，我国《评估办法》在规定上借鉴了许多欧盟与美国的既往规定，虽然对于防御欧美的数据长臂管辖主义具有一定实践意义，但对于与其他发展中国家的数据跨境流动，可能会产生变相抑制数据跨境流动的风险负担，泛化数据安全主权概念。

目前中国参与数据跨境流动监管协调的主要方式是加入自由贸易协定、加入国际数据管理协会和与域外国家或地区就数据跨境流动签署协调监管的谅解备忘录，很少涉及数据跨境流动规则条款。国际数据管理协会是非营利性机构，并没有监管效力。备忘录也仅意味着国家或区域间完成了数据跨境流动监管规则框架的搭建，还需要继续磋商制定相应的配套制度，将备忘录落实到常规监管中。

（二）数据跨境流动监管的整体性和协同性仍待提升

长期以来，我国对数据领域的治理采取"各行业分散监管"模式，尚未建立统一的数据保护和治理机构，因此各行业或区域对于数据跨境流动也采取独立监管标准和监管方式。如对于个人金融数据出境问题，网信部门主要根据《网络安全法》采取"原则禁止，以安全评估为例外"的监管模式，而《中国人民银行金融消费者权益保护实施办法》则采取"原则禁止，以业务必需＋客户同意＋关联机构＋保密为例外"，两者的差异性标准对长期以来的具体执法实践和企业合规带来较大阻力。当前《数据安全法》继承和保留了《网络安全法》关于行业分散监管的思路和框架，形成了"中央统筹负责，地方与行业自治"的数据安全监管框架。但由于《数据安全法》对于当前数据分行业治理框架的突破仅停留在原则性规定的层面，权限划分和监管方式略显笼统，因此对于其是否能够真正改变当前"九龙治水"的数据治理局面，还需进一步考察。

（三）需关注数据跨境流动与国际治理的统筹性

此前我国采取以"数据本土化"为核心的防御性措施，一定程度上减少了与国际社会的对话，不利于数据自由流动与国家话语权的提升。中国在 WTO 电子商务诸边谈判和 RTAs 数字治理谈判中的利益诉求集中在创造便利化的跨境营商环境、政府合理且必要的监管常态化。但相比于美国和欧盟，中国至今还未形成能够向全球推广的数字治理模式和"典型案例"。美国因忌惮由中国主导的区域性伙伴关系，在亚太地区发起"印太经济框架"（IPEF）协定，试图取代 CPTPP，以此排挤中国通过制度型开放深度参与亚太地区数字贸易。

2022 年 4 月，美日韩等 7 个国家和地区同意把个人数据传输规则从 APEC 中独立出来，并在原有的《跨境隐私规则》（CBPR）的框架之上建立名为《全球 CBPR》的全新框架作为企业认证系统，将中国排除在外，试图主导亚太地区个人数据传输规则的制定权和主导权。

三、监管应对之策

我国在对数据跨境流动进行监管时，应当结合我国数字经济产业发展现状，立足实际，对数据跨境流动采取符合我国价值观念的政策。

（一）全面实现数据跨境流动治理法治化

以系统观念为指引理念搭建数据跨境流动法律制度，体现为相关法律与政策的统筹协调，以及各法律规定之间的一致性和体系性。

完善数据出境安全评估体系。在出境安全评估方式上，可以采取"数据持有主体自主评估＋相关主管部门评估"的方式，确保跨境流动中的数据安全。构建数据跨境分级分类监管制度。对数据进行分类分级管理，对普通数据降低监管标准，对关键数据制定严格监管标准。目前，美国和欧盟均已在数据跨境流动领域建立了数据规制措施的必要性评估制度，包括监管影响评估和数据保护影响评估。CPTPP、USMCA、《日本—欧盟经济伙伴关系协定》等重要的数字贸易协定均鼓励各缔约方进行必要性评估，国内也可进行参考。

（二）协同共治数据跨境流动

构建完善的数据跨境流动治理体系，需要增强政府监管和行业监管、区域监管的协同性，确立职责清晰和分工明确的数据保护和监管机构。

一是需要构建多主体、跨行业、跨部门协同的统筹监管机制，鼓励公安、国家安全机关，以及工业、电信、交通、金融、教育、科技等领域的各主管部门进行联动监管与信息互联互认共享，强化各行业在数据证据获取、收集和使用等方面互通互认，定期就监管重点、措施、风险事件等信息互换沟通，形成监管合力。

二是以技术保障数据，加强数据安全技术及产品研发应用充分发挥技术保障作用，以技术手段保障数据跨境流动安全有序。强化隐私计算等数据安全技术应用，加强联邦学习、多方安全计算、差分隐私、同态加密等关键技术研发，运用技术手段构建数据跨境流动安全风险防控体系，实现数据跨境有序安全流动。

三是推动政府与企业协同共治。政府和企业需要重视与数据相关的境外反垄断合规工作，政府应注重指导相关企业逐步建立竞争合规咨询、竞争合规审核、竞争合规汇报、竞争合规承诺等机制。推动我国跨境企业参与国际数字经济发展组织与数字经济规则谈判，如加入国际专门行业或技术协会，通过影响相关标准、规则的制定表达出我国企业的利益诉求。

（三）致力做国际监管协调的重要参与者

中国应成为推动数据跨境流动国际监管协调的重要参与者，与各个国家、地区和国际组织合作，推动关于数据跨境流动的双边、多边协议的签署和国际规则的制定。

以维护数据安全为出发点，以尊重各国数据主权为着力点，以推动"一带一路"倡议实施、签署 RCEP、申请加入 CPTPP 和 DEPA 为突破点，消除中国数据跨境流动壁垒，充分利用 WTO 的多边谈判机会，与多个国家建立数据跨境流动自贸区。一方面，推行中国的数据跨境流动监管规则和监管标准，积极探索如何更好地参与并促进数据跨境流动的国际监管协调；另一方面，努力与重要贸易伙伴就数据跨境流动签署双边和多边协定，深度参与、共同推动数据跨境流动的国际监管协调。

中国可借鉴新加坡数据治理措施，在特定区域尝试加入并启用 CBPR，减少区域内贸易流动的障碍，为后续数字税规则的制定提供政策和实证基础。同时，响应中国出海企业迫切希望设立离岸数据直联通道的制度需求，在中国境内设立离岸数据中心。进一步探索离岸数据业务模式，出台数字身份认证标识，推动开展点对点的非重要数据跨境流动，推进数据沙箱实验和应用等。

与此同时，与"一带一路"沿线国家进行数据跨境流动监管协调时，中国可借助本国数据产业和数字经济发展优势，主导数据跨境流动监管规则建立，形成以中国为核心的监管协调圈。

（魏百慧）

参考文献：

【1】欧福永、范知智：《个人数据跨境流动规制中的"长臂管辖"及我国的对策》，载《时代法学》2023 年第 1 期，第 97—105 页。

【2】刘康佳：《论数据跨境流动规制：模式、挑战与应对》，载《韶关学院学报·社会科学》2023 年第 4 期，第 49—53 页。

【3】陈思、马其家：《数据跨境流动监管协调的中国路径》，载《中国流通经济》2022 年第 9 期，第 116—126 页。

【4】赵高华、姜伟、王普：《数据跨境流动治理与对策研究》，载《数据治理》2022 年第 3 期，第 23—27 页。

【5】陈兵、马贤茹：《系统观念下数据跨境流动的治理困境与法治应对》，载《安徽大学学报》（哲学社会科学版）2023 年第 2 期，第 58—66 页。

【6】周念利、于美月、柳春苗：《我国自贸区（港）数据跨境流动试点制度创新研究》，载《国际商务研究》2023 年第 4 期，第 86—97 页。

加强数字安全体系建设

　　随着数字经济与实体经济加速融合，各领域数字化转型在赋能增效经济社会发展的同时，也给安全防护领域不断带来新挑战。传统安全防护机制遭遇瓶颈，探索适应数字化转型需求的新一代数字安全体系，不仅关乎国家安全和人民利益，也是影响经济社会发展和城市文明进步的重要议题。

2023 年，中共中央、国务院印发《数字中国建设整体布局规划》，充分强调了数字化转型进程中日益加剧的数字安全风险的严峻性，并提出一系列重要保障措施。

构建数字安全体系，营造健康安全的数字生态，是应对全球数字安全挑战的迫切需求。近年来，人为因素导致的数据泄露、网络漏洞导致的非法入侵、安全策略和应急体系缺失导致的治理能力不足等数字安全风险加速向现实世界渗透，由此引发的数据泄露、网络攻击等安全事件突发频发。面对日益复杂的数字安全环境，加强数字安全体系建设，是应对数字化转型新时代数字安全挑战与需求的必由之路。

一、数字化转型新阶段的新安全形势分析

数字化转型新阶段，网络与数字安全工作面临新形势、新要求，主要体现为以下四个方面：

（一）数字基础设施价值高度集聚，数字技术"双刃剑"效应引发安全隐忧

数字基础设施是数字化、网络化、智能化能力输出的载体，赋能产业经济增长的新方向。随着近年技术应用落地步伐不断加快，其"双刃剑"效应也逐渐显现。尤其在数字产业化快速发展趋势下，数字技术安全所面临的严峻形势和带来的影响更胜以往，其自身安全缺陷亦在一定程度上制约相关应用落地——不够成熟的新技术过早投入并大规模应用，在核心算法、机制、平台等层面都可能存在未知安全漏洞，新技术本身的安全缺陷易造成安全隐患。

（二）打破了传统封闭保守的生产控制环境，网络安全问题直达现实世界

在数字时代，越来越多的生产设备、控制系统联入网络，打破了传统相对封闭可信的环境，互联网的安全威胁迅速渗透延伸至生产现场。一方面生产设备大量联网暴露，生产环境更加开放，生产设备趋于智能化，导致大量生产设备暴露于公网，加大了安全隐患。另一方面突破了较为清晰的安全边界，之前 IT 和 OT 较为清晰可见的安全边界逐渐消失，数据在 IT 和 OT、生产现场内外的流动共享打破了企业内部各环节和企业间的连接壁垒。同时，随着数实融合不断加深，攻击可由数字世界直达现实世界，导致系统运行中断、生产线停摆、工厂停工。

（三）安全的重心从静态数据的防护，迁移到动态流通过程的价值保护平衡

数字化转型时代，数据成为基础战略性资源，通过开放、共享和流通充分释放其价值。安全防护的重点也从相对静态的保障数据交互安全向保障动态的数据要素流通安全转变。尽管对数据价值的高度认可已形成全球共识，但在数据价值释放过程中，不同环节安全技术能力受限、数据保护主义盛行、数据野蛮挖掘活动猖獗等安全问题日益突

出，给顺畅、可信的数据流通带来了新的安全挑战。如美国利用其作为全球数据流通网络中心节点，汇聚大量他国数据，依托规模优势，形成数据霸权；数据"野蛮掘金"的诱惑导致各种各样数据泄露、盗用、滥用等事件层出不穷，仅在 2021 年 3 月，通过暗网检测平台，共监测发现数据非法售卖 110 例。

（四）数字地缘竞争博弈下，数字安全成为综合衡量国家竞争力的重要因素

后疫情时代，全球进入竞争优势重塑、国际规则重建动荡变革期，主要大国在不断争夺供应链管控、数据流动、高新技术安全主导权，安全的动荡源风险点增多。美欧发达国家高度重视新兴领域安全，将 5G、AI 安全等数字技术提高至国家战略高度，并实施"断供"以争夺科技高地，设置供应链壁垒，对竞争国家实施交易管制维护高新领域优势地位。面对中国崛起，渲染"中国威胁论"，对我国设置歧视性待遇政策和条款，对我国数据出境国际融入产生隐私保护、数字主权、执法监管、意识形态等"障碍"，并通过实体清单管制进行封锁限制，维持科技霸权，将我国在数字世界进行孤立，这对我国跨境金融、国际贸易、国际航运、工业互联网、人工智能等产业的全球化发展带来巨大阻碍。

二、厘清数字安全与网络安全的区别

数字安全并非全新概念，而是随数字化转型发展演进的产物，从保障底层的网络、系统、数据等安全，外延至数字业务发展和经济社会运行治理层面。近年来，政府间国际组织、国家机构、研究机构等不同主体，从数字安全的保障对象、能力体系、攻防演进等视角，对数字安全进行不同维度的阐述，如法国提出的《法国国家数字安全战略》将数字安全作为保障国家发展利益、提高威胁治理能力的关键战略举措；OECD（经济合作与发展组织）推出的《关于重要活动数字安全的建议》指出，数字安全是保护重要经济和社会活动、减少安全事件数量及影响的战略措施；英国研究与创新署《数字安全设计挑战》提出数字安全需保障数字化转型全流程安全、抵御发展过程中的网络威胁和安全挑战。

国际上对数字安全的认知在其战略地位、作用对象和协作机制等层面基本达成了共识。从战略地位来说，是支撑数字化发展安全的重要基础；从作用对象来看，数字安全

覆盖从底层基础设施到上层数字业务安全；从协作机制来看，数字安全是安全能力的汇聚协同。数字安全涵盖了数字化转型驱动下加速形成的网络物理空间，所涉及的基础设施、产品设备、业务场景、数据要素等各个层面的安全问题，具有保护主体跨域跨空间、安全影响链条长、安全损失从加数效应向乘数效应递增、安全防护环节多、治理需求明显等特点，更强调网络物理融合空间的安全运行和治理问题。因此，数字安全的概念脱胎于"网络安全"，但高于"网络安全"。

网络安全保护的是 IT 资产和数据资产，包括网络系统、软件服务、硬件设备、业务数据、用户数据、个人信息等，其目标是网络稳定可靠运行，数据不被泄露、篡改和滥用，侧重网络安全，采用纵深防御、分层防御思路，防护措施相对成熟。数据安全仅涉数据资产，即确保业务数据、用户数据、个人信息数据不被泄漏、篡改和滥用，是基于生命周期的线性防御，防御线条较为单一，确定性较强。

而数字安全的保护对象则包含三个方面：一是 IT 资产，如网络系统、软件服务、硬件设备等；二是 OT 资产，如运行自动化系统、生产制造执行设备、物流调度系统等；三是数据资产：业务数据、用户数据、个人信息等。数字安全防护的主要目标是保障线上网络系统安全可靠运转，线下经济社会运行秩序稳定，数据要素流通过程安全和可信任，强调"防御＋治理"，从而保障线上网络数据安全与线下业务功能运行连续，其安全实施过程中涉及环节、主体多，跨领域跨空间，安全问题动态复杂。因此，所谓数字安全，是指通过采取必要措施，防范网络物理融合空间的攻击入侵干扰破坏和非法使用等风险，保障数字化转型进程的安全性、可靠性和可信任性。

三、数字安全体系建设的路径思考

围绕"数字中国"建设版图的底层、决定性层面，从数字产业化、产业数字化、数据价值化三个版块展开，以保密性、完整性、运行可靠性、可管可溯性、价值性五个数字安全属性贯穿始终，在基本的 CIA［Confidentiality、Integrity、Availability（保密性、完整性、可用性）］之上扩展信任和自身价值属性，安全体系覆盖网络物理融合空间，为数字生产、数字生活、数字治理和数字生态的实现提供安全保障。本文在"数字中国"整体框架指导下，通过分析研究，总结出三个层面的数字安全体系建设路径。

一是针对数字基础设施、数字／共性技术平台、数字技术等数字产业基础层，通过安全技术下沉、技术升级，实现技术应用安全、产业链及供应链安全、全场景应用安全，筑牢数字产业化安全底座。

二是面向 OT、生产控制系统、业务等平台，以产业数字化转型为依托，通过"技术＋监管＋服务"方式实施安全防护，实现"IT+OT"安全、提升数字业务安全水平，确保产线、生产、产业安全，护航产业数字化赋能增效。

三是针对个人信息、产业数据、公共数据、企业教据等数据集，通过开放、共享、利用释放价值，确保数据安全，强化信任基础和隐私保护措施，实现数据价值共建共治共享，最终实现经济价值、社会价值和国家治理能力现代化。

四、数字安全体系建设发展的建议

（一）打造安全基础设施，形成数字安全源动力

面对持续高涨的数字业务安全保障需求、不断变换升级的新型攻击，依托于上海市在建的浦江数链"1+1+1+X"（1 个算力平台设施、1 个公共基础服务平台、1 个政务区块链应用系统，以及 X 个标杆场景应用）数字基础设施体系，打造"内嵌＋协作＋并行"的安全基础设施，构建"先人一步"的数字安全防御能力。针对差异化的数字场景构建持续的、基于实体身份的访问控制机制，形成内嵌于数字业务全流程的信任基础设施，通过构建动态异构、具不确定性的体系架构，面对未知威胁，动态调整安全策略和配置，提高攻击成本和难度。同时，打造安全访问服务边缘（SASE）云等安全服务基础设施，形成数字安全能力的聚合器，为云、网、边、端数字场景提供服务化供给，有力支撑政务、公共服务及行业数字化应用。

（二）发挥先进梯队示范带动效应，释放需求侧牵引力

不同类型行业企业数字化转型中呈现出来的发展水平不一，数字安全能力建设步伐有快有慢，需充分发挥以大带小、以强带弱模式，防范"未转型""转型中""已转型"企业的安全风险，解决"怕转型""未转型"企业的安全担忧。针对中小企业"怕转型"，应基于现有安全水平，制定可实施的数字化转型安全防护计划。针对部分大型国有企业和中小企业数字化转型现状，推动其安全上云、上平台，建立安全运营中心，对安全保障提出更高、更具体的要求，并灵活适配安全建设方案。对于认识到安全在数字化转型中的重要性的大型国有企业，做好增强型网络安全体系建设，进一步补齐短板，应对数

字化转型后的网络安全攻击事件。具体到上海，建议"条块结合"推动数字安全技术的应用普及。一方面，推动通过"链主平台"搭建统一的数字安全服务能力，以其天然的数据纽带为依托打造产业链一体化的数字安全标准；另一方面，以产业园区为载体，打造数字安全公共服务体系，服务于区域内企业的数据安全与网络安全防护。

（三）促进安全技术产业高质量发展，激发供给侧促进力

安全产业既肩负着维护国家数字空间安全和发展利益的安全技术、产品生产和服务活动，其本身又是数字中国建设中重点发展的新兴数字产业，推动安全产业实现技术先进、产业发达的高质量发展目标，是从供给侧构建数字安全基础能力和综合实力的硬核心。以安全产业为能力核心，向下与 ICT 产业链供应链安全升级整合协同为产业数字化重点领域提供安全供给。如制定针对安全技术产业的支持政策，加大对安全技术研发的投入，支持创新型企业和科研机构开展前沿技术研究，鼓励技术创新和知识产权保护等一系列产业支持政策，促进安全产业高质量发展。同时，挖掘一批有潜力的数字安全服务企业进行积聚化产业发展，带动数字安全产业的整体质量与产业能级的提升。

（四）构建数字安全指标体系，形成发展引领力

国家数字安全能力建设是一个覆盖战略政策保障、技术创新能力、产业发展水平等层面的长远性、系统性课题，需要建设一套结构合理、全面客观的数字安全指标体系，作为国家数字安全能力建设的"指挥棒"，发挥发展引领力，如全球网络安全指数（ITUGCI）、国家网络能力指数（NCPI）等网络力量衡量标准，均体现这一效能。指标体系构建要重点关注国际数字安全发展建设梯队判断、能力横向对比及重点发展方向的量化表征，充分体现安全能力建设方向的前瞻性风向标，并根据评估实效，优化指标体系，更好地推进国家数字安全能力建设。上海作为我国链接全球的核心枢纽，应依托于国际数据港建设，打造基于区块链、新型机密技术的数字安全新设施，有序管控和保障跨境数据流通的安全性，为我国跨境金融、国际贸易、国际航运、工业互联网、人工智能等产业的全球化发展提供安全保障。

（李燕）

参考文献：

【1】国际电信联盟：《全球网络安全指数报告概要》，载《信息安全与通信保密》2017 年第 7 期，第 72—83 页。

【2】宋道青、葛腾飞、陈曦：《双边网络冲突结果与相对网络能力强弱相关性研究——基于双边网络事件争端数据库和贝尔弗国家网络能力指数 2020》，载《情报杂志》2021 年第 6 期，第 39—44 页。

【3】薛晓源、刘兴华：《数字全球化、数字风险与全球数字治理》，载《东北亚论坛》2022 年第 3 期，第 3—18 页。

【4】刘云、吴宗显：《计算机大数据的信息安全处理技术分析》，载《数字通信世界》2022 年第 3 期，第 173—175 页。

【5】边娜：《大数据信息安全典型风险及保障机制研究》，载《大众标准化》2022 年第 19 期，第 110—112 页。

【6】李橙、贺仁龙：《聚焦新发展阶段的数字安全体系建设》，载《上海信息化》2023 年第 9 期，第 13—17 页。

【7】邹航：《筑牢企业数字安全屏障，建设企业数字安全免疫体系》，载《中国信息安全》2023 年第 8 期，第 41—42 页。

探索公共数据授权运营试点

近期国家和地方政府发布的相关政策规划在推进数字中国、数字经济、数字政府等内容中提到要推动公共数据共享开放、开展公共数据授权运营相关内容。推动政府数据从开放共享到授权运营，是加快数据资源资产化的过程，是推动政府数据深度开发利用，实现数据要素合理配置，推动经济社会高质量发展的重要途径。本文在总结近期国家和地方政策和实践的基础上，梳理总结了公共数据授权运营建设要点并提出了上海开展公共数据授权运营的相关建议。

一、国家和地方层面相关政策要点

根据国家发改委规划司针对"十四五"规划《纲要》的名词解释：政府数据授权运营试点是指试点授权特定的市场主体，在保障国家秘密、国家安全、社会公共利益、商业秘密、个人隐私和数据安全的前提下，开发利用政府部门掌握的与民生紧密相关、社会需求迫切、商业增值潜力显著的数据。开展政府数据授权运营试点，鼓励自然人、法人和非法人组织对公共数据进行深度加工和增值使用，有利于释放数据红利，培育大数据产业，探索形成促进政府数据开发利用的法规政策。

（一）国家层面：鼓励第三方深化对公共数据的挖掘利用

公共数据授权运营已得到了国家层面的重视，有关政策措施相继出台扎实落地。在制定发布一系列数据政策文件基础上，相关具体举措正在积极推进。例如探索开展数据要素市场化配置改革试点，扩大基础公共信息数据安全有序开放；探索将公共数据服务纳入公共服务体系，构建统一的国家公共数据开放平台和开发利用端口，开展数据管理能力成熟度评估模型国家标准贯标等。2023 年 3 月 7 日，《国务院机构改革方案》提出，组建国家数据局负责协调推进数据基础制度建设，统筹数据资源整合共享和开发利用，政府角色在公共数据开发利用中的主导作用将进一步强化。

表 1　近两年国家层面"公共数据授权运营"相关政策汇总

发布日期	文件出处	文件名称	原文摘要
2022 年 3 月 25 日	国务院	《"十四五"数字经济发展规划》	对具有经济和社会价值、允许加工利用的政务数据和公共数据，通过数据开放、特许开发、授权应用等方式，鼓励更多社会力量进行增值开发利用
2022 年 10 月 28 日	国务院办公厅	《全国一体化政务大数据体系建设指南》	鼓励依法依规开展政务数据授权运营，积极推进数据资源开发利用，培育数据要素市场，营造有效供给、有序开发利用的良好生态，推动构建数据基础制度体系
2022 年 12 月 19 日	中共中央、国务院	《关于构建数据基础制度更好发挥数据要素作用的意见》	推进实施公共数据确权授权机制。推动用于公共治理、公益事业的公共数据有条件无偿使用，探索用于产业发展、行业发展的公共数据有条件有偿使用 推动用于数字化发展的公共数据按政府指导定价有偿使用

（二）地方层面：通过立法明确开展公共数据授权运营探索

地方层面，上海、北京、浙江、重庆等诸多地区发布的数据条例也提出要促进公共数据资源开发利用，建立公共数据授权运营机制。以地方法规形式构建公共数据授权运营的基本规则，在地方数据条例或者数字经济条例中明确提出"建立公共数据授权运营机制"，并从制定具体管理办法、公共数据使用范围、所形成的数据产品和服务的交易规则、安全要求及合规评估等方面进行初步立法规范。

表 2　部分省市"公共数据授权运营"相关政策汇总

发布日期	文件名称	原文摘要
2021 年 10 月 25 日	《广东省公共数据管理办法》	第三十六条　省和地级以上市公共数据主管部门应当加强公共数据开发利用指导，创新数据开发利用模式和运营机制，建立公共数据服务规则和流程，提升数据汇聚、加工处理和统计分析能力
2021 年 11 月 25 日	《上海市数据条例》	在全国范围内首次以立法形式提出公共数据授权运营制度。明确提出要制定公共数据授权运营管理办法，规范运营主体、过程、运营平台运营、安全要求
2022 年 1 月 21 日	《浙江省公共数据条例》	明确通过签订授权运营协议向运营单位授权，授权符合安全条件的单位运营公共数据，授权运营单位对利用公共数据加工形成的数据产品和服务可以获取合理收益
2022 年 3 月 30 日	《重庆市数据条例》	将政务数据和公共服务数据归入公共数据的范围进行规范，明确了授权运营的公共数据进行加工形成数据产品和服务获取收益的合法性
2022 年 11 月 25 日	《北京市数字经济促进条例》	北京市设立金融、医疗、交通、空间等领域的公共数据专区，推动公共数据有条件开放和社会化应用。北京市人民政府可以开展公共数据专区授权运营
2023 年 1 月 12 日	《上海市公共数据开放实施细则》	上海市探索开展公共数据授权运营，鼓励相关主体面向社会提供公共数据深度加工、模型训练、系统开发、数据交付、安全保障等市场化服务

《上海市数据条例》在全国范围内首次以立法形式提出公共数据授权运营制度。明确提出要制定公共数据授权运营管理办法，规范运营主体、过程、运营平台运营、安全要求；《重庆市数据条例》将政务数据和公共服务数据归入公共数据的范围进行规范，明确了授权运营的公共数据进行加工形成数据产品和服务获取收益的合法性。《浙江省公共数据条例》明确通过签订授权运营协议向运营单位授权，授权符合安全条件的单位运营公共数据，授权运营单位对利用公共数据加工形成的数据产品和服务可以获取合理收益。

二、有关地区公共数据授权运营实践创新

尽管我国公共数据运营整体处于启动发展、多元探索阶段，部分先行先试地区和行业领域初步形成一些创新举措，包括：探索建立公共数据运营机构，设立公共数据专区推动公共数据开放和社会化应用，推动建设公共数据开放创新基地及大数据技术创新平台等，呈现出各地区各领域创新探索百舸争流、公共数据运营生态日益繁荣等典型特

征。目前，北京、上海、成都等省市已经初步构建起公共数据授权运营的基本模式，迈入实践落地与规范发展阶段。

（一）北京：在全国率先构建以场景为牵引的公共数据授权运营模式

2020 年 9 月，北京市经济和信息化局创新"政府监管＋企业运营"的公共数据市场化应用模式，利用金融业覆盖领域广、数据需求大、应用场景多等方面的优势，与北京金融控股集团签署协议，并授权北京金控所属北京金融大数据公司建设金融公共数据专区，承接公共数据托管和创新应用任务。截至 2023 年 1 月，该专区累计为银行等金融机构提供服务 5000 多万次、支撑 30 余万家企业申请金融服务金额超 2000 亿元。2023 年 5 月，北京国际大数据交易所与北京市科学技术研究院就科技数据专区建设运营开展合作签约，双方将研究制定科学领域数据流通规则，共同推动科学数据对接具体业务应用场景。北京通过开展金融、科技等条线政企合作，共同推进行业类公共数据授权运营的模式值得参考借鉴。

（二）上海：成立数据集团探索公共数据、国资国企数据授权运营工作

2022 年 9 月，国内首家以数据为核心业务的国企集团——上海数据集团有限公司揭牌成立。在起步阶段，上海数据集团将推动"两大整合"，一是将上海本地国企的主要数据业务进行整合，化零为整，握指成拳；二是进一步推动公共数据、国资国企数据授权运营工作。继上海之后，福建、河南、武汉等省市也纷纷成立承担公共数据授权运营的集团公司。

（三）成都：上线公共数据运营服务平台逐步拓宽应用场景，全国率先探索公共数据运营

自 2017 年起，成都开始探索"政府数据授权运营，开展市场化增值服务"的公共数据流通路径。机制上，授权成都市大数据集团开展"政府数据授权集中运营"；2020 年 12 月 29 日成都市公共数据运营服务平台正式上线，打通政企数据通道，以企业需求和应用场景为驱动，向企业和公众提供公共数据资源"可用不可见"的市场化增值服务，目前该平台已实现向金融、交通、跨境电商、养殖等场景下的应用赋能。

（四）佛山：以公共数据资产登记与评估为突破口推进数据要素市场化配置改革

2022 年 8 月，在佛山市数据要素市场化配置全流程改革发布会上，广东省政务服务数据管理局颁发全省首批《公共数据资产登记证书》，顺德正式授权全国资企业——佛山市顺科智汇科技有限公司成为广东首个公共数据运营服务商，将开发利用权授权给国资企业。此次公共数据资产登记通过核算数据要素产品化过程中的各类成本，委托具备资质的第三方公司进行价格评估，为交易双方在磋商定价环节提供参考，也为数据产品流通扫清了最后一步障碍。

三、公共数据授权运营模式总结

结合中国软件评测中心联合中国科学院科技战略咨询研究院等单位的研究成果，本文总结出目前我国公共数据授权运营已经形成以下两种主要模式：一是数据驱动模式。主要由地区数据管理机构以整体授权形式委托数据运营机构整体开展区域内公共数据运营平台建设和市场运营。例如，成都将公共数据开发利用权统一授权给成都市大数据集团。2022 年 9 月成立的上海数据集团也是此模式的典型代表。二是场景牵引模式。主要由地区或行业数据管理机构在公共数据资源统筹管理基础上，基于特定应用场景通过针对性、专业化分类授权引入专业数据运营机构，分领域、分场景激活公共数据价值的运营模式。例如，北京市授权北京金控集团建设运营公共数据金融专区进行市场化专业化运营，充分发挥公共数据对金融服务特别是普惠金融的支撑作用。

表 3 我国目前典型的公共数据运营模式总结

特 征	数据驱动模式	场景驱动模式
授权主体	数据归口管理部门	垂直领域行业主管部门
被授权主体	单个国有（控股）企业	多个垂直领域数据运营商，国有控股企业为主
授权客体	政务数据为主	各垂直领域公共数据
授权次数	一次或多次	一次或多次
主要优势	运营商能以较低成本和较少限制获取公共数据资源；能够满足跨场景的数据应用需求；政府监管难度小	场景需求明确，数据赋能效果显著；运营商本身积累了海量数据，且技术能力强，能够快速释放公共数据价值；避免运营商单一带来的数据垄断风险
主要劣势	存在数据垄断风险	无法适应应用场景交叉情况下的大规模数据应用需求

四、对上海开展公共数据授权运营的相关建议

（一）尽快出台具体运营管理办法

2020 年 10 月，成都市人民政府办公厅印发《成都市公共数据运营服务管理办法》，为国内首份关于政府数据授权运营的专门政策文件，从制度层面明确了政府数据授权运营的实现机制。2022 年 10 月 27 日，浙江省大数据发展管理局发布了《浙江省公共数据授权运营管理暂行办法（征求意见稿）》并公开征求意见。建议上海尽快出台公共数据授权运营的具体管理办法，对公共数据的授权范围、对象、程序、条件、安全规范等方面的内容进行明确，细化公共数据相关产品、服务、流程等。

（二）政企协同积极拓宽应用场景

建议通过组织对接会、进行"揭榜挂帅"等多种形式，摸清政府部门和社会组织对公共数据的需求，包括数据内容、服务形式、应用场景等，选取与民生紧密相关、社会需求迫切、经济价值高的场景，率先推进数据运营试点。在企业登记、交通运输、气象等公信力较高、敏感性较低、权属较为清晰的公共数据率先探索。此外，基于公共数据应用场景探索针对公共数据的价值评估体系，引导推进建立更合理的收益分配机制，促进市场公平竞争与合作。

（三）推进公共数据入场交易流通

公共数据质量较高，应用场景覆盖面较广，与现实的经济、生活相关性高，价值密度较高，具有较高的开发利用价值。交易场所设立为公共数据开发利用全流程可监管、可记录、可追溯、可审计奠定了安全合规基础。通过有序引导公共数据入场交易不断激活公共数据市场价值，同时也为数据要素市场的有序发展带来新机遇。

（四）建立有效的安全监管体系

明确政府监管主体，建立对授权主体、运营方、使用方全流程的安全可溯监管体系。依据《数据安全法》《个人信息保护法》对数据安全、个人信息保护的相关规定，对公共数据流通交易的各环节的责任方进行监管。试点运营过程中，监管部门可结合实际对运营平台和利益相关方进行日常监管，定期进行合规性和安全风险等评估，不断完善更新监管要求。

（王艳）

推进"数字身份互联互通"先行先试

上海要率先开展数字经济伙伴关系协定（DEPA）相关规则压力测试，研究构建接轨国际的数字身份认证系统，推动数字身份框架在多个领域场景的应用。本文在深入调查研究基础上，提出上海试点数字身份跨境认证的顶层设计与应用路径，供参考。

一、全球数字身份构建发展趋势：体系框架探索与数字安全的平衡

数字身份是数字经济发展的重要基石，也是构建数字竞争力的重要指标，可以有效提升身份识别的可信度、安全性和便利性。根据麦肯锡的预测，2030年拥有数字身份证框架的国家能够将其国内生产总值提高5%至13%。一些国家和地区高度重视推进数字身份建设，尤其是DEPA（《数字经济伙伴关系协定》）提出了关于数字身份技术和监管的合作要点，为全球数字身份构建提供了建设思路。

（一）对DEPA"数字身份互操作性"的解读

DEPA要求缔约国完善数字身份认证机制，并在数字身份的安全标准、技术规范、制定实施等方面加强合作，推动数字身份的跨境互认互通。一是各国数字身份发展态势存在差异，系统建设呈现碎片化趋势，DEPA要求缔约方采用数字身份国际标准或共同标准，扫除跨国数字身份验证障碍。二是DEPA倡导实现数字身份系统互操作性，提升跨国数字贸易交易主体的数字身份识别，进而形成以数字身份为核心的信息流、物流、数据流和资金流等整合体系，提升国际贸易效率。三是DEPA希望提升数字身份的跨境保护，要求各缔约方对数字身份提供等同或者认可彼此的监管模式或者法律法规，提出开展关于数字身份保护的合作内容，协调各缔约方监管差异并实现相互承认和互操作性。

DEPA缔约国之一新加坡于2003年推出SingPass国家数字身份认证系统，2018年推出SingPass手机应用程序，该系统基于区块链技术，为公民和企业提供安全可控的数字身份认证方式。2020年新加坡纳入人脸识别的数字身份认证机制，截止到2022年底新加坡超80%人口拥有SingPass账户，超过500家政府机构通过SingPass提供1700余项服务。新加坡先后与澳大利亚、韩国、英国启动数字经济协议谈判，并主动在数字身份领域建立互操作系统，形成安全合作。

（二）欧盟适用于《网络安全法》的数字身份框架计划

2022年欧洲理事会通过了《关于欧洲数字身份（eID）框架的拟议立法的共同立场》，进一步完善了"欧洲数字身份框架"。该框架要求欧盟公民、居民和企业可以适用欧洲数字身份钱包，数字身份钱包是统一的欧洲数字身份手段，"共同立场"发展了钱包的概念并融入了与其他国家数字身份识别的互通作用。欧盟成员国需指定经认证的机构基于《网络安全法》对钱包进行认证，钱包具有高级别的电子识别系统的安全保证，提供了电子分类账、远程电子签名和印章创建设备等。

（三）其他国家数字身份体系发展情况

从数字身份的管理层面，多个国家都从国家战略出发确立了数字身份在国家治理中的统一性与稳定性。美国制定了SP 800数字身份标准体系和技术框架，增加了数字身份的可信性和互操作性，并资助了 22 个引导工程项目，可信性数字身份使用市场不断增加。英国 2022 年发布《数字身份和属性信任框架》，运营了新数字身份系统。澳大利亚 2020 年发布"可信数字身份框架（TDIF）"，规定了数字身份生态系统的参与方应满足的要求，以及服务提供商可以拥有的各个信任等级。印度发布 Aadhaar 数字身份系统，已有超过 12 亿公民注册该系统。

二、数字身份体系构建有助于数字经济的高质量发展

我国数字身份体系建设尚处于初级阶段，尚未形成数字身份的框架结构，不利于与国际高标准数字身份体系对接。我国出台了一系列法律法规和标准，如《中华人民共和国网络安全法》《中华人民共和国密码法》《中华人民共和国数据安全法》《中华人民共和国个人信息保护法》《信息安全技术个人信息安全规范》等，指导、规范数字身份技术研究、建设与应用。虽然目前公安部正基于"长安链"构建分布式数字身份管理体系——长安身份通，但是整体仍缺乏数字身份生态建设和顶层设计。建设可信任数字身份体系框架可大大提升我国数字经济的高质量发展。

（一）数字身份体系建设是我国进入 DEPA 的必要条件

2021 年 11 月 1 日，我国正式提出申请加入 DEPA。我国需要进一步加强数字领域的法律和制度建设，尤其在数字安全、隐私保护以及数字身份方面，否则很难展开进一步的谈判。在数字身份领域，尤其要充分理解新加坡、欧盟等国的建设标准和体系框架，进而形成有效地对接和法规建设。因此，一方面要积极参与数字身份的国际标准制定；另一方面要加强自己数字身份体系构建，以及加强数字身份的安全监管，形成坚实的法律法治保障，将中国元素融入到国际数字身份互操作性规则。

（二）数字身份体系建设是我国数字经济高质量发展的重要支撑

2022 年《国务院关于加强数字政府建设的指导意见》明确指出：要完善身份认证体系、健全电子印章服务体系、完善电子证照共享服务。这些内容为我国数字身份体系建设奠定了基础。未来，数字身份能够为数字贸易、服务贸易以及数字经济的发展带来重要支撑。在平台数字化、基础设施数字化、国际贸易数字化的基础上，交易主体身份的数字化成为主流趋势，"数字技术＋数字身份"逐渐成为数字经济发展的底层逻辑。对

我国数字经济尤其数字贸易发展而言，由于缺乏强大的数字身份验证系统而面临巨大挑战，因此应建立强大的国家数字身份系统，用于识别个体，确保我国数字经济的高质量发展。

三、建议上海推进"数字身份互联互通"体系框架的先行先试

目前我国若干地区逐步开始尝试数字身份体系的构建，但多停留在论证层面。例如浙江自贸试验区四个片区 12 家企业共同发起对接 DEPA 行动，合力探索促进数字身份互联互通合作的相关技术与制度。上海已初步涉及分布式数字身份的使用，但多集中于社区的数字化治理以及金融安全领域，缺乏对接国际高标准的体系构建。上海位于国家开放前沿，有着良好的数字技术基础设施和软件条件，有义务和有能力主动对接 DEPA 高标准要求，展开"数字身份互联互通"体系框架的先行先试，为我国数字身份建设积累宝贵的可复制经验。

（一）顶层设计的基本思路

1. 以网络安全、数字技术创新、本土发展、国际合作为框架展开战略部署

把握数字身份体系框架发展前沿和趋势，遵循国家对数字身份、数字技术与网络安全的战略规划和行动计划，以领先发展为目标，以技术和数字生态优势为核心竞争力，以自主性本土发展和规模化应用为重点，以开放发展的视野促进创新和集聚全球资源，以合规监管引领制度创新，以具有竞争力的优惠政策为激励，打造可"互联互通"的数字身份体系，将数字身份体系建设融入城市治理中，从建设数字身份基础设施、加强数字身份监管保障和营造数字身份生态系统三个维度推动个人数字身份的深化应用和良性建设。

2. 形成对标国际高标准实现数字身份系统互操作性

DEPA 规定缔约方采用数字身份国际标准或共同标准，协调数字身份技术和监管的关系。构建以数字身份为核心的信息流、物流、资金流等多流资源整合体系。等效数字身份保护，规定各缔约方相互提供对数字身份的同等保护或认可各缔约方法律及监管效果，协调各方的监管差异并实现互承认和互操作。

3. 以数字身份体系建设拉动数字经济和数字贸易的高质量发展

结合上海数字经济和数字贸易发展现状，利用"数字身份证"打通目前数字贸易中

面临的"堵点"，提升数字贸易过程中身份认证效率。同时推动数字身份深度赋能实体经济，推动产业数字化产业和支撑数字经济高质量发展。

（二）打造"数字身份互联互通"体系框架的政策建议

1. 针对数字身份和区块链等技术领域强化创新激励和合规引导

参考新加坡数字身份系统建设，将区块链技术和生物识别技术进行融合，采用多签名等技术手段打造数字身份系统，进一步加强对区块链身份治理的研究和探索。可大力鼓励"数字钱包"作为数字身份的重要载体，数字钱包可作为居民市场交易重要工具，有效引导居民对数字身份的认同。

2. 地方立法动态化，以适应"互联互通"的数字身份体系构建

建议在《上海市数据条例》框架内适时增补《上海市数字身份条例》，为数字身份的建设和使用提供法律保护，同时建立符合互操作性的法律体系，并在数字经济相关立法过程中，注意国内规则与国际原则相衔接，确保在不同法律框架、政策和战略下运营的组织能够协同工作，明确数字身份各方责任，为数字身份提供明确的法律指引。

3. 进一步解决数字身份安全应用的难题

推进数字安全标准建设。进一步强化数字身份中个人信息的保护，规范信息采集的方式和用途。推进法规、标准、技术、监管相结合，从数字身份申领、签发、应用到管理，建立完备的客服、救济、风控机制，防止数字身份被冒领、冒用。

4. 进一步加强对数字身份安全的监管

根据数字身份发展需要，可由上海市大数据中心、上海市市场监管局、公安局等联合组建数字身份监管平台，负责依法制定完整、清晰、透明、一致性的监管框架，对数字身份的行业规范以及商业行为实施有效监管。

5. 完善数字经济治理体系建设

积极对标 DEPA 规则，在实践中建立数据分类保护制度，强化数字企业对数据的保护责任。可以参照既有的国际公认标准制定出台符合自身国情的数字身份技术、标准和办法，提升数字身份制度的兼容性和互操作性。积极采用具有审慎监管精神的监管规则，如监管沙盒，以平衡监管和科技创新之间的关系。

（俞傲旸）

参考文献：

【1】党生翠：《数字身份管理：内涵、意义与未来走向》，载《中国行政管理》2023年第1期，第60—64页。

【2】李猛：《我国对接 DEPA 国际高标准数字经济规则之进路研究》，载《国际关系研究》2023年第3期，第20—42页。

【3】李韶驰、郑佳斯：《政府数字化转型中的个人数字身份运用：机理阐释及优化路径》，载《学习与实践》2022年第9期，第34—43页。

【4】于锐：《各国数字身份建设情况及我国可信数字身份发展路径》，载《信息安全研究》2022年第8期，第38—46页。

推动再制造产业升级提质

　　2024 年 2 月 23 日，习近平主持召开中央财经委员会第四次会议，强调推动新一轮大规模设备更新和消费品以旧换新，而再制造产业是设备更新和消费品以旧换新的重要支撑，对于我国实现"双碳"战略目标也具有重要意义。目前国外再制造产业发展相对成熟，已形成规模化生产，而国内再制造产业发展也逐步驶入快车道，但产业化建设仍比较滞后，处于起步阶段。上海再制造产业发展在国内属于第一梯队，但仍面临小而散，低端化等问题。本文对国内外再制造产业发展情况、政策举措等进行了梳理，在此基础上分析了上海再制造产业发展的现状问题，提出了上海再制造产业再升级的建议。

　　再制造是循环经济再利用的高级形式和装备制造业转型升级的新模式，也是实现碳达峰、碳中和的重要途径。以美国、日本和欧洲为代表的发达国家在再制造产业方面历史悠久，产业链成熟，已实现规模化生产。

一、国外再制造产业发展现状、管理经验及产品进出境要求

（一）现状：以美日欧为主，产业发展已形成成熟模式

1. 再制造已经成为美日欧等全球发达国家或区域循环经济和绿色制造业的重要组成部分

国外逐渐增强再制造产业在传统制造业优势环节的竞争力，使其发展成为更高端的、具有更高附加值的新兴产业。据专家访谈，目前对全球再制造产业规模没有最新的完整统计，但美国一家咨询公司数据显示，目前汽车零部件再制造占全球再制造活动规模的 2/3 左右，全球汽车再制造规模约 600 亿美元（以美国口径算），预计 2030 年将达到 1200 亿元以上，年均复合增长率 10% 左右。在回收利用率和销售价格方面，据卡特彼勒统计，各种机型零部件的平均回收利用率达到 60%—70%，再制造产品的销售价格约为新品的 50%—70%。

其中美国和欧洲的再制造产品数量约占世界总量的 80%，且以高端再制造为主。美国是全球再制造产业规模最大国家，2012 年产业规模超 1300 亿美元以上，其中汽车和工程机械再制造占 2/3 以上；再制造企业有近 7.5 万家，从业人数约 50 万人。美国再制造行业以高端再制造为主，根据美国国际贸易委员会 2012 年再制造报告，美国再制造密集型行业按生产价值降序排列包括航空航天、重型装备、越野装备、机动车零部件、机械、信息技术产品、医疗设备、翻新轮胎、消费品等。再制造企业最多的行业包括机械、信息技术产品、机动车零部件和航空航天。

欧洲再制造行业也以航空航天等高端再制造为主，"欧洲再制造网络"2015 年再制造报告显示，欧洲再制造行业按价值降序排列主要是航空航天、汽车、重型和越野（HDOR）设备、EEE（包括信息和通信技术、消费电子产品；油墨和墨粉打印机墨盒；白色家电等）、机械和医疗设备等。此外，英国和日本的再制造产业也占据领先地位，英国目前 85% 以上废旧汽车零部件都可以得到回收利用；日本再制造工程机械中，如小松、日立等公司再制造的工程机械中，58% 由国内用户使用，34% 出口到国外，其余的 8% 拆解后作为配件出售。

2. 主要国家再制造重点聚焦设计、加工、研究等高价值环节

一是再制造设计，主要结合具体产品，针对再制造过程中的重要设计要素如拆卸性能、零件的材料种类、设计结构与紧固方式等进行研究；二是再制造加工，对于相关产

品，主要通过换件修理法和尺寸修理法来恢复零部件的性能，如英国 Lister Petter 再制造公司每年为英、美军方再制造 3000 多台废旧发动机，再制造时，对于磨损超差的缸套、凸轮轴等关键零件都予以更换新件，并不修复。三是再制造研究，设立了国家再制造与资源回收中心、再制造工业协会与研究所等专业机构，更有较完善的再制造政策法规、技术标准。如美国不仅有全国性和行业性的再制造研究中心，而且在麻省理工学院和波士顿大学等还开设了再制造工程方面的课程。如欧美等地区的再制造协会组织相对健全，都有专门的汽车发动机再制造协会（仅美国该协会就有 160 多个会员）。四是再制造企业，主要有三种类型：原始设备制造商进行再制造；专职从事再制造业务的企业；从提供服务和维修过渡到开展再制造业务的企业。五是再制造产业集聚区，美国在美墨边境、欧盟在中东欧、英国在伯明翰周边地区均形成了再制造产业集聚区，集聚发展有助于专业化回收、拆解、清洗、再制造和公共服务平台的建设。

（二）国外再制造行业管理及成品、旧件进出境要求

1. 美日欧等国家对再制造行业管理以市场为主

美日欧等国家或地区对再制造行业管理的总体思路是政府无需过度干预，而是借助行业协会进行协调。如美国对再制造的认识和管理办法最有代表性，其基本认识是"再制造产品完全被视为新品"，因此政府对再制造行业的管理即按照同行业新产品的要求来进行。同时，主要从三方面对再制造行业作出细化规定：一是允许废旧零部件参与市场流通。欧美日地区国家政府在旧件回收、产品生产销售等方面制定了较为完善的法律政策体系、确保再制造行业的原料来源即旧件在市场上自由流通、在各国跨境流通，积极引导产业发展与市场应用。二是制定了确保消费者使用再制造产品利益的法律法规体系。除严格要求再制造企业保证产品的质量外，还必须在产品标识、包装、广告等方面明确标明或告诉消费者是再制造产品，确保消费者的知情权。三是针对再制造可能涉及的知识产权问题作出明确规定。原制造商的产品在第一次出售时其产权就随原产品转让给消费者，原制造商无权干预售出后产品的报废、维修及重新制造；再制造商只要在再制造过程中不更换使用原制造商专利权保护的零配件，就不存在知识产权冲突。再制造产品只需要标识再制造厂家自己的商标，并对其质量负责。

2. 美国对再制造成品、旧件进出境管理基于区域合作，便利开放

一是跟踪与协作机制较完善。针对旧件进口，美国本身有废品进出口跟踪系统，且

与部分国家之间有区域合作机制，旧件进口前需先申报相关信息，待美方确认符合环保等要求，与废品作区分，才能允许进口。二是贸易准入开放度较好。美国规定任何国外或国内的商品，除法律禁止或管理局规定为有害公共利益、健康或者安全者外，都可以不受美国海关法的限制而进入自贸区。三是产业链接孵化能力较强。自贸区内可以存储、展示和销售、重新包装、分类、清洁，尤其是可以搭配国内货物进行加工，从制度上打通了外贸企业与内贸企业有机融合的渠道。四是贸易便利化程度较高。国家与地区境内、海关管理关卡之外的允许境外货物、资金自由进出的港口区，外方船只、飞机等交通运输工具可自由往来。

二、国内再制造产业发展现状

从2005年至今，国家在技术支持、产品质量规范、财政扶持与补贴等各方面对再制造行业给予了一定支持，叠加2020年"双碳"战略目标的提出，再制造产业发展整体驶入快车道。

（一）现状：发展驶入快车道，形成数个产业集群

我国再制造产业近年呈现快速蓬勃发展态势，2023年再制造年产值超1000亿元，从具体行业来看，汽车零部件、冶金动力装备和工程机械等行业较活跃，根据全国再制造技术标准委员会秘书长张伟数据，对应企业数量分别占我国再制造产业的34.3%、21.6%、15.6%。全国也逐步形成了几个再制造产业集群，如上海临港、河北河间、江苏张家港等，国内再制造产业发展逐步走上了快车道。

在各集群中，河北河间表现突出。河北河间于2017年获批国家再制造产业示范基地，重点发展"汽车零部件、石油钻采装备、计算机服务器"三大再制造行业，近年来不断向"智造"延伸。截至2023年7月，河间全市共有再制造行业企业超200家，2022年完成产值138亿元，进出口总额达4495万美元。其中，再制造汽车起动机和发电机年产量1400多万台，占全国市场份额80%以上，其中30%以上的产品出口欧美、日本、中东等国家和地区。河间再制造产业发展亮点主要在于搭建服务平台，完善产业链条，加强开放合作。一是引进人才，成立京津冀再制造产业技术研究院，组建了院士工作站，建设"再制造技术研发中心""再制造检测认证中心""再制造标准服务平台""再制造成果转化基地"等。二是发展"补链"和"延链"项目，以发达的逆向物流

体系为基础，形成有利于再制造产业发展的产业体系，包括旧件回收逆向物流体系、旧件交易体系、再制造生产服务体系、再制造产品交易服务体系，发展上、下游企业。如目前正在引进专业的再制造产品网络销售平台企业。三是推动再制造研究机构、企业与英国有关行业机构开展国际交流合作，承办"中英绿色制造与再制造产业发展峰会"，并与英国布莱顿市签订友好城市合作协议，引进了沃尔沃发动机再制造、波兰 TT 涡轮增压器再制造等多个项目。

（二）政策：国家"接力"部署，试点持续深化

早在 2005 年，国务院就出台了《关于加快发展循环经济的若干意见》，明确提出支持发展再制造；2009 年国家发布的《循环经济促进法》，再次提出"国家支持企业开展机动车零部件、工程机械、机床等产品的再制造"。2021 年开始，再制造进口试点步伐逐步加快。2021 年，《中共中央　国务院关于支持浦东新区高水平改革开放打造社会主义现代化建设引领区的意见》明确提出，允许特定类别境外再制造产品开展进口试点；2023 年，《关于在有条件的自由贸易试验区和自由贸易港试点对接国际高标准推进制度型开放的若干措施》，率先在上海、广东、天津、福建、北京等具备条件的自由贸易试验区和海南自由贸易港，"在重点行业试点再制造产品进口"。此外，临港新片区总体方案 78 项政策中第十四条也明确支持在综保区开展数控机床、工程设备等产品入境维修和再制造。

与此同时，工信部等相关部委也单独或联合参与制定了一系列再制造规范和激励政策：一是政策文件，主要是明确再制造重点领域，加快产业发展支撑体系建设，完善政策保障措施，如《关于推进再制造产业发展的意见》《再制造产品认定管理暂行办法》《再制造产品认定实施指南》等；二是试点和示范基地工作，主要是支持试点地区开展重点行业再制造产品进口试点，同时鼓励通过集聚效应助推产业发展。工信部分别于 2009 年和 2016 年组织了两批再制造试点和产业示范基地，覆盖 86 家企业、12 类行业和 5 家产业示范园（或集聚区）。三是通过发布产品、技术装备目录来规范再制造产品生产，推动再制造产业健康有序发展。工信部于 2012 年联合科技部印发了《机电产品再制造技术及装备目录》，并于 2011 年至 2022 年发布了 9 批《再制造产品目录》，共涉及 11 大类，包括工程机械及其零部件、电动机及其零部件、汽车产品及其零部件和办公设备及其零件等。

三、上海再制造产业发展现状及瓶颈问题

再制造产业的发展有利于推动制造业转型升级和产业结构调整，同时也是实现碳达峰、碳中和的重要支撑，这对于上海产业优化升级、绿色制造加速推进、在新型工业化建设新征程中领航先行具有重要意义。

（一）上海再制造产业发展现状：产业发展取得一定成效

近年来，以上海临港再制造产业示范基地、外高桥国际机床产业园、金桥、张江高科、康桥等重点园区为核心，上海再制造产业逐步发展壮大。从规模看，2021年上海市实现再制造产值达45亿元，2022年受疫情影响，又收缩至42亿元左右，同比下降7%。从业务领域看，主要集中于：民用航空发动机及零部件；汽车零部件，五大总成仅有发动机、变速箱再制造，汽车外观件有汽车车门、保险杠、车前盖和后备箱盖、叶子板、车灯、轮毂等；工程机械类，挖掘机等工程机械的柴油发动机整机与缸盖、油泵等零部件，炼钢的炉辊、结晶器等。2022年上海市再制造航空发动机130台、再制造汽车发动机2400台、变速箱1万个；大型工程机械零部件约2700个、小型工程机械零部件约7.7万个，液压抓斗类重型机械零部件165个；再制造墨盒等打印耗材（不完全统计）约249万件；再制造服务器及存储设备8364台；再制造数控机床零部件4700个。从试点企业看，上海市再制造试点企业和产品数量在全国排名偏前中位，上海市共有12家企业获得国家工信部或发改委的再制造试点单位认定，目前仍正常从事再制造业务的共9家，3家企业因受政策影响或内部原因已停止再制造相关业务（企业名单详见附件一）。上海市累计有5家企业的再制造产品获得国家工信部再制造产品认定（企业名单详见附件二）。此外，上海市另有一批尚未获得国家试点，但从事再制造的企业十余家，包括表面技术、汽车零部件再制造、航空发动机及零部件再制造、通信设备再制造、视听设备再制造等。从基地建设看，上海临港再制造产业示范基地已获得国家发改委"国家再制造产业示范基地"、工信部"国家机电产品再制造产业示范园区"、环保部"进口废汽车压件集中拆解利用示范园"、质检总局"全国入境再利用产业检验检疫示范区"等相关批复，逐渐形成汽车零部件和高端机电产品再制造产业集聚区域。2021年临港再制造基地应国家发改委要求，建立了一系列再制造公共服务平台，包括"再制造展示中心""旧件回收物流中心""清洗中心""实训基地"等，服务再制造企业。已引进卡特彼

勒再制造工业（上海）有限公司、卡特彼勒北亚配件中心、设立卡特彼勒临港再制造基地、通用电气智能制造和再制造中心等。

（二）上海再制造产业发展瓶颈问题

上海再制造产业相较于国内其他城市来说起步早，发展时间相对长，但由于产业政策不完善、行业体系不健全等原因，再制造产业整体规模较小，产业集聚度低。

1. 再制造行业体系不健全，在旧件进口、回收、销售等各个环节上仍然遇到一些瓶颈

一是在进口方面，再制造关键旧件进口存在障碍。我国再制造旧件和废品难以区分，目前旧件进口主要以《旧机电禁止进口目录》及《关于支持综合保税区内企业开展维修业务的公告》为参考，对工程机械、汽车关键零部件的旧件进口未放开，即使是非禁止进口的旧机电产品，入境前仍然需要装运前预检验，报关流程繁琐，而这又是上海市绝大多数再制造企业期望突破的环节。另外，旧件进口按新品收取关税，税率较高，增加了企业成本。二是在回收和销售方面，体系化回收网络缺失，行业规范化管理体系建设滞后。目前尚无体系化的回收网络，没有专业的旧件电子商务平台、大型旧件交易市场、旧件回收平台及企业，叠加可再制造件回收、进口受阻，使得再制造企业的旧件来源渠道不畅、货源不足、品质不高。行业标准方面，缺乏符合再制造规范的企业标准和符合再制造工艺的产品标准，导致再制造产品较难参与市场流通。另外，因旧件来源于个人或家庭无法开具发票，或上游企业不具备开具旧件发票的能力，旧件原料缺乏进项发票，增值税难以抵扣，大幅提高了再制造企业的成本。

2. 再制造产品集中于低技术领域，且原厂授权较难

第一，上海再制造企业主要集中在汽车零部件、工程机械及其零部件、电动机及其零部件和办公设备及其零件等领域，而集成电路、航空航天、高端医疗器械、新能源等领域的再制造企业仍不多。第二，国家发改委等部委制定的《再制造单位质量技术控制规范（试行）》要求，"从事发动机、变速器再制造的单位需获得原产品生产企业的授权"。现实中，再制造产品性价比高于新品，影响企业新品的销量，因此原厂通常对外授权动力不足。在上海再制造装备制造业，设计、制造技术和知识产权都掌握在主机厂和部件供应商手中，没有授权和支持，再制造难以实施。

3. 再制造行业分类及统计体系还不完善，市场认可度较低

首先，从产业分类来看，我国在《国民经济行业分类与代码》（GB/T 4754—2011）

中没有在4位行业分类代码及对应说明中提及"再制造"活动（仅在C类制造业大类说明中简略提及）。可能导致国内和上海相关企业在工商注册过程中将"再制造"纳入经营范围时遇到困难，进而无法开展相关业务。同时，行业分类的缺失也带来行业统计的不完善，不利用行业长期的健康发展。另外，市场认可度提升仍是上海再制造面临瓶颈之一，一是消费者受传统观念影响，用新不用旧；二是4S店等维修部门受利益驱使，更愿意用新件。

四、推动上海再制造产业再升级的建议

上海再制造产业的创新发展需从国家层面进行全局性、系统性、整体性的谋划与布局，在此基础上，可以临港再制造产业示范基地、外高桥国际机床产业园、金桥、张江高科、康桥等重点园区为依托，聚焦航空航天、汽车、工程机械、高端医疗器械、新能源装备等重点领域，在卡特彼勒、采埃孚等重点企业积极开展试点，发展高端智能再制造产业，促进上海再制造产业再升级。

（一）探索编制进口试点方案，分区域、分行业推进旧件进口试点

1. 探索编制进口试点方案，开展进口试点

联动海关、发改、商务、产业等相关部门，协同部分自贸区管理机构，探索编制《上海自贸区重点行业再制造产品进口（试点方案）》，基于再制造产品的定义和范围、适用企业要求、合格评定程序和风险监管等关键问题，针对高端制造行业、重点企业（大型国企、外企），在特定范围内，在可监控条件下，分步开展旧件进口试点。一是针对高端制造领域急需的卡脖子设备，能进则进，促进国内产业补链；二是对再制造市场需求较大的，如汽车零部件等，设置一定标准，部分进口，并根据试点情况动态调整上海的试点企业名单和拟进口再制造产品清单。

2. 配合优化再制造旧件、产品进出口关检流程

联动海关、所在区域（园区）、产业等相关部门，优化重点领域入境再制造业务关检流程，对尤其是高端制造领域的重点企业及产品从逐批审批调整为企业日常监管配合行政审批，推行"企业主体"原则，形成以企业为主体的质量安全监管制度，以缩短审批流程，提高放行速度，降低企业成本。

（二）推动构建再制造产业良性发展生态

1. 鼓励搭建再制造技术研究平台，推动开展国际交流合作

鼓励循环经济行业协会等行业协会、上海电机学院等高校及相关科研院所合作搭建再制造技术研究平台，在企业技术创新、再制造人才培养培训等方面积极推进，打造上海的再制造产业发展模式。依托上海"五个中心"建设、自贸区高水平开放等优势，推动再制造研究机构、企业与日本、德国等再制造行业机构、企业开展国际交流合作。

2. 鼓励建立完善的再制造回收、加工、服务网络

联动发改、商务、产业等相关部门，引进再制造产品网络销售平台龙头企业，同时鼓励再制造企业与售后维保企业、回收商、废旧产品处理企业等合作，搭建旧件电子商务平台、拓展旧件交易市场等，提高旧件回收效率和成本效益。以临港现有再制造公共服务平台为基础，不断优化完善，构建上海再制造"旧件回收、拆解加工、公共服务"示范体系。

3. 规范管理体系及标准，发展第三方认证、检测、评估

鼓励行业协会、重点领域再制造龙头企业等参与再制造产业质量管理体系及标准的制定。联合发改、市场监督等相关部门，引入第三方机构认证，覆盖产品、生产环境等多方面，规范再制造企业的质量管理认证。同时通过认证的再制造企业名单和相关信息通过公开途径向社会进行公示，为符合标准的再制造产品背书，提高消费端对再制造产品的市场接受度，推动再制造产业良性发展。

（三）向国家争取支持，完善再制造产业顶层设计

1. 建立旧件进出口跟踪监管体系，扩大旧件进口正面清单

建议我国与部分国家合作，探索建立旧件进出口跟踪系统，在旧件从他国出口前在系统中先行申报，符合我国进口要求后再行进口；同时商务部门、税务部门等联合建立严格完善的旧件可追溯监管体系，扩大旧件进口的正面清单，允许进口汽车发动机关键零部件、工程机械、高端医疗设备、通讯终端设备、数控机床、港口机械、精密仪器等旧件。

2. 制定再制造产品进口关税及增值税认定标准

建议海关部门、税务部门制定再制造旧件进口关税细则，结合合同、第三方机构评

估残值等，对难以确定计税价格的进口旧件征收关税。针对部分上游企业或个人无法开具旧件发票，导致旧件无法抵扣增值税的问题，建议由企业出具采购合同、银行付款凭证等依据，经税务部门核实后，再行抵扣。

3. 鼓励原厂开展再制造业务，适当放宽原厂授权要求

建议发改、商务、统计等国家部委鼓励汽车零部件、轮船飞机主机厂等企业开展旧件回收与再制造业务，回收旧件也可委托给第三方进行再制造。对于原生厂商不开展再制造的相关旧件，应允许符合一定条件的再制造企业对其再制造，且在再制造过程中如不更换使用原制造商专利权保护的零配件，则无需获得原厂授权，只需打好再制造标识。

4. 建立并完善再制造行业及统计体系

建议发改、产业、统计等国家部委，借鉴美国再制造产业统计，在国民经济行业分类中汽车制造业及铁路、船舶、航空航天和其他运输设备制造业等大类下新增对应再制造产业的细分中类及小类，完善再制造行业体系；在此基础上探索建立再制造产业统计体系，系统统计再制造行业数据，如再制造产业产值、各领域占比等，为推进再制造产业发展壮大打好基础。

（季钰姗）

参考文献：

【1】United states international trade commission，remanufactured goods：an overview of the U.S. and global industries，markets，and trade，USITC，2021.

【2】remanufacturing market study，European remanufacturing network，2015.

【3】中国工程机械信息网：《看齐"高富帅"掘金千亿再制造市场》，http：//www.6300.net/watch/detail_10.html（中国工程机械信息网·每周观察，访问时间：2024.03.05）。

【4】安昂自动化：《工程机械再制造发展趋势点评》，https：//www.sohu.com/a/207330405_100009006（sohu，访问时间：2024.03.04）。

【5】相信若飞：《再制造产业发展专题报告》，https：//zhuanlan.zhihu.com/p/518148088（zhihu，访问时间：2024.03.04）。

附件一：全市再制造 9 家试点企业名单

序号	企 业	试点名单
1	卡特彼勒再制造工业（上海）有限公司	工信部试点单位第一批
2	上海新孚美变速箱技术服务有限公司	国家发改委第二批
3	采埃孚销售服务（中国）有限公司	国家发改委第二批
4	宝武装备智能科技有限公司 （原上海宝钢工业技术服务有限公司）	工信部试点单位第一批
5	中冶宝钢技术服务有限公司	工信部试点单位第二批
6	上海君山表面处理有限公司	工信部试点单位第二批
7	上海上柴发动机再制造有限公司	工信部试点单位第二批
8	沃尔沃建筑设备（中国）有限公司	国家发改委第二批
9	上海百旭机械再制造科技发展有限公司 （由上海幸福瑞贝德动力总成有限公司转让业务）	国家发改委第一、三批 工信部试点单位第二批

（注：自 2019 年 10 月起，工信部已取消试点单位认定和验收）

附件二：获得工信部再制造产品清单

序号	制造商	产品名称	批次
		电动机及其零件	
1	上海电科电机科技有限公司 （已停止生产）	YX3 系列高效率三相异步电动机	第一批
2		YSPE2 水泵风机专用高效率三相异步电动机	
3		YSPE2 水泵风机专用高效率三相异步电动机	
		工程机械及其零部件	
4	卡特彼勒再制造工业 （上海）有限公司	液压泵	第二批
5		机油泵	
6		水泵	
7		活塞连杆缸套总成	
8		气缸盖	
9		喷油嘴	

（续表）

序号	制造商	产品名称	批次
		冶金机械零部件	
10		稳定辊（前后）	第二批
11	上海宝钢设备检修有限公司	沉没辊	
12		长边铜板	
13		短边铜板	
		电动机及其零件	
14	上海电科电机科技有限公司	YDT 系列变极双速高压三相异步电动机	第三批
15		YX 系列高效率高压三相异步电动机	
		汽车产品及其零部件	
16		再制造汽车左前门壳	
17		再制造汽车右前门壳	
18		再制造汽车左后门壳	
19		再制造汽车右后门壳	
20	上海锦持汽车零部件再制造有限公司	再制造汽车引擎盖壳体	第八批
21		再制造汽车后备箱门壳	
22		再制造汽车左前叶子板壳体	
23		再制造汽车右前叶子板壳体	
24		再制造汽车前保险杠蒙皮	
25		再制造汽车后保险杠蒙皮	
26	上海市铱元汽车零部件再制造有限公司	火花塞	

推进新能源汽车换电模式发展

　　换电模式是新能源汽车重要的补能方式，不仅在补能效率、环境适应性、购车成本等方面具有独特优势，更重要的是可以降低对电池技术突破的依赖，拓展新能源汽车的市场应用，对加速新能源汽车普及、推进能源变革具有积极意义。工业和信息化部于2021年10月启动了对11个城市新能源汽车换电模式的应用试点工作，随着新能源汽车存量市场的日益扩大，换电模式背后的商业价值将进一步凸显。为推动上海新能源汽车产业的更好发展，建议加强在换电模式上的分析研究与推广。

　　当前，全球汽车产业正在经历重大的产业变革，新能源汽车以迅猛的发展速度改变和颠覆传统的燃油车市场，重塑整个汽车产业链及产业体系。其中，汽车补能方式转变是最大的变化之一。据相关机构统计，现全球新能源汽车市场中约80%是纯电动汽车，对于这些纯电动新能源汽车而言，电能是其唯一的补能途径，通常的补能方式是充电模式，但近年来换电模式也逐渐受到重视。换电模式是指将新能源汽车的动力电池进行更换，是一种将车和电池分离进行补能的模式，以满足车辆的续航需求。在现有电池技术下，相较充满电数小时的等待时间，换电池花费的时间只要几分钟，且换电模式对环境温度的适应性更强。2022年9月，上海市发改委、上海市交通委等10部门联合发布了《上海市鼓励电动汽车充换电设施发展扶持办法》，针对换电模式也出台了相关政策，明确"支持高水平换电站示范建设，对港口、物流、环卫、出租车等特定公共服务领域的换电站给予设备补贴支持"等。作为新能源汽车重要的配套支撑，换电模式值得进一步的关注和重视。

一、在低碳经济的推动下，换电模式成为新能源汽车发展的新赛道

（一）换电模式的存在价值

一是降低对电池技术突破的依赖。目前，电池技术仍是制约新能源汽车性能提升的最大挑战，无论是宁德时代的麒麟电池、比亚迪的刀片电池还是特斯拉的4680电池，以及时下流行的CTP、CTC及CTB设计理念，最大的改进都是通过对电池成组方案的优化实现电池性能提升，石墨烯电池、固态电池、金属空气电池、钠离子电池等具有突破性的电池技术尚处于实验室阶段，同时汽车产业对产品稳定性和安全性有极高要求，现阶段大规模使用突破性电池技术并不现实。相较而言，换电模式可以降低对电池技术突破的依赖，可基于现有电池技术快速提升使用体验，是兼顾市场需求和现有技术的务实做法。

二是拓展新能源汽车的市场应用。据公安部发布的新能源汽车保有量数据，截至2022年底，我国新能源汽车保有量为1310万辆，占整体汽车保有量的3%。虽然，当下新能源汽车保有量看似不大，但以目前新能源汽车的普及速度，未来围绕新能源汽车的市场应用将成为主流，换电模式由于在市场应用上更灵活和多元，有望在新能源汽车市场应用上发挥重要作用。通过换电，可以拓展汽车服务新模式，实现动力电池全生命周期的高效利用与回收，构建分布式与移动式储能体系反哺电网（V2G）等，对于推动我国产业绿色低碳发展，保障能源安全具有重要意义，是兼顾经济效益和社会效益的较好选择。

（二）换电模式的发展趋势

一是由企业推动向政府推动转变。不同于新能源汽车产业最初由政府推动企业发

展，换电模式最初由企业基于市场判断推动发展，但由于换电模式显著的公共属性和潜在的商业价值，现已逐步转为政府推动行为，通过引导和鼓励企业及行业间加强合作，加速换电模式的发展。二是由分散标准向统一标准转变。虽然目前面向全品牌、全车型的换电模式尚未出现，换电模式相关标准未统一，但站在资源利用效率和使用便捷性角度出发，全行业统一换电模式标准是必然趋势，行业间及甚至跨行业间对于标准制定的合作会增强。三是由单一应用向复合应用转变。目前换电模式的主要应用是弥补电池性能上的不足，未来随着换电模式的逐步完善与功能整合，可以进一步实现在性能优化、维修服务、回收利用、能源租赁等方面的应用。

二、国内新能源汽车换电模式的现状及存在的不足问题

（一）发展现状

1. 数量规模

在换电站数量方面，根据中国充电联盟发布相关数据，截至 2023 年 3 月，我国换电站总数约为 2100 座。从地区分布看，北京市（292 座）、广东省（258 座）、浙江省（237 座）排名全国前 3，上海市以 139 座排名第五。相较上海汽车产业体量及新能源汽车保有量，上海在换电站数量、换电模式应用方面慢于部分省市。从企业分布看，蔚来（1344 座）、奥动（597 座），及伯坦（108 座）排名全国前 3。

在市场规模方面，据相关机构估算，目前我国新能源汽车换电市场规模约 300 亿元。以所服务车型划分，乘用车换电市场约 120 亿元，商用车换电市场规模约 180 亿元；以产业链划分，上游换电设备市场约 70 亿元，中游换电站运营市场约 200 亿元，下游换电站用电及回收市场约 30 亿元。

2. 产业格局

换电模式产业链主要由上游支撑环节（换电设备及动力电池企业）、中游运营环节（换电站运营商、整车企业及电网公司）、下游应用回收环节（新能源汽车用户及动力电池回收企业）构成，处于产业链中游的运营环节及背后的换电模式运营商是整个换电模式产业链中的核心，换电模式运营商主要有整车企业、换电设备及技术服务企业两类。蔚来是当前国内最大的换电模式运营商，通过超前布局与快速推广，处于市场领先地位，已建成的换电站总数占比超过 60%，并出海在挪威建立了二代换电站。蔚来计划到 2023 年年底形成 2300 座的换电站规模，将加快城市内"电区房"的建设和高速公路

换电网络布局。随着国内新能源车换电产业市场逐渐明朗，更多的企业加入市场竞争，2022 年 9 月上汽集团也与中国石化、中国石油、宁德时代、上海国际汽车城等共同成立以换电业务为主的新企业——上海捷能智电新能源科技有限公司，意图整合各企业优势，加速布局换电体系。

3. 政策环境

从国家层面看，加快推进新能源汽车产业是国家的政策导向，对于我国的能源安全、节能减碳及产业高质量发展均具有重要意义，因此换电模式这类有利于新能源汽车加速普及的尝试必然受到国家的政策支持，2020 年换电相关内容被写入政府工作报告中，工业和信息化部也于 2021 年 10 月启动了对北京、南京、重庆等 11 个城市的新能源汽车换电模式应用试点工作。

从地方层面看，换电模式相较充电模式不仅市场价值的拓展性更强，而且受技术发展的不确定性影响较小，相较充电设施的大范围、碎片化投资，换电设施具有小范围、集中化投资的特点，更易于统筹规划和拉动固定资产投资。目前，包括上海在内的全国多个城市已出台换电模式的奖励细则，掀起换电模式市场热潮。

表 1　国内部分城市对换电站建设或运营的补贴政策

城市	具体支持政策
上海市	对通用型换电站（能够实现跨品牌、跨车型服务），给予换电设备（专指换电装置充电系统和电池更换系统，不含电池）金额 30% 的财政资金补贴，千瓦补贴上限 600 元；对于非通用型换电站，给予换电设备金额 15% 的财政资金补贴，千瓦补贴上限 300 元
重庆市	对提供共享换电技术服务，并运营多品牌多车型的巡游出租、网约出租换电站，按换电设备充电模块额定充电功率，给予 400 元 / 千瓦的一次性建设补贴，单站补贴最高不超过 50 万元。对中重型卡车换电站，按换电设备充电模块额定充电功率，给予 400 元 / 千瓦的一次性建设补贴，单站补贴最高不超过 80 万元
成都市	对纳入试点范围的换电设施按 300 元 / 千瓦给予建设补贴，每年按 0.2 元 / 千瓦时给予单个站最高 20 万元的运营补贴
沈阳市	换电设施 600 元 / 千瓦的补贴标准给予一次性建设补贴，换电设施补贴最高不超过 50 万元 / 座

（二）问题挑战

1. 尚未形成统一标准。一方面，由于换电模式快速推广的时间较短，起初由个别企业基于特定车型设计换电站，未能统筹考虑不同车企、不同车型、不同动力电池及电网对于换电设施的要求。另一方面,行业内部分企业对于换电模式的产业发展处于观望阶段,或出于对关键技术及数据信息的保护,以及不同品牌、不同企业间存在的市场竞争,导致目前国内换电模式缺乏统一标准。

2. 建站运营成本较高。从前期投入看,换电站属于重资产投资,具有资金投入大、投资回收期长的缺点。据估算,现建设一座换电站的基本投资在 600 万元左右。其中,换电站设备设施及动力电池的投资各约占一半。从日常经营看,由于换电站需要有人不间断值守,人力成本较高,且存在设备及动力电池损耗等问题,运营成本远高于充电桩。同时受制于换电模式的发展速度远落后于新能源汽车的发展速度,目前市场上直接支持换电模式的车型较少,且换电站可提供服务的车型数量有限,服务能力没有得到充分的利用,进一步加剧了运营成本的提高。

3. 补能模式竞争激烈。市场上现有新能源汽车的补能模式主要包括充电、换电、加油和加氢等四种方式,四种补能模式面向三类车型即纯电动汽车(BEV)、油电混动汽车(HEV/REEV/PHEV)和氢燃料电池汽车(HFCV)。其中,纯电动汽车通过充电和换电补能,油电混动汽车通过加油和充电补能,氢燃料电池汽车通过加氢补能。除去加油补能,换电补能相较充电补能的优势在于补能效率。但随着电池新技术的不断突破,充电和加氢模式原有的发展掣肘会发生改观,现有换电补能的优势也可能面对巨大挑战。

三、上海推进新能源汽车换电模式发展的政策建议

汽车工业是上海工业经济的主要支柱,各类产业资源集中度高,具有牵一发而动全身的重要影响。在新能源汽车快速发展的当下,上海对于新能源汽车产业的政策制定既要考虑当前的实际情况,也要为未来可能的挑战做好准备。换电模式存在问题和挑战,但无论在当前还是未来都具有积极意义,为加速新能源汽车普及,抢占新能源汽车应用市场的先机,建议聚焦换电模式在标准、资金及应用上的痛点重点攻克,推进换电模式在上海新能源汽车中的应用和发展。

(一)依托产业优势,分步统一标准

上海汽车产业基础良好,拥有完善的上下游产业链,较强的研发能力与标准制定能力,产业集聚度与集中度较好,在推进换电模式标准统一上具有显著优势,建议由上汽集团等行业龙头牵头,联合产业链上下游开展标准的制定工作,分步推进换电模式标准

的统一。支持换电站运营商、整车企业、换电设备企业、电网公司、动力电池设计制造及回收企业，共同研究和推进换电模式的标准统一，分步推进企标、团标、行标、国标的制定。坚持换电模式的公共属性定位，从企业内同品牌、同系列车型统一换电标准入手，逐步向行业内全品牌、全系列车型统一换电标准推进。

（二）拓宽融资渠道，减轻资金压力

为减轻换电模式初期的资金压力，建议充分发挥上海作为金融中心具有的各类资本集聚优势，一方面保持对换电模式的政策扶持力度，更有针对性地对换电设备及换电站运营进行补贴奖励，聚焦换电模式在换电设备及设施上的智能化改造升级，推动换电站由"有人值守"向"无人值守"转变。另一方面积极用好已有政府引导基金的领头羊作用，鼓励和引导更多投资机构和社会资本参与换电模式的构建及运营，推动换电模式运营商持续改进用户换电体验，增强换电模式的资本吸引力和市场影响力。

（三）构建典型场景，推广示范应用

上海是国内新能源汽车销量及保有量第一的城市，具备拓展换电模式应用的市场优势，可以从构建典型应用场景入手，推动优质示范应用项目落地。具体操作上，支持以换电模式更深层的产业应用为目标，以换电模式运营商为核心，加快研究换电模式可复制可推广的应用路线图，加强换电模式相关企业的跨产业合作。充分验证换电模式对电网的影响，鼓励换电模式运营商联合产业链上下游企业及用户共同参与应用验证，打造一批换电模式典型场景的示范应用，在政策允许范围内先行先试，加快换电模式的发展步伐。

（王呵成）

促进城市加油站的数字化绿色化转型发展

　　随着我国"双碳"战略的持续推进，传统油品的消费需求不振，加油站的运营面临新的挑战；同时随着多种清洁能源技术应用，以及数字经济深化发展，加油站也面临着向综合能源服务拓展、数字化转型赋能的一系列挑战。加油站的转型发展，也成为城市面向未来，推进数字化、绿色化转型，以及带动能源及绿色低碳产业链相关环节领域高质量发展的重要一环。本文整理介绍了我国加油站向综合能源服务转型，拓展非油气业务以及开展数字化转型的主要情况；通过对中国石化销售上海石油分公司、中国石油天然气股份有限公司上海销售沪东分公司等企业的调研，梳理了上海地区加油站转型现状，并提出下一步推动相关工作的建议。

一、我国加油站运营发展面临的挑战与转型现状

（一）我国加油站运营发展面临的挑战

1. 传统油品销售收入增长面临挑战

随着我国"双碳"战略的持续推进，传统油品的消费需求不再处于增长趋势中，对传统加油站的收入增长与运营带来挑战，亟待开发油品销售以外的业务增长点。从相关统计数据来看，随着我国新能源产业的不断壮大，石油占我国能源消费的比重已经率先"达峰"，其中我国汽油与柴油的消费量分别在 2019 年与 2015 年达到近年以来的"峰值"。

图 1　石油占我国能源消费的比重（2013—2022 年）

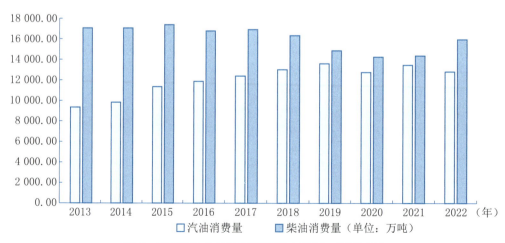

图 2　我国汽油 & 柴油年消费量（2013—2022 年）

以上海地区某加油站为例，油品销售量在 2018 年"达峰"——2018 年之后呈现较明显下降趋势。

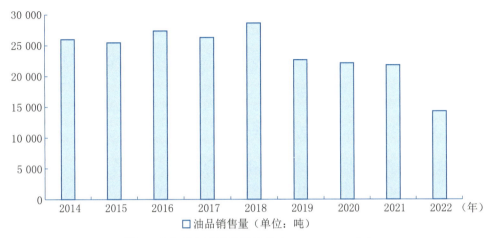

图 3 上海某加油站油品销售（2014—2022 年）

2. 传统油品销售服务供给面临绿色化转型的挑战

随着多种清洁能源技术与应用模式的发展，特别是随着我国新能源汽车销量的持续快速提升，除原有的油气服务以外，加油站还面临着向综合"加能"服务拓展转型的挑战，也肩负着助力推动绿色低碳相关产业蓬勃发展的重要任务。主要需求包括电动汽车的充换电需求，以及对于氢能源汽车的加氢需求等。

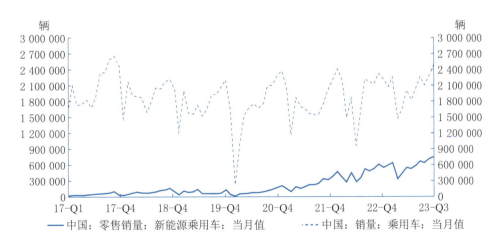

数据来源：Wind。

图 4 我国乘用车—新能源乘用车销售情况（2017—2023 年）

3. 传统的运营服务模式面临数字化转型的挑战

随着我国数字经济不断深化发展，传统加油站服务运营的信息化、智能化水平落后问题日益凸显，典型如顾客信息、消费属性、车辆信息、交通数据等为代表的高价值数据信息未能得到有效融通利用，经营决策更多依凭感觉与经验而非数据分析等途径。加油站面临亟待通过数字化转型提升运营效率、降低运营成本、加强安全管理、提升客户体验的挑战。

（二）我国加油站运营综合转型现状

1. 向助力绿色化发展的综合能源服务转型发展

相关企业凭借用地、用电、用户距离等方面的天然优势，主动布局充换电、充氢等业务，拓展助力绿色化发展的综合能源服务。例如，中国石化将氢能作为新能源核心业务，同时坚持新能源多元化的发展思路，逐步打造"油气氢电服"综合加能站，计划到2025年在5000多个加油站建设快速充电站，截至2023年底，已在全国布局充换电站2200余座、建成加氢站98座，单一企业在营加氢站全世界最多。2022年9月，中国石油收购中国最早开展充电业务的企业——普天新能源100%股权，后者公共充电桩数量超2万台。同时，根据2022年中国石油财报显示，预计其2023年将投入70亿元，主要用于国内"油气氢电非"综合能源站建设、优化终端网络布局等。

2. 大力发展油气能源以外其他业务

中国石化、中国石油分别于2002年、2003年通过在加油站内开设便利店的形式，启动非油品业务的探索。根据中国连锁经营协会发布的《2022中国便利店top100榜单》，中国石化旗下的"易捷"与中国石油旗下的"昆仑好客"分别以28006家、20600家的数量在中国便利店百强名单中排名第二、第三。截至目前，中国石化、中国石油加油站内开设便利店的比例均超过90%，业务范围也由仅自营便利店，逐步转向引入第三方合作资源，快速拓展汽修、洗车、广告、快餐、咖啡等新业务。

3. 加速数字化转型推进降本增效

一是促进线上与线下融合、产品与服务联动。例如易捷于2019年开启门店数字化改革，升级"互联网＋加油站＋便利店＋第三方"新模式。典型创新业务包括：优化在线平台"一键加油""一键下单"，开启"外送＋到店消费"，通过上线美团等平台，依托"线上下单，线下30分钟送达"的即时零售服务，打通线上线下全渠道，更好地发挥门店数量多、24 小时营业的优势。二是打造行业大数据应用，例如中国石油销售分公司面向全国搭建大数据共享平台，形成"油品与非油销售、客户分析与营销、公司管理与决策、企业风险管控"4 大类 200 多个大数据分析模型，在 34 家地区公司全部实现标准化应用，打通数据"孤岛"，为精准营销提供更加清晰的"市场画像"。

二、上海地区加油站转型现状

（一）推进加油站向助力绿色化发展的"加能站"转型

1. 提供充换电服务

中国石化在上海积极布局充换电项目，截至 2022 年 9 月份，在上海已建成 30 个充换电项目，累计向新能源车辆供能 330 万千瓦时。同期，中国石化销售股份有限公司上海石油分公司（以下简称"中国石化上海石油"）首批加油站分布式光伏发电项目通过国家电网验收，所发电量并入国家电网，在满足加油站设备"自用"的前提下，实现"余电上网"，目前，中国石化上海石油已完成 20 座加油站光伏设施的安装。

2. 提供加氢服务

自 2019 年 11 月建成首座油氢合建站以来，截至 2023 年初，中国石化在上海已建成 3 座油氢合建站，主要服务对象为氢燃料电池的轻卡、重卡、氢能源商务 MPV 乘用车、城市公交等，已累计提供加氢服务超过 11 万车次。2021 年 12 月，中国石油上海首座油氢合建站正式投入运营，以氢能公交车、重型集卡车、物流运输车为主要服务对象。一年多以来，日加氢量由最初的 50 公斤增长到目前的每日超过 1100 公斤，已接近设计最高产能。截至 2022 年底，中国石油在上海新建改造的综合能源补给项目达 10 个，2023 年计划投运 19 个新能源项目。

（二）打造综合服务的"生活驿站"

中国石化上海石油位于黄浦区苏州河畔的某加油站，除"折扇""浪花"新造型顶棚改造外，加油站便利店还采用了通透的玻璃幕墙与工业风设计，并在二楼提供咖啡、面包、蛋糕等轻餐饮服务，另设有观赏苏州河沿岸风光的观景平台，集"科技、休闲、美食、美景、文化、历史"为一体，成为周边居民、游客与车主经常打卡的"网红景点"。位于浦东新区的某加油站，作为中国石油首批"百面红旗"加油站，也是上海销售公司标杆站、旗舰便利店，通过与美团等平台进行合作，在陆家嘴核心城区实现服务网络化，辐射周边 5 公里范围实现送货上门；依托加油站党支部，定期与周边社区进行共建联建，送优惠到社区，在 2022 年疫情期间平均每日为 100 多户居民不间断送菜。引进上汽集团车享家 2S 店，提供汽修、洗车、汽车美容等服务，并通过与周边车享家、4S 店等合作，实现周边客户车辆故障能够第一时间到现场排除。率先建成全国首座 2000 万加油站便利店，近五年来累计实现非油收入 9500 万元。

（三）加快信息化建设和数字化转型

1. 深化打造大数据应用

中国石化上海石油打造"车辆出行常规数据""节假日情况""重点道路情况"等大数据专题应用，为经营活动分析提供客观依据，辅助经营决策；建设以道路"点线"跨域数据、加油站历史数据、客户出行数据为基准的站点"开业"数据分析模型，对新开站、改建站进行经营数据预测，指导相关业务。

2. 深度推动 AI 技术应用

中国石油上海销售分公司已在公司运营的 85 座全资加油站全面投用加油站智能 AI 视频识别平台。通过加油站重要区域视频监控图像的实时在线自动收集和智能识别分析，实现了 5 大类 25 项 AI 识别功能，对加油站卸油区接卸油作业、加油现场作业、安全隐患、行为规范、便利店管理等业务流程实现智能识别比对，达到自动识别留证、降低事故发生率、接卸油作业全流程自动监管、便利店收银工作监管等效果。

三、工作建议

（一）加大助力绿色化转型的综合能源补给站建设推进力度

针对目前加氢站建设成本高、投资收益低，车辆用氢成本高、氢气需求存在回落风险等问题，在已有技术标准［如《汽车加油加气加氢站技术标准》（GB50156—2021）］基础上，加大引导力度，引导企业优化油氢合建站、综合能源补给站建设布局，通过加氢站与加油站的合建，最大限度降低相关建设和管理成本；通过加氢站运营补助、税收优惠等措施，鼓励企业投资加氢站、降低氢燃料电池汽车的加氢成本；鼓励企业加大技术研发投入，推动技术创新，降低加氢站的建设成本，提高氢气生产效率、降低生产成本；通过加强约束管控，减少氢动力车辆取得政府补贴后出售给外省市的现象，避免氢气需求出现大幅回落。在市级层面建立完善与中国石化、中国石油等重点企业项目联系与跟踪机制，保证建设进度。

（二）支持加油站向"生活驿站"转型发展

针对在加油站开展相关非油品业务需要多个部门审批的现状，例如开展洗车、餐饮、咖啡等非油业务，需要商务部门、消防部门、环保部门、食品药品监督管理部门等多方审批；通过加强部门协同，进一步优化相关审批流程，建立相关地方标准等措施，对符合条件的加油站进行统一、批量审核，支持加油站充分利用其布局场地、24小时营业、便于物资集散等优势条件，在为市民提供加油购物优质体验、拓展非能源新业务的同时，规模化、高质量丰富用餐、汽服、休闲、社区服务等功能，真正将加油站打造成为"家门口生活驿站"，更好融入城市发展与人民生活服务需求之中。

（三）强化数字化转型赋能加油站服务运营

鼓励加油站运营企业持续完善推广物联网、人工智能技术应用，聚焦对站内人、机、车辆特征及行为数据的精准感知、识别和智能化分析，支撑全流程智慧加油与安全生产监控解决方案的实现。鼓励企业持续加强与互联网服务等企业平台合作，持续加强对于大数据深度应用，持续推动线上线下多渠道融合，提高运营效率、降低成本、提升用户体验。

（辛竹）

加快绿色金融推动产业绿色发展

  2023 年 1 月 9 日，上海银保监局等八部门联合印发《上海绿色金融行动方案》，强调要充分依托上海金融要素市场集聚优势，促进经济社会全面绿色低碳转型，为落实"双碳"目标提供高质量金融服务保障。在这一背景下，加快绿色金融支持科技创新生态建设，促进产业结构转型升级，推动经济可持续发展，对上海稳固国际金融中心建设、确立领先的国际绿色金融枢纽地位提出了新的考验。

  绿色金融是指为支持环境改善、应对气候变化和资源节约高效利用的经济活动提供的金融服务；主要以绿色信贷、绿色债券、绿色保险等金融服务为手段，通过合理配置资源为产业绿色发展提供多元化支撑；是助力"双碳"目标实现、助推产业绿色发展的重要力量。产业绿色发展包括传统产业绿色化转型和绿色低碳产业新赛道发展。

  近年来，依托国际金融中心地位，上海绿色金融发展成效显著，创新力不断提升，为碳达峰、碳中和目标实现奠定了坚实基础。2023 年 1 月 9 日，上海银保监局等八部门联合印发《上海绿色金融行动方案》，提出到 2025 年绿色融资余额将突破 1.5 万亿元。

一、上海绿色金融推动产业绿色发展的现状及问题

（一）上海绿色金融推动产业绿色发展的现状

一是绿色信贷规模不断扩大、绿色融资形式不断创新，成为支撑产业绿色发展的重要资金来源。绿色信贷是绿色金融最主要的产品之一，近年来上海地区绿色信贷余额保持平稳增长态势，绿色贷款质量较高、风险可控。构建了"绿色金融＋"服务体系，能效融资、清洁能源融资、排放权融资等绿色融资形式不断创新。针对绿色低碳产业，上海市经济信息化委与上海银行、国家开发银行上海市分行共同发布了"产业绿贷金融创新融资服务试点平台 2.0"，为需要绿色转型和绿色技术创新的节能环保中小微企业提供贷款项目的全线上便捷服务，解决融资难问题。

二是绿色债券和绿色基金稳定发展，为产业绿色发展提供持续动力保障。上海清算所在 2022 年前 11 个月支持发行的"绿色债券"总额达 3042 亿元，同比增长超过 500%；"绿色债券"的托管余额达 3800 亿余元。2022 年度上海证券业承销、发行绿色债券规模达 792 亿元。同时，2020 年评价周期内，上海绿色基金新增 10 只，位列全国第三。

三是碳排放交易市场发展领跑全国，为实现"双碳"目标保驾护航。上海是全国最早启动碳交易试点的地区之一，已初步形成了契合碳排放管理要求的交易制度和交易市场。数据显示，上海碳市场平稳运行八年来，吸纳了 27 个行业 300 多家企业和 860 多家机构投资者，是全国唯一连续八年实现企业履约清缴率 100% 的试点地区。上海碳市场总体交易规模在试点碳市场中位列第四，国家核证自愿减排量（CCER）现货品种累计成交量超 2.2 亿吨，交易规模始终排在第一。上海环境能源交易所推出了碳中和指数、碳排放配额质押贷款保证保险等创新金融产品，推动碳减排行为的合理定价，促进绿色低碳产业新赛道发展，为实现"双碳"目标提供有力支撑。

（二）上海绿色金融推动产业绿色发展存在的主要问题

一是绿色金融产品多元性不强，产业绿色发展受到一定限制。首先，绿色信贷主要用于政府介入的环保项目，用于中小企业环保项目的很少。同时，绿色信贷资金来源渠道也比较单一，多依赖于商业银行贷款，其他机构参与程度较低。其次，相较于欧美等发达国家，绿色金融衍生品业务尚未引起足够重视。碳市场交易大多局限于现货业务，

围绕期货、期权等衍生品开展的业务不足。此外，金融机构的绿色金融专业能力不足，尚难以从生态环保技术角度对绿色项目进行可行性评估和风险识别并开发相应的产品和服务。这些都导致了绿色金融产品覆盖范围小，针对中小型绿色低碳企业的绿色信贷规模有限制，真正需转型的企业无法得到精准扶持，产业转型升级受限。

二是绿色金融政策支持力度不够，产业绿色发展缺乏足够动力。首先，政府相关部门关于支持绿色金融发展的政策指引和具体措施较少，相关绿色金融制度规则尚未完全与国际接轨。如碳排放的量化与数据质量过程（MRV）体系不完善，具体执行方法和流程有待提升；国内外绿色标准存在较大差异，加大了绿色资本跨境流动的交易成本。相较于欧美国家，政府给予中小企业产业转型升级的财政、金融、投资、土地等优惠政策力度还不足，绿色发展模式相对滞后和高污染企业缺乏自主创新动力和转型积极性。其次，银行内部政策不能与政府政策有机地结合。商业银行更倾向于投资收益较稳定、贷款风险较低的企业，而不是政府政策倾向的回报期限较长的绿色低碳企业，绿色贷款积极性难以提高。此外，政策结果评价和分析存在滞后性，绿色政策执行效果还未与监管有效结合，推高了银行开展绿色金融成本，最终影响了产业转型升级和绿色低碳技术创新的积极性。

三是绿色金融信息披露不透明不及时，产业绿色发展可能流于形式。其一，我国《绿色信贷指引》以及上海相关绿色信贷政策中对业务信息的披露缺乏定量方法和实施细节的规定，且主要依靠自愿性披露，约束力较弱。其二，2022年日本、马来西亚及欧美发达国家营收排名前100的企业环境、社会和公司治理（ESG）信息披露率均在90%以上。相较于其他国家及地区，上海有关ESG环境信息风险披露不足。截至2022年6月30日，上海地区上市公司披露2021年度ESG报告、社会责任报告或可持续发展报告比例为49.34%。其三，绿色评级标准尚不统一。现行绿色金融标准对于绿色认证评级缺乏具有可操作性的统一标准，不同机构间评级结果缺乏可比性。信息不对称引发企业"漂绿"等问题，使得产业绿色转型升级和绿色低碳产业新赛道发展可能陷入"面子工程"的尴尬境地，也阻碍了真正有需求的企业进行绿色转型升级和技术创新。

二、加快上海绿色金融高质量发展助推产业绿色发展的对策建议

（一）深化绿色金融市场多层次结构，拓宽产业绿色融资渠道

一是开发创新型、多元化的绿色金融产品，满足企业绿色发展的个性化融资需求。

鼓励金融机构结合企业自身特点，为不可替代、具有牵引和拉动作用的绿色核心技术创新提供精准和明确的投融资服务，开发有针对性的绿色金融产品。例如为攻关负碳、新能源和高效储能等前沿技术的绿色低碳新赛道中小企业提供中长期信贷产品，通过金融创新破解绿色金融面临的期限错配、信息不对称等问题。鼓励保险公司开发针对合同能源管理、环境污染第三方治理的保险产品。支持社会资本设立民间绿色投资基金，完善收益成本风险分担机制。探索将符合条件的重大清洁低碳能源项目等纳入地方政府专项债券支持范围，支持区域绿色低碳项目建设。此外，丰富针对个人、家庭的绿色消费贷款产品种类，加强绿色消费产品对消费者的吸引力，为产业绿色发展带来新的生机。

二是探索新型绿色信用机制，健全绿色金融服务体系。鼓励符合条件的第三方机构开展绿色企业评价和绿色债券信用评级，揭示绿色债券信用风险。在征信系统中建立绿色金融企业和项目标识，协助解决金融机构对绿色项目和企业的信贷识别问题。鼓励银行发展环保金融、碳金融，研究发展并不断扩大排污权抵押贷款、国际碳保理融资、国际金融公司能效贷款等绿色信贷业务规模，探索将特许经营权等纳入贷款担保物范围，为企业提供全面的绿色信贷综合服务。支持上海环交所对标欧盟能交所和洲际交易所研发碳价格指数，助力将上海打造成为具有国际影响力的碳交易、碳定价、碳金融中心。

三是发展绿色供应链金融服务，联动绿色产业链上中下游。支持和鼓励金融机构向符合条件的企业提供用于重大清洁低碳能源项目投资、创新研发、生产、改造和消费等全生命周期的金融服务。建设一体化产业绿色集聚性示范区，形成上海特色的绿色金融服务先导区，通过产融机制创新助力绿色产业链的发展。依托绿色产业链核心企业，积极开展供应链金融服务，有效满足上下游企业的融资需求。鼓励核心企业带动链上企业高端化、绿色化发展，促进产业绿色发展创造更高的生态效益与经济效益。

（二）协同联动绿色金融和产业政策，增强产业绿色发展动力

加大绿色信贷和产业扶持政策优惠力度，提高传统产业绿色转型升级和绿色低碳产业发展积极性。联合市发展改革委、市经济信息化委、市商务委、市规划资源局、市生态环境局等部门依托国家层面"十四五"产业绿色规划，结合上海地区特色整合绿色资源金融需求，共同细化上海绿色金融、绿色供应链产业服务和创新的政策框架。鼓励各区围绕"3+6"产业体系，建立"豁免企业清单"，探索给予授信期限内完成节能量目标、推广核心关键绿色工艺技术及装备、获评"绿色工厂"或"零碳工厂"的企业阶梯

式下调的贷款利率。鼓励金融机构改革内部资金转移定价机制，探索结构性货币政策工具、监管评价等方式，审慎设置科学的绿色信贷不良率容忍度。依托政府引导基金或者产业投资基金，支持产业绿色发展。政府出资产生的投资超额收益部分可以按照一定比例，让利给社会出资人[1]。鼓励各区参照浦东新区先行探索经验[2]，经国家金融管理部门授权，适当放宽融资租赁公司开展绿色低碳业务的租赁资产余额集中度与关联度的监管限制。

（三）加速建设绿色金融信息披露体系，保障产业绿色可持续发展

一是完善上海绿色信息披露体系，提升产业绿色发展透明度。其一，通过上交所牵头进一步完善我国上市公司强制性绿色信息披露框架，构建明确、可量化、与国际接轨的绿色信息披露指标体系。鼓励企业加大绿色低碳相关的信息披露，谨防企业"漂绿"行为。其二，依托市大数据资源平台建立绿色金融数据服务专题库，在全市推广智慧能源双碳云平台，探索与产业绿贷综合性融资服务平台等建立数据对接机制。其三，完善碳交易标准规则体系，建立企业碳账户，鼓励金融机构为碳积分高的企业提供优惠的金融产品或者服务。

二是提升绿色金融数字化水平，以新兴技术带动产业绿色发展。其一，积极推进数字技术与绿色金融领域深度融合，充分利用大数据、区块链和人工智能等新兴技术的优势，准确发现企业在不同场景和生命周期的绿色金融需求，为绿色金融投资决策和投后管理、交易定价、绿色核心技术创新等提供支持。其二，依托金融数据库中客户资源和先进的数字技术，自动且快速对小微企业和项目进行绿色认定和评价，使绿色金融服务覆盖更多的长尾客户和部分中小微企业。

（郑佳昀）

---

[1] 发改财金规〔2016〕2800号第七条规定，政府出资产业投资基金可以综合运用参股基金、联合投资、融资担保、政府出资适当让利等多种方式，充分发挥基金在贯彻产业政策、引导民间投资、稳定经济增长等方面的作用。
[2] 《上海市浦东新区绿色金融发展若干规定》第十八条。

深圳市"工业上楼"和特色园区的启示

　　土地资源紧张是制约大城市制造业发展的重要因素之一,"工业上楼"作为工业载体空间的新模式,受到越来越多的关注。深圳是国内最早提出"工业上楼"的城市,在国家发展改革委于2021年7月27日发布《关于推广借鉴深圳经济特区创新举措和经验做法的通知》,明确要推广"工业上楼"模式之后,深圳再接再厉又推出新的"工业上楼"计划,提出了连续五年每年建设2000万平方米优质、经济、定制化厂房空间的目标。光明区也发布了《深圳市光明区"工业上楼"建筑设计指南》和《深圳市光明区特色产业园区建筑设计指南》,拟打造全国产业示范园区样板工程。

2022年7月,深圳市光明区制定并发布了《深圳市光明区"工业上楼"建筑设计指南》和《深圳市光明区特色产业园区建筑设计指南》,首次提出"工业上楼"建筑的内涵:具备相近行业高通用性、高集约性的特点,符合国家通用建筑标准及消防、节能、环保等现行规范和政策要求,用地性质为普通工业用地或新型研发用地、容积率不低于3.0、高度24米以上、层数5层及以上,配置工业电梯且集生产、研发、试验功能于一体的厂房。两项指南对提高工业用地节约集约利用水平，加快建设新型产业园区和专业化特色产业园区，深度推进空间和产业融合发展进行了积极探索。

一、关于"工业上楼"的建筑设计与产业选择

《深圳市光明区"工业上楼"建筑设计指南》主要针对辖区内新建、扩建和改建类"工业上楼"建筑，旨在建立系统科学的"工业上楼"技术指导体系，规范高标准厂房建设，进一步增加优质厂房供给。

（一）"工业上楼"通用性建筑设计

该指南明确了通用性建筑设计指标，大致将厂房分为一类建筑与二类建筑。其中，"一类建筑设计指标"属于限制性要求；"二类建筑设计指标"属于鼓励性指引。具体要求如下：

1. 建筑平面设计。为保证生产使用的灵活性，以满足大型生产及分割后小面积生产需求，指南中对标准层面积、平面设计、柱距、设备管井、走廊宽度、综合设备夹层、遮雨棚七个方面做出了约束和规范。如标准层建筑面积不应低于 2000 平方；若需分隔，则除配电房、工具间等辅助房间外，单套套内建筑面积不得小于 1000 平方米，且各分隔单元应符合现行《建筑设计防火规范》（GB 50016）规定。同时，鼓励园区提高标准层面积大于 4000 平方米的厂房建筑面积占比，有利于生产线布置等。

2. 层高、层数与垂直交通。对于层高，指南要求"工业上楼"建筑首层层高不低于6 米，二层及以上层高不应低于 4.5 米。鼓励园区适当提升建筑层高，以提升厂房的通用性。对于层数，"工业上楼"建筑应符合城市规划限高要求，载体建筑层数不应低于 4层，同一宗地内厂房间建筑高度比不应大于 2.5。鼓励 70 米以上的建筑空间设置研发、检测、试验等功能，构筑功能复合型"工业上楼"建筑。同时，客货梯数量应与高层厂房规模及平面布局匹配。每个标准层应配置不少于 2 台载重 3 吨及以上的货梯和不少于1 台载重 1.6 吨及以上的客梯。

3. 室内环境与外立面。影响室内环境的主要指标包括：室内采光、室内通风、噪音环境三方面；影响外立面的包括：整体风格、外立面幕墙、空调机位三方面。厂房采光应符合《建筑采光设计标准》（GB 50033）相关规定，尽力避免产生眩光。在不影响生产工艺与环境卫生的情况下，建筑物的通风环境设置，应符合现行设计规范

且有利于组织室内自然通风。厂区声环境应当对现状进行检测，并采取措施降低噪声。建筑立面应具备工业建筑或公共建筑的外立面特点，符合地区整体城市风貌规划要求。

4. 减振隔振与结构要求。厂房的减振与隔振应符合《工程隔振设计标准》（GB 50463）和《电子工业防微振工程技术规范》（GB 51076）的相关规定。厂房设有强烈振动设备时，动力设备基础应与厂房基础分离；必要时采取减振、隔振、阻尼、缓冲等措施，并充分考虑其相互不利影响。"工业上楼"对建筑的承重能力和结构强度也有所要求：厂房楼盖混凝土强度等级不应低于C25，现浇梁板结构的板厚度不宜小于板跨的1/30且不小于120毫米等。

5. 建筑的其他设计要求。交通物流方面：出入口设计、园区道路、人车分流、卸货场地、叉车安排；安全节能环保方面：供水要求、供电要求、供热要求、排水要求、排气要求、固废处理、清洁生产、防雷接地、建筑防水；消防要求方面：防火与疏散、消防设施、防火间距；以及建筑智能化、可再生能源利用、绿色建筑等。

（二）"工业上楼"五要素模型和产业引导目录

该指南根据国家现行产业政策、行业准入条件及"工业上楼"五要素筛选模型，并结合辖区内产业发展导向，提出了"工业上楼"产业引导目录，为判断各产业类别和环节是否适宜"上楼"提供较为扎实的落地参考依据。

1. "工业上楼"五要素模型。并非所有企业都适用"工业上楼"政策，具体而言，只有一部分轻设备、轻污染、轻振动的特定企业可以满足上楼的条件。目前，"工业上楼"五要素模型被广泛应用，并形成了适用范围广、操作性强的筛选标准和流程。产业的五要素模型判断标准包括：环保安全、减振隔振、垂直交通、设备载重和工艺需求。园区需根据五要素模型筛选条件，综合评估产业生产各要素情况，对上楼的产业和企业做出选择。

一是环保安全，主要从生产安全方面进行判断。危化品安全：使用、储存危化品涉及《深圳市危险化学品禁限控目录》"禁止部分"，禁止上楼；涉及《深圳市危险化学品禁限控目录》"限制和控制部分"所列危化品，不建议上楼。火灾危险等级：生产火灾危险等级大于丙类的产业不建议上楼。环境要求：对自然环境和人居环境有严重干扰和污染的产业不适宜上楼。

二是设备载重，主要从厂房承重要求方面进行判断。设备载重：综合考虑"工业上楼"的建设成本，判断其上楼产业的核心生产设备重量是否不大于 1000 公斤 / 平方米。

三是垂直交通，主要从立体交通网络方面进行判断。货梯需求：原材料或生产成品单件重量是否小于 2 吨；原材料或成品单件尺寸（长 × 宽 × 高）是否不大于 2.5 米 × 3 米 ×2.2 米。员工密度：生产厂房不宜超过 1 人 /15 平方米。

四是减振隔振，主要从生产精度方面进行判断。考虑高层建筑易产生共振，对精密仪器设备造成影响，因此设置具体指标。减振措施：生产工艺有无独立基础（如自成一体的混凝土基础）要求。加工精度：生产工艺加工精度是否达到亚微米级或纳米级。

五是工艺需求，主要从生产工艺要求方面进行判断。生产类型：不宜为以流水产线为方式进行组织，存在连续流程工艺的"流程式生产"。层高要求：综合考虑"工业上楼"的建设成本，上楼产业的生产工艺所需层高不宜超过 6 米。

其中，环保安全要素的条件作为第一层级要素，其他四要素作为第二层级要素。若产业具体生产环节不满足任意项第一层级要素，则不建议上楼；若产业具体生产环节满足所有第一层级要素，且满足所有第二层级要素，则适宜上楼；若产业具体生产环节满足任意第一层级要素，但不满足一项或以上第二层级要素，则可选择在 1 至 4 层低楼层生产。

2. "工业上楼"产业引导目录。该指南将《国民经济行业分类》(GB/T 4754) 中第二产业 30 个制造业大类划分为重点鼓励上楼、有条件上楼、不建议上楼三类。对于未列入当前产业目录，或者现行国家标准分类中未明确定义的新产业类型，提出要经模型筛选并征得相关职能部门同意后，确定是否上楼生产。所有产业领域中所涉及的核心产品，又细分为原材料与生产环节等，还可以进一步细化，评估讨论"工业上楼"的可行性。

表 1　深圳市光明区"工业上楼"鼓励和有条件上楼的产业目录

上楼类别	工业大类	产业领域	所涉及核心产品
重点鼓励上楼领域	计算机、通信和其他电子设备制造业	新一代通信设备	5G/6G 通信设备、芯片及模组、射频器件、基站、天线、天线振子等
		超高清视频显示	显示器件制造、感应器件、芯片、外观及配件、光学模组、微投影设备等
		智能终端	—

（续表）

上楼类别	工业大类	产业领域	所涉及核心产品
重点鼓励上楼领域	通用设备制造业	智能装备	工业机器人、服务机器人、智能无人机、智能检测设备、电子制造智能专用装备、高端数控加工装备、自动化物流成套设备、工业激光设备等
	仪器仪表制造业	高端医疗器械	高值医用耗材、家用医疗设备、体外诊断产品、先进医疗设备、其他医疗设备及器械制造等
		安全节能环保	纸和纸板容器、日用塑料制品、交通安全、管制及类似专用设备、电动机等
		精密仪器设备	精密智能仪表及传感设备、高端数控加工装备、自动化物流成套设备、高端工业激光设备等
		智能传感器	敏感元件及传感器制造、机器人新型传感器、智能传感器、集成电路制造等
	医药制造业	生物医药	中药饮片加工、中成药生产、医学研究和试验发展、生物药品制造、基因工程药物、合成生物等
	纺织服装、服饰业工艺设计	现代时尚	工艺设计（纺织服装、服饰业、制鞋业、乐器制造、工艺品、珠宝首饰及有关物品制造）等
	—	新材料	新近发展或正在发展的具有优异性能的结构材料和有特殊性质的功能材料。

来源：《深圳市光明区的"工业上楼"建筑设计指南》。

二、关于特色园区规划设计理念和建筑设计

《深圳市光明区特色产业园区建筑设计指南》旨在围绕承载市级 8 大特色产业集群目标，明确本辖区以"工业上楼"为主要载体的园区建筑设计要求，达到既结合光明区资源禀赋、发展定位、产业生态、城市空间演进趋势，又与光明区未来产业发展需求相匹配的建设目标。

（一）特色园区规划设计理念

该指南根据深圳市"20+8"产业集群工作部署和光明区"3+2+3"的产业定位，围绕生物医药、超高清视频显示、高端医疗器械、新材料、精密仪器设备、智能传感器、安全节能环保和现代时尚产业 8 大特色产业集群，提出了产业园区建筑设计技术指导理念。

一是自然融合。尊重地区自然生态原真性，保护山水生态基底，延续河网水系格局，将生态场景嵌入园区内里与外在，打造具有城市生态特色的产业园区。二是产城融合。产业、城市和人之间融合发展，以城市为基础，承载产业空间和发展产业经济；以产业为保障，驱动城市更新和完善服务配套。三是产业集聚。充分集聚产业发展要素，集约利用资源，打造企业集中、产业集聚的特色产业园区和具有规模经济效益、创新和竞争效益的产业集聚地。四是注重人本。构建舒适宜人的高品质空间，提升市民获得感、幸福感；鼓励园区功能共享，通过慢行交通和城市交通系统立体融合，打造15分钟生活圈。五是绿色发展。力求打造绿色、可持续发展及环境友好型产业园。园区建筑设计宜按照现行《绿色生态城区评价标准》（GB/T 51255）《绿色建筑标准》（GB/T 50378）等相关规定进行建设。六是塑造特色。以城市特色产业需求为导向，建设符合各特色产业集群重点企业使用需求的"工业上楼"园区，为产业集群量身定制高质量产业空间。

（二）适合"工业上楼"的特色园区建筑设计

该指南规定了产业园区的总体规划设计以及物业功能建筑设计指标。其中，包括通用设计规则以及根据产业划分的特色产业园区设计规则。

1. 总体规划与物业功能设计。园区的总体规划设计以"智慧园区"展开。具体而言，就是以信息技术为手段、智慧化应用为支撑，有效整合园区的资源，建设基础设施网络化、管理精细化、产业智能化的载体平台，实现人、物、园区功能系统之间的无缝连接与智能化协同联动，提升园区管理服务质效，降低企业生产运营成本，从而实现园区经济可持续发展和产业价值链提升。其中包括：园区信息基础设施建设（光纤宽带网、通信机房、移动通信和无线局域网）、智慧园区体系（智慧生产办公、智慧生活、智慧交通）等。

物业功能建筑设计则具体细化为生产用房建筑设计指标、研发用房建筑设计指标、其他配套建筑设计指标，三者之间的规范有所不同，充分考虑了功能设施的差异化要求。同时，对功能组合与空间布局，配套功能与绿化建设，供水、供电和供热系统，排水、排气和固废处理，消防及物流等几方面进行了约束。

2. 特色产业园区设计。针对生物医药、超高清视频显示、高端医疗器械、新材料、精密仪器设备、智能传感器、安全节能环保、现代时尚等适合"工业上楼"的特色产业，结合各细分产业自身生产工艺需求，归纳形成8大特色产业园区的差异化建筑指标设计指南。各大特色产业园区在参照《深圳市光明区"工业上楼"建筑设计指南》的基础上，其重点关注的特殊建筑指标（如层数、平面设计、标准层面积、荷载、废气处理、废液处理、供电要求、减振隔振等）都各不相同。并且，若各大特色产业园区的特殊性建筑设计指标与《深圳市光明区"工业上楼"建筑设计指南》的通用性建筑指标相冲突，则以特殊建筑指标为准；其他指标则以通用性建筑指标为准。

综上所述，"工业上楼"是对未来新经济、新业态、新模式发展要求的一种主动求变的应对过程。在工业用地资源供给紧张与制造业新业态方兴未艾的矛盾前提下，光明区从城市配套、产业配套、人才吸引、环境营造等措施入手，在工业用地内部探索空间功能的多种可能性，从而不断改善产业发展环境，无疑将对工业用地提质增效与产业高质量发展起到积极的推动作用，值得上海在落实"工业上楼"政策方面参考借鉴。

三、"工业上楼"政策在上海落实推广面临的挑战和对策

面对大城市普遍存在的工业用地紧缺的挑战，上海要守住并提升制造业增加值占GDP的合理比重，如何用好"工业上楼"这一政策性产业空间供给模式，实现由平面布局设计向各种发展要素的空间合理配置转变，是践行"好项目不缺土地、好产业不缺空间"，积极打造国际一流营商环境的关键所在。结合对上海市部分产业园区的调研，本文提出上海推进"工业上楼"面临的挑战及对策如下：

一是建设成本是大部分园区关注的焦点。"工业上楼"政策固然可以推高载体的容积率，吸纳更多产业，但由于存在"边际效用递减"，建筑面积和区域产值并不一定呈现出正比关系。首先，建设成本的增加。现行的《工业厂房建筑设计规范》（GB 50681—2011）对载体的房屋结构强度，包括抗震、抗风、剪力、消防甚至安全电梯等方面提出了更高的要求。超过硬性规定时（例如，高度50米以上建筑需额外设置防火层等），建设成本会陡升一个台阶。其次，维护成本的高昂。高层厂房建筑的用水、用电和其他日常维护都将比普通厂房更高，对城市小气候干扰较大，可能造成"高层风"或光污染。根据中科产发（深圳）运营服务有限公司的测算，理想状况下单位土地面积的年产值或年税收最多提升2倍左右。同时，上海地产闵虹集团相关人员也提出：在一定范围内，每新增一平方米的产业空间可以增加一万元的单位产值，但到一定规模以后，产值反而趋缓甚至由于成本的大幅度增长，导致整体利润出现衰减。

因此，要加强对"工业上楼"建筑设计指南的研究，在充分考虑国标和地区建设规范等前提条件下，会同上海市住建、规资等单位和行业专家共同商讨，从重点产业集群生产工艺空间需求等维度出发，以不超红线、优化设计的方式适当降低建设成本，减少园区建设负担，激发其落实政策的积极性。

二是企业选择是确保政策持续性的基础。与园区载体承担成本节节攀升相对应的，是建筑结构承载能力的下降。由于钢筋混凝土的抗拉、自重等诸多限制，高层厂房的承载能力普遍会略低一些，且地上空间或地下空间的拓展，都将让结构承载力更加脆弱（例如，一类厂房建筑首层荷载在 1200 公斤 / 平方米以上，但四层及以上就只有 650 公斤 / 平方米。带有地下室的结构首层荷载仅 800 公斤 / 平方米）。这对入驻产业提出了物理上的"轻资产"要求，即重型设备、大型产线等项目并不适合上楼。同时，愿意"工业上楼"的企业往往需要较高的毛利率作为支撑。由于上楼后带来的种种不便（工业设备、车辆及产品运输等），三楼以上的租金通常更加低廉，否则无法在租金上享受优惠的企业便会考虑另寻他处。对于深圳而言，由于存在华为、腾讯这样的龙头企业，使得电子产业得以集聚并形成发达的供应链，助推配套企业"工业上楼"抱团成链。

因此，要做好产业空间精准供给，聚焦"（2+2）＋（3+6）＋（4+5）"各领域现有基础和特点，对企业的业务模式和发展前景形成科学的判断评估机制，细化"工业上楼"适用产业目录研究，以招引更多的优质项目和企业进驻，并通过试点推进后不断完善供给模式，避免一刀切。

三是统筹协调是加快政策落地的保障。首先，园区与园区之间的统筹。从园区配合推进"工业上楼"看，需要一个统筹协调机制，避免出现各个园区的厂房千篇一律，导致出现产业恶性竞争现象制约发展。分析深圳的"工业上楼"案例不难看出，目前几乎所有成功的做法基本都是定制化厂房，即园区先与企业交流座谈，再根据企业的各种需求和想法定制"工业上楼"的方案。对于为了上楼而上楼的园区，往往在建了大量标准厂房以后发现难以满足载体及企业的要求，难以获得优质招商。其次，国资园区平台与政府考核的统筹。现有园区大部分是国有管理平台，既要帮助政府服务好优质项目，也要面临市场化的竞争，这使国资园区管理平台必然有利润方面的考量，也对"工业上楼"政策落地有所疑虑。

因此，上海要加大对国有园区管理平台开展"工业上楼"试点的支持，会同国资管理部门研究建立租金收益和国资考核的协调机制，在园区管理平台与国资管理机构间探索制定一个合理的内部收益率（IRR）标准，发挥园区管理平台的能动作用，既做好国有资产的保值，又能推动政策落地实施。同时，对上楼企业依据所属产业细分领域和产业链集聚的原则合理引导布局，减少园区间无序的压价和竞争行为。

四是同步做好政策实施风险把控。调研中部分园区管理平台提醒，若盲目"工业上楼"、扩张载体的产业空间供给，也会造成一定的市场风险。由于研发产业普遍资产更轻，比生产制造业更适宜工业上楼，普遍作为工业上楼用地主体；而大量C65新型研发用地厂房资产证券化（REITs）进入市场后，会无形挤压现存的商业办公用房（土地成本更高，物业价格和租金成本无法竞争），从而推高房地产商的杠杆。一旦商业办公用房出现问题，危险信号将传导到整个房地产市场，对宏观金融造成较大的冲击。

因此，要建立上海市层面的政策实施跟踪机制，相关部门可根据市场需求调整供应计划，动态调整、循序渐进规划空间指标。充分运用前瞻预判能力平衡供求关系，并通过一系列的监督、评估、纠错措施，规避资源倾斜政策中的寻租行为，使稀缺的土地资源能够真正用于产业高质量发展。

（施雨润）

西湖大学未来产业研究中心创新范式

近日，美国决定启动区域"技术中心"（Tech Hubs）计划（第一阶段）的报道引起了多方关注，拜登政府试图通过加强地区制造、商业化和部署技术的能力，将这些地区转变成具有全球竞争力的创新技术中心。从报道分析看，31家区域"技术中心"中的10家由大学牵头，将着力推动高校、科研院所与地方政府、企业、劳工组织等的紧密合作。重点梳理西湖大学未来产业研究中心的建设经验，对于上海探索未来产业创新机制提供参考借鉴。

西湖大学成立于2015年，是由社会力量举办、国家重点扶持的新型高等学校。西湖大学未来产业研究中心成立于2022年，是国内首家由国家批准设立的、也是目前唯一获批国家级的前瞻谋划未来产业的科研机构。该中心瞄准国家急迫需要，以颠覆性创新思维推进原创性的基础理论和前沿技术突破，积极在创新链条中贯通前端基础研究到后端产业应用，希望能从源头上为培育未来产业提供支撑，在国内潮涌般出现的各类科研平台机构中独树一帜。

一、西湖大学未来产业研究中心的创新范式

西湖大学未来产业研究中心的创新范式主要体现在三方面：发展定位清晰、研究方向突出、运行机制独特。在这个新型创新范式的推动下，在光电芯片、深海仿真探测、新型药品研发等领域在国际上都取得了领先地位，同时对相关领域前沿探索指明了方向，使得产业要素更加聚集，丰富了未来产业发展的"源头活水"。

西湖大学未来产业研究中心创新范式的特点主要包括如下以下几方面：

1. 功能清晰的发展定位。西湖大学校长施一公的观点是"追上未来，抓住它的本质，把未来转变为现在"，由此未来产业研究中心围绕"形成科技体制改革示范经验→实现未来产业原始创新突破→构建未来产业研发创新平台→开展前沿科技成果产业转化"的建设任务，确立了发展定位：一是未来技术创新策源地。开展基础科学、前沿技术、转化应用研究，催生原创性科学发现、赋能颠覆性技术突破。截至目前，未来产业研究中心已立项 67 个，获得专项资助 1.67 亿元。已取得原理性突破 2 项、世界级研究成果 8 项、关键核心技术突破 2 项。二是复合功能建设样板地。建设集科学研究、成果转化、产业培育、人才培养、战略规划于一体的多功能复合性创新平台。现已培育 17 家科技型初创企业，实现光电研究院、牧原产业研究院两大成果转化平台的校地合作。三是新型创新机制试验地。探索适应科研活动规律的运行管理机制，为我国深化科教体制改革破题探路。未来产业研究中心与西湖教育基金会发挥双方共有的天然纽带优势，联动可持续发展公益性创投平台，为打造政府引导、多方参与、协作共赢的未来产业生态系统作出许多新的尝试，如在资金的筹集和使用、人才聘用和考核、成果转化方式等方面都进行了改革，针对传统制度积存的弊病进行了相应的机制创新。

2. 重点突出的研究方向。西湖大学未来产业研究中心基于两大标准选取研究领域，包括瞄准未来的高精尖发展方向与结合自身的成果优势和技术积累，做到有效衔接。其研究方向主要聚焦于三大重点：一是生命原理及未来医药，涉及生命体物质组成、生命体精细结构和动态调控、人工组织器官设计、智能药物研发；二是分子智造与功能，涉及分子结构的创造与构建、功能分子和反应的发现与设计、计算分子科学；三是未来材料设计及创造，涉及未来基础工程材料、信息智慧材料、精准功能生物材料、新一代人工智能与材料。而前沿生物与材料技术领域，也是浙江省和杭州市当前布局未来产业的关键技术方向。

3. 独具一格的运行机制。西湖大学未来产业研究中心是主任负责制的组织架构（如图1所示），独立实体化运行，施一公校长兼任研究中心筹建主任。一是整体上采用横向和纵向结合的方式，促进了研究的广度和深度，并在研究所的基础上建立了由4大平台构成的支撑体系。包括生命原理技术平台（电生理、蛋白质科学平台，基因组学与生物信息学、智能生物标记物、人工智能药物设计等实验室）、分子功能技术平台（化学反应优化平台、微结构与形貌表征平台、磁共振波谱平台、色质谱平台等）、未来材料技术平台（纳米单元加工平台、自带信息存储与特定物理化学功能材料平台、AI+材料平台等）、超级计算平台（冷冻电镜结构解析、分子力场开发、量子化学计算等）。二是将学术部门和行政部门进行有效分离，既保持了科研的独立性，又能将行政效率有所提升。坚持"科研＋行政"双轨制运行，学者教授只承担科研和教学任务，不参与行政任务，完全回归学术的本质，明确行政管理不等于科研管理，采用学术委员会实现独立的科研管理。已制定《未来产业研究中心核心科研人员双聘管理办法》《未来产业研究中心专项计划项目管理办法》等管理制度，并设立战略研究中心，把握未来产业政策和技术预见态势，已陆续发布《未来产业发展趋势研究 2023 未来生物医药》《生物芯片指南》《元宇宙：概念"探索未来趋势技术及生态"》等具有前瞻性的高质量报告。三是充分发挥咨询委员会、战略研究、科学研究三者之间的有效循环，通过战略分析瞄准前瞻领域，通过科学研究推动技术突破，遇到的瓶颈及问题又成为新一轮的攻关目标。

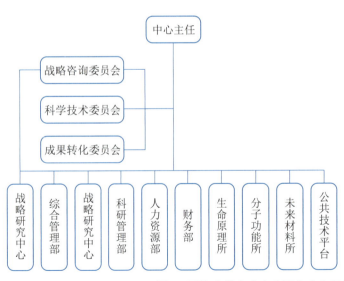

中心主任：负责建设运行全面工作。

战略咨询委员会：提供中长期发展目标、战略规划、领域布局、机制体制创新等决策咨询。

科学技术委员会：提供科研方向、重大研究任务与目标等决策咨询。

成果转化委员会：参与项目成果转化建议、咨询、决策与外部资本、基金开展对接联系。

战略研究中心：开展未来产业政策研究和技术预见，为国家宏观战略和发展安全提供科学精准的决策依据。

研究所：围绕三大研究领域总体推进研究计划组织开展科研活动。

图1　西湖大学未来产业研究中心组织架构

二、西湖大学未来产业研究中心创新范式的优势分析

西湖大学未来产业研究中心创新范式的逐步确立和现阶段所取得的成效，很大部分得益于西湖大学的优质资源集聚和配置能力。

（一）未来产业中心的优势来源于西湖大学独特的办学体制

西湖大学作为社会主义新时代下一种全新的办学体制，由社会力量举办、国家力量扶持，创办仅 5 年就在生物、医药、材料、智能制造等一批基础学科取得了一批科研成果。尤其在当下中美"摩擦"时期，其非官方的背景降低了国际人才之间交流的壁垒，作为一种全新的"学术外交"模式，有力地支撑了未来产业研究中心创新范式的探索。

未来产业中心作为西湖大学的研究机构本身带有其优秀的特质。在西湖教育基金会等社会资本的支持下，聚焦于科研创新，不以背景、身份和资历作为考察要点，对有发展前景的技术给予充分的支持，某种程度上摆脱了传统科研院所事业单位部分机制对科研创新的束缚，同时其非官方的背景，使其在民间和国际科研创新交流中更加游刃有余。

（二）未来产业研究中心创新范式的底气来自西湖大学在未来产业的战略布局和强大的师资力量

一是"高起点、小而精、研究型"的办学模式有助于未来产业研究中心创新策源能力的提升。西湖大学作为一种民间办学的新体制，每一步都是全新的尝试。其特点集中体现在：高起点——顶尖科学家领衔、以博士研究生培养为起点；小而精——坚持发展有限学科、培养拔尖创新人才；研究型——聚焦基础前沿科学研究、致力尖端科技突破、注重学科交叉融合。在未来产业发展的初始阶段，就注重基础研究和未来产业转化的链接和贯通，因此起步的发展本身就带有未来产业的属性，填补了基础研究和产业发展之间无形的鸿沟。未来产业研究中心联合学校近 200 位优秀科学家，集中各种要素资源，对具有关键性、战略性、前沿性的未来产业进行重点研究，在较短时间内取得了一定的突破，为全面实现加强未来产业源头驱动→构建未来产业生态系统→探索科技体制改革新路→探索科技体制改革新路→构筑开放合作创新网络的服务功能提供了经验和技术积累。

二是未来产业研究中心与西湖教育基金会共同发起新质生产力培育平台（如图2所示），既丰富了未来科技创新策源功能区的形态和机制，又打造了未来产业重要承载地。在资金投入及定位目标方面，西湖教育基金会作为领头羊，有效带动社会资本共同为新质生产力平台的建设保驾护航，同时将未来产业研究中心的科研创新进行专项孵化、赋能转化，使之脱变为未来产业。未来产业研究中心可以通过吸引坚持长期主义、认同西湖大学理念、有高度、有视野、有理想、有情怀的投资人、企业家与科学家携手，在未来产业发展最早期、最不确定的时候、风险最高的时期，利用三方对未来的敏锐嗅觉和快速行动力，提前为国家寻找、筛选一批最具希望的未来产业方向，其高站位性和理想情怀可让其服务于国家战略，其科学性又可保证这些投入和发展都是遵循科创发展规律的、未来可能更易实现转化的，其投入的社会公益性又支持了这些具有巨大外部性作用的前瞻技术研究能够坚持跨越过困顿期，为未来具有巨大发展潜力的初创企业赋能，探索成果溢出的新模式和新路径，弱化了传统科研机构在研发过程中目标、方式、考核之间的部分错位问题，为服务国家重大战略发挥出基石作用。在创新机制建设及探索方面，西湖大学依托灵活的体制机制，围绕科技成果转化全链，构建以综合服务、产业赋能和金融投资三大服务平台为基础具有西湖特色的双螺旋架构服务体系，为科技成果的转移转化提供全方位、全流程、全周期的专业服务，全面支持掌握核心技术的项目落地转化。西湖大学科技成果转化体系以学校成果转化办公室为核心，协同西湖大学发展有限公司、西湖大学科技园、西湖大学股权投资基金等，在地方政府强力支持下，多渠道、多形式及多维度强化外部产业与社会资本联动、深化资源整合、集成产业赋能，构建多边合作共赢发展的科技创新生态。这些机制为未来产业研究中心及其新质生产力培育平台的创新与成果转化提供了重要的支撑。

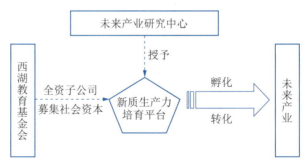

图2　新质生产力培育平台的发展模式

（三）未来产业研究中心创新范式的活力来自大批高科技人才和独特的考核机制

一是遵循未来产业发展规律中唯一不变、至关重要的"高技术人才"理念，牢牢守护创新的源头。西湖大学及未来产业研究中心秉承未来产业充满不确定性的这一重要内涵，抓住其依赖优秀人才这一核心特征，坚持建设形成优秀的人才梯队，并同时给予充分的资源和营造轻松容错氛围，以此推动基础创新及把握未来产业发展方向。西湖大学不仅在办学模式上，更在学术氛围和人才培育方面吸收了国外先进办学体制的经验，通过营造浓厚的学术氛围、注重前沿和交叉领域的探索等给予人才极大的尊重。目前，未来产业研究中心的人才聘任费用、管理费均由西湖大学统筹支出。在人才培育方面，西湖大学对每个入学新生配备有博导级别的导师，根据学生兴趣和自身条件，共同建立发展规划，充分发挥引领价值。在人才认定方面，不以身份为认定，不以职称为局限，即使无名望但有实力，也是西湖大学所寻找的人才，也可以牵头组织重点项目攻关。西湖大学人才聘用机制灵活多元，其双聘人才 125 人，主聘领军人才 22 人，形成了良好的人才梯队建设。在人才保障方面，给予力所能及的各方面支持，营造一个优良的科研学术氛围。例如，作为国家级的创新平台，未来产业研究中心将为一批西湖大学 PI（Principal Investigator，独立实验室负责人）创办的未来具有巨大发展潜力的企业和研究中心授牌、为他们赋能。在人才交流方面，西湖大学及未来产业研究中心积极举办高质量的学术论坛，针对高技术外籍人才实现落地签证举措，进一步简化交流的障碍。

二是全面实施不唯量化指标的科技评价标准，在保障要素的情况下让其"自由发展"。西湖大学充分显示了尊重人才、以人为本的理念。西湖大学建立了适合当下研究人员的考核机制，无长期严苛的评价指标，将考核指标与科研周期相配，根据研究类型的不同设定相对弹性的考核周期，比如，较难突破的领域考核周期较长。相对宽松的考核环境避免了固定短期考核导致的短视的创新压力，使得新引进的人才能够专注于科研而不被外部的考核指标所干扰。不以资历论高低，每个学者都有相同规模的实验室和相对充足的资金保障，通过自建实验室并组建核心科研团队，使得科研活动健康独立发展。

三、对上海发展未来产业的借鉴意义

（一）未来产业的发展着眼于未来，应更加注重基础研究

基础研究是原生动力，是未来产业蓬勃发展的源泉。上海拥有一批国家实验室、大科学装置等平台基础设施，以及知名的高等院校（上海交通大学、复旦大学、同济大学等）、科研院所优质资源（中科院上海分院等），应引导和鼓励这些单位参与产业技术基础研究，联动制造业创新中心、企业技术中心等一线产业科技力量，面向市场开展基础研究，以扎实的理论基础研究攻克产业发展中的实际问题。在深化交叉领域创新的基础上，进一步建立未来产业生态系统，增强未来产业源头驱动。相关政府部门应做好科研的配套和辅助工作，通过形成合力持续探索，不断总结经验，构筑开放合作创新网络，形成一条具有上海特色的创新之路，以上海打造为策源地，构筑开放合作创新网络，带动长三角在未来领域中高质量发展。

（二）在布局强化基础研究的同时，注重全过程的成果转化

成果转化一般分为三个阶段：前端是源头创新，中端是应用转化，后端是真正的产业化。不仅要在创新源头端持续发力，而且在布局基础研究的同时，就应着手对应用转化和产业化探索进行持续投入。借鉴过往和国外先进经验，聚焦"学科＋产业"的新模式，合理高效利用资本拓展高新技术的应用场景，加速多元化场景的转化，较快实现真正的产业落地。可充分借鉴未来产业研究中心的模式，通过打造新质生产力平台，实现资本对成果转化全过程的"全流程"关注，完成产业化的关键一步。

（三）充分重视社会力量和民间资本，优化基金的创立和使用模式

充分引导和吸收民间资本投入未来产业研究，通过"政府牵头，多方共建"的基金运作方式，创新灵活机制，优化使用途径，针对重大资金的使用进行董事会研讨后审批，做到专项专用，降低审批报销流程，从产业技术的源头开始进行全过程的持续投入。密切资本与企业、科研机构间的黏性，破解科研成果转化的资本制约因素（例如在发展前期对研究缺乏信心，在最需要资金的时候不敢投入；而在发展中后期能看到一定的未来成果转化成效，各资本又大肆争夺入局），并将后期的成果转化收益作为保障，增强资本注入信心。一旦技术突破后，可降低成果转化的时间过程，借助先发优势，形

成产业规模，快速占领市场，反哺应用研究。

（四）聚焦科技人才力量与机制创新，探索高效的新型研发机构建设

新型研发机构若要保持具有竞争力的发展态势，需要以人才为核心进行持续建设，优化人才认定、聘用、考核等机制的创新；应聚焦基础创新和成果转化，同时重视两者之间的有效连接；充分吸收社会力量和民间资本，探索构建在资金来源、发展目标、运营管理上更为相容的良好内部机制，保障从理论创新到实际成果再到形成未来产业的全过程顺利发展。

（陈斌）

国内外创新联合体建设的模式与经验

现有创新联合体的建设经验表明，由政府引导、行业领军企业主导的创新联合体能够更有针对性、更高效率地调动区域内优质创新资源集聚，是提升本国关键核心技术自主研发实力的重要途径。本文总结了国内外成功创新联合体的建设及运行经验，结合上海打造"科创＋产业"创新联合体的现状和挑战，为推进上海创新联合体建设提出具体的发展思路和政策建议。

创新联合体是指以开展制约产业发展"卡脖子"技术、共性关键技术攻关和抢占前沿为目标，由政府发挥引导作用，行业龙头企业发挥主导作用，有效组织产业链上下游优势企业、高等院校及科研机构，进行上下游联合攻关、产学研融合、场景应用开放、生产要素共享的体系化、任务型创新组织。从国外看，20 世纪以来，美国、日本、韩国先后组建了各自的创新联合体，并取得良好成效。从国内看，深圳、杭州、南京等在创新联合体建设和运行上也开展了许多有益探索。学习借鉴它们的经验做法，对上海打造目标一致、内生动力强、创新效率高的"科创＋产业"新模式创新联合体，推动产业创新集群建设具有重要意义。

一、国外创新联合体建设及运行经验

一是美国——建立多元投入机制，助力分担风险。例如，"美国半导体制造技术研究联合体（SEMATECH）[1]"由14家美国半导体私营公司与国防部共同设立，将联盟组建之初的攻关目标设定为研发0.35微米制程技术。值得借鉴的经验：帮助研发企业分担前沿技术研发风险。SEMATECH每年2亿美元的运行经费由14家公司和国防部共同分担，其中企业每年投入1亿美元，占总投入的50%，投资标准是企业半导体销售收入的1%，且不低于100万美元、不高于1500万美元；通过政府与企业之间1:1的投入比例及税收优惠等措施，建立成果共享机制，推广研发成果。SEMATECH明确将获得攻关领域的知识产权作为重要目标，在完成攻关任务的同时取得一批专利授权，并明确知识产权在联合体内外部的共享规则、技术转让费和使用费标准，促进相关技术转化应用。

二是日本——明确科技攻关目标，确保研发合理性。例如，日本超大规模集成电路技术研究组合（VLSI）几乎囊括了日本所有大型半导体生产企业，解决了大规模集成电路产业技术"卡脖子"问题。值得借鉴的经验：建立严密组织架构，确保组织高效运行。组织架构包括理事会、运行委员会、技术委员会和评估机构。VLSI立足本行业创新需求，对标国外先进水平，凝聚有标识度与影响力的重大创新产品作为攻关目标，在此基础上进一步细化"卡脖子"共性技术、底层技术与基础研究攻关清单，设置明确的关键技术量化标准和攻关期限，确保按时完成任务。

三是韩国——举国资金扶持政策，确保攻关成功突破。例如，韩国的"超大规模集成电路技术共同开发计划"（简称"共同开发计划"）由韩国三大半导体制造商及6所大学组成，集中进行DRAM核心基础技术开发。值得借鉴的经验：领军企业形成合力，确保研发高效进行。在政府的支持下，三星与现代电子、LG电子合作成立开发半导体技术国家研究开发小组，三大巨头从商业竞争关系转变为合作共赢，共同致力于核心技术攻关。共同开发计划以政府为主，民间为辅，其中政府承担约57%的研发经费，政府的倾斜政策和持续强大的资金支持为核心技术攻关提供重要保障。

---

[1] SEMATECH全称是"半导体制造技术科研联合体"（Semiconductor Manufacturing Technology Research Consortium），可以说是一个半导体制造工艺研究的合作联盟，美国政府于1996年退出了该组织。

二、国内创新联合体建设及运行经验

一是深圳——明确战略定位，推动相邻城市互补发展。例如，落户于深圳前海的"科创中国"大湾区联合体（简称"大湾区联合体"），是以前海为核心推动建设大湾区产学研一体化的合作平台。值得借鉴的经验：创新运营模式，配套产业发展支持基金。大湾区联合体的"1+N+1"运营模式代表"1 个联合体 +N 个中心 +1 个产业基金"，依托现有产业基础，围绕战略性新兴产业未来发展方向建设 4 大中心，即大湾区创新药物中心、大湾区智能制造中心、大湾区碳中和技术与产业创新中心、亚太电竞中心，并配套"科创中国"大湾区产业发展基金。立足前海合作区，明确"依托香港、服务内地、面向世界"战略定位，加速汇聚全球高端创新资源，融入全球科技创新网络。联合体通过促进中国香港和内地创新链联通，进一步放大中国香港在基础研究、人才储备、国际化程度方面优势，推动中国香港与大湾区其他城市互补发展。

二是杭州——汇聚区内高端学术资源，加强创新联合体支撑力。例如，2021 年，杭州 52 家创新联合体通过第一批企业创新联合体备案，覆盖生物医药、先进材料、智能制造等战略性新兴产业。值得借鉴的经验：创新分类分层攻关方式，增强技术攻关高效性。杭州鼓励创新联合体采取分级分类攻关方式来提升攻关效率。对于专用底层技术，由领军企业自主开发；对于行业通用技术，由领军企业联合优势企业合作开发；对于技术壁垒高、单价较低、应用量较少的技术和产品，支持产业链上下游企业开展定制开发；对于难度较大、技术落地性不明确的行业前沿技术，与高校院所开展行业前沿技术预研究。充分重视高等院校、科研院所以及学会等对创新联合体的技术支撑和创新引领作用，集中力量汇聚区域内高端学术资源，提升创新联合体能级。例如，碳达峰碳中和科技创新联合体成立，包含 9 家省内高等院校、7 家科研机构、16 家省级学会和 11 家企业，提高了联合体整体实力。

三是南京——开放应用场景，加大奖励力度。例如，南京围绕"2+2+2+X"创新产业体系，即加快提升软件和信息服务、智能电网两大优势产业，做强集成电路、生物医药两大先导产业，着力突破智能制造、新能源汽车等潜力产业，积极布局未来网络与通信、基因技术、类脑智能、氢能与储能、元宇宙等一批产业新赛道，布局创新联合体建设。值得借鉴的经验：明确成员结构，量化主体资质。明确创新联合体成员，量化牵头领军企业资质指标，规定领军企业为年营收不少于 3 亿元的行业龙头企业或列入市级培育的高水平新型研发机构，领军企业围绕产业链上下游联系的有优势、有条件的企业数量不少于3家，相关重点学科的高校院所不少于1家等。重视符合产业链技术攻关等需要的应用场景开放，依托创新联合体组成单位的内部重点实验室、工程实验室、企业技术中心、制造业创新中心、检验检测平台、中试平台等各类平台，建立互相开发机制，实现共享共用。建立创新联合体年度绩效的评价机制，并加大奖励力度，对于评价优秀的创新联合体给予最高500万元的奖励。

三、上海打造"科创＋产业"创新联合体的政策建议

（一）推进创新联合体运行机制不断完善

一是建立紧密的组织架构，可以充分借鉴日本VLSI的组织架构，设立理事会、运行委员会、技术委员会及评估委员会等部门。二是明确参与主体的构成与数量，建议参照南京量化成员构成、成员资质指标与数量，适当控制成员上限，以确保攻关高效进行，以应对市场竞争，促进相关技术扩散和应用；同时健全提升联合体内成员形成的结构功能体系，切实汇聚新型研发结构、行业龙头企业等对"科创＋产业"发展起关键性、主导性作用的各类主体。三是明确经费保障机制，建议借鉴美国、深圳做法，明确各级财政预算对创新联合体的资助比例与原则，将现有重点产业的专项基金、引导基金统筹规划，设立"科创＋产业创新联合体专项引导基金"，同时明确成员企业的资金匹配力度，并对领军企业配套相应的财政补助或贷款免息政策等支持。四是明确联合体以获得攻关领域知识产权为重要目标，建立健全知识产权利益分配、成果共享机制。推动上海制定"科创＋产业"创新联合体知识产权战略规划，加强对关键核心技术领域核心专利布局要求，鼓励成员共同组建知识产权联盟，明确知识产权在联合体内外的共享规则，对内按照成员贡献程度分配专利权益，对外明确技术转让费和使用费标准；鼓励联合体通过科技成果路演等手段加强对外宣传。

（二）加快创新型龙头企业向领军企业晋级

一是加快布局数字经济新赛道上龙头企业组建创新联合体，梳理电子信息、装备制造、生物医药、先进材料等现有优势重点产业龙头企业名单，借鉴韩国经验，促进领军企业形成合力。二是实时跟踪领军企业在联合体运行中的痛点和需求，加大政策倾斜力度，建议加大科研经费自主性，建立"事前—事中—事后"全过程财政补贴机制，开辟

专利快速审批"绿色通道"，配套专业知识产权相关咨询服务。三是优先配置创新资源，鼓励产业链上下游企业定制开发，建议借鉴杭州分层分类攻关的方式细化任务分配，鼓励中小企业联合优势领军企业开发行业通用技术，鼓励高校院所开展前沿研究。四是鼓励企业加大长三角区域协同创新合作，建议主动对接杭州、南京、合肥等长三角区域内科创中心城市，扩大创新联合体的合作网络，促进与相邻城市间互补发展，鼓励联合体内高层次人才交流，促进区域外优势资源向上海集聚—辐射，真正实现开放创新、合作共赢。

（三）完善创新联合体相关配套支撑体系

一是推动联合体成员共建共享重大载体平台。截至 2022 年底，中科院在上海建设的科技载体机构超 50 家，接近中科院在全国布局总数的 1/4，上海三大先导产业现有国家级重大创新载体近 100 家，推动联合体与现有载体深入互动，使产业链上下游、大中小企业更加紧密，创新成果转化更加便捷。二是逐步探索多元融资渠道。建议构建支撑创新联合体全生命周期的资金支持体系，坚持"政府引导、市场运作"资金运作模式，充分发挥上海市科技创新计划专项资金、上海市战略性新兴产业发展专项资金、中国（上海）自由贸易试验区临港新片区市级专项发展资金等的作用，引导社会资本以股权投资、项目投资方式参与联合体建设和运营，完善配套科技金融政策，探索知识产权证券化等创新融资方式。三是完善创新人才支撑体系。建议借鉴南京采取联合体成员开放应用场景的方式，依托成员单位内部重点实验室开放各类创新研发平台，建立开放机制，实现共享共用，吸引和培养高层次研发人员和工程技术人才。四是不断完善产业创新生态建设。构建集"基础研究—技术攻关—成果产业化—科技金融—产业配套"于一体的全产业链创新生态系统，以科创载体建设为重要抓手，推动空间载体共建共享。大力推动人才载体及环境载体建设，打造高端人才集聚优质平台，以人才需求为导向，着力完善各方面服务配套，为创新人才提供更好的科研环境、工作环境、生活环境。持续优化营商环境，减少不必要的评审评价等活动，破除制约创新联合体发展的机制障碍。

（四）重视高水平研究型大学驱动作用

一是整合上海现有高校科研院所资源，充分利用高水平科研院所战略人才培养和输出功能，提供稳定人才储备。建议通过双向挂职、短期工作、项目合作等方式，支持领军企业人才在高校担任"产业导师"，推动校企人才双向流动，支持校企联合搭建"人才定制实验室"，领军企业参与人才培养课程设置，如设立本科生"3+1"、研究生"2+1"人才培养方案，企业协助提供课程，共同培育满足行业需求的紧缺人才。二是持续深化在沪院校与全球大院大所合作，鼓励合作共建高水平实验室和研发中心，打造全球科学思想和创新文化荟萃地。依托重大科技基础设施建设，发起国际联合研究项目，集聚顶尖创新资源，鼓励在沪高校院所与国际知名院校、企业及机构专家开展高层次、常态化国际学术交流活动，促进高端人才思想碰撞，提高上海国际学术影响力和国际资源吸附力，进一步推动创新联合体迈向前沿。三是鼓励在沪高校院所开展科技成果资源梳理工作，建立公共信息服务平台，采集和共享高价值专利等信息，推动科技成果与联合体需求有效对接。四是发挥高水平研究大学在促进科教、产教深度融合的桥梁作用。建议围绕行业紧缺人才需要，建立交叉学科研究院，探索复合型人才培养新模式，鼓励围绕重大前沿技术领域建立校际联合研究院、校企联合研发中心，布局建设世界一流新型研发机构，鼓励学校与各级政府间建立专家智库等咨询机构，推动创新联合体内各主体深度互动融合。

（五）推动"科创＋产业"模式创新联动和辐射发展

一是创新赋能科创生态辐射力。建议借鉴日本模式，充分释放科技创新策源力，强化科技和产业的良性循环与互动，将创新联合体打造为"科创＋产业"高质量发展的根本命脉，牢牢把握长三角一体化的创新机遇，瞄准底层技术"核爆点"和颠覆性的产业基础创新，将"硬核科技"转化为"顶流产业"，将"顶流产业"推动形成世界级产业集群，形成强大的创新联动和辐射效应。二是扩大高端产业引领力。可以借鉴深圳模式，以产业链头部企业＋顶尖科研机构组建创新联合体模式，协同营造产业创新生态。例如，以"科创＋产业"创新联合体为载体，将生物医药产业打造成为"G60 科创走廊"—"6+X"战略性新兴产业的重要支柱，不仅聚焦单点生物医药企业全生命周期的发展需求，而且更进一步聚焦龙头企业，构建产业链生态圈，从而形成对高端产业强大的牵引力、带动力。

（吴寄志）

西方国家创新发展模式与相关机制路径的借鉴与参考

上篇：美国《国家创新路径报告》主要内容及启示

2023 年 4 月 20 日，美国白宫科技政策办公室（OSTP）、能源部、国务院联合发布《国家创新路径报告》，旨在加快推进清洁能源关键技术创新。据 OSTP 官网指出，拜登政府正在推进一种三管齐下的方法，优先考虑"创新、示范、部署"扩大美国转型所需技术研究布局，以实现美国"国家自主贡献计划"（NDC）提出的减碳和净零目标。本次报告包括：投资足以改变游戏规则的创新组合研发，涉及长期储能、除碳、清洁氢、增强型地热系统、漂浮式海上风电和工业热能等领域；支持碳捕获和储存、先进核电、先进电网等新兴技术的早期研究与部署；支持构建安全、坚韧的新清洁能源供应链。

美国早在 2021 年 4 月更新的"国家自主贡献计划"（NDC）就明确提出，到 2030 年，温室气体（GHG）排放量水平基于 2005 年的排放量减少 50%—52%，使美国最迟在 2050 年实现净零排放。在此基础上，美国细化并明确了长期气候战略，概括为四大关键点：第一，到 2035 年实现无碳污染电网的建设目标；到 2030 年零排放车辆占汽车总体汽车 50% 的销售目标。第二，提高所有经济部门的能源利用效率；在可行的条件下，终端应用部门（如运输、建筑、工业等）实现电气化。第三，推动高能量燃料行业和运输方式的转型升级，使其转向零排放或使用碳中和燃料。第四，对生产流程产生大量温室气体的行业，采用碳捕获和碳储存的方法，清除二氧化碳并减少甲烷和其他非二氧化碳气体排放，推动其转向更可持续的农业、林业和土地使用方式。为促进实现美国的国家发展计划和实施长期战略，美国推出包含创新、示范和部署"三管齐下"的净零技术行动计划，本次《国家创新路径报告》全面阐述了实现上述计划的路线图。

一、美国清洁能源创新战略的三大行动

（一）投资具有颠覆性的创新组合研发

《国家创新路径报告》指出，通过投资可改变原有的产业结构和研发结构，组建新的研发技术团队并保证其拥有一定的技术力量，确保到 2050 年前可靠、可负担、公平地实现净零排放。以美国能源部重点项目"Energy Earthshots™"为例，该项目瞄准长期储能、碳清除、清洁氢气、增强型地热系统、漂浮式海上风力和工业热能等领域，围绕降低技术成本和提高性能进行研发，受到拜登政府格外关注。美国能源部、交通部、农业部、国防部、环境保护局、国家海洋和大气管理局、国家航空和航天局以及国家科学基金会也都有长期投资项目，涉及从基础科学研究到缓解、恢复气候危机的应用等一系列创新课题。目前，美国政府已成立了气候创新工作组，负责评估当前的创新投资和指导未来投资方向。

（二）支持早期新兴技术的应用并打造范式

《国家创新路径报告》提出，示范项目有利于增强市场信心，并开始对实现广泛部署所需的基础设施进行公平投资，诸如先进的海上风电、碳捕获和储存技术、先进核能和先进电网技术。早在 2021 年 4 月，美国总统拜登便签署了《两党基础设施法案》（BIL），明确拨款 80 亿美元用于建立 6—10 个区域性"氢气中心"，并为清洁氢气、长期储能、碳捕获、先进核能、直接捕获空气和其他技术的清洁能源示范项目提供 215 亿美元资金。2022 年的《通货膨胀削减法》（IRA）投资数十亿美元支持碳捕获和储存、二氧化碳清除以及氢能的技术部署。

（三）利用法规和财政激励措施加速项目的实施

《国家创新路径报告》认为，可使用行政法规和财政激励措施来加快市场制造、实施和应用当今可行的技术，如太阳能、电动汽车、高效电器和设备，扩大传输网络，以支持更多的可再生能源和电气化。当前，美国政府努力加强关键材料和部件的供应链安全，以助力推广这些清洁能源技术。除了新兴技术的示范，BIL 的资金加速了商业上可用的清洁能源、清洁交通、电网现代化等技术部署；BIL 还投资相关的清洁能源基础设施（如全国性的电动汽车充电网络）、国内制造和供应链能力以及劳动力需求。IRA 则提供了约 3700 亿美元的激励资金，部署商业和新兴的清洁能源技术。如今，能源部贷款项目办公室已设立超过 1000 亿美元的贷款授权，帮助企业在美国部署和扩大创新的清洁能源、先进的运输等项目；同时设立 2500 亿美元的新贷款授权，帮助重新调整或重新使用能源基础设施，适应低碳经济。美国环保局也正在制定规则提案，以解决运输、石油和天然气及电力部门等美国一些严重的气候和健康污染源，并推进低排放和零排放技术。

二、美国清洁能源创新战略的推进路径

（一）利用创新范式将技术推向市场

美国国家长期气候战略提出了一种新的概念"创新机会"，即利用目前现有的、可用的、成本有竞争力的技术，以及那些需要创新以实现商业部署的技术，通过创新来将其推向市场，从而在实现气候目标中发挥重要作用。《国家创新路径报告》阐明，一旦确定了"创新机会"，在推向市场之前，就会根据该技术对气候和环境、公平和公正性、经济和安全等领域带来的潜在好处，使用多种标准来评估该技术，并在多个目标之间进行调整和组合，使之达到最优化，这是未来 30 年持续投入支持该创新研究的关键。

首先，机构间的创新工作组负责从各机构收集创新优先事项，确定协调的机会和需求，并制定一个全面的创新战略减少整个经济体的所有排放。其次，对"创新机会"进行评估和优先排序后，制定成本和性能目标以指导研发工作。其中包括技术经济模型、利益相关者参与和专家咨询等方式，所有这些都可以帮助制定研发路线图并确定商业化和应用过程中的障碍。根据上述方式，美国政府遴选出先进电池、先进核能、先进太阳

能等 16 项能源优先发展领域进行创新、示范和部署（详见附件一）。再次，与传统的技术经济分析不同的是，"创新机会"项目工作组不仅仅只侧重于技术层面的性能指标，为了应对研究过程中的障碍、增进交叉学科交流，工作组已经愈发认识到：必须考虑部门内部和跨部门间的互动和协同工作。作为典型案例，美政府正在努力建立一个"创新型零排放电网"。在此之前，继续太阳能和风能的建设通常是目前成本最低的发电方式，但储能、先进核能、碳捕获和存储、增强型地热能源和聚变能源等其他新兴技术，可以大大降低潜在成本，提高未来 100% 清洁电力系统的复原力和可靠性，在经过利益相关方、专家及跨部门评估后，美国针对性的制定了新研发路线。

（二）多维度加强对创新项目实时跟进

《国家创新路径报告》明确，创新优先事项的进展需要做好相关指标的实时跟进，部分由联邦政府跟进，部分由大学、国家实验室等研究机构和私营部门投资者跟进。关注的焦点包括六方面：

一是里程碑式节点。在最基本的层面上，政府支持的创新项目跟进的重点是投资申请和合同约定的关键节点，如实现概念验证、显著的性能改进、技术和系统优化、实际应用以及商业化。二是成本和绩效目标。政府和私营部门对创新技术投资跟进的重点是能源效率、能源投资回报率、能源密度、周期寿命、生命周期减排和成本平价进展等关键绩效指标。三是专利申请与授权数量。知识产权的申请以及授权是项目进步和成功的关键指标，所有政府资助的研究项目都需要跟进专利数量。四是出版物和论文被引数量。政府需要实时跟进了解资助的研究项目，其出版物和论文被引用的数量。五是私营机构投资水平。私营机构的直接投资及其后续投资能力是项目能否成功的关键指标，大多数政府资助的研究项目最终会经历市场的检验，因此应对私营机构投资进行跟进。六是创办、创收和实现盈利的公司数量。部分周到资助的应用型研究会在项目期间或结束后利用政府资金成立公司，官方需要密切监督，来确保公司有创收能力和资金被合理运用。此外，《报告》阐明，跟进对这些公司的投资、是否上市、何时能够上市、何时开始创收以及何时盈利已成为窥探项目可行性的最佳做法。

（三）非联邦政府机构和市场化企业的共同参与

《国家创新路径报告》指出，多方参与、群策群力，是美国清洁能源创新方法的核心，与私营部门、非政府机构进行合作贯穿从基础研发到全面商业化应用各个阶段。能源部将与美国各地的行业协会、国家实验室、大学、非营利组织、州和地方政府以及其他利益相关者进行合作，推动基础科学研究和早期技术突破，打造商业合作的典范。

以美国能源部先进研究计划署（ARPA-E）为例，早期阶段运用创业项目孵化器和让高校实验室深度参与技术转移，使得技术从实验室走向市场的过程大大提速。当技术从应用研究转向试点和首创商业模式时，私人组织的捐赠、合作协议、奖金和其他形式的财政和技术援助发挥了重要作用，同时降低了风险。创新型大规模示范项目往往缺乏扩大商业规模的资金，新成立的美国能源部清洁能源示范办公室（OCED）正是为了填补这关键缺口。美国能源部贷款项目办公室等公共部门金融机构通过为这些创新技术提供首批债务融资，并向私人贷款人和机构投资者普及如何为技术部署提供担保，用来确保在加快实现技术时能从银行获得充分的现金流。以"先行者联盟"为例，这是一个全球性的倡议，通过动员集体需求，利用公司的购买力，为创新的清洁能源技术提供自愿的预先市场承诺，推动技术创新并加速部署，使目前占全球排放量 30% 的难以减排行业实现脱碳。

（四）国际合作成为创新战略的首要选择

《国家创新路径报告》提出，美国政府参与和协调多项国际科技合作项目。美国希望通过与盟友的合作来主导研究方向并学习其他国家的经验，以多种方式解决清洁能源创新领域的问题，来保持美国创新基地的实力和全球领导地位。美国通过与合作伙伴和盟国举行多次战略能源对话，在双边基础上确定合作重点，并利用调查委员会和其他机制落实想法。例如，开展以美—印先进清洁能源合作研发计划（PACE-R）和美—以能源、工程和水文技术卓越中心（能源中心）为代表的双边合作；美国与印度、挪威等联合进行清洁氢、零排放航运和二氧化碳清除等研究任务。美国还启动了"净零世界倡议"新项目，与伙伴国家携手合作，共同制定和实施个性化的、可操作的技术和投资路线，以加快向净零能源系统的过渡，并扩大规模。

同时，美国政府发起了两项国际倡议："先行者联盟"和清洁能源技术示范挑战。除美国外，"先行者联盟"还包括 9 个政府合作伙伴（丹麦、德国、印度、意大利、日本、挪威、新加坡、瑞典和英国）。清洁能源技术示范挑战是一项国际合作行动，旨在到 2026 年在全球范围内筹集至少 900 亿美元的公共资金，以建立商业规模示范项目。国际能源署报告称，这些项目可以帮助实现 2030 年净零排放目标。预计美国将通过能源部的经济合作与发展组织动员 270 多亿美元支持这项挑战。这些公共投资也将带动更多的私人投资，并通过"先行者联盟"等平台，推进大型企业所急需的创新技术发展。

三、美国《国家创新路径报告》的启示

纵观整篇《国家创新路径报告》，从能源创新关键技术的发明设计、测试评估、小规模试点到生产制造、市场应用的全过程，充分体现出"美国能源创新生态系统"是核心创新工具的理念。

一是从政府主管部门看，美国能源部及其 17 个国家实验室是国家能源创新生态系统中的重要机构，将科学从发现扩展到应用。能源部的基础、应用科学和能源计划、ARPA-E 计划、贷款计划办公室、技术过渡办公室和清洁能源示范办公室协同发现、研发、示范、部署和扩大创新清洁能源。二是从政府协同部门看，许多其他联邦机构是该系统的重要组成部分，包括农业部、交通部、内政部、国防部和商务部、环境保护局和国家科学基金会，在净零研发方面做出的扩大、优化和持续努力，有助于推动实现净零排放所需的清洁能源创新。三是从创新生态看，作为创新主体，私营技术、金融、工程、基础设施等公司是这个生态系统中的基础机构，起到扩展和传播新的清洁能源技术的功效。而部门合作、专家咨询等则是探究未来创新方向的方式。有远见地放弃一些现有技术，转而着力扫除障碍、研究新路线，可以保证生态的良性发展。四是从创新要素看，科技基金、投行融资和非政府组织发挥着重要的资金和倡导作用。与此同时各大高校、实验室负责创造新知识，并培训清洁能源转型所需的下一代劳动力。五是从项目管理看，政府应当密切注意资金使用情况。对实施创新性研究的项目实时跟进，同时制定可靠、合理、符合实际国情的指标，多维度考核项目进展。

综上，从国家到地方，从政府到企业，从国有到私营，从服务机构到高校院所，围绕总体发展愿景所构建的定位准确、分工明晰和协同推进的大生态圈，值得我们在构建"（2+2）+（3+6）+（4+5）"完整的产业体系中学习借鉴，并针对新赛道和未来产业布局尽快制定"施工图"，扎实做好梯次培育、接续发展。

（施雨润）

附件一：美国清洁能源创新优先推进的领域及推进路径

领域	创新方式	目标	重点技术方向	研发资金计划	用于示范的投资计划
先进电池	通过商业化进行基础研究	电动汽车电池目标：将电动汽车电池的成本降低到<100美元/千瓦时；将电动汽车的续航里程增加到300英里；将充电时间减少到15分钟或更短。国家电池供应链目标：到2030年，建立一个安全的材料和技术供应链	减少钴和镍之类的关键材料替代；锂离子电池的新电极和电解质材料；固态电池；新型制造方法；电池回收	能源部FY22资金：为车辆技术办公室提供4.2亿美元，包括电池和充电资金。BIL资金（FY22-26）：用于电池技术供应链。支持2亿美元的电池回收，1.25亿美元的电池和关键矿物回收	BIL资金（FY22-26）：提供30亿美元用于电池材料加工示范
先进核能	通过示范进行基础研究	能源部核战略构想：到21世纪20年代中期两次开展先进反应堆项目示范；此外，还要发展现微型反应堆和先进燃料的能力	小型模块化反应堆，包括轻水冷却、非轻水冷却（如熔盐气体）；微型反应堆；先进燃料（如高丰度低浓铀-HALEU）	能源部FY22资金：提供16亿美元用于核能办公室。IRA资金（FY22-27）：提供3.67亿美元用于国家实验室；7亿美元用于研发和确保HALEU供应	BIL资金（FY22，直到全部支出）：提供250亿美元用于高级反应堆示范计划
先进太阳能	通过商业化进行基础研究（包括制造和供应链扩展）	能源部太阳能计划目标：公用事业规模的太阳能光伏：到2030年为0.2美元/千瓦时；商业太阳能光伏：0.04美元/千瓦时；住宅太阳能光伏：0.05美元/千瓦时。聚光式太阳能发电：到2030年，西南部的CSP（聚光式太阳能发电）系统50美元/兆瓦时，至少具有12小时的热能储存	太阳能光伏、聚光式太阳能发电（CSP）；系统集成；系统成本控制；制造竞争力	能源部FY22资金：提供2.9亿美元用于太阳能技术办公室。BIL资金（FY22，直到全部支出）：提供8000万美元，用于新的太阳能技术制造、再利用和回收，以及研究、开发、示范和商业化	多兆瓦高温试验和能够存储6小时热能的高效第三代聚光式太阳能发电系统

（续表）

领域	创新方式	目标	重点技术方向	研发资金计划	用于示范的投资计划
碳捕获、利用和储存	通过商业化和MRV（碳排放监测、报告和核查）情况进行基础研究	能源部战略愿景：将多个应用程序的捕获效率提高到95%以上。碳转化：将二氧化碳转化为对环境负责、公平和具有经济价值的产品。运输和储存：支持快速部署实现气候目标所需的碳储存	点源碳捕获技术，如燃烧前、后和氧燃烧碳捕获；碳转化；碳运输和储存	能源部FY22资金：提供2.4亿美元用于CCS和电力系统计划。BIL资金（FY22-26）：提供3.10亿美元用于碳捕利用研究开发；1亿美元用于碳捕获技术；25亿美元用于碳储存研究开发	BIL资金（FY22-26）：提供25亿美元用于CCUS示范；提供9.37亿美元用于CCUS试点
碳清除	通过商业化和MRV（碳排放监测、报告和核查）情况进行基础研究	能源部碳负极目标：到2030年将二氧化碳碳清除成本降至每公吨100美元以下。移除应该是长期的，以千兆吨的规模进行，并应考虑到整个生命周期。先行者联盟预先市场承诺：到2030年，承诺了最大限度地减少直接减排外，还购买5万多吨高度耐用和可扩展的二氧化碳清除	带存储的直接空气捕获（DAC）；增强矿化；生物质与碳清除和存储；直接海洋捕获与存储	能源部FY22资金：不少于1.04亿美元用于二氧化碳去除（CDR）。BIL资金（FY22-26）：提供1500万美元用于商业前DAC奖励计划	BIL资金（FY22-26）：提供35亿美元用于区域DAC数据采集中心
清洁运输燃料和船只	通过商业化进行基础研究	美国政府实现巴黎防定的减碳目标：到2030年，200多艘船舶在主要深海航线上使用这些零排放燃料；全球深海船队中，5%以上将成为能够使用零排放燃料的船舶；覆盖3个以上大型贸易港口供应零排放燃料。先行者联盟预先市场承诺：到2030年，承诺人承诺5%以上的深海航运将由零排放燃料提供动力；货主承诺10%以上的货物将由零排放燃料驱动的船舶渐进行国际运输	可以从SAF（可持续航空燃料）副产品中提取的运输燃料；开发绿色走廊的生命周期评估与技术支持	能源部FY22资金：提供4.2亿美元用于车辆技术办公室，其中9600万美元用于先进清洁车辆技术（包括船舶车辆）。能源部为可持续海洋燃料研究开发提供额外资金	目前没有示范项目投资计划

273

（续表）

领域	创新方式	目标	重点技术方向	研发资金计划	用于示范的投资计划
增强型地热系统	通过示范进行基础研究	能源部增强地热攻关目标：到2035年，将增强型地热系统（EGS）电力成本降至45美元/兆瓦时	资源特征；钻井施工；储层生产具有更高的流体流量，以获得更大的发电量	能源部FY22资金：提供1.10亿美元用于地热技术办公室	BIL资金（FY22，直到全部支出）：提供8400万美元用于4个增强型地热系统试点
聚变能源	通过示范进行基础研究	国家目标：开展研发，以便在十年时间范围内设计、建造和运营聚变试点工厂（FPP）	可行的等离子体聚变堆芯（磁约束、惯性约束和磁惯性结合）；先进的低活化材料；氚提取、分离和加工；聚变技术的商业化	能源部FY22资金：提供7.13亿美元用于聚变能源科学；4500万美元启动一项具有里程碑意义的公私合作计划。IRA资金（FY22-27）：提供2.8亿美元用于聚变研究设施	目前没有。但FY22提供4500万美元投入一个新的具有里程碑意义的公私合作计划，以支持针对一个或多个清洁电源的聚变中试厂项目
氢能源	通过商业化进行基础研究	能源部氢能攻关目标：未来10年内清洁氢气生产成本降至1美元/千克。能源部输配送目标：到2030年2美元/公斤。能源部储存目标：到2030年降至9美元/千克时。能源部电解槽系统技术目标：降低成本为150美元/千瓦；效率提高73%；实现耐用性80000小时。能源部重型卡车燃料电池目标：成本为80美元/千瓦；实现25000小时耐用性	生产方面：电解；带有CCUS（碳捕捉技术）的天然气；其他碳基原料。用途方面：存储和基础设施；燃料电池；涡轮机和燃烧；系统分析	能源部FY22资金：提供1.58亿美元用于H_2和燃料电池技术办公室。BIL资金（FY22-26）：提供10亿美元用于清洁H_2电解，5亿美元用于清洁H_2制造和回收	BIL资金（FY22-26）：提供80亿美元用于区域清洁氢中心

（续表）

领域	创新方式	目　标	重点技术方向	研发资金计划	用于示范的投资计划
工业脱碳	通过商业化进行基础研究	能源部工业供热攻关目标：开发具有成本竞争力的技术，到2035年将温室气体排放量至少降低85%。先行者联盟预先市场承诺：2030年购买接近零碳的钢和铝，包括2023年起每年采购高脱碳标准的水泥/混凝土和化学品	具有成本竞争力低碳或零碳替代品，用于工艺加热和清洁热量集成；具有成本竞争力的低碳或零碳钢、水泥和化学品生产	能源部FY22资金：提供4.16亿美元用于先进制造办公室，包括7000万美元用于创建新的清洁能源制造创新研究所	BIL资金（FY22，直到全部支出）：提供5亿美元用于工业排放示范。IRA资金：提供58亿美元用于先进工业设施示范项目
长期储能	通过商业化进行基础研究	长期存储目标：在1C年内提供10多个小时持续时间的存储系统，并将存储成本从2020年的锂离子基准降低90%	低成本的长期存储技术	能源部FY22资金：提供不少于5亿美元用于能源存储，包括为支持能源存储大挑战的研发活动提供资金	BIL资金（FY22，直到全部支出）：提供5.05亿美元用于长时间共享的能量存储开发
清洁重型车辆（HDVs）	通过示范进行基础研究	2021年行政命令：为HDVs制定空气排放、温室气体和燃料效率标准。先行者联盟推进中型和重型车辆（电池或燃料电池）以及清洁能源/H2承诺。能源部研究开发目标：超级卡车Ⅲ：证明温室气体和空气排放减少了75%；与2020/2021年相比，降低了总成本。重型卡车的燃料电池：成本降低至80美元/千瓦；实现25000小时的耐用性	重型公路卡车和越野车辆具有成本竞争力的低碳替代品，包括：电气化、氢气、生物燃料和电子燃料；以及清洁走廊基础设施规划	能源部FY22资金：为车辆技术办公室提供4.2亿美元，包括用于先进清洁车辆技术（含HDV技术和中途添加）的9600万美元融资机会	能源部最近为超级卡车Ⅲ计划下的项目拨款1.27亿美元。BIL还通过能源和示范联合办公室为试点和示范提供资金，以支持全国性的电动汽车充电网络

（续表）

领域	创新方式	目标	重点技术方向	研发资金计划	用于示范的投资计划
甲烷还原	通过商业化进行基础研究	全球甲烷承诺：到2030年将甲烷（强效温室气体）总排放量比2020年水平减少30%。垃圾填埋目标：到2030年减少美国所有垃圾填埋场70%的排放量；减少50%的食品浪费。农业目标：促进减少甲烷（和封存碳）的农业实践和商品；测量、监测、监测。EPA甲烷伙伴关系：解决农业、煤炭开采、石油和天然气以及垃圾填埋场中的甲烷问题	农业：测量、监测、监测和减少畜牧和作物生产的甲烷和一氧化碳排放。其他来源：测量、监测减少非农业来源（如石油和天然气系统、垃圾填埋场和水库）的甲烷排放	能源部FY22资金：包括用于甲烷缓解和定量化的研究开发资金。美国农业部FY22资金：包括为性畜甲烷提供研究开发资金。EPA FY22资金：包括甲烷测量的研究开发资金	目前没有示范项目投资计划
净零建筑	研究开发目标正在研究中	研究开发目标正在研究中	具有成本竞争力的净零建筑施工和运营，包括净零或净负建筑材料	能源部FY22资金：提供3.08亿美元给建筑技术办公室	能源部最近为一系列高级建筑施工示范支持了3200万美元
海上风电	通过商业化进行基础研究	国家目标：到2030年部署30 GW的海上风能。能源部漂浮式海上风电攻关目标：到2035年，将深水成本降低70%以上，降至45美元/兆瓦时	关于海洋条件的稳健性，减少环境影响；安装和电网连接方面的技术挑战；为提高效率和规模经济，为更深的水域开发设计浮动式平台	能源部FY22资金：提供1.14亿美元给风能技术办公室	能源部支持海上风力示范组合项目，包括伊利湖和新英格兰海岸正在建设的项目
可持续航空燃料（SAF）	通过商业化进行基础研究	SAF大挑战：到2030年达到30亿加仑安全当量（50%以上的生命周期温室气体减少）；到2050年满足100%的航空需求；接近零排放的突破技术。先行者联盟预先市场承诺：航空公司和运输公司用可持续航空燃料取代5%以上的喷气燃料需求，货运购买者用85%以上的温室气体减排或接近零排放推进技术替代5%的需求	利用所有潜在的生物质和二氧化碳原料；除了已经批准的7条外，还将探索多种新的转换途径	能源部FY22资金：提供2.62亿美元给生物能源技术办公室。交通部FY22资金（FAA）：为联邦航空管理局（FAA）提供1600万美元用于SAF。农业部FY22资金：包括支持生物燃料生产研发的资金	计划到2030年扩大可持续航空燃料技术的年度投资

中篇：美国 SBIC 计划运行机制及经验借鉴

我国正处于创新驱动发展的关键时期，科技创新已成为经济增长的关键驱动力。目前科技创新实体，特别是中小初创企业发展在资金、融资等方面还面临着较多问题，创新发展潜力得不到完全释放。小企业投资公司（SBIC）计划是美国历史最久、对创业投资业影响最深的政府出资引导基金项目，是目前世界上最经典的参股投资模式政府投资基金之一，英特尔、苹果等知名科技公司在初创时都曾受益于该计划，SBIC 也被称为国际大企业的"婴儿保暖箱"。SBIC 融资担保计划最大限度调动了民间资本参与积极性，成功地推动了美国创业投资业的发展，缓解了美国中小企业发展中的资金困境，并成为世界各国引导社会资本发展创业投资业的楷模。本文对美国 SBIC 融资担保计划的实施及变迁进行详细分析及借鉴比较，以期为上海市实施创业投资引导计划、助力中小企业创新发展提供参考。

一、基本概况

美国小企业管理局（Small Business Administration，SBA）成立于 1953 年，是服务美国中小企业的核心机构，也是美国参与制定及颁布中小企业政策的核心机构。为弥补小企业对私人资本和长期资金缺口，1958 年，SBA 根据美国《中小企业投资法案》，启动实施了"小企业投资公司"计划（Small Business Investment Company，SBIC），旨在利用财政资金最大限度撬动民间资本，引导私人股权资本和长期债权资本投向本土创新创业型小企业。

SBIC 是指经美国 SBA 许可后设立的私人风险投资公司，通过政府杠杆担保融资方式募集社会资金，以贷款、股权投资或者股债结合方式投资于初创期或盈利能力较弱的科技型小企业。从资金来源看，SBIC 计划主要包括三个部分：一是获得 SBIC 牌照的私人注册资本，二是政府匹配的杠杆资金，三是 SBIC 发行的债券和参与证券（SBA 担保）在资本市场上筹集的资金。从组织形式看，SBIC 一般为期限 10 年的有限合伙形式，其 LP 包括养老基金、商业银行、基金会、信托机构、保险公司等机构投资者或高净值客群等私人资本，其中养老基金占比最大。从运行模式看，SBIC 计划曾先后采取优惠贷款、债务担保和权益担保的方式来引导民间资本创办小企业投资公司，向小企业提供长期贷款或股权投资。

二、SBIC 计划发展历程和运行机制

（一）发展历程

SBIC 模式的美国政府引导基金虽然历史悠久、成果斐然，但其发展历程也并非一帆风顺，在 1985 年和 1994 年前后，SBIC 有过两次大规模改革创新，其发展历史可以划分为四阶段。

第一阶段（1958—1993）：尝试探索期，以财政资金优惠利率贷款为支持模式。该阶段由 SBA 将财政资金通过优惠利率贷款方式，直接提供给 SBIC 帮助其筹集资本，被称为"无杠杆 SBIC（Non-leveraged SBIC）"。通过高比例的优惠利率贷款支持，SBIC 计划迅速吸引了大量私人资本，初步形成了美国政府投资基金的资本动员机制，为大约 7.8 万家小企业提供了 130 亿美元的长期优惠利率贷款支持，成功培育了英特尔、耐克等著名国际企业。

第二阶段（1985—1993）：改革创新期，首次提出债券融资担保筹资模式。为缓解无杠杆 SBIC 模式引起的财政压力，同时进一步放大财政资金杠杆作用，1985 年 SBA 停止了优惠利率贷款直接支持方式，采用提供债券融资担保方式帮助 SBIC 吸引民间资本投资，称为"债券 SBIC"（debenture SBIC）。但由于债券长期利率固定且不允许提前兑换，使得 SBIC 计划无法适应外部市场变化，1986 年至 1994 年间 145 家 SBIC 进入清算，清算金额达 6.32 亿美元。

第三阶段（1994—2008）：创新突破期，杠杆融资成为 SBIC 募资模式新突破。1994 年 SBA 对债券 SBIC 的相关要求进行了修订，通过允许债券随时兑现提升其灵活性，并提出采用参与证券方式（Participating Security）对 SBIC 进行股权担保融资。这一杠杆融资模式突破之后，SBIC 仅通过 4 年时间，募资金额就赶超过去 35 年总和，融资规模年均增长率达 20%。该阶段 SBIC 计划培育了约 3 万个创新项目，投出资金约 300 亿美元，培育了苹果电脑、联邦快递和美国在线等一大批世界级的创新企业，创造了超过 100 万个就业岗位。

第四阶段（2008 年至今）：模式限定期，以债券担保模式为核心迭代更新。2008 年金融危机爆发后，SBIC 计划只提供债券担保，并降低了杠杆倍数，也将 SBIC 最大权益投资比例由 20% 调整为 10%，减弱了 SBIC 对被投企业的控制权，更好地保障了创新企

业的独立发展。同时，SBA 对所担保资金的投向加以限定，引导社会资本投向资金更短缺领域，如 2011 年宣布的 10 亿美元影响力投资 SBIC 计划（impact investment debenture SBIC）和 2012 年发布的早期债券 SBIC（early stage debenture SBIC）计划。

（二）融资支持机制

1. 无杠杆 SBIC（Non-leveraged SBIC）

无杠杆 SBIC 实际包括财政资金直接优惠利率贷款模式和银行持有的非杠杆 SBIC 两种方式。

优惠利率贷款模式是 SBA 对于私人资本不超过 1500 万美元的 SBIC，政府贷款金额与私人资本的比例为 3∶1；对于更大的 SBIC，比例相应降低到 2∶1，并且当 SBIC 将其可用于投资的全部资金的 50% 委托或进行创业投资时，每投入 1 美元就可从 SBA 获得 4 美元的低息贷款。这一机制成效显著，美国小企业数量剧增，计划实施前五年 SBIC 达 692 家，管理着 4.64 亿美元私人资本。但由于 SBIC 每半年要向 SBA 支付贷款利息，付息的短期性与股权投资收益的长期性矛盾，使得许多 SBIC 为偿还贷款而不得不提前兑现投资，从而陷入经营困境，造成财政资金损失。

银行持有的非杠杆 SBIC 诞生于 1967 年，该年的《小企业投资法案（1967 年修订版）》《银行控股公司法案（1967）》允许银行将其资本和盈余的 5% 投资于 SBIC，从而带动银行资金为小企业提供融资支持，至今仍在广泛运用。

2. 债券担保类 SBIC

债券担保类 SBIC 通过公开发行长期债券的方式进行债权担保融资，并由 SBA 为其提供债权担保，包括最基础的债券 SBIC 计划、影响力投资 SBIC 计划、早期债券 SBIC 计划。

SBIC 计划发行的债券一般有 10 年还款期限，每半年付息一次，可以在任何时候赎回，但在前五年赎回需按一定比例缴纳罚金。SBA 杠杆融资额度是 SBIC 私人注册资本的 2—3 倍。担保托管期内，SBIC 每年需向 SBA 支付担保费，债券到期后一次性支付本金。当 SBA 批准一笔 5 年内杠杆资金额度时要收取一定承诺费，资金拨付时也要收取一定使用费以及承销费。

影响力投资 SBIC 计划的私人注册资本要求与杠杆和债券 SBIC 基本一致，特殊之处在于"50% 以上融资金额的目标投向是重要的国家优先发展地区和领域，包括难以获取信贷和资本的欠发达地区"。早期债券 SBIC 计划通过要求 SBIC 必须至少将其融资的 50% 投资于早期小企业，进一步扶持早期企业的发展。

3. 股权担保类 SBIC

参与证券是由 SBIC 以有限合伙权益的方式发行的优先股、可回售股份或者根据实际盈利情况偿还利息的特殊债券，也称为股权担保类 SBIC。由 SBA 购买或担保 SBIC 发行的参与证券，使 SBIC 可以获得最高 2 倍于私人注册资本的杠杆资金。这些债券期限一般为 10 年，SBIC 必须最迟在 15 年内以相当于包括其初始发行价格和累积优先支付在内的金额赎回。SBIC 计划发行的政府担保债券，将以优先股参股创业投资基金。在项目盈利前由 SBA 代为支付债券利息，在项目盈利后，SBIC 应当首先偿还代偿债券利息并支付到期本金；如果 SBIC 计划能够持续盈利，SBA 可能会将参股所得的投资收益继续作为 SBIC 计划的风险补偿或者收益激励资金。

通过这种方式，SBIC 的资本动员机制得到了进一步的完善。SBA 代付利息，满足了民间资本对于短期回报的诉求，也减轻了 SBIC 短期支付压力，更好地引导了 SBIC 进行长周期的、回报更高的股权投资，填补债券 SBIC 计划的投资缺口。然而，在 21 世纪初，初创科技公司和早期小企业股票市值暴跌，使得参与证券 SBIC 亏损严重，2004 年 SBA 停止为参与证券 SBIC 提供新的担保。

综上所述，SBIC 计划有三大类型五种细分模式，SBA 在发展该计划过程中，针对不同小企业的不同阶段和不同风险收益情况，制定了差异化的监管资本、杠杆率、投资范围、债务偿还和收益分配规则。

（三）运行特点

严格的审核和监管制度。美国 SBIC 计划的优势在于构建以市场为主导的国家级大平台，统一了监督审查和数据管理的口径，完善了基金清偿和退出机制。在许可审核方面，SBIC 计划审查过程要经历策略初审、融资审核以及授予许可等三步骤，SBIC 投资委员会会逐一审核 SBIC 计划的投资策略、管理人过往投资业绩。在过程监督方面，SBA 审查部门至少每 2 年对授予许可后的 SBIC 计划进行合规性审查，包含第三方独立会计师事务所出具的审计报告和财务报表，GP 每半年对基金进行资产评估。此外，SBA 拥有 SBIC 计划的所有权、控制权和处置权，例如 SBIC 计划 GP 或实际控制人变更必须经过 SBA 的同意；拟拥有 SBIC 计划 10% 合伙份额的后续 LP 的加入也须获得 SBA 事先同意。

表 1　SBIC 三类融资方式对比

类型	无杠杆 SBIC		债券担保类			股权担保类
	直接贷款资助	银行持有的非杠杆 SBIC	债券 SBIC（debenture SBIC）	影响力投资债券（impact investment debenture SBIC）	早期债券 SBIC（early stage debenture SBIC）	参与型证券（participating securities SBIC）
开始时间	1958	1967	1985	2011	2012	1994
当前状态	1984 年停止		不再接受新申请	不再接受新申请	不再接受新申请	不再接受新申请
资金来源	国会拨款	银行资本	社会资本	社会资本	社会资本	社会资本
最低私人资本要求			500 万美元	500 万美元	2000 万美元	1000 万美元
融资杠杆	无杠杆		私人资本的 200%，每个 SBIC 最高 1.75 亿美元	私人资本的 200%，最高为 1.75 亿美元	私人资本的 100%，最高为 5000 万美元	私人资本的 200%，每个 SBIC 最高 1.75 亿美元；两个或两个以上受共同控制的 SBIC 最高 2.5 亿美元
投资方向	通常专注于主要使用债务和混合融资的后期、夹层收购投资		通常为后期投资和夹层投资	通常为后期投资和夹层投资；至少 50% 投向清洁能源、教育向低收入或农村地区，2014 年修改后将先进制造业纳入投资范围	至少 50% 投向早期小型企业（在首次融资之前的任何会计年度中都没有正现金流量）	主要投向投资创业初期和发展早期的小企业
费用			SBA 年费、利点费用和在其提供担保的 5 年托管期内，每年收取担保额度 1% 的担保费	SBA 年费和利息费用	标准债券：前 5 年每季度支付一次利息；折现债券：前 5 年无需支付利息和 SBA 年费。6—10 年期间每季度支付欠款利息和 SBA 年费	SBA 向债券持有人付利息；SBIC 仅从利润中偿还对 SBA 的欠款
利润分红	无	无	无	无	无	SBIC 和 SBA 的具体分割比率参照私人资本杠杆的比例（参与证券总值／私人资本）确定，SBA 分享约 8% 的净利润 SBIC

各参与主体权责明确。私人投资者、SBA 和 SBIC 计划管理人等各主体定位明确，权责清晰。SBA 不干预 SBIC 计划的任何日常运作，只对 SBIC 的注册资本、投资计划、管理人员的资格进行审查，对 SBIC 的投资行为和财务状况进行监督，并提供担保资金。SBIC 需按节点缴纳担保费、承销商费用、代销费等，否则承诺自动取消，SBA 将不再提供还本付息担保。私人投资者是 SBIC 的有限合伙人，与 SBIC 的投资管理人谈判基金的组织架构以及基金管理费率，同时履行出资。SBIC 管理人负责基金运营，市场化运作项目的投资和退出。

市场化退出机制多样化。SBA 没有规定 SBIC 计划的具体退出机制，在满足一定年限并返还 SBA 投资担保金额和相关管理费用后，SBIC 计划可以通过纳斯达克上市、资本市场股权转让、企业并购等多元化途径，市场化选择退出模式。一般经过一定投资期限，SBIC 需对被投资企业进行价值评估，从而决定再投资或退出寻找其他投资对象。

投资行为体现公共政策目标。SBA 从允许和禁止两个角度对 SBIC 的投资行为进行约束，引导 SBIC 投向目标小企业。允许的内容：一是可投资地处美国或其属地的小企业。二是控制一家小企业的最长时间是 7 年（SBA 特许情况除外）。三是可使用债权投资、股权投资或具有股权性质的债券投资（如认证股权）。禁止的内容：一是不可投资大部分雇员（49% 以上）都在美国境外的小企业。二是不可投资项目融资、房地产、农业、金融中介机构等。三是不可将投资公司 10% 以上的资金投资于同一家企业。

（四）运行效果

截至 2021 年末，SBIC 计划累计为中小企业提供了超过 18.9 万次融资，合计资金超过 1160 亿美元，其中包括安进公司、苹果、联邦快递、英特尔、特斯拉以及全食超市等知名企业。2022 年，SBIC 计划提供了 78.6 亿美元融资，其中包括 19.2 亿美元的股权融资；累计服务了 1217 家中小企业，创造了近 13 万人次的就业机会。

担保债券 SBIC 是投资的主力。由于严格的执照审批和事中管理，SBIC 的数量稳定在 300 家左右，担保债券是目前 SBIC 使用的主要支持工具。截至 2022 年末，SBIC 数量为 307 家，其中债券型 SBIC 达到 242 家，占比 78.83%。银行持有的无杠杆 SBIC 的数量则稳定在 50 家左右，近年来略有增加。由于 2004 年 SBA 停止为参与证券 SBIC 提供新的担保，参与证券 SBIC 的数量逐年减少。

SBIC 融资规模呈现上升趋势。2010 年 SBIC 的融资总规模只有 20.47 亿美元，而

2022 年达到了 78.6 亿美元。担保债券融在 SBIC 总融资规模的占比由 2010 年的 77.51% 上升到 2020 年的 90.75%。银行持有的无杠杆 SBIC 融资规模也增长显著，相比 2010 年增加了两倍有余。

三、美国 SBIC 计划的经验借鉴

美国 SBIC 计划的成功运营为完善政府引导投资基金制度、缓解中小企业融资困难提供了经验借鉴。

（一）强化顶层制度设计

SBIC 计划的成功运用，一方面在于其取得了立法保证。为了顺利推行 SBIC 计划，美国政府 1958 年颁布了《小企业投资法》，该法明确指出，SBIC 计划"必须保证最大限度地吸引民间资本的参与"。另一方面，1994—2008 年间，美国先后出台了《小企业投资法案（1967 年修订版）》《小企业股权投资促进法（1992）》《小企业计划改进法案（1996）》《SBIC 技术性修正法案（1999）》《SBIC 修正案（2000）》等，SBIC 计划的法律保障体系逐步完善，美国中小企业发展的外部环境也随之不断优化。

（二）创新引导基金融资担保模式

中小型企业，特别是早期型科技企业，都要求投资资金必须具备"耐心"，美国 SBIC 计划的两次改革，正是为了适应中小企业股权融资的长期性要求。目前我国政府引导基金以央企、地方国企出资为主，企业天然具有收益要求，并不能很好地匹配长线资金特点。在美国 SBIC 计划中，SBA 对提供给 SBIC 的杠杆每年收取 1% 的费用，用于弥补担保债券的预期损失。因此，从 2000 年度开始，SBA 已不需要通过拨款来支持债券的发行，同时 2010 年以来 SBIC 私人资本的比重已超过 50% 且金额逐年增加。因此，建议进一步拓宽政府引导基金资金来源，创新融资担保模式，将 SBIC 债券担保等金融产品作为未来探索方向，集聚更多养老金、保险等长线资金和民间资本，在支持中小企业发展的同时，缓解财政支出压力。

（三）加大政府引导基金支持力度

基金债是目前我国政府引导基金涉及的主要债券类融资方式，其中科技创新债与

SBIC 债券较为相似，但在债券期限与融资成本等方面存在差异。我国科技创新债债券期限以 3 年为主，债券利率相对同期国债利率的升水基本在 0.6% 以上，并要求债券购买方为专业投资者。相比之下，SBIC 担保债券的期限更长，有 5 年和 10 年两类（5 年期担保债券以贴现债券的形式发行），能够更好地匹配创投企业股权投资的长期性。同时由于有 SBA 担保，SBIC 担保债券的利率相对较低，接近十年期美国国债利率。

（四）健全完善企业信用体系

SBIC 计划的成功施行，是以美国高度完善的社会信用体系为基础和前提，美国中小企业获得 SBIC 投资前提是具备良好的企业信用和企业主个人信用。因此，建议加强企业信用信息整合，形成完整的企业信用画像，涵盖项目推进、项目风险、法人信用、企业财务等维度，多元化信用评价机制，强化信用在中小企业融资中的权重。

（张春林）

下篇：比利时微电子研究中心运作模式与经验

随着全球数字化变革，国际半导体产业竞争日趋激烈，我国亟需加快技术突破，维护产业安全。比利时微电子研究中心（IMEC）是纳米电子和数字技术领域的前瞻创新平台，已成为国际巨头联合研发、竞争对手良性合作的重要研发载体，技术成果领先市场多年，备受业界推崇。参考 IMEC 的运作经验，将为我国攻破现阶段半导体产业的瓶颈难题提供借鉴。

比利时微电子研究中心（IMEC）于 1984 年在比利时鲁汶由弗拉芒大区政府出资成立，作为没有股东的非营利机构，战略定位为纳米电子和数字技术领域全球领先的前瞻性重大创新中心。IMEC 秉持"只做产业界所需要的东西"理念，发挥在研发主体间的桥梁性作用，准确把握市场应用前景，聚焦基础研究和应用研究、在前沿领域开展超前研发，已成为欧洲顶尖、世界领先的产业共性技术研发平台，探索出一条成功的新型研发机构之路。IMEC 与 IBM 和英特尔并称为全球微电子领域的"3I"。

一、机构运作概况

（一）拥有一流的基础设施

经过前期大量投资，IMEC 拥有世界顶尖的实验条件，作为战略研发平台，为产业界、高校研发提供了优异条件。例如，耗资 25 亿欧元的 300 毫米洁净室"试验线"实现了比当前前沿制造技术领先 2—3 代的芯片制造工艺研究——目前最先进的芯片是 5 纳米，但 IMEC 已经在研究 2 纳米及以下的芯片。在强大的研发设施支持下，IMEC 的研究已覆盖纳米电子学的各个方面。

（二）布局前瞻性技术领域

就研发超前性而言，IMEC 的选题标准是要超越工业应用约 3—10 年的技术，而非追随市场热点。一是基础研究，聚焦比市场应用早 8—15 年的技术，主要依托与 200 多所大学间的合作，为新产业生态积累知识基础；二是应用研究，聚焦比市场需求提前约

3—8 年的技术，主要依托 IMEC 产业联盟项目，推动特定技术研发，IMEC 在其中发挥协调作用、聚集产业上下游主体；三是发展研究，聚焦比市场应用提前 2—3 年的领域，依托 IMEC 的产业合作伙伴关系，开展双边合作，解决合作方的具体需求。

就研究领域而言，在芯片方面，IMEC 致力于研发芯片科技及其在各实用领域（健康、经济、能源、环境等）结合的可能性。除此之外，IMEC 还在先进存储器、MEMS、智能传感器、生物芯片、纳米材料、纳米生物电子等多领域开展研发工作。

在半导体制造工艺方面，IMEC 拥有一条 8 英寸研发线和一条 12 英寸（部分兼容 18 英寸）研发线，洁净室总面积达到 1 万平方米。在 12 英寸线基础上的工艺研发主要针对 14 纳米及以下的数字 CMOS 工艺模块开发，包括 EUV 光刻和先进掩模技术、High — K 和金属栅极、互连与 3D 封装、新式器件结构等。目前，在欧盟的支持下，IMEC 正在为 18 英寸晶圆时代的到来做准备。

（三）聚合一流的合作伙伴

IMEC 与世界顶尖组织企业开展合作，拥有 600 多个世界领先合作伙伴和全球学术网络组成的生态系统，核心科研伙伴囊括几乎全球所有顶尖信息技术公司。例如，IMEC 的 193 纳米深紫外线（DUV）芯片工艺 IAP 计划中有全球 30 多家企业，包括芯片生产巨头（英特尔、AMD、美光、德州仪器、飞利浦、意法半导体、英飞凌和三星等）、设备供应商（ASML、TEL、蔡司等）、基础材料供应商（Olin、Shipley、JSR、Clariant 等）、芯片设计商（MentorGraphics 等），以及 4 个集成电路产业联盟（SEMATECH、IST、MEDEA、SELETE）。通过与一流伙伴合作，IMEC 也得到了更多的人才、设备、资金、技术与研究支持。

（四）保持持续的发展创新

IMEC2021 年启动了永续半导体技术与系统（SSTS）研究计划，从而降低芯片价值链对于生态环境的负面影响。该计划集结了整个半导体业的关键机构参与其中（包含系统商、设备供应商和台积电、格芯、三星等国际晶圆大厂），并以 imec.netzero 模拟平台为载体平台开发了虚拟晶圆厂。IMEC 于 2023 年 3 月展示了虚拟晶圆厂的最新评估方案，将助力实体晶圆厂低碳转型。

除致力于脱碳以外，据其 2022 年的表现 ①，IMEC 展现了持续的创新力与研发实力。芯片光刻方面，IMEC 在图案化和蚀刻工艺、新型抗蚀剂和底层材料、光掩模技术等方面均取得了突破，有望实现低于 2 纳米的光刻工艺。移动通信方面，实现 5G 和 6G 硅基氮化镓器件功率与碳化硅基氮化镓等同，为下一代移动通信解决方案提供技术支撑。此外，IMEC 也持续深入光子学、感知与驱动、半导体与神经生物学融合、孵化企业的产品迭代等方面。

（五）独创联合性研发模式

与世界范围内其他类似机构相比，IMEC 所取得的成功地位与其独特的联合研发模式密不可分。通过聚焦产业共性的、竞争前技术，实现了数十家具有竞争关系的企业共同参与 IMEC 的研发项目。例如，IMEC 打造非竞争性的环境，将英特尔、台积电和三星等激烈的竞争对手，与 ASML 和应用材料公司等芯片工具制造商，以及 Cadence 和 Synopsys 等关键半导体软件设计公司聚集在一起，促使下一代工具和软件率先在 IMEC 的平台上诞生。其他类似机构并未实现竞争对手企业间的研发合作。

表 1　IMEC 与类似机构比较下的核心亮点

机构名称	概况与特征	是否实现竞争对手间合作
IMEC（比利时，1984）	比利时弗拉芒大区政府出资成立的非营利机构，在全球有 600 多个合作伙伴，开展半导体共性技术前瞻研究	是
CEA-Leti（法国，1967）	法国可替换能源和原子能委员会下属的非营利机构，全球最大微电子和纳米技术应用研究机构之一，有 250 多家全球企业合作伙伴	否
ACCESS（中国香港，2020）	智能晶片与系统研发中心（ACCESS）由香港及国外多所大学间合作下的、香港特别行政区政府打造环球科研合作中心重点项目下的研究中心	否
MITREEngenuity（美国，2019）	美光、ADI、MITREEngenuity（非营利组织，联盟领导者）和 Intel（后加入）合作组建的产业联盟，聚焦美国的半导体产业创新与提升竞争力	否
"韩国版 IMEC"（计划阶段）	最近，韩国政府和韩国半导体产业协会正与三星电子、SK 海力士、DongjinSemichem、SiliconMitus 等企业共同开发韩国版 IMEC，近期动向为培养半导体产业人才	否

① IMEC "2022 年亮点"：https://www.imec-int.com/en/articles/2022-highlights。

二、体制机制经验

（一）从组织架构上确保研究中立性

为了能更好地协调各方关系，IMEC 不设股东，而是选择建立理事会作为最高的决策机构。其中，理事会的成员由半导体产业界、政府与高校三方的代表构成，三者人数各占总数的 1/3，确保了 IMEC 在三方中始终具有中立性与开放性。同时，为确保高层决策科学性，还邀请国际知名学者和企业高管组成科学顾问委员会，为理事会决策提供专家咨询建议。IMEC 的具体业务部门还会随着研究方向调整而适时频繁变动，确保适应技术研究需求。

（二）吸引企业参与的问题研究模式

IMEC 聚焦全球微电子及相关领域的关键共性技术研发，同时也可满足个性化需求，对企业参与研究的吸引力较高，实现了与工业界的密切合作、共同研究分享未来核心技术。

一是基于共性需求，通过多边合作工业联盟项目（IIAP）吸引企业参与。在研究兴趣上，IMEC 选择产业共性技术（竞争前技术），既是处于技术演化前期的关键性技术，也是企业在自主研发中的普遍问题，因此企业有兴趣参与、也不必担心核心技术流失。在参与模式上，企业需向 IMEC 支付一次性加入费（用于对既有知识产权的使用许可费）和研究年费（IMEC 根据预算分摊的项目研究费用），依据约定拥有或共享项目成果、知识产权。

二是基于个性化需求，通过双边研发项目开展定制化服务。业界公司与 IMEC 合作开发产品，利用 IMEC 的研发能力、研发设施、技术储备。此类项目一般基于 IMEC 已有技术，再根据特殊需求设置项目，双方分摊研发费用、按约定共享和使用研发成果、知识产权。IMEC 的海外企业客户占比高达 75% 以上，为更好地服务于合作伙伴，IMEC 在美国、日本、荷兰等全球重要的半导体产业中心设立了区域合作办公室。

（三）科学、公平的多边合作模式

一是以业界共同努力来顺应产业发展规律。微电子产业技术进步以"摩尔定律"为特征，即集成电路以 18 个月为自我更新周期，因此行业主体均面临技术持续更新的压力。而前沿基础研究是纯科学性、非竞争性的，需要所有科学工作者的共同努力才能推进。因此，IMEC 顺应这一规律和需求，开展联合研究计划，从而引领半导体价值链协同研究、把握半导体革命的机遇。

二是采用 IMEC 决策下的"民主集中"形式。工业联盟项目通常由几十家有竞争关系的企业参与，合作开发共性技术。IMEC 在这种合作中拥有决策权，同时也充分听取各家企业的意见。由于企业支付了可观费用，因此会表达真实意见。IMEC 在掌握各方信息的基础上，常常能做出正确决策，并且开一天会就能做出一个决定、决策效率很高。相比于定位相似的美国 Sematech 机构，IMEC 自己掌握决策权更具优势——Sematech 由单个会员企业来主导某个模块研发，但企业间的互相竞争关系导致这种合作并不顺利、往往争论不休，最后 Sematech 不得不选择转型，成为开展验证设备、统一标准等工作的平台。

三是实现联合研发后知识产权的公平归属。IMEC 对产业联合项目建立了知识产权分享机制，分为 R0（IMEC 独有）、R1（IMEC 与合作伙伴共同所有）、R2（合作伙伴独有）三类形式。精细化的知识产权归属机制既满足了创新联合体内各方利益诉求，也防止了"搭便车"行为，实现了公平、共享的合作研发环境。

（四）政府经费确保基础研究合作的体量

IMEC 的收入分为地方政府投入、合作伙伴项目资助、技术研发成果转化三类。其中，地方政府每年给予 IMEC 稳定的拨款经费支持[1]，并要求其将至少 10% 的拨款经费用于与科研机构、大学等合作开展基础研究，具体形式可以是合作研发、互换人员、成立工作组等。通过这一硬性要求，IMEC 可以积累丰富的技术储备，尤其是对于产业界不愿长期投入的、战略先导性的、前瞻性的技术，IMEC 可以填补技术空白、掌握技术合作优势。

（五）完善的成果转化机制

作为开放式研发平台，IMEC 在合作研发中发挥了两大桥梁作用，加速创新转化。一是连接了学术界和产业界，IMEC 从高校基础研究中挑选出可产业应用的技术，与产业界进行联合研发，高校、IMEC 和企业分别承担"小试""中试"和"大试"。二是连接了设备商和制造商，IMEC 使二者在工艺研发阶段就进行先期技术对接，从而确保工艺成熟后的设备可顺利适配工艺线。

IMEC 也搭建了一套成果转移转化机制，加速最新技术的市场应用。一是将最新技

---

[1] 根据 IEN Europe，弗兰芒区政府资助起初为每年 1000 多万欧元，2017 年增长到了 1.08 亿欧元；2023 年 7 月，欧盟和比利时弗拉芒大区政府表示将共同向 IMEC 投资 15 亿欧元用于设备和工艺升级。

术直接转移到公司。IMEC 发挥产业聚集效应，在其所在地已形成"数字信号处理器（DSP）谷""多媒体谷"等产业聚集地，覆盖全产业链企业，便于技术转移。当 IMEC 获得可市场运用的技术时，就可通过一次性技术买断的方式转移到受让公司。二是通过孵化公司实现技术商业化。IMEC 每年至少成立 1 家子公司，对于没有外部公司引入但具有价值的技术，IMEC 会在充分论证可行性的基础上，以成立孵化公司（同时予以人才、技术、资金支持）的形式将成果进行转化，目前已孵化了数百家科技公司。

（六）实现良性正向循环的运营模式及机制

IMEC 的运营模式成效显著，在政府和业界资源的合理配置中实现了自身壮大。启动之初，在政府对 IMEC 的一次性 6200 万欧元启动经费中，有一部分以项目合作的形式拨付给了大学，促使高校研究更贴近于产业需求。一次性投入后，政府每年向 IMEC 拨付经费、金额逐年略增。但一方面，政府资助与 IMEC 预算间存在较大差距①，使得 IMEC 与产业界合作研发、获取研发收入的紧迫感很强；另一方面，随着产业注资增加，政府对 IMEC 的投资稀释到了一成左右。在产业界成为 IMEC 的经费主力军后，大量资金投入形成了良好的自主扩张能力，IMEC 不断进行研发设备的迭代，形成一种正向循环。IMEC 在设备采购迭代上凸显高效性，不必事前报批立项、经历审批，而是每 5 年接受一次政府的业绩考核，涵盖 3 个主要考核指标——一是研发出的技术是否达到国际先进水平，二是与产业界合作的规模，三是对当地产业的带动作用，这种模式保证了设备购买的决策效率。

三、启示与建议

当前内部因素和外部因素的双重挑战，使得我国加速半导体产业创新变得尤为关键。内部产业现状方面，我国芯片设计总体体量的增长空间较大（大部分芯片设计企业营收不到全球主要对标企业营收规模的 5%），芯片国产化替代与市场供应情况有待进一步提升。在体制机制上，我国半导体技术领域虽然受到政策全方位大力支持，但市场竞争环境打造（国有企业相比私营企业，在获取产业资源方面有一定优先性②）、产学研

---

① 2007—2011 年间，法拉德斯省政府对 IMEC 的资助总计 2.1 亿欧元，而 IMEC 在这期间的总预算超 12 亿欧元。
② 例如：2021 年 8 月，赛迪的报告指出，企业国家重点实验室中由民营企业牵头建设的比例极低，诸多企业重点实验室由国有转制院所演变而来，对行业开放度不够，民营企业难以直接参与建设并共享科研成果。

关系紧密度建立、政府举办下院校及其自办企业的创新绩效等仍不够充分，最大化调动私营企业的技术创新生命力还需增强，有效的自主创新体制、产业内生动力还需构建完善，基础研究成果和产业化应用存在的"两张皮"现象亟待改善。

外部发展环境方面，我国遭遇美国连续制裁打压，核心技术围堵的高墙越来越高。自 2018 年中兴事件以来，美国对中国半导体产业的制裁政策不断升级，拉拢荷兰、日本、韩国等其他国家壮大阵营，并发布"芯片法案"、限制对华投资行政令等，意图"锁死"我国高端芯片及其他关键领域的研发与制造。IMEC 也因形势恶化，已于 2021 年停止与中国科技企业的合作往来。我国亟须改善半导体产业创新生态，加强原始创新能力，破解对国外核心技术的依赖。

（一）重点扶持具有高创新力的企业

参考比利时 IMEC 与企业形成紧密技术合作、分享创新资源的机制，建议给予高创新力企业更多的重视。最近，在 3 纳米芯片尚未普及的情况下，国际各界已开启了在 2 纳米芯片制造上的研发竞争，研发与创新实力对于争取竞争优势而言尤为关键。鉴于私营企业在产业技术研发与创新方面有更强的动力，有必要打造更为公平的市场竞争环境、减少某些企业获取资源的阻碍，同时加强对创新力强的高科技企业给予更多政策倾斜，提高私营企业创新活力。同时对不具备创新优势、技术竞争力的部分企业，减少优惠政策待遇，倒逼企业调动创新竞争意识，打造技术创新氛围。

（二）支持企业或联盟掌握更多资源

参考比利时政府给予 IMEC 稳定投入、调动出高投入产出比的做法，建议给予国内企业或联盟更多的科研资源。产业界对于市场需求和技术痛点有较为直观的认识，但中国企业对半导体的研发费用整体不足，据半导体研究机构 ICInsights 报告，中国企业的研发支出在全球半导体行业的研发总量中仅有 3.1%。可尝试将更大比例的科研资源和经费拨付给企业与联盟，方便其自主组织科研项目，而非对高校院所过度倾斜科研资源。政府可规定企业与联盟向社会公开发布自主科研项目后，须形成由大学、科研院所、企业三方共同组成的项目团队，确保研究的科学性、中立性、前沿性。

（三）破除产学研合作的体制性障碍

参考 IMEC 通过产学研各主体协作，共同推动面向产业的基础科学研究进步的成功经验，破除搭建合作研发机制的阻碍。未来芯片产业或将需要更为激进的新技术，因此加强产学研合作研发紧密度更为紧迫。鉴于我国高校院所对企业需求重视不足，且人员完成学术论文的压力较重等现状，可探索对高校院所进行部分管理体制改革，形成产学研协作模式。一是保持对前沿技术领域的前瞻布局。优化高校教职人员的职称评审模式，减轻论文压力，对面向产业的基础研究投入给予更大的空间。二是营造公平开放的研发环境。探索将更多研发项目资源提供给企业，提升企业牵头主导联合创新的比例，确保企业在产学研协作研发中的话语权。三是吸引企业参与协同研发。建议在部分合适的领域，鼓励高校院所灵活聘请企业工程师、高管人才，便于产业界一线专家将"卡脖子"难题带入高校，解决企业的现实技术需求。四是提升科研成果转化率。对于高校聘请的业界专家，建议为其制定灵活科学的考核标准，如侧重专利产出与转让情况，加快研发合作取得成效后的成果应用，改善基础研究成果和产业化应用"两张皮"的问题。

（四）打造可持续发展的创新联合体等组织

参考比利时 IMEC 在打造技术创新载体、打造国际半导体研发品牌的成功模式，推动我国在半导体产业领域打造形成具有国际竞争力和影响力的创新联合体。一是在技术前瞻上，不仅要对其投入半导体技术基础研发的比例作硬性要求，还要确保学术网络的规模、获取广泛的学术资源，从而使联合体在高校的诸多基础研究中，定期挑选出可产业应用的技术，再与产业界联合研发。二是在组织机制上，应打造聚集各方专业力量同时维持决策中立的创新联合体，既要保持组织内部来自产业界、政府与高校的代表间形成均衡比例，又要在广泛听取合作各方意见的基础上由组织自身进行高效决策。三是在政府扶持上，确保资金投入的稳定与充分，同时在资金管理中赋予联合体对于半导体研发设备采购、项目方向决策、合作伙伴选择等方面的充分自由度。四是在凝聚业界力量上，在初期，借鉴IMEC 寻找第一个合作伙伴的经验，先集中资源研发出一项一流的半导体技术，再考虑以极其优惠的条件向行业巨头进行技术授权，打造高级别合作、获得研发实力认可，从而逐渐打造品牌、积累客户。在后期，对其与产业界的合作规模作出要求，确保其维持服务水平、提升产业吸引力。五是在促进成果转化上，以定期的业绩考核替代对半导体研发设备采购的事先审核流程，提高创新联合体根据前沿趋势进行研发设备升级的速度、确保研发效率，在业绩考核中重点评估联合体对产业的实际带动效果。

（蔡懿）

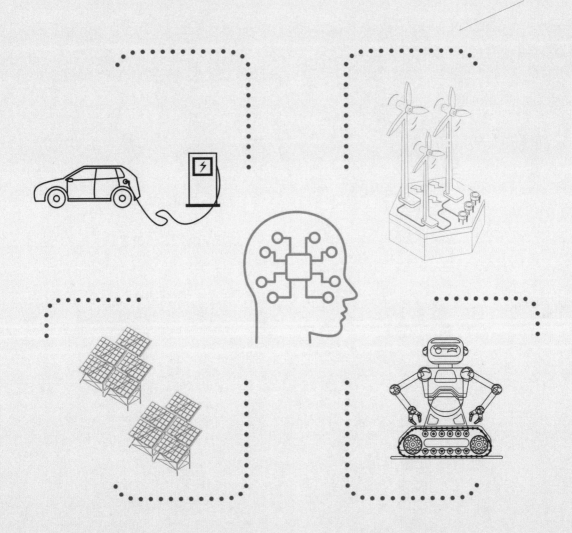

第三编

新动能

生成式人工智能发展趋势

生成式人工智能正成为现阶段推动数字经济发展的重要力量。一方面，其推动了行业投资、研究和应用；另一方面，又对教育、就业、数据监管、隐私保护、知识产权等社会规则带来了挑战。目前，全球生成式人工智能的发展都进入了加速期，本文分析了 AIGC 的发展现状，以及所面临的一些问题，由此提出行业健康发展的建议。

随着聊天机器人 ChatGPT 火爆全球，诞生于 1956 年达特茅斯会议上的"人工智能"（Artificial Intelligence，简称 AI）概念，历经多次技术迭代与应用场景拓展，迎来新的发展热潮。生成式人工智能（Artificial Intelligence Generated Content，简称 AIGC）模型成为当前炙手可热的研究和投资方向之一。这些模型将 AI 工具的角色定位从以往的"观察＋预判"升级为如今的"生成＋决策"。

一、国内外行业发展概况

（一）国外：多模式的繁荣发展

国外 AIGC 行业呈现繁荣发展态势。涌现出了一些市值颇高的头部企业和深耕垂直领域的企业。

国外 AIGC 大模型赛道的独角兽公司主要有：

美国人工智能研究公司 OpenAI 创立于 2015 年，以推出自然语言处理模型 ChatGPT 而闻名，其估值高达 290 亿美元，该企业于 2023 年 11 月推出 GPT-4，这是目前为止最大的自然语言处理模型，有 1750 亿个参数，可以理解之前 GPT3.5 理解不了的问题。OpenAI 官网上最受欢迎的几个产品和服务是 ChatGPT、OpenAI Platform、OpenAI Dublin 和 OpenAI Research，它们分别展示了 OpenAI 在聊天应用、开发者平台、开发者大会和研究领域的应用。

美国开源模型库公司 Hugging Face 成立于 2016 年，其预训练模型数量在 2023 年 8 月达到 30 万个，数据集从 1 万个增长至 5.8 万个，用户可以在 Hugging Face 网站上托管和共享 ML（Machine Learning，机器学习）模型、数据集，以及搭建部署属于自己的新模型。此外，Hugging face 对标 OpenAI 的 ChatGPT，推出开源大语言模型 HuggingChat，相比 ChatGPT，HuggingChat 的数据来源更广泛，包括了书面内容、真实人物对话等共 300 亿个参数。该公司目前估值约 45 亿美元。

以色列人工智能公司 Lightricks 创立于 2013 年，起初专营图片编辑领域，推出了 Photoleap、Lightleap、Artleap、Filtertune 等工具，近年来，该公司也紧跟音视频潮流，推出 Videoleap、BeatLeap、Seen 等一系列专业级产品，该企业目前估值 18 亿美元。

美国科技企业 Jasper 创立于 2021 年。创立不到两年，其估值就达到了 15 亿美元，成为有史以来增长最快的初创企业之一。该企业专注于人工智能驱动的文案软件领域，能够用来编写视频脚本、广告营销文本、电子邮件，以及其他文字工作。

除了独角兽企业以外，AIGC 发展也催生了专攻垂直类小场景应用的企业（网站），按照文本、图像、音频、视频分类如下：

	Automated Insights	结构化写作
文本领域	Anyword	文案工具
	Copy.AI	数字广告文案
	Jenni.AI	论文
图像生成领域	Midjourney	文字生成图片
	Stability AI	开源文生图

（续表）

	Murf AI	文本转语音
音视频领域	Synthesia	拼凑生成视频
	Wonder Dynamics	影视特效
	Runway	视频生成

（二）国内：通用、行业大模型百花齐放

艾瑞咨询预测，中国 AIGC 产业规模 2023 年约为 143 亿元。随着商业化落地逐渐深入和产业生态逐步完善，预计 2025—2027 年将是场景应用蓬勃发展期，2028—2030 年将是行业整体加速期。2028 年，AIGC 的产业规模预计将达到 7202 亿元，逐步建立完善的"模型即服务"产业生态，2030 年有望突破万亿元，届时将呈现蓬勃发展的新业态。

目前，全国有至少 130 家公司研究大模型产品，其中做通用大模型的有 70 余家，其代表有：百度（文心一言）、阿里（通义千问）、华为（盘古 AI 大模型）、商汤（日日新大模型）、科大讯飞（星火认知）等互联网大公司。

2023 年 3 月 16 日，百度正式发布大语言模型、生成式 AI 产品"文心一言"。文心一言是高度本土化的 AI 模型，更加匹配中文环境的使用习惯。近期，在 AGIEval、C-Eval 等中英文权威测试集和 MMLU 英文权威测试集中，文心大模型 3.5 取得了超过 ChatGPT 和 LLaMa、ChatGLM 等其他大模型的分数表现。阿里大语言模型"通义千问"支持多轮交互及复杂指令理解、多模态融合以及外部增强 API，尤其在垂直场景化方面具有优势，可以帮助企业客户快速完成各种语言文本任务。华为盘古大模型基于"预训练 + 下游微调"的工业化 AI 开发模式，拥有泛化能力强、小样本学习和模型高精度的特性，通过少量样本也能达到较高精度。商汤推出"日日新 SenseNova"大模型，在其体系下，催生 AI 文生图创作、2D/3D 数字人生成、大场景 / 小物体生成等一系列生成式 AI 模型及应用，提供多种灵活的 API 接口和服务，用户可根据实际应用需求调用。

此外，行业应用的数量也在稳步攀升，医疗、金融、教育、交通等行业大模型的研发成为热门，与通用大模型相比，行业大模型充分利用自有数据的质量和数量级，打造出的模型比通用大模型更专业、更精准，同时也可以借鉴其他开源大模型的技术和经验，提升训练效率和效果。以下列举一些行业领域的大模型：

行业	企业	大模型名称
医疗	深睿医疗	Deepwise MetAI
	智云健康	Cloud GPT
	上海联通	Uni-talk
教育	网易有道	子曰
	希沃	教学大模型
	学而思	MathGPT
金融	华为	盘古金融
	马上消费	天镜
	星环	无涯金融
交通	北京交通大学	TransGPT·致远
	T3 出行	阡陌

从投融资轮次的维度看，2022 年以来，我国 AIGC 赛道投资数量开始出现明显增长，在已披露金额的融资事件中，大多为千万元级和亿元级的融资体量。其中，融资体量达到亿元级的项目包括国内最早开展 AIGC 商业化落地的小冰公司，以及超参数科技、光年之外、澜舟科技等科技公司。不过，约 70% 的项目处于 A 轮及以前阶段，可见赛道仍处于起步期。同一标的高频融资，既反映 AIGC 前期创业需要大量资金支持，也表明优质创业项目非常稀缺。

从产业细分维度看，应用层创业机会最多，模型层创业在 2023 年集中涌现；文本、影像、语音平分秋色，多模态和跨模态的应用前景更加为资本所看好。

（三）行业结构加快调整

随着 AIGC 的突破性进展，预计全球将有 3 亿个传统工作岗位被机器取代。AIGC 最容易替代的职业有两类，一类是在电脑上即可完成工作闭环，并且工作内容存在大量重复环节的职业，如基础美工 / 设计；另一类是易于标准化的职业，如采用固定话术的客服、营销文案等。

诚然，每一轮科技革命似乎都会引发"新技术会否引发失业"的隐忧，新一轮就业结构调整已不可避免，社会发展生生不息，会有新的工作岗位、商业模式不断出现。脉脉在 3 月发布的《2023 AIGC 人才趋势报告》显示，AIGC 人才并不局限于人工智能领域，互联网行业发布了最多的 AIGC 职位，占总数的近三分之一，远超过新兴金融科技和游戏行业的总和。猎聘大数据研究院 7 月发布的《AIGC 就业趋势大数据报告 2023》显示，过去一年，科研技术 / 商务服务行业的 AIGC 职位增长居首，为 211.86%，科研技术 / 商务服务的根基在于研发、服务的质量，而 AIGC 为其提供了更为有效、便捷的路径；能源 / 化工 / 环保、IT/ 互联网 / 游戏行业 AIGC 的职位同比增长位居第二、第三增长分别为 120.99%、61.88%。

（四）形成数字经济新增长引擎

AIGC 将成为重组要素资源、重塑经济结构、重构竞争格局的重要数字经济引擎。AIGC 的优势在于可以突破人类创作的限制，实现无限的内容创造。它可以根据用户的需求和偏好，生成符合用户期望的内容，提高用户满意度和忠诚度；可以节省人力和时间成本，提高内容生产的效率和规模；还可以创造出人类无法想象的新颖和有趣的内容，拓宽人类的知识和视野。具体而言，AIGC 作为数字经济重要的智能方式，能够生成更加复杂、自然的语言、图像、语音等，与用户进行更加真实的交流与互动，这种真实感会带来更多的商业价值和竞争优势。此外，AIGC 还可以用于自动化生成分析报告、风险评估、投资策略等内容，进一步提升工作效率。这些都将使其成长为引领数字经济下一轮增长的重要动力。

二、存在的问题

（一）大模型训练的资源限制

大语言模型的训练过程，需要算力高、算法精和数据多的三重支撑。而算力高要求高能耗的支撑，算法精意味着迭代要快，数据多意味着要更多高质量的开放数据，这导致 AIGC 行业具有较高的准入门槛，需要有雄厚的资金用以支撑其训练费用。因此，只有部分大企业和资深创业者团队能够持续性深耕行业，导致 AIGC 基本上成为行业巨头之间的竞赛。此外，AIGC 所生成的内容不仅要经过人类的二次高质量解读或加工，而且要在本部署带有垂直细分领域数据库的"小模型"进行二次精细训练，这又会增加成本开支。

（二）暂时不能应用到高期望场景

AIGC 是对参与训练的各类型数据的排列组合，对其输出结果的评判标准是人的期望，在一些例如陪标、娱乐、代码生成等低期望的应用场景中，AIGC 的表现是超过期望的。但在例如发现新知识、创造新理念、情感支持等高期望场景中，AIGC 还未进入技术入门阶段。AIGC 远远未达到人类的认知水平和高度，未触及人类所特有的创新、韧性、灵感、直觉等主观能动性。对于大多数企业来说，关键是探索如何使用 AIGC 实现特定场景的商业化落地，服务目标客户并实现其商业价值。

（三）人才储备不足

我国 AIGC 领域的高端人才和技能人才的缺口较大，尤其是具备研发实力、掌握核心技术的专业人才更是紧缺。主要原因如下：

产学脱钩。在 AI 以及 AIGC 飞速发展的时代，教育"滞后性"问题被逐渐放大，导致产学脱钩。一是高校很多教师并没有相关的"实战"经验，大多数属于理论派。二是算力资源缺乏，大多数高校并没有足够的资金购买用于科研的 AI 服务器。

企业培养成本高、周期长。很多大学生在学校并没有学习到相关前沿领域技术，因此企业就分担了一部分培养人才的重任。很多 AI 和 AIGC 行业相关岗位对人的综合素质要求较高，比如需要编程能力、编译原理、机器学习、深度学习等，企业培养出来一个合格的 AI 人员成本高、周期长，造成一些规模不大的企业对于人才培养的投入不足，缺乏培养机制和激励机制，导致供给质量不高。

（四）对现有社会规则的冲击

现有社会的管理核心还是属地管理模式，不能忽视 AIGC 应用对法律、伦理和社会秩序的挑战。AIGC 可能制造、传播错误、不准确的虚假事实，传播深度伪造内容和其他虚假信息，进行诈骗、色情、诽谤、假冒身份等新型违法犯罪活动；大模型训练使用他人版权作品、应用自主产出的创造性内容等面临版权保护争议；生成的内容无法摆脱性别、年龄、种族等方面的算法歧视，哪类训练数据多，就输出哪类训练数据的偏好。

三、AIGC 行业健康发展的建议

（一）降本增效，实现高质量数据资源共享

AIGC 作为数据库的逻辑架构，遵循"垃圾进、垃圾出，精华进、精华出"的黑箱策略，高质量的训练数据是 AIGC 的重要食粮来源，但应当在保证训练数据质量的同

时，控制成本，努力实现资源共享。

首先，AIGC 模型开发的成本之所以高，主要原因在于算力消耗。在筛选数据方面，研发人员可以使用训练好的模型对数据质量进行预测或分类。解决了数据质量问题后，再通过设计复杂代码来提高芯片的效率，优化模型的训练和推理成本。其次，需要深化数据高效共享协调机制，提升数据共享统筹协调力度，促进数据有序开发利用，明晰数据公开的范围和边界，实现最大程度开放和保护。打造统一数据资源公开平台，构建统一规范、互联互通、安全可控的公共数据库，实现数据跨地区、跨部门、跨层级共享效益，为 AIGC 的发展打造坚实的数据共享底座。

（二）通过算法实现人类认知，促进商业场景落地

工具的使用是人类进入文明时代的标志，工具的发明大大提高了生产力，节约了时间成本，AIGC 作为新型工具载体，是人类认知拓展的延伸。人类认知包括感觉、知觉、记忆、思维、想象和语言等，人脑接受外界输入的信息，经过头脑的加工处理，转换成内在的心理活动，进而支配人的行为。如果 AIGC 具有和人类一样的学习与进化能力，那么根据现有的技术水平，可以将人类的认知过程、风格、能力、策略进行标准化、结构化，进而转化为 AI 算法进行技术实现，或许可以使 AIGC 具有人类拥有的一些特质，包括创新、韧性、灵感、直觉等主观能动性等，以将其用于更广阔的应用场景中。

（三）加大人才培养力度

2023 年 3 月，教育部等五部委发布《普通高等教育学科专业设置调整优化改革方案》，明确到 2025 年，将新设一批适应新技术、新产业、新业态、新模式的学科专业，同时淘汰不适应经济社会发展的学科专业。在 AIGC 领域，高校一方面需要改变教育理念、修改教学内容、改进教学方法、善用 AI 工具，在课程设置和培养方案上与市场需求进行有效衔接；另一方面与时俱进，从知识本位转变为技能本位，完善 AIGC 人才培养机制。

高校还应加强与企业合作，共同制定人才培养方案和课程设置，以满足市场需求为导向，培养具有跨界融合能力的复合型人才。此外，可以通过加强高校教师队伍建设、引入企业案例教学等方式，提高学生的实践能力和综合素质。

政府应加大对 AIGC 产业的扶持力度，通过制定相关政策措施，鼓励企业和高校加强合作，推动产学研一体化发展。同时，可以设立专项基金，鼓励企业加强技术研发和高端人才培养，推动 AIGC 产业的发展和升级。

（四）完善相关技术发展和规范

AIGC 的挑战在于它需要解决一些技术和伦理方面的问题。技术方面，AIGC 需要不断提升人工智能模型的性能和质量，保证生成内容的准确性、合理性、逻辑性、一致性等。它也需要考虑如何处理多语言、多媒体、多风格等复杂的内容生成场景，以及如何评估和优化生成内容的质量和效果。规范方面，AIGC 需要遵守相关的法规，防止生成内容涉及侵权、抄袭、造假、诽谤、暴力、色情等不良信息。它也需要尊重用户的隐私和权利，保护用户的数据安全和知识产权。10 月 18 日中央网信办发布的《全球人工智能治理倡议》中，主张建立人工智能风险等级测试评估体系，不断提升人工智能技术的安全性、可靠性、可控性、公平性。因此，在 AIGC 领域，也需要建立国内外通用的风险等级评价体系，形成人工智能伦理指南，建立科技伦理审查和监管制度，明确人工智能相关主体的责任和权力边界。只有进行相关约束，才能在 AIGC 领域打造更加开放、共享、透明和可持续的环境。

综上，AIGC 作为人类创造性利用工具的一种表现形式，将人从繁重、重复、冗杂的脑力劳动中解放出来。随着技术的改进和优化，以及数据资源的丰富和完善，AIGC 将能够生成高质量、多样化、个性化的内容，满足用户的多种需求和应用场景，满足更强大和更智能的高期望需求，也将为社会带来更多创新和进步，AIGC 在数字经济发展中的战略性、基础性、先导性和赋能作用正在逐步显现。

（殷晓磊）

参考文献：

【1】艾瑞咨询：《2023 年中国 AIGC 产业全景报告》。

【2】IDC：《AI 大模型技术能力评估报告，2023》。

【3】中研普华产业研究院：《2023—2028 年中国 AIGC 产业市场深度调研及发展战略研究报告》。

【4】杜雨、张孜铭：《人工智能生成内容的技术趋势和风险监管》，载《金融时报》2023 年第 3 期。

【5】周丹雅：《AI 通用大模型到行业大模型的演进路径》，载《中国安防》2023 年第 10 期。

可信人工智能构建及未来发展

　　当地时间 2023 年 5 月 16 日，在美国国会参议院举行的"AI 监管：人工智能的规则"听证会上，被誉为"ChatGPT 之父"的美国人工智能技术公司 OpenAI 首席执行官山姆·阿尔特曼呼吁立法者监管 ChatGPT 等人工智能系统，提出成立监管机构、引入许可证制度、建立一套安全标准等监管建议。当前，人工智能应用的广度和深度不断拓展，正在成为信息基础设施的重要组成部分。但在此过程中，人工智能也不断暴露出一些风险隐患，诸如算法安全、数据歧视、数据滥用等，如何确保人工智能的安全、可信和公平成为业内关注的重点问题。

　　作为新一轮科技革命和产业变革的重要驱动力量，近年来人工智能呈现爆发式成长，对经济发展、社会进步、国际政治经济格局等产生了深远影响。当下火爆的 ChatGPT 更让人们看到，人工智能距离每个人的日常生活已近在咫尺，其大规模应用同时隐含着巨大风险。在 ChatGPT 月活用户数快速突破一亿之时，人们对其数据安全、知识产权保护、虚假信息传播等问题的疑虑也被快速放大。

一、人工智能的可信性备受关注

（一）人工智能应用加速伴随着安全隐患持续升级

随着人工智能逐渐融入日常生活，正不断暴露出各种安全隐患。从技术角度讲这主要体现在黑箱模型（Black box）导致的算法不透明，算法安全导致的应用风险，数据滥用导致的隐私泄露风险，数据歧视导致的智能决策偏见，以及系统决策复杂导致的责任事故主体难以界定等方面。

这些风险具体表现在：一是人工智能模型对数据的敏感性致使其在训练数据受扰动时可能产生不恰当结果。这种对抗性扰动已经成为人工智能模型，尤其是神经网络模型的梦魇：对抗攻击。这广泛存在于图像识别、自动驾驶等领域。在自动驾驶领域，除了人为的对抗攻击外，极端光照条件也会影响视觉系统识别，从而影响自动驾驶。二是如果训练数据被偏见性地标注，相应机器学习模型的输出结果往往也具有一定偏见性。这些数据一旦被滥用于机器学习算法，不仅可能导致偏见性的结果，还可能导致隐私泄露。三是对于自动驾驶机器人引发的应用安全事故的责任认定仍有待合理确认。法学专家表示，从现行法律上看人工智能本身还难以成为新的侵权责任主体，但人工智能的具体行为受程序控制，发生侵权时，到底是由所有者还是软件研发者担责，仍需进一步探讨（这涉及所使用的人工智能系统是否安全、可靠、具有自适应性）。

（二）可信人工智能成为重要趋势和必然选择

鉴于上述事件频繁出现，促使越来越多的政府机构和专家学者开始关注人工智能系统的可信性，强调"人类对可信人工智能认识及素养的提升"以及"对提升人工智能可信度的可持续性工具的提出"。系统的"可信性"是基于传统的"安全""可靠"等概念产生的，简单来说是指一个系统在实现给定目标时，其行为及其结果符合人们的期望。

构建可信人工智能成为现代人工智能发展和应用的重要趋势和必然选择。然而，在构建的同时需要业界对人工智能系统的可信性有着清晰认知。人工智能系统可信性除了包含传统软件所需的可信属性外，还应包含许多因人工智能本身特性而产生的相关性质，比如可靠性、隐私性、安全性、防危性、公平性、鲁棒性、可解释性、自适应性和自我反省性等。其中，可靠性要求人工智能系统能提供可靠服务，其数据、结果等应是可靠的；隐私性要求人工智能系统能保护其所拥有和使用的数据隐私不被泄露；安全性要求人工智能系统可以抵抗外来因素，保护系统信息完整性、机密性和可用性；防危性要求人工智能系统失效时不会产生不可接受的风险；公平性要求人工智能系统可以公平地对待所有使用者；鲁棒性要求人工智能系统可以在受到扰动时输出正确的结果；可解释性要求人工智能系统中的模型可解释，其判断过程可以被人类理解；自适应性要求人工智能系统在新环境下可以适应，输出正确的结果；自我反省性则要求人工智能系统对自身性能或错误能够有所感知。

这些属性不仅结合了传统软件可信属性和人工智能系统本身的特性，而且也从为人类服务的角度考虑，可更加准确地反映人工智能系统的可信性特征。

二、国外构建可信人工智能主要举措

面对人工智能引发的信任焦虑，如何保障人工智能的健康发展已经成为全球关注的重要课题。国际组织、世界主要国家（地区）在可信人工智能领域进行了广泛部署，主要涉及伦理道德、隐私保护、负责任、公平性、安全性等层面，在实施路径与侧重点方面体现出了一定的特色与差异。

（一）国际组织

国际组织以国际标准化组织（ISO）、国际电工委员会（IEC），电气和电子工程师协会（IEEE），国际电信联盟（ITU）、经济合作与发展组织（OECD，简称"经合组织"）等为代表，在可信人工智能标准领域抢先布局。

1. 国际标准化组织（ISO）、国际电工委员会（IEC）

这两个组织在可信人工智能领域布局较早，专门下设工作组开展可信人工智能研究，并已布局 10 余项可信人工智能标准研究，涉及 AI 系统偏差、风险管理、AI 系统质量模型、神经网络鲁棒性等。

2. 电气和电子工程师协会（IEEE）

电气和电子工程师协会（IEEE）主要以隐私、可解释为突破点，其下辖工作组开展了一系列人工智能伦理相关标准研究工作。其中，P7000 系列涉及伦理、透明度、隐私、安全机制等，是可信人工智能领域伦理方面较为权威的标准，受到业界广泛关注。截至 2022 年 4 月，IEEE P7000 系列已至少开展 15 项标准研制工作。

3. 国际电信联盟（ITU）

国际电信联盟电信标准化部门（ITU-T）下设多个人工智能工作组，其中SG17工作组将人工智能安全视为未来重要工作方向，致力于研究相关隐私安全标准。目前，SG17已有三份在研技术报告，涵盖机器学习安全应用、人工智能技术应用安全管理等方面。

4. 经合组织（OECD）

经合组织（OECD）认为，如果人工智能系统能够促进包容性增长，符合以人为中心的价值观，透明度、安全性保障良好，并具备问责机制，那么这一系统就是值得信赖的。2020年年初，经合组织启动组建人工智能政策观察组（OCED AI）和人工智能专家网络（ONE AI），后者设置了可信人工智能推进工作组，成员为来自政府、企业、学术界和技术界的代表。自2020年5月以来，该小组几乎每三到四周举行一次会议，研究制定可信人工智能实践指南和标准程序方法。2021年，工作组公开发布了可信人工智能工具框架，该工具框架数据库可在OECD AI平台上免费获得，并提供工具更新信息。2023年2月，经合组织发布《推进人工智能问责：在可信人工智能系统生命周期中治理和管理风险》的报告，阐述了如何全面整合风险管理框架和人工智能系统生命周期，以促进可信人工智能发展，并提出了在人工智能系统生命周期不同阶段评估、处理和管理风险的工具和机制。经合组织正在考虑修订2019年制定的人工智能基本原则，计划最早于2023年6月就新指南展开讨论，2023年年底前拿出成果。

（二）欧盟

欧盟致力于构建人工智能信任生态系统与监管框架，确保成为数字化转型的领先者。一是以合法性、伦理性和鲁棒性为基准制定可信人工智能框架，提出了实现可信人工智能的方法与评价准则，为培育可信生态提供参照。二是依托私营与公共投资相互合作，为建立可信人工智能生态创造政策环境。三是规划制定相关法案，为可信应用生态提供法律保障。

1.《人工智能白皮书》提出人工智能可信框架

2020年，欧盟的《人工智能白皮书》提出了人工智能"可信生态系统"，旨在落实欧洲人工智能监管框架，提出对高风险人工智能系统的强制性监管要求。

2.《人工智能法案》制定全过程风险规制体系

2021 年 4 月，欧盟委员会出台《人工智能法案》(EU Artificial Intelligence Act)。法案基于风险预防理念，为人工智能系统制定了覆盖全过程的风险规制体系，是全球首个针对人工智能风险规制的法案。在风险流程监控方面，法案鼓励建立国家或欧盟层面的"沙盒监管"，进一步规范处理合法收集的个人数据，并制定了相关规则。在风险防范措施方面，法案将人工智能系统划分为不可接受风险、高风险、低风险和最小风险四类，着重立法规制前两类风险，对高风险人工智能系统的全生命周期监管做了详细规定。在适用范围方面，法案将高风险覆盖的领域归纳为关键基础设施、公民教育、产品的安全组件、公民就业、公共服务、涉权型执法、出入境问题、司法和民主进程八类，重点提出远程生物识别系统原则上禁止在公众可进入的空间和场所内使用。

3.《人工智能法案》谈判授权草案严格禁止对人类安全造成不可接受风险的人工智能，并引入"通用人工智能"监管措施

2023 年 5 月 11 日，欧洲议会内部市场委员会和公民自由委员会通过了《人工智能法案》的谈判授权草案。这一草案将于 2023 年 6 月中旬提交欧洲议会全会表决，之后欧洲议会将与欧盟理事会就法律的最终形式进行谈判。欧洲议会认为，对人类安全造成不可接受风险的人工智能系统将被严格禁止，包括部署潜意识或有目的操纵技术、利用人们弱点或用于社会评分的系统。

此外，虽然原始提案并未详细涵盖聊天机器人和其他生成式 AI，但由于在立法期间 ChatGPT 横空出世，立法者为此添加了一项修正案，将 ChatGPT 和类似的生成式人工智能与高风险系统置于同一级别。修正案包括扩大禁止行为清单，以禁止对人工智能"侵入性""歧视性"使用，禁止行为包括：在公共可访问空间建立实时远程生物特征识别系统；使用远程生物特征识别系统，唯一的例外是执法部门起诉严重犯罪，并且只有在司法授权后；使用敏感特征（例如性别、种族、民族、公民身份、宗教、政治取向）的生物识别分类系统；预测性警务系统（基于貌相、地点或过去的犯罪行为预测犯罪）；执法、边境管理、工作场所和教育机构中的情感识别系统；从社交媒体或监控摄像头中抓取生物特征数据以创建面部识别数据库（侵犯人权和隐私权）。

除了禁令之外，更新后的草案还引入了旨在监管"通用人工智能"的新措施，适用于由微软、谷歌和 OpenAI 等科技巨头构建的资源密集型人工智能系统，其中包括 GPT-4 和 ChatGPT 等语言模型，以及 Stable Diffusion、Midjourney 和 DALL-E 等人工智

能图像生成器。

根据拟议的立法，人工智能大模型的创建者需要在人工智能使用之前进行评估并减轻各种风险，包括评估训练人工智能系统可能造成的环境损害。相关公司必须公开训练人工智能使用的数据，以确保其使用受版权法保护的数据训练。草案一旦通过，违反规定的公司最高可被处以 4000 万欧元或其全球年营业额 7% 的罚款。

（三）美国

近年来，美国以政府和行业双轮驱动可信人工智能创新发展，维护其全球领导地位。以推动快速发展、降低创新门槛以及成本最小化为宗旨，政府和行业共同发力。一是制定基于性能的灵活性框架，权衡人工智能技术创新利弊，以适应人工智能应用程序的快速迭代和更新。二是设立行业准则、"安全港"、灵活监管、监管例外、监管豁免等内容，促进效益最大化的同时最小化潜在风险。三是制定可信人工智能标准指南为产业创新与发展提供详细路线图。

1.《促进政府使用可信人工智能》指导政府合理使用人工智能

2020 年 12 月，美国白宫公布了一项名为《促进政府使用可信人工智能》的行政命令，该命令为联邦机构使用人工智能制定指导方针，旨在促进公众接受并信任政府使用的人工智能技术。

2.《人工智能权利法案蓝图》确立人工智能使用基本原则

2022 年 10 月，美国白宫发布《人工智能权利法案蓝图》。其核心内容为五项基本原则，将公平和隐私保护放在首要位置。这五项基本原则包括：建立安全和有效的系统；避免算法歧视，以公平方式使用和设计系统；保护数据隐私；系统通知和解释要清晰、及时和可访问；设计自动系统失败时使用的替代方案、考虑因素和退出机制。旨在避免人工智能系统滥用带来的危害，并着重强调了公平性和隐私性。在公平性方面，《蓝图》要求自动化系统的设计者、开发者和部署者应采取积极措施，保护个人和社区免受算法歧视，并以公平的方式使用和设计系统；在隐私保护方面，《蓝图》提出，数据隐私是实现该框架中其他原则所需的基础性和交叉性原则，同时要求自动化系统的设计和构建应默认保护隐私，数据收集和使用范围应有确定目标。

总体来看，当前对于可信人工智能的研究，主要涉及安全性、可靠性、公平性、透明性以及对人工智能的风险评估等。综合各可信人工智能相关标准看，当前标准研究更多集中在隐私安全、伦理道德、风险评估，以及人工智能在金融、医疗等领域的可信应用。

三、未来发展建议

近年来，我国也在积极协调发展与治理，凭借规范化治理确保人工智能可信赖。一是从规则、标准、评估、管控等层面的战略角度出发，协调并明确发展与治理的关系；二是通过成立新一代人工智能治理专业委员会，为人工智能治理框架和行动指南提供技术与规则支撑，积极引导全社会负责任地开展人工智能研发与应用活动；三是通过在个人信息保护、网络安全、数据安全等领域强化立法与执法力度，构建可信人工智能底层要素的坚固法律体系，进而确保各领域应用安全可靠。

2018 年，国家标准化管理委员会发布的《人工智能标准化白皮书》从支撑人工智能产业整体发展的角度出发，研究制定了能够适应和引导人工智能产业发展的标准体系。2021 年，全国信息安全标准化技术委员会发布了《网络安全标准实践指南——人工智能伦理安全风险防范指引》，强调应充分识别、防范、管控人工智能伦理安全风险。同年，国家新一代人工智能治理专业委员会发布了《新一代人工智能伦理规范》，旨在将伦理道德融入人工智能全生命周期。ChatGPT 问世后引发社会广泛关注，为促进生成式人工智能技术健康发展和规范应用，2023 年 4 月，国家网信办发布《生成式人工智能服务管理办法（征求意见稿）》，及时回应生成式人工智能应用过程中涉及的内容真实性、歧视性、数据安全、隐私、知识产权以及相应监管要求等热点问题。

未来，可信人工智能应朝着统一理念形成产业共识、加强具体实践、优化技术布局、注重动态平衡、强化多元主体等方向发展，由前期研究向更深层次探索，由产学研向社会大众拓展，从而共同打造可信人工智能产业生态。为实现上述目标，建议从以下几方面加以重视：

（一）搭建体系化的人工智能法律监管框架

当前，可信人工智能政策法规更偏向理念指引，顶层设计还不完善，政策法规间尚未形成完整、协调的体系关系，在模型权属、风险责任主体、结果公平等方面还需要予以明确。一是不断完善现行法律法规，加强政策落地执行。在《网络安全法》《数据安全法》《个人信息保护法》等基础上，梳理人工智能系统监管过程面临的适用问题，不断完善法律法规。二是推进立法工作主动应对新风险，深入研究人工智能引发的新问题和新态势，及时梳理形成立法建议。三是制定形成人工智能企业规范化发展指南，帮助企业更好地实践可信。四是立足算法监管，明确"从源头抓起"的基本出发点，引入公平性约束、算法可解释性等原则要求，规范算法监管的手段和范围。五是创新手段推进法律的落地执行，探索采用试点、"沙盒监管"等方式研发智能化监管工具，不断提高监管的效率和灵活性。

（二）强化可信流程管理，将可信理念融入系统原生设计

一是运用可信理念重塑流程管理新能力、新形态，将人工智能可信融入系统原生设计，确保产品的可信品质。在《可信 AI 操作指引》（2020 年中国人工智能产业发展联盟牵头制定）等的基础上，面向业务数字化转型需求和生产研发实际，将可信理念融入流程发现、流程监控、流程优化、流程管理等各个环节，塑造形成全新的流程管理能力。二是在人工智能应用系统建设过程中，可将人工智能可信作为基础能力及要求纳入设计范畴，以更加丰富的技术手段适配人工智能系统的不同发展阶段、应用要求和风险强度。

（三）健全标准评估体系，推进更多领域可信落地

一是构建完善的产品标准及评估体系（什么样的产品和应用能称得上是"可信的人工智能"还需要确立标准），帮助大众提升对可信产品的认可度，同时为可信产品和服务供应商提供能力评估。二是分领域分阶段推进测试认证机制，发展可信人工智能评估评测及认证等监管技术，形成治理创新闭环。

（四）加快制定分类分级风险防范措施

一是建立健全人工智能系统风险管控的"事前—事中—事后"全链条监管新机制。事前阶段，在人工智能产品流入市场前进行风险评估，实现风险管控；事中阶段，持续性进行市场监督，实施产品召回制度；事后阶段，进行总结分析，实现人工智能风险事故的数据共享和风险监测。二是根据风险场景制定有层次、有梯度的风险等级管控机制。对归属于同一风险场景中的人工智能系统进行统一风险管控，建立起场景明确、等级清晰，自下而上限制逐步加深的"风险金字塔"模型的监管细则。三是加大违规处罚力度。

（五）推动技术创新和安全监管并行

一是采取包容审慎的原则，针对人工智能创新应用场景和技术采取"沙盒监管"等创

新手段，摸索监管尺度、范围和手段，迭代试点经验，进而形成较为成熟的制度化措施。二是推动安全监管技术创新。可设立人工智能安全技术创新平台，推进人工智能安全核心技术攻关，加快安全监管与技术创新融合发展。三是引导龙头企业和第三方权威机构健全人工智能算法和行业自律规范，建立健全执业诚信体系，更好地发挥社会监督作用。

（六）促进交流合作，打造可信人工智能产业生态

一是进一步发挥行业组织和高水平专业平台作用，为企业和从业者提供技术交流、成果发布、资源对接的渠道，共同打造可信人工智能生态圈。二是积极开展国际交流和技术合作，从人工智能系统测试和管控、危机沟通渠道等方面着手，主动参与国际人工智能治理，共建人工智能产业国际可信机制。三是加强对可信人工智能理念、典型案例的宣传和引导，增进民众对可信人工智能的了解，为可信人工智能产业发展营造良好的社会环境。

（邵娟）

参考文献：

【1】刘晗、李凯旋、陈仪香：《人工智能系统可信性度量评估研究综述》，载《软件学报》2023 年第 1 期，第 3774—3792 页。

【2】高雅丽：《人工智能如何可信可控可用》，载《中国科学报》2022 年 12 月 19 日版。

【3】夏正勋、唐剑飞、罗圣美、张燕：《可信 AI 治理框架探索与实践》，载《大数据》2022 年第 4 期，第 145—164 页。

【4】孔祥维、王子明、王明征、胡祥培：《人工智能使能系统的可信决策：进展与挑战》，载《管理工程学报》2022 年第 6 期，第 1—14 页。

【5】殷佳章、房乐宪：《欧盟人工智能战略框架下的伦理准则及其国际含义》，载《国际论坛》2020 年第 2 期，第 18—30 页。

【6】曹建峰、方龄曼：《欧盟人工智能伦理与治理的路径及启示》，载《人工智能》2019 年第 4 期，第 39—47 页。

GPT 商店对人工智能大模型发展的影响及启示

2024 年 1 月，OpenAI 的 GPT 商店（GPT Store）正式上线，标志着 OpenAI 的 "iPhone+App store" 模式正式开启，再一次跑在了竞争对手前面，以 ChatGPT 为基础的人工智能大模型生态加速发展。GPT 商店的出现不仅加深了用户对于大模型的体验，也给整个人工智能产业带来重大的变化和新发展机遇。

2023 年 5 月，OpenAI 开放了 GPT 的插件系统，首批上线了 70 个大模型相关的应用，功能包括猜词、翻译、查找股票数据等。经过约半年多时间的梳理，OpenAI 进一步优化了插件系统并将其塑造成了应用商店（App Store）形式的平台，于 2024 年 1 月 10 日正式推出 GPT 商店（GPT Store）。通过该举措，OpenAI 将人工智能的应用扩大到了一个新的范畴，也开启了新一轮人工智能应用热潮。

一、GPT 商店的功能特点

OpenAI 采用 PaaS 模式，将大模型集成在 AI 平台上，与开发工具、AI 服务等组合成套件，对外提供能力和服务，与下游开发者合力实现 GPT 模型的广泛触达。一方面，任何订阅 OpenAI 的用户，即使没有编程专业知识也可以方便地通过自然语言创建自己的 GPT 应用（GPTs）或 GPT 助手（GPT agent），并且可以通过 GPT 商店分享自己的成果并有望从中获利。另一方面，需求方都可以从商店中轻松获取 GPT 模型，并将其集成到自己的产品和服务中，大幅降低了人们开发基于大模型的人工智能应用的门槛。同时，类似 App Store，GPT 商店自带下载流行度社区排行榜，使用的人越多，产品的排名就越高，用户可以按类别搜索。GPT 商店上线至今，社区成员已经构建了 300 万个应用，涵盖开发工具、生产力、绘图、语言学习多个领域，并在持续丰富壮大。

二、GPT 商店带来的影响

（一）全面开启大模型生态建设

GPT 商店的正式推出标志着 OpenAI 已经开始从提供单一的技术产品服务转向构建基于 ChatGPT 的发展生态。GPT 大模型 +GPT 商店的模式让 OpenAI 在大模型生态上占据主导地位，在不断夯实大模型技术基础、主导生态建设的过程中，保持对竞争对手的压制，继续占据人工智能竞争的头把交椅。

（二）冲击大模型产业链发展机遇

大模型终端层面，通用大模型创业企业的机会进一步减少，垂类大模型企业面临发展新机遇。GPT 商店是在 GPT 大模型的能力基础上聚拢开发者，打造基于大模型的商业生态，占据流量入口的先发优势。其他通用大模型企业要想继续竞争，势必也要通过搭建生态或是平台化发展来争取市场，难度进一步增加，基础模型"百模大战"的阶段已然远去。而垂类大模型企业一般面向具体行业，具有较强的专业知识背景，可以背靠行业发展并部署专用大模型应用，建立起技术壁垒。

中间技术服务商层面，基础服务企业需求上涨、应用开发企业面临差异化挑战。基础层企业主要是面向需求方提供数据训练、算法验证、算力优化、安全跟踪等服务的企业。GPT 商店提供了获取大模型工具的平台，让人工智能产业迅速进入以大模型为技术支撑的生成式人工智能时代，市场对于生成式人工智能的技术需求持续上涨，为基础层企业提供了巨大的创业和发展空间。应用层面企业面临"背靠 OpenAI，人人皆可做应用"的挑战，虽面临广阔的市场发展前景，但需要进一步精耕细作突出应用产品的专业性、易用性等差异化特色。

（三）大模型时代利好个人开发者

GPT 商店鼓励个人开发自己的 GPTs 或 GPT agent，并通过在 GPT 商店分享程序获得相应的报酬，使用和下载的人越多，获得的收入也越多。同时，OpenAI 表示将自身营收中提取一部分收入用于支付给最常用、最有用的 GPT 应用开发者。在这一激励机制下，不仅能进一步丰富 GPT 大模型生态，也将为个人开发者带来巨大的收益。

三、对上海发展大模型的启示

（一）在开源的基础上打造便捷易用的大模型开发工具

目前，上海正在持续推动大模型的开源共享，如上海人工智能实验室推出的"书生通用大模型体系"，已经开放覆盖数据、预训练、微调、部署、评测的全链条能力，打通了大模型应用的最后一公里。但大模型的落地还面临一个从技术到产品的转化过程。建议相关企业参考 OpenAI 的做法，在平台集成大模型开发工具（Assistants API），使得开发人员以"零代码"的方式开发人工智能应用或产品，降低人工智能大模型的获取成本、提升开发效率；同时探索部署面向普通人、传统企业的开发工具，提升大模型产品的可及性，以此来培育和发展基于大模型的生态体系和产品矩阵，加速大模型应用的落地。

（二）重点发展具有 Know-How 能力的垂类大模型

上海的产业基础和场景资源丰富，汽车、生物医药、机器人等行业已展现出较为显著的大模型应用需求。建议在当下阶段，将大模型技术与行业应用深度融合，重点发展背靠行业、深入行业、掌握 Know-How 能力的垂类大模型，从而形成示范应用，以点带面促进大模型应用生态的繁荣，加速形成新质生产力。一方面，从技术侧出发，厘清当前上海人工智能大模型的技术能力以及适用的行业领域；另一方面，从需求侧出发了解重点行业对大模型技术产品的具体需求，如降本增效、优化设计、增强人机互动、提升管理效率等。在此基础上，推动行业的供需对接以及应用政策支持，培育扩大垂类模型的发展优势。

（三）立足长远系统化推进大模型应用落地

应用落地是大模型发展的最终环节和关键一步。OpenAI 的 GPT 商店模式根植于本土繁荣的软硬件生态之上，需要依靠众多软件厂商与 ChatGPT 这一通用模型底座合力打通从技术到应用的诸多环节。与硅谷相比，上海软硬件生态偏弱，但应用场景资源丰富，需要在激发市场内生机制的同时发挥政策作用，立足长远，系统化地推进应用落地。一是以应用牵引算力（芯片）创新。在采用国外先进算力芯片推动国内大模型发展的同时支持国产芯片的发展，组建国产算力平台，探索以政策支持国产算力支撑信创领域自主大模型技术的发展。探索算力配置＋数据的交易模式，融合推动算力和数据产业发展，为中小企业提供差异化的算力配置解决方案，增强算力资源的可及性。二是提升数据要素规模质量。结合上海重大场景建设工作，挖掘高价值数据要素应用场景，推动数据资源丰富、作用效益明显的领域率先突破，加速语料资源积累沉淀。三是加快应用场景创新。由政府牵头，推动工业、能源、金融等各行业与大模型企业的深入对接；进一步发挥央国企的示范带头作用，积极深入需求端企业内部，鼓励企业开放场景，支持新技术与核心业务的融合应用，推动行业模式创新和流程重塑。四是推进安全治理。以应用需求为导向，持续完善大模型领域法律法规，争取在金融、政务领域设置监管沙盒，推动行业应用的深化。五是完善保障体系。探索制定试点示范、政策补贴、评估评选等政策，增强场景需求侧的动力；进一步优化大模型企业的人才、资本等要素的政策保障。

（陆游）

参考文献：

【1】Cryptopolitan：OpcnAI Unveils GPT Store，Revolutionizing AI Creation and Monetization，https：//www.cryptopolitan.com/openai-unveils-gpt-store-revolutionizing-ai/.

【2】金融界 AI 电报：《OpenAI 争分夺秒与出版商们洽谈授权 竭尽全力为 GPT Store 铺平道路》，https：//www.sohu.com/a/749677802_114984。

【3】腾讯网：《OpenAI 的 GPT Store 下周上线，开发者高喊 App Store 时刻到来》，https：//new.qq.com/rain/a/20240105A030Z800。

【4】投资界：《大模型迎来"AppStore 时刻"，OpenAI 给 2024 的新想象》，https：//news.pedaily.cn/202401/528210.shtml。

【5】知乎：《OpenAI 上线 GPT Store，定制个人 GPT 成为现实，API 价格下调近三倍，如何解读？》，https：//www.zhihu.com/question/629353787。

AI Agent 创新应用与展望

2023 年 3 月起，AI Agent（智能体）领域迎来了西部世界小镇、BabyAGI、AutoGPT 等多款重大研究项目上线，引发了各界对该领域的广泛关注。AI Agent 与人工智能大模型能力结合，已在办公、游戏、工业、驾驶等软件应用展现出解决实际问题的能力，刻画出数字生产力亮眼的增长曲线。随着 AI Agent 技术的发展迭代、行业经验与 AI Agent 技术的持续融合，AI Agent 有望进一步应用扩散，以创新人机协同方式助力构建新质生产力。

AI Agent，无疑是当下生成式 AI 的热门赛道之一。从谷歌、英伟达到国内众多模型厂商，纷纷发布 AI Agent 产品，相关应用已经分布在编程、办公软件、汽车、能源、商贸等垂直行业中。数据显示，2023 年全球自主人工智能和自主智能体[①] 市场的收入规模超过 48 亿美元，到 2028 年有望达到 285 亿美元左右，预计 2023—2028 年的年复合增

[①] 自主智能体为 AI Agent 的主要产品形式，此外还有生成式智能体。

长率为 43.0%[①]。

一、AI Agent 的含义

已有的定义一般将 AI Agent 译为"智能体",是指在一定的环境中体现出自治性、反应性、社会性、预动性、思辨性(慎思性)、认知性等一种或多种智能特征的软件或硬件实体。OpenAI 将 AI Agent 定义为以大语言模型为大脑驱动,具有自主记忆、规划、使用工具和执行的能力,可自动化执行完成复杂任务的系统。在一些应用场景的语境中,AI Agent 也被翻译成人工智能代理,即以大模型等技术手段构建虚拟的工作代理,以智能化提升工作效率。

在具体应用里,AI Agent 通常与流程代理、办公软件、企业管理、工业软件等各类软件结合,通过部署配置模块、记忆模块、计划模块和行动模块,并与垂类模型或智能终端结合,成为内嵌于软件或智能产品内部功能的一个系统,承担将个人或企业应用需求和大型语言模型层链接的功能,支撑提升产品智能水平。与一般的模型产品相比,AI Agent 更接近于一种应用形式,对算力、数据方面的要求更低,可在垂类模型基础上进行轻量化部署。

二、AI Agent 的应用情况

(一) AI Agent 的应用阶段

单一 Agent 阶段:针对不同领域和场景的特定任务开发和部署专门的智能体,可视为是传统数字助理应用的智能化升级。例如,部署了 AI Agent 的工作流程自动化工具,可以根据用户的需求和习惯,自动调整任务的优先级和时间安排;可以从大量的数据中找出相关的信息,帮助用户做出决策;帮助用户自动化一些重复的任务,例如数据录入,文件管理等,提升整体工作效率。

多 Agent 合作阶段:由不同角色的 Agent 自动合作完成复杂的任务,是单一 Agent 能力的叠加升级,如搜索救援、物流配送或者在线游戏等方向 Agent 产品。在这种模式下,AI Agent 需要具备良好的沟通和协调能力,并由多个 AI Agent 形成一个团队,共享信息和资源,协作解决问题。

---

① 数据来源:咨询机构 Markets and Markets。

（二）AI Agent 的应用领域

1. 以智能终端为载体部署 C 端应用

微软在 Windows 11 中加入 Copilot、华为荣耀推出的 MagicOS 8.0、OPPO 发布的 Find X7、小米升级智能助理"小爱同学"，诸多智能终端厂商相继拥抱 Agent 技术；苹果、华为、联想等陆续推出 AI PC 产品，配置 AI 芯片并集成 Agent 技术提升用户智能化体验。不同的 Agent 能力各有侧重，但基本侧重于与已有产品相结合，提升产品的智能化程度和用户体验。如 MagicOS 8.0 支持自然语言、语音、图片、手势、眼动等多模态的交互方式，实现智能识别用户意图、进行快速推理决策，主动提供个人化服务，在降低 OS 的使用门槛的同时提升交互效率。

2. 与行业模型软件结合构建 B 端应用

当下，以 AI Agent 赋能产业也成为大模型赋能产业的先手棋。和大模型依赖于外界给予准确的 Prompt 驱动相比，AI Agent 的目标导向性更加明确，即它能对用户给予的目标进行独立思考并做出行动，更加符合应用场景的实际特点。

一是将 AI Agent 与垂直行业大模型结合。通过这种形式将企业应用和大型语言模型层链接，将大模型能力以一个相对具象形式（虚拟助手、软件功能等方式）赋能提升业务效率。据不完全统计，搭载了大模型能力的 Agent 产品已广泛部署于制造业、商业、金融、医疗、文娱、政务服务等方向。与传统的智能助理相比，AI Agent 展现了更好的功能拓展性、个性化、灵活性。例如，在国内某款汽车销售的 AI Agent 产品中可实现较为全面的用户引导、车型推荐、试驾安排等功能，和一般的虚拟客服相比，功能提升明显。

二是将 AI Agent 与办公软件结合。如，飞书的智能伙伴、钉钉的 AI 助理。一方面，办公平台本身具备良好的 API 接口和插件体系，这使得将 Agent 集成到现有工具中变得更加容易；办公场景已经有大量的数据资源沉淀和开放场景，这将有助于加速 AI Agent 的技术迭代优化。另一方面，许多企业和组织都在使用协同办公软件，这意味着大模型可以迅速覆盖大量的潜在用户，加速构建数据飞轮。广泛的用户基础可以加速大模型的迭代和优化过程，使其更好地满足用户需求。

三是将 AI Agent 用于训练机器人。应用 AI Agent 训练智能机器人，实现将 AI Agent 能力从数字世界推向物理世界。例如，英伟达推出 Eureka，借助 GPT-4 教会机器人完成了三十多项复杂任务，并且在超过80%的任务上优于专家，让机器人平均性能提升了50%以上；谷歌Deepmind推出了Robotic Agent，用于利用机械臂自动执行各种工作。

（三）AI Agent 的应用展望

可以预见，AI Agent的应用将继续沿着数字世界和物理世界的两条路线持续演进。

一方面，AI Agent产品能力提升孕育行业级产品的潜在机会。AI Agent将以更佳的性能，将劳动力进一步从重复繁琐劳动中解放，实现人机协同模式创新和效率的提升，形成新质生产力。在这个过程中，模型厂商将以其能力边界确定行业竞争地位：多数中小厂商的能力建设以靠近终端应用为主；建立行级别的AI Agent产品则需要相关企业兼具充分技术能力、对末端场景的深刻洞察以及足够的算力、数据等资源支持，往往由行业头部企业通过带动下游厂商共同搭建应用生态来完成。因此，当下头部厂商在争夺行业场景资源的同时致力于推动相关的工具链，如谷歌最新发布Vertex AI Agent Builder以更快创建下一代AI Agent；阿里云推出了国内首个大型模型调用工具魔搭GPT，以扩大应用生态的话语权。

另一方面，AI Agent应用的持续深入将加剧各界对应用风险的担忧。毕竟，AI Agent的模型能力也会存在幻觉、意识形态、价值观等内容生成问题。尤其在工业、金融、城市治理等领域，应用AI Agent可能直接带来安全性、稳定性以及挑战价值观等问题，需要进一步以技术和制度更好地平衡技术发展和安全、伦理。

三、上海推动 AI Agent 发展的对策建议

（一）加大场景开放力度集聚产业资源

引导央国企、行业龙头企业、政府相关部门与市招商部门合作，通过开放场景和需求机会，招引具有全栈式部署AI Agent能力的综合型技术企业以及具有战略性意义的行业应用项目。以开展AI Agent项目为契机，支持浦江实验室、商汤、Minimax等通用大模型厂商加强与下游应用厂商的合作，通过提供基础模型能力、开发工具链、算力资源等方式构建"基础模型+Agent"的应用路径，抢占应用入口和发展先机。

（二）优化政策设计推动应用落地推广

建议进一步增强对AI Agent应用规模的政策导向，以更快的规模化应用促进技术迭

代。从供求两侧推进应用迭代。供给侧，建议以 AI Agent 应用规模、产品营收为指标，遴选示范应用产品并给予政策资金、供需对接、宣传推广等支持。需求侧，建议设立梯度化的支持政策提升应用潜能，如分别对技术需求方的技术应用研究、技术验证试点、采购 AI Agent 创新产品等行为进行补贴支持。

（三）政企协同探索治理制度创新

依托上海人工智能伦理专家委、浦江实验室等单位，前瞻性谋划应对 AI Agent 创新应用的治理制度，探索在工业、金融、城市治理、能源等方面创设技术试验场景试点以及包容审慎的制度环境，支持 AI Agent 产品在其中获得充分数据、算力等资源支持，进一步拓展功能、提升性能。依托人工智能行业协会、人工智能联盟、人工智能产业基金及行业智库等组织单位，共同探讨 AI Agent 的前沿技术、发展趋势、发展经验等，助力行业技术创新和规范化发展。

（张渊阳）

参考文献：

【1】未尽研究：《AI PC，联想发布了，巨头们要真正下场了》，https://new.qq.com/rain/a/20240419A005CW00。

空中互联网建设与发展

在高空飞行的飞机中使用互联网曾经是一个遥不可及的梦想。但随着技术不断进步，已经有越来越多的航空公司推出机上 WiFi 接入服务，供旅客在飞行过程中使用互联网。未来，可通过强化空中互联网发展的顶层规划，加速构建空中互联网生态圈，加快大容量通信卫星和 ATG 通信系统演进升级，推动产业链跨界整合，推进商业模式创新，进一步落实民航强国战略，让全面空中互联时代早日到来。

随着互联网应用边界不断拓展，民航空中互联网业务正在世界范围内快速普及。目前，欧美国家各大航空公司提供的空中上网服务相对成熟，我国也在 2018 年年初开放了对机舱使用手机的管制，标志着我国迎来了真正意义上的"空中互联网时代"。相对而言，我国空中互联网的普及度仍不理想，乘客的上网预期和实际体验仍有差距，是我国互联网产业发展和互联网应用创新的一大"盲区"。空中互联网不仅能够拓展互联网应用边界，成为信息消费新增长点，更是民航数字化、网络化、智能化发展的重要基础设施。

一、全球空中互联网部署概况

用户在飞机上接入互联网主要有两种渠道：一种是通过地空宽带通信系统（Air to Ground，ATG），另一种是通过空间卫星通信，即利用飞机、卫星和卫星地面关口站进行数据传输，从技术层面来说，当前主要是利用 Ku 和 Ka 频段的卫星。

ATG 技术是由地面基站网络向天空中的飞机发送信号的方式，优点是带宽大，时延小和成本低；缺点是可用频率非常受限，系统有较大局限性，需要地面大范围建设基站网络，难以覆盖跨海和国际航线。

Ku 卫星技术是利用可发射 Ku 波段的卫星向飞机发送信号，优点是 Ku 卫星发展时间久，覆盖广；缺点是 Ku 卫星轨位资源日趋枯竭。而且其带宽少，旅客使用体验相当于地面 3G 信号网速，为解决带宽瓶颈，现在我国已成功研发高通量 Ku 卫星"亚太6D"。Ka 卫星技术优点是带宽能力强，可为每架飞机提供的带宽高达 150 Mbps；缺点是目前国内仅有三颗 Ka 高轨道高通量卫星"中星 16 号、中星 19 号、中星 26 号"，后续 Ka 卫星还在计划发射中。

ATG 与卫星系统的不同之处在于覆盖范围。卫星系统在地球表面之上，能够实现全球覆盖。但 ATG 系统是由飞机直接与地面基站相连接，以实现机载互联，这意味着需要遍布地面部署基站。随着飞机航线的范围越来越广，ATG 就越难以实现跨区域的覆盖。

经过多年发展，基于卫星通信和基于地面基站的空中上网技术已逐步成熟。目前，许多卫星通信运营商之间已签署漫游接入服务协议，允许所属卫星地球站的网间漫游，为客舱 WiFi 服务的大规模应用创造了便利条件。

整体来看，欧美国家空中上网技术比较成熟，我国正加速追赶。

（一）欧美国家发展概况

空中互联网获得美国和欧洲民航管理机构的认证较早，已经相当普及并成为各大航空公司高质量服务的标配，其安全性也已得到验证。

早在 2005 年，欧洲空中客车公司就推出了全球首个机上"无线（WiFi）网络系统"，借助"全球星"卫星通信系统实现高空上网。2007 年，美国成功推出基于地面基站的空中上网系统（ATG）。

目前美国是空中互联网服务普及度最高的国家，大部分航班都提供 WiFi，普及度高达 80% 以上。欧洲紧随其后，普及度超过 50%。从全球范围看，早在 2016 年就有超过 36% 的全球飞行里程可以提供空中互联网服务。

欧美大部分联网航班都是基于卫星通信，使用 ViaSat 高通量卫星等大容量通信卫星联网，正在大规模部署的"星链"卫星星座也有望提供这方面的服务。美国霍尼韦尔公司是世界主要客舱型机载站的供应商，拥有 JetWave 机载站系列产品，可提供基于卫星的高速率、全球无缝覆盖的客舱 WiFi 服务，已应用于德国汉莎航空、新西兰航空、新加坡航空等多家航空公司。法国泰勒斯公司、日本松下航空电子公司也已开启机载宽带卫星通信的应用。

（二）我国发展概况

1. 从技术层面来说，我国空中互联网的技术成熟度和稳定性还有待在规模商用中进一步验证和完善，仍处于起步发展阶段

我国在 2012 年开始空中互联网技术的验证飞行，2014 年，基于 4G LTE 基站的空中互联网航班首次试飞，2020 年，基于高通量卫星中星十六号的空中互联网航班首航成功。2022 年，中国电科航空电子公司发布国内首款基于相控阵天线单元的 Ka 频段客舱型机载站。

2. 从市场层面来说，空中互联网业务的潜在市场规模巨大

根据国际海事卫星组织调查显示，空中上网服务已成为继机票价格、航班时刻后影响乘客选择的第三大因素。中国民航网数据显示，超过 73% 的旅客旅途中的第一意愿是上网，当飞行时间超过 4 小时后，这一意愿接近 100%。

我国民航空中互联网服务起步较晚，2018 年国家民航局《机上便携式电子设备使用评估指南》发布，开放对机舱使用手机的管制。尽管国内各大航空公司纷纷表示将大力改装现有飞机，尽快实现空中上网全覆盖，但实际进展不如人意。加上新冠疫情的影响，民航产业整体受损。《2020 年民航行业发展统计公报》显示，2020 年国内提供空中互联网服务的飞机仅有 213 架，约占民航运营飞机的 5.5% 左右。总体来说，我国空中互联网普及率仍然较低。

中国民航局 2021 年发布的《加快推进空中接入互联网工作的实施方案征求意见稿》提及，计划 2022 年全机队接入空中互联网。尽管受到疫情影响耽误了进度，但是中国

在移动互联网领域始终走在世界前沿，有很大的市场空间。

3. 从政策层面来看，当前国家极力支持且非常重视空中互联网产业发展

2021 年 5 月，中国民航局发布的《民航新一代航空宽带通信技术路线图》明确提出，航空公司要开展基于 5G ATG 技术的探索和研究，同时结合卫星互联网技术的发展，开展有关提升旅客体验的应用和服务试点。2022 年国家发改委发布的《扩大内需战略规划纲要（2022—2035 年）》提出加快物联网、工业互联网、卫星互联网、千兆光网建设。

上海市发布的《上海市进一步推进新型基础设施建设行动方案（2023—2026 年）》提出，布局"天地一体"的卫星互联网，稳步推动实施商业星座组网，加快落实频轨资源授权，分阶段发射规模化低轨通信卫星构建低轨星座，建设测控站、信关站和运控中心等地面设施，促进天基网络与地面网络融合应用，为空中互联网的发展提供政策助力。

二、我国空中互联网规模化发展难点

（一）技术层面尚存在亟待突破之处

空中互联网对于前舱数据下传和客舱网络视频直播等场景，需要高容量、大规模高速数据传输和实时通信技术的支撑，而且空中互联网在借助卫星联网时，仍面临卫星通信信号干扰和衰减的问题。同时，在数据传输过程中，还存在数据链路安全和隐私保护等问题。

因此，技术上需要更多考虑强化卫星网络的兼容性、稳定性与安全性，加强卫星互联网的监测与监管能力，推动卫星信号监测和干扰定位技术发展，在空中平流层建设飞艇监测系统、星基监测系统等。同时，要加快发展空中互联网的数据产业，研究数据安全相关技术以及标准、制度，在数据风险分析评估的基础上，加强数据风险管理应对策略研究，减少卫星网络的信息跨境传播风险。

（二）政策与标准层面仍需出台细致、针对性的规章制度

针对空中互联网所涉及的硬件设备加装、软件技术要求、高通量卫星在通信方面的技术参数等具体的规章与标准指导尚不够清晰，政策出台相对比较滞后。限于当时的通信技术状况，《中国民航新一代航空宽带通信技术路线图》重点在基于 5G 技术实现空地

互联的规划和指导，针对 Ka/Ku 卫星技术的内容相对较少。

而且空中互联网技术涉及民航局、工信部和发改委等部委，目前尚未建立有效的协调机制，相关政策协同性、统筹性不足。此外，由于建设标准尚未统一，各运行系统、运行信息整合难度大。

（三）实现空中上网的成本仍然较高

目前东航、南航、海航、厦航等国内航空公司大多依靠 Ku 波段卫星来提供空中 WiFi 服务，主要选择美国松下航空电子等欧美公司作为卫星接入设备和机上 WiFi 系统的供应商，每架客机涉及的改装成本高达几百万元，运营过程中还会产生高昂的卫星租赁费用，整体成本较高。采用 ATG 模式联网的客机改装和运营费用相对较低，但需要电信运营商沿航线新建或改造大量专用地面基站，同样会产生大量的费用。

此外，为最大限度保证飞行安全，国内航空公司对上网的要求更为严苛，航空公司要承担更多改装、验收期间停飞造成的收益损失等成本。这些成本单纯由航空公司承担，会增加大量成本开支。

（四）空中上网用户体验欠佳

目前，国内空中上网的主流方式是卫星通信上网，但传统 Ku 波段卫星的带宽不足，难以满足大量用户同时段流畅上网的需求。由于分配到单架飞机的卫星通信带宽仅几兆到几十兆，每个乘客的上网速度约为几十 K 到几百 K，仅能实现网页浏览、电子邮件、文字聊天、网上支付等对带宽需求不高的应用，诸如图片、语音和视频等多媒体业务的网络性能难以得到满足，并且使用人数较多时，上网体验更是急剧下降。

在 5G 手机大规模普及的今天，空中上网速度与 5G 速度之间的差距将对乘客造成巨大的上网体验落差，付费热情降低在所难免。此外，目前提供空中互联网服务的国内航班数量较少，难以满足商务旅客等客户随时随地上网的需求。

（五）商业模式尚不成熟

迄今为止，空中互联网在全球尚没有特别成功的商业模式。目前，国外大部分航空公司采用付费上网的商业模式，收取的上网费用较高。例如，美国达美航空全球航班单日上网费收费标准约为每小时 5 美元或 28 美元，只有约 12% 的乘客选择购买该服务。

也有部分航空公司以免费上网作为获客手段，其费用实际已包含在机票价格之中，例如美国捷蓝航空、维珍航空、挪威航空等。

现阶段我国航空公司大多提供免费空中互联网试运营服务，部分航班需要经济舱旅客以积分或里程兑换，少数推出收费服务。例如，目前东航旅客如果单独购买国内全航程常规空中 WiFi 产品，单次价格为 50 元；购买空中 WiFi 国内半年卡，价格则为 186元。要实现规模化普及，亟须探索符合我国国情的商业模式。

三、我国空中互联网发展建议

（一）多管齐下，降低空中互联网建设成本

1. 推进空中互联网发展的顶层规划或设计

在政策层面，建议明确我国空中互联网规模化部署的时间表和路线图，加快技术验证，尤其是针对 Ka/Ku 频段的卫星技术发展内容，尽快构建并完善我国空中互联网行业应用技术标准和规范体系，通过规模化部署降低成本，提升航空公司加装和升级设备的积极性。

同时，建议政府部门（相关的民航局、工信部和发改委等部委）建立健全空中互联网跨部委协调机制，进一步明确各部门的分工和职责。

鼓励空中互联网产业以"国家队"＋民营企业并行发展的模式，充分调动国家社会资源，加速产业链完善，更快在国际竞争中取得优势地位，未来产业链上游的元器件制造、中游终端设备以及下游运营都有望全面受益。

2. 优化供应商生态系统

推动供应商开发可互操作的标准化单元，加快关键设备国产化，建设更具竞争力和成本效益的供应商生态系统。

（1）发展通信卫星设备等空中互联网的关键基础设施。中星 26 号卫星的性能已达到国际先进水平，打破了长期以来依赖进口的局面，全面提升了载荷国产化水平。后续，航天科技集团五院等研发单位应继续以关键设备国产化为抓手，优化研制流程，提高工作效率，增加空中互联网卫星产业链的国产化替代率。同时，专注"一箭多星"、卫星设备回收等技术的研发，降低此类基础设施的发射与回收成本。

（2）发展便携式电子设备等空中互联网用户终端产品设备。近期，华为公司、苹果公司、天翼电信终端有限公司等手机厂商都发布了直连卫星的手机，这些类型的手机也

可以看作卫星互联网终端，为旅客的空中互联体验提供更智能、优化的终端，手机厂商近期的发展重点，建议围绕手机直连卫星互联网的技术升级与应用升级展开探索研究，尽快进入加速阶段，抓住手机直连卫星这一市场机遇，打开 C 端市场。

（3）发展机载设备等空中互联网关键装备。飞机上的机载设备也是空中互联网必不可少的基础设施，尤其是现役飞机的互联改装。机上 WiFi 产业链长、技术复杂、改装流程长，涉及九大专业领域，更需要产业上下游的相互合作，适航取证之路复杂且困难。

首先，航空公司、机载网络设备提供商可以通过资源互换或合作来达成共建共享，以此降低空中互联网设施建设成本支出。同时，产学研用一体化进程也应加快，中国民航大学与亚太星通联合国内厂商，在国产化前舱互联解决方案上的合作研究也应尽快落地。

其次，降低飞机改装升级的闲置成本。基于疫情后旅游需求迅速释放的局面，航空公司应尽量利用部分航线停飞或空闲修整时段，合理安排机载联网设备的改装事宜，对于新购置飞机，应尽量作为标配预置在机体内。

（二）加快大容量通信卫星和 ATG 通信系统演进升级

目前，卫星互联网主要是以高通量卫星（HTS）的形式出现，轨道划分共有 GEO（高轨）、MEO（中轨）和 LEO（低轨）三种形式。低轨星座与 GEO-HTS（高轨高通量）代表实现高容量卫星宽带的两种思路。

1. 加快我国高通量卫星和低轨卫星互联网星座的组网建设

鉴于高通量卫星通信在应用优势、市场前景以及资源稀缺性上（ITU"先占永得"原则）的重要性，建议我国从国家层面重视且加快出台政策，鼓励发展高通量卫星产业，加快卫星申报进度，取得频率优先占有权。

另外，航空公司应加快基于高通量卫星资源（比如中星 26 号、亚太 6D）的空中互联网测试与应用，提升宽体机队的整体网速，为飞机上稳定、高速上网提供技术支撑，最大程度满足空中网络通信应用需求。

低轨卫星互联网具备时延短的优势，除了要实现发射数量上与覆盖范围的全面提升外，建议在"空天地一体网络"逐步推进的背景下，加快多波束天线技术、频率复用技术和灵活有效载荷技术等的演进速度，还应该要与 5G/6G 技术、物联网、AI 等技术结合。同时，卫星设计研制要沿着小型化、降成本方向发展，加快低轨卫星互联网建设。

2. 结合 5G 新基建，加快推进 ATG 通信系统由 4G 升级为 5G，推进 5G ATG 研发试验和规模化部署

一是应以《5G 应用"扬帆"行动计划（2021—2023 年）》为契机，加大 5G 在民航业的应用推广力度，推动有关部门和企业共同出台实施方案和细则，加快网络部署，建设引领全球的 5G ATG 民航新型基础设施。二是要加强技术验证与应用。通信产业参与方比如三大运营商应积极参与 5G ATG 技术研发，中国移动应尽快联合中国飞行试验研究院开展国产大飞机试飞数据宽带传输验证。未来国家在政策上应该进一步放关，这样就有希望将其作为预装配置随飞机一起出厂。

（三）产业链跨界整合推进商业模式创新

1. 引入互联网公司加快商业模式创新

建议更多有经验、有资质的互联网企业加入空中互联网的商业模式创新，为空中互联网的建设运营产业链增添更多互联网"血液"，可以联盟的形式串联更多参与方（航空公司、卫星公司、内容服务商、通信运营商等），共同为空中互联网的新业态、新模式出谋划策。

2. 鼓励探索多类型、多层次的收费服务模式

建议航空公司升级空中 WiFi 产品，针对不同用户提供不同的收费套餐，以更低的门槛深度融入日常空中出行。对于头等舱和公务舱、商务舱旅客可以提供全程免费的高品质上网服务和机载娱乐服务，对于经常乘机的常旅客提供包月和包年的上网套餐，对于经济舱旅客提供免费低速带广告＋收费高速上网的可选套餐服务，ATG 模式航班可探索免费或低资费高速上网服务等。

3. 利用平台大数据，提升航空公司的服务水平和品牌价值

建议航空公司与机场实体店、免税店和物流公司合作，借助大数据技术，在相对封闭的机上时间，为旅客提供更丰富和更个性化的购物、出行、娱乐相关产品和服务，同时，开发旅客下机即取的一站式购物服务等创新服务，从而改善乘客乘机体验，提高民航服务质量和管理水平，提高航空公司的吸引力和上座率，最终真正进入全面的空中互联时代。

（王婷）

参考文献：

【1】张鹏、李艳华等：《基于高通量宽带卫星的空地互联技术及推广应用难点研究》，载《民航管理》2023 年第 8 期，第 76—79 页。

【2】左晶、唐剑等：《国产卫星通信在民航领域应用的前景与思考》，载《卫星应用》2023 年第 3 期，第 31—37 页。

【3】滕学强、彭健等：《我国空中互联网发展现状》，载《中国信息化周报》2021 年 12 月 13 日，第 2 页。

【4】滕学强、彭健：《我国空中 WiFi 发展缘何滞后?》，载《中国无线电》2016 年第 7 期，第 42—43 页。

【5】云影：《中国首架 Ka 宽带高速卫星互联网飞机成功首航》，载《卫星应用》2020 年第 7 期，第 67 页。

【6】新华社：《我国首张高轨卫星互联网初步建成》，载《信息系统工程》2023 第 12 期，第 2 页。

MIT "十大突破性技术"与热泵技术应用

    当前，全球处于技术突破与产业升级的重要关口，各国正加快脚步，抢占未来工业技术的制高点。MIT 旗下的《麻省理工科技评论》一直致力于挖掘那些可能改变世界的突破性技术：从历史上看，许多在今天看来稀松平常的技术，都曾作为"黑科技"或"潜力股"登上榜单，其中包括大数据时代的数据挖掘、基于云服务的流媒体和编程技术、人工智能深度学习及可回收火箭等。上海市经信发展研究中心通过跟踪其发布的 2024 年度"十大突破性技术"榜单，结合国际国内相应技术和产业动态，提出持续推动上海新兴技术发展的建议。

2024 年 1 月，美国麻省理工学院旗下的期刊《麻省理工科技评论》发布了 2024 年度"十大突破性技术"的评选结果，在可能的各技术发展方向中，无处不在的人工智能、首例基因编辑治疗、热泵技术、"推特杀手"（即去中心化社交平台）、增强型地热系统、减肥药、芯粒技术、超高效太阳能电池、苹果 Vision Pro 产品、百亿亿次计算机 10 项技术从千军万马中杀出重围，在技术基础和产业化前景等领域获得 MIT 研究员、企业与市场投资者的青睐。

一、2024 年度"十大突破性技术"的总体概述

《麻省理工科技评论》在其官方文章中表示，美国政府与高校正在重点关注那些可能对世界产生真正影响的技术，并着重对其产业化的可能性进行考察。通过将运用这些技术展示出的前景与可能性作为抓手，描绘出一个更加绿色、健康、智能的未来。同时各国政府也致力于预测类似大语言模型所引发的科技浪潮，并在 2024 年及其后进行提前布局，来改变社会经济发展轨迹。通过梳理"十大突破性技术"的榜单内容，根据技术发展路径与成熟情况的不同，将其概括成两个不同的部分：即将成熟或已经成熟的新型技术与在未来 3—5 年内成熟的新兴技术。

（一）即将成熟或已经成熟的新型技术

在各项突破性发展中，一些在近期成熟或即将成熟的技术，具有较大的市场操作空间。中国在这些技术的产业化领域内，普遍具有较大生产、制造与资金优势。具体包括：

1. 人工智能的普及

重大意义：类似 ChatGPT 这样的生成式人工智能工具在短时间内大规模普及，彻底改变整个行业的发展轨迹。主要参与者：谷歌、Meta、微软、OpenAI。

在整个 2023 年 ChatGPT 成为了有史以来增长最快的网络应用。依托谷歌、微软等公司的强大算力，该技术能够被用来撰写邮件、总结会议、起草报告，甚至生成带有标题、要点和图片的幻灯片。随着各大生成式人工智能在越来越多的行业中被普遍应用，美国 Open AI 公司已于 2024 年 1 月 10 日正式面向企业与个人用户上线"GPT"商店。目前 AI 技术已进入成熟期，谷歌、百度等国内外巨头都在加紧开发并发布自身 AI 应用、智能助手，希望在智能化时代中占据一席之地。

2. 百亿亿次计算机的开发

重大意义：每秒能够处理百亿亿次运算的计算机正在扩大科学家模拟运算的极限。主要参与者：美国橡树岭国家实验室、德国于利希超级计算中心、中国无锡超级计算中心。

美国开发出的 Frontier 开启了百万兆级运算时代，欧洲第一台百亿亿次超级计算机 Jupiter 预计将于 2024 年底上线，中国也有相关超算。未来 10 年间，多国将新诞生一批

拥有更快浮点运算能力的计算机，工程师也在考虑深入探索、追求速度的同时，保证环境的可持续性。

3. 热泵技术的成熟

重大意义：热泵是一项已经较成熟的技术，现在它们开始在家庭、建筑以及制造业脱碳方面取得更大的进展。主要参与者：Daikin、Mitsubishi、Viessmann。

热泵是利用电力来冷却或加热空间的设备。自 20 世纪中叶以来热泵就已在建筑物中得到使用，该技术目前正在以新的方式取得突破。热泵开始在制造业领域取得新的进展，有效帮助智能工厂更好的"脱碳"转型，推动绿色化、智能化路径升级，减少能源投入与碳排放。

4. 去中心化社交媒体平台

重大意义：数百万人逃离了"小蓝鸟"，转而涌向去中心化的社交媒体平台。主要参与者：Bluesky、Discord、Mastodon、Nostr、Threads。

过去一年中，新崛起的社交网站正不断挑战"推特"的地位。其中，美国的去中心化社媒主要使用 Activity Pub、AT Protocol 或 Nostr 等新型网络协议，进行（独立托管的）跨服务器或跨平台通信。这些协议包含更精细的审核机制，能够更安全地面对企业或审查员的突然抽查，以及避免用户信息与图谱的泄露。

5. 新型减肥药的研发

重大意义：减肥药物广受欢迎且有效，但其长期健康影响仍然未知。主要参与者：Eli Lilly、Novartis、Novo Nordisk、Pfizer、Viking Therapeutics。

近年来，减肥药物在研发和销售两方面都取得了显著进展。新型减肥药包括治疗 2 型糖尿病的药物，通过模仿进食后肠道释放的激素，让人产生饱腹感。试验表明，新药可使体重可减轻约 12% 至 15%，并保持稳定。随着药物在需求端的旺盛，预计将有更多公司进入研发试验的临床阶段并寻求批准。

6. 芯粒与封装技术

重大意义：随着摩尔定律的逐渐逼近极限，芯片制造商押注更小、更专业的芯片可以延长摩尔定律的寿命。主要参与者：AMD、Intel、Universal Chiplet Interconnect Express。

2022 年，美国颁布了 527 亿美元的《芯片法案》旨在支撑相关行业的发展。其中，拨款 110 亿美元用于先进半导体研究，并制定国家先进封装制造计划，以促进学术界和工业界的合作，加快人工智能、航空航天等前沿领域的发展。

（二）未来三到五年内成熟的新兴技术

文章还列举了目前尚不成熟，但具有相当研究价值与未来产业化应用可能性的突破技术。这些技术普遍将在未来 3—5 年中逐渐成熟，且能颠覆或赋能传统领域。主要包括：

1. 苹果 Vision Pro 产品

重大意义：Micro-OLED 技术已经发展了十多年，但苹果 Vision Pro 头戴式"空间计算"显示设备将是这项技术迄今为止最引人注目的。主要参与者：苹果公司。

从技术角度看，Micro-OLED 技术较为成熟，但鉴于应用场景方面始终难以形成爆点，故将其归入未来 3—5 年成熟技术。从发展现状看，头戴式"空间计算"显示设备试图突破这一瓶颈。苹果公司表示，使用该技术能够在屏幕上产生 2300 万像素，实现单眼 4K 显示效果。苹果公司官网表明，该款产品将于 2024 年 2 月上旬正式在美国上市。现今该产品仍然受限于价格高昂、应用 App 较少、使用方式单一等问题，但预计将在未来逐渐走向成熟。

2. 增强型地热系统的开发

重大意义：这种先进的开采技术可以在更多地方释放地热的潜能。主要参与者：Fervo Energy、Utah FORGE Lab。

由于传统的地热发电厂需要特定地质条件，特别是有地下水的高渗透性岩层，地热发电在全球可再生能源总发电量的占比不足 1%。美国 Fervo Energy 等技术公司正通过开发该系统，在更多地方获取地热能源。该项技术已于 2023 年在内华达州进行测试，完善后的地下电池将进一步释放地球深处的能量，为低碳与能源领域开辟新的方向，以及约 20 亿—30 亿美元的新市场空间。

3. 高效太阳能电池的发展

重大意义：将传统的硅材料与先进的钙钛矿材料结合起来的太阳能电池，可以将光伏发电的效率推向新的高度。主要参与者：Beyond Silicon、Caelux、First Solar、Oxford PV、Swift Solar。

钙钛矿层叠太阳能电池由传统的硅材料与具有独特晶体结构的材料相结合而成，利用更宽的太阳光谱，让每个电池产生更多的电力。对比当前效率水平最高不超过 30% 的硅基电池，钙钛矿层叠电池在实验室中的效率已经超过 33%。针对日益严峻的气候问题，正在走向成熟的超高效太阳能电池有望成为更好的解决方案。

4. 基因编辑治疗技术

重大意义：随着 CRISPR 基因编辑技术进入市场，镰状细胞病是首个被 CRISPR 战胜的疾病。主要参与者：Editas Medicine、CRISPR Therapeutics、Precision BioSciences、福泰制药。

2022 年末，CRISPR 疗法被美国医疗监管机构批准，并正式由福泰制药（Vertex Pharmaceuticals）针对镰状细胞病进行实验。在骨髓经过编辑后，几乎所有自愿参加试验的患者都有明显改善。CRISPR 疗法首次成功应用标志着基因编辑技术走出了实验室，虽然目前面临治疗方案复杂、成本较为高昂等问题，但其产业化探索正在积极进行中。

二、全球热泵技术和产业化发展动向

在《麻省理工科技评论》的评选中，热泵被各大能源公司、研究实验室与高校所青睐，被认为是解决气候变化与能源危机的有效手段之一。热泵技术是一项既成熟又实现新突破的技术，相对于许多住宅或工厂普遍选择使用的天然气等化石燃料供暖而言，改用由可再生能源驱动的热泵，可以帮助家庭、办公室和城市基础设施大幅减少碳排放，热泵技术已经成为各个领域节能减排的重要手段。

（一）全球热泵产业发展形势良好

1. 人类进入热泵时代，全球市场销量增速较快

在全球能源升级转型的背景下，热泵市场近年来保持快速增长。2022 年，全球热泵销量增长 11%，连续第二年实现两位数增长。其中，欧洲的变化最为明显，由于俄乌冲突引发的能源危机以及摆脱天然气的新能源转型需求等因素的叠加，近两年欧洲的热泵安装数量年均增长接近 40%。热泵技术的另一个热点发展区域则是亚洲，根据日本专利技术协会的统计，在过去 10 年间，中日合计占世界热泵技术新专利申请的一半以上。中国依托国家发布的系列"煤改电"政策以及"碳中和、碳达峰"等顶层战略的助推，促使中国热泵实现快速发展，目前装机量全球领先。国际能源署（IEA）预测：至 2030 年，全球热泵安装量将达到 6 亿台，以 2020 年热泵销量为基数，年均复合增长率达 13%，市场超 2 万亿元；更长期看，2050 年热泵占供暖需求份额有望进一步增长从而达到 55%。

2. 围绕低碳发展目标，各国竞相出台支持政策

2022 年 5 月，欧盟委员会发布了"REPowerEU"计划，采取提升可再生能源供给、强化用能侧节能力度及多元化能源供应等措施，加速能源独立和转型。欧盟计划在 5 年内将热泵的渗透率翻倍，预计累计安装量 1000 万台；到 2030 年居民和服务业热泵存量达到 4150 万台。2023 年 3 月，欧盟委员通过了一项新的临时危机和过渡框架，允许国家援助对关键清洁能源技术制造部门的投资，包括电池、太阳能电池板、风力涡轮机和热泵等，以及与这些技术相关的关键原材料生产和回收，政策扶持持续到 2025 年底。同年 7 月下旬，欧盟发布的《家庭能源补贴计划指南》明确，2023 年末或 2024 年初，消费者将获得高达 8000 美元的热泵安装补贴。德国以奖励金、低息贷款和税收减免等形式对热泵进行补贴；意大利政府对于包括热泵在内的绿色能源供暖系统的购买，提供高达 110% 的高额补贴。国际能源署 2023 年 11 月发布的《清洁技术制造现状》报告中提到，热泵作为美国《通胀削减法案》的一部分，美国也即将对此推出补贴政策。我国近几年已陆续出台了《"十四五"建筑节能与绿色建筑发展规划》《关于印发 2030 年前碳达峰行动方案的通知》等一系列相关政策、法律法规扶持热泵行业发展，明确提出了"在寒冷地区、夏热冬冷地区积极推广空气热能热泵技术应用，在严寒地区开展超低温空气源热泵技术及产品应用"的要求。2023 年 6 月举行的国务院政策例行吹风会上，围绕促进新能源汽车产业高质量发展，工信部表态支持热泵空调、整车热管理等技术攻关。

3. 我国作为电力大国，具有得天独厚发展优势

热泵的良好工况运转需要充足的电能供应作为基础，我国是电力大国，具备发展热泵产业基础条件。根据国家能源局数据，2023 年，全国累计发电装机容量约 29.2 亿千瓦，同比增长 13.9%，居世界第一，电力供应水平远超其他国家。相较而言，美、日、欧盟等多国电力基础设施较为陈旧，发电量受到一定限制。随着光伏产业快速增长所带来下游太阳能（同比增长 28.1%，国家统计局）和其他清洁能的发电量激增，电力消耗能源这一"卡点"正得到有效解决。在国内政策推动及应用场景不断拓宽的背景下，热泵国内市场有望持续替代煤炭、纯电发热产品，且销量在 2030 年前保持中高速增长（复合增长率 15%—19%，东吴证券）。通过提高产量、确保电网工作鲁棒性 [①]、开发新型

[①] 电网的鲁棒性是指电网在遭受外部干扰、内部故障或异常气象等突发事件时，能够及时、有效地保持电网的稳定运行的能力。

技术等方式，热泵有望在中国进入黄金时代，在能源转型上取得良好进展。

（二）参与热泵技术研究的企业与路径

当前，主要参与热泵技术研究的国内外多家企业，形成了欧盟、日本、中国等各具特色的发展方向。其中，日本主要将技术精力集中在建筑供热、家庭供暖与办公环境等方面，拥有包括大金集团、三菱重工等众多技术型企业；德国博世、菲斯曼等集团相对注重可再生能源与气候变化，在企业节能、工业制造、暖气设备等方面提供成套解决方案；中国已从传统热泵型空调产品向新能源汽车与高端制造业等应用领域突破，兼顾能耗要求与产品适应性的同时，注重将热泵技术与其他技术一体化融合发展，形成了独特的创新路径。

从具体技术路线来看，目前国内工业领域及民用领域基本形成了两种不同的前沿技术方案，上海企业均深度参与其中：

1. 空气源高温热泵蒸汽发生技术

作为一种新的蒸汽供应方案，它以热泵和蒸汽压缩技术为基础。通过热泵从空气中取热初步产生低温低压蒸汽，然后通过蒸汽压缩技术实现了蒸汽品位的提升。实现最高160℃的饱和蒸汽的供应。最低在−20℃的低温环境中持续供应高温高压蒸汽，在环境适宜情况下系统能效达到2.0左右。

依托上海交通大学产学研合作转化的技术成果，上海诺通科技在技术转化基础上，对技术方案进行了工程优化，形成了较稳定的高温蒸汽供应技术。现该技术已入选《上海市2023年度十大绿色低碳创新技术产品名单》，并可在酿酒、中药饮片制造、印染纺织等多种工业场景得到了应用。作为中小型工业锅炉的替代品，该系统可以广泛赋能工业和日常生活的各工艺流程，有明显节能效果。在热泵技术领域属于世界首台套供应系统。

2. 宽温域热泵及整车热管理集成一体化技术

随着"新四化"的转型发展，新能源汽车对整车热管理系统有着愈来愈高的要求。与传统燃油车不同，新能源汽车缺少发动机这一重要结构部件，在行驶过程中难以利用发动机冷却液的余热为车厢及乘员采暖。同时，由于锂电池对温度较为敏感，存在冬季冷衰减、使用过程中掉电等系列问题，使用宽温域热泵对整车进行热管理就显得尤为重要。传统 PTC 制热系统存在着发电量高，能源利用率低等问题，而利用"逆卡诺循环^①"原理，热泵可将车外低温空气中的热量，泵至相对高温的乘座室内。新能源汽车冬季使用热泵空调制热，与使用 PTC 制热相比，可降低 60% 的能耗，增加约 25% 左右的续行里程。

目前，深圳比亚迪是国内电车热泵技术的领军企业，上海则拥有上汽大众、华域三电等企业为客户提供定制化方案。通过增加二次换热回路，在对动力电池与电机系统进行冷却的同时，对其余热进行回收利用。目前，各热控管理子系统耦合程度更深的余热回收式热泵与集成化程度更高的整车热管理系统已在特斯拉 Model Y、大众 ID4、比亚迪海豚等车型上得到应用。

虽然热泵自 20 世纪后期以来就已经在建筑物中进行试点，但目前该技术又呈现新的发展方式。由于热泵技术本身的成熟特性，专注与热泵本身的技术挖掘已经不再成为各大企业的重点研究方向。相反，将热泵技术与新的市场需求、制造业模式联系起来，通过智能化控制、系统赋能等方式，能够在集成管理、工业辅助等方面发挥巨大的优势。除了在拓展应用如节能环保建筑、农业现代化装备、工业废热利用等领域为新型工业化的带来新增长极以外，热泵的技术迭代还能带动如压缩机技术、多场景应用设备、制冷工质替代等产业链上下游相关技术的发展，带来整个纵向链条的技术水平提升。

三、国内热泵产业发展机遇及面临的挑战

（一）国内热泵产业发展概貌

在产业上下游方面，热泵产业链主要包含上游零部件厂商和中游整机组厂商和下游应用领域。核心部件包含阀件、压缩机、热换器、控制器等；整机包含空气源、水源以及地源热泵与其他热源的组合系统。热泵的直接材料占营业成本的比重较大，尤其是压缩机、换热器等原材料结构占比较高，分别为 30%、20% 左右。从产业价值来衡量，零部件的上游供应商具有较大潜在市场扩展空间。从上海看，热泵核心零部件方面拥有一定优势，但整机方面暂未有突出表现。

---

① 逆卡诺循环是一种理想制冷循环，利用液体汽化法实现逆卡诺循环，可提高制冷循环的省能性和经济性。

表 1　国内热泵产业链构成及核心企业汇总

产业链环节	主要构成	国内主要企业
上游	阀件、压缩机、热换器、控制器、电路控制等	压缩机：美的（美芝）、格力（凌达）、海立股份（上海市）、汉钟精机（上海市） 换热器：三花、盾安 电路控制：麦格米特、儒竞（上海市） 屏蔽泵：大元泵业 水泵：格拉富（上海市）
中游	整机（空气源、水源、地源等热泵）	海尔、美的、格力、芬尼科技
下游	生活、商务、工业、农业等领域	

在产品与产能方面，热泵产业产品的种类多样，按应用领域可简单分为采暖、热水及烘干三种。其中，采暖和热水是产业需求较高、销售额占比较大的两个种类。中国热泵产能高居全球首位，2022 年我国热泵产量约为 412.52 万台，同比增长 28.2%，占据全球近产能份额达到 59.4%，远高于其他国家。

在行业集中度方面，国内品牌集中度较高，市场竞争格局激烈。根据中经智盛市场研究有限公司发布《2022—2026 年热泵市场现状调查及发展前景分析报告》显示，2022年中国市场热泵行业销售前三、五、十的企业份额分别为 30.7%、47.0% 与 63.3%。随着节能、环保要求的提高以及能源低碳转型的推动，热泵行业的横向应用将进一步铺开。一方面在许多技术结合领域出现新科创公司，另一方面市场份额逐渐向行业内优势企业集中。随着新技术开发与应用的不断推进，诺通科技等一批上海热泵行业成长型企业有望脱颖而出。

在进出口贸易方面，据海关总署数据，2022 年，中国热泵出口量为 137.21 万台，同比增长 5%，出口金额为 11.58 亿美元，同比增长 46%。其中，向欧洲出口 106.1 万台热泵，占出口总量的 78.1%，其他国家如澳大利亚、加拿大等占比相对较低。

（二）国内热泵技术未来突破方向

工业领域，热泵应用作为 200 ℃以下供热的主要低碳解决方案，除新能源汽车外，在食品、锂电、化工、医药等方面均有所拓展，主要为恒温仓、保鲜技术、高温蒸汽提供便利的生产方式。随着蒸汽型热泵技术的成熟，越来越多的企业将涉足这一领域。

商用领域，户式热泵伴随煤改电市场兴起，逐步在零售端特别是北方市场中，取得明显突破。在长三角地区及珠三角地区，大型商业综合体、公共社区建筑开始关注这一领域。例如，上海目前超低能耗建筑强制配套热泵方案，陆续在大量楼盘普及配套。

农业领域，随着智慧农业加快发展步伐，热泵呈现出多样化发展前景，包括温室大棚、农产品深度加工（食材烘干）、家禽和水产养殖等，不仅可以提高农业生产效率，还可以带动农业机械、农业物联网等相关产业的发展，是推动现代化农用装备产业不断开拓未来空间的主要增量市场。例如，《上海市碳达峰实施方案》中明确提出，推进太阳能、地热能、空气热能、生物质能等可再生能源在农业生产中的应用。

（三）国内热泵产业面临的主要挑战

热泵属于清洁能源的范畴，从节能降耗的角度，已具备极大的优势，但市场需求不稳定、前期投入大等成为制约热泵普及的核心因素。

痛点一：经济性与市场需求问题。热泵在欧洲各国的快速发展，很大程度上有赖于各个国家给予的补贴。但相对于能源危机更加严重的欧洲，中国的天然气、煤价处于较低的水平。因此虽然热泵行业环保特征明显，但若没有政策的补贴与助推，企业缺乏投资动力，其需求也就不及欧洲市场紧迫。

痛点二：安装配套的成本问题。以家用热泵为例，大多情况下，需要根据房屋的面积、尺寸个性化定制。由于系统比传统燃气更为复杂，各个门类的前期投资也就更高。同时，热泵的安装工作需要具备专业能力的人员完成，且老旧小区若设计时未预留外机安装区域，则更为不便。

四、上海热泵相关产业的发展建议

国际能源署在《2023年能源技术展望》报告中指出，全球热泵产能离为满足全球在2050年实现净零排放情景这一目标仍有60%的缺口，市场需求前景广阔。在热泵技术与产业的发展中，由于格力、芬尼科技、纽恩泰等一众巨头已占据优势生态位，在传统产业链条中进行"绞肉机"式价格战，上海不具备成本优势。但利用好上海的政策、资金、科研等方面优势，可以在热泵新的应用领域培育一批有竞争力的企业。发展热泵产业不但可以让上海在"双碳"与"两化"等方面取得更大进展，也具有在垂直领域深化应用做大产业增量，在关键技术、环节、部件等领域形成有竞争力的企业，最终切实实现绿色发展机制的关键战略意义。

（一）聚焦垂直领域，推动高端环节链式攻关

把握新能源汽车热泵空调、整车热管理的发展需求，借鉴国际一级供应商电装、法雷奥、翰昂、马勒、博世等系统解决方案的成熟经验。一是利用上海汽车产业整体优势，通过政府引导相关企业联合高校和科研院所围绕热泵空调和整车热管理联合开展技术攻关。二是支持上海翰昂、海立新能源等企业向全场景节能、极端环境适用性等方面发展，研发新型替代工质、超临界 CO_2 热泵、高效热泵系统及其部件，提升整车的适用性；支持上海爱斯达克等企业研究电池、电机与功率器件的热管理保证系统，使得整车运行在最佳温度区间，提升可靠性。三是谋划布局热泵空调系统向智能化方向发展，引导企业开展对环境温湿度、车内温湿度、出风温度、电池温度、水温、工质温度和压力、车内空气指数等进行监控并自适应调控电动执行机构研发。

（二）依托政策引导，扩大市场应用推陈出新

贯彻落实国家和地方的政策导向，在扎实推动汽车"新四化"转型的基础上，一是进一步加快细分赛道的拓展渗透，着眼于工业节能低碳解决方案（食品、锂电、化工、医药等）、大型超低能耗建筑（商业综合体、公共社区建筑）、现代化农业设施等应用场景，探索技术突破的新路径。做好市场细分领域上下游对接，与企业对齐颗粒度，做大做强中游整机和下游应用。将工业项目作为热泵切入重点方向，通过关注热泵工业蒸汽技术、热泵厂间循环系统等技术，逐步替换工业锅炉等高耗能装置，为企业节省大量能源成本，进一步降低万元产值加工能耗等指标。二是积极探索创新工业装备技术服务、融资租赁的组合拳，激发研发生产端和市场端的积极性，把握好热泵产业的窗口期，扩大热泵市场化应用机会。三是针对热泵在不同地域的渗透率表现，利用好减税、低息贷款等相结合的补贴政策，扩大技术补贴规模，激励用户安装热泵，推动企业、园区进行环保投资，做好产业增量。

（三）出台标准规范，占据产业链条关键节点

上海发展热泵产业，还可以立足于标准体系建设、法律规范等方面。一是通过主导前沿研究与场景开发，避开成本、环境等问题；通过定制化服务赋能传统工业企业，带

动上海与周边地区其他制造业的高质量发展。例如，建议将热泵供热产品列入可再生能源设备范围，明确核算办法。二是聚焦热泵系统的设计与施工，在空气源热泵工农业现代化装备等方面形成统一的依据或标准。利用上海高校、科研院所的技术积累，联合研究出台统一的能效标识，填补这一领域空白；健全相关的热泵供热产品标准和应用规范，形成一定行业技术应用规程体系。三是开展热泵"总量控制与碳交易"机制方法论的研究，给予企业降低碳排放总量的动力，推动热泵进入碳交易市场，打通产业底层逻辑，实现市场与增量的完美闭环。

（施雨润）

生物制造的发展内涵及创新应用

　　生物经济已被认为是农业经济、工业经济、信息经济后的第四种经济形态，开始逐步成为国力竞争的重要领域，世界上不少先进国家都将其列为战略性、前瞻性的重点方向加以推动。生物制造是实现原料、过程及产品绿色化的新模式，具有高效、原料可再生、环境友好的特点，有助于重塑工业产业生态和未来发展格局，世界正处于由生物技术和生物制造推动的工业革命的风口浪尖。2023 年 12 月举行的中央经济工作会议提出，要打造生物制造、商业航天、低空经济等若干战略性新兴产业。

　　生物制造，是指以工业生物技术为核心的先进生产方式，即以基因工程、合成生物学等前沿生物技术为基础，利用菌种、细胞、酶等生命体生理代谢机能或催化功能，结合化学工程技术进行目标产品的加工过程，包括对生物基材料、化学品和生物质能源等产品的生产制造等，具备"石化替代""弯道超车"和"碳中和"等属性。全球经济合作与发展组织提出："生物制造是工业可持续发展最有希望的技术之一。"

一、生物制造的演进变革及战略意义

生物制造是绿色、可持续的生产方式，其具有资源消耗少、污染排放少等特质，被认为是缓解能源资源矛盾、推动绿色低碳和可持续健康发展的有效方案，也被认为具有引领"第四次工业革命"的潜力。

（一）生物制造的关键要素与技术演进

从技术演变的角度看，生物制造经历了第一代基础发酵技术以及第二代微生物定向发酵技术，目前的第三代技术以合成生物学为核心。第三代生物制造技术革命性构建细胞工厂，创造性生产生命体所需要的功能糖、蛋白质、活性氨基酸、维生素和天然产物等活性物质。

从核心环节的角度看，生物制造是利用生物体机能进行物质的加工与合成。工业菌种是生物制造产业看不见的"芯片"，菌株改造技术是生物制造的核心步骤。菌株改造既可以提高生产效率、降低生产成本，又可以提高产物质量和纯度、开拓新的产业领域和商业应用。

（二）发展生物制造的战略意义

1. 推动绿色低碳可持续发展

生物制造是绿色、可持续的生产方式，其具有资源消耗少、污染排放少等特质，被认为是缓解能源资源矛盾、推动绿色低碳和可持续健康发展的有效方案。生物制造一是带来了生产原料的革新。生物制造创新了物质生产方式，以生物体作为生产介质，以糖、淀粉、木质纤维素等可持续再生原料，合成各种能源燃料、大宗化学品、材料、药物等产品，未来大量基于传统化工、依赖化石资源生产的产品将被生物制造的产品所替代。二是带来了物质加工工艺的革新。生物制造通过对生物系统进行改造，在温和条件下以绿色低碳的方式生产化学品，既减少了化学废料和二氧化碳排放，又降低了能源消耗，提高了产品质量。全球经济合作与发展组织对 6 个发达国家分析结果表明：生物制造技术的应用可降低工业能耗 15%—80%，减少原料消耗 35%—75%、空气污染 50%—90%、水污染 33%—80%，降低生产成本 9%—90%。

2. 推动工业经济提质增效

生物制造本身具有原料可再生、资源可循环、过程清洁高效等特征，可从根本上改变化工、医药、能源、轻工等传统制造业高度依赖化石原料和"高污染、高排放、低循环"的加工模式。生物制造一是通过从原料源头降低碳排放，成为传统产业转型升级的"绿色动力"以及"绿色发展"的重要突破口。谭天伟院士于 2023 年在《绿色生物制造》主旨报告中指出，生物制造可以重构制造业产业体系。通过科技与产业革命，全球约 70% 的产品可以用生物法生产，有望创造 30 万亿美元的经济价值，占全球制造业的 1/3。二是通过生物技术的介导，促进产业的转型、升级及新业态的出现。生物制造与新一代信息技术、细分行业先进生产技术深度融合，能催生更多新产品新工艺；能提升产品附加值和工厂生产效率；将带动相关技术、装备及检测、包装等服务型制造、生产性服务业发展。

3. 把握全球未来技术及产业竞争先机

生物技术是当前及未来中美激烈的科技竞争的关键焦点之一。美国将生物技术列为禁止出口的关键技术，并在减碳、增强农业和粮食创新等方面制定了生物技术和生物制造的具体行动计划。合成生物、脑科学等技术早在 2018 年就被美国商务部列入出口管制技术清单，生物技术企业华大基因已被列入投资清单。特别是拜登政府直接将对华科技竞争上升到对华战略竞争的核心地位，对中国生物技术的相关政策调整也更为集中。大力发展生物制造，以在未来竞争中赢取制胜之机，至关重要。

二、生物制造的主要应用领域

生物制造在食品、医药、农业、化工、材料、能源等领域前景广阔，能为解决能源、气候与环境问题、实现绿色低碳可持续发展提供强有力的科技支撑（郑裕国院士主要观点）。ATS 公司将生物制造分为 5 类主流应用领域：（1）食品行业；（2）制药和医疗行业；（3）消费品行业；（4）建筑和建造行业；（5）电子行业中的电子元件制造。结合上述观点，可将生物制造的应用领域分为食品与农业、生物制药（医疗）、生物化工与生物基材料（包括消费品等）、生物燃料四大领域。

（一）食品与农业

食品行业主要产品为氨基酸、有机酸、多元醇、功能发酵制品等。农业主要产品为生物农药、生物肥料、生物饲料、动物疫苗及兽药研发与生产等。生物制造可能将成为农业创新解决方案的潜在来源，能带来农业革命，重塑全球食品供应格局。尤其是在我国粮食安全方面，大豆、玉米，以及肉类很大一部分依赖进口，未来用细胞培养人造肉、人造蛋白和人造油脂等将有效缓解我国的粮食安全问题。有预测显示，食品将成为应用中增长最快的领域，从原料的开发到细胞培养再到替代蛋白，生物制造正不断拓展传统食物的边界，可以通过现代生物技术手段制造淀粉和蛋白质、香兰素等高附加值食品。而以生物制造技术为核心，可实现农药的减量增效和农药生产过程的减碳。

表 1　食品与农业领域的国内外代表企业及案例

代表企业	国外 食品：味之素（日本）、帝斯曼（荷兰）等 农业：拜耳（德国）、科迪华（美国）等 国内 食品：阜丰集团、健合集团等 农业：新朝阳、海利尔化学、德强生物等
主要案例	1. 江南大学实现血红蛋白（Hb）和肌红蛋白（Mb）高效合成。 2. 上海食未生物科技有限公司与东富龙科技集团股份有限公司合作建设我国首座千吨级细胞培养肉中试工厂（目前在全球规模到千升的仅有 5 家）

（二）生物制药（医疗）

生物制药的主要产品为抗生素、甾体激素、基因工程药物、疫苗、生物合成天然产物等。随着科技的不断进步和人类对健康需求的提高，生物制品在医学领域得到了快速发展，生物制药领域也非常适合应用生物技术。抗肿瘤药、抗体药、疫苗、中药现代化等技术创新发展活跃、技术路线多元，且已推出了众多应用。如，药品和疫苗生产、抗菌药物以及受控的按需分子生产等。疫苗是规模最大的市场，占据了生物制品市场的主导地位。随着新型疫苗的研发成功，如基因工程疫苗、病毒载体疫苗等，疫苗市场将迎来更多的发展机遇。

此外，生物制造展现了按需生产组织甚至是器官的潜力，成功实现了细胞打印、组织工程支架和植入物打印等。整个 2023 年生物增材制造领域获得了大量的投资，正稳步进入开发、实验和应用化阶段。我国的国际首个 3D 生物打印行业标准《3D 生物打印肿瘤模型的通用要求》也已于 2023 年 1 月 1 日起正式实施，将进一步引领推动生物 3D 打印项目高质量发展。

表 2　生物制药领域的国内外代表企业及案例

代表企业	国外 生物制药：辉瑞（美国）、诺华（瑞士）等 国内 生物制药：中生制药、江苏恒瑞等
主要案例	1. 中国中医科学院中药资源中心等单位合作开发 KH617 新型制剂，有望成为国内第一个合成生物学来源的植物天然产物新药 2. 双虹生物宣布实现"天麻素"生物合成的全球首个商业化规模生产

（三）生物化工与生物基材料

生物化工和生物基材料是国内外推进绿色制造的重要保障，也是我国生物经济发展规划的重点方向。生物化工聚焦五类平台产品及其衍生物，包括戊二胺、山梨醇、5-羟甲基糠醛、2，5-呋喃二甲酸和生物基乙二醇等，技术不断更新迭代。生物基材料为生物基再生纤维、生物基合成纤维、微生物纤维等，我国目前生物基材料初步形成了生物基纤维素纤维、生物基合成纤维、海洋生物基纤维及生物蛋白复合纤维等生物材料产业体系，生物基材料市场规模已达约 200 亿元，产量超过 150 万吨。在消费品领域，生物制造用于生产美容用品、塑料产品和组件、尼龙、纺织品、纸张等各类消费品；在建筑和建造领域，生物水泥可利用微生物增强水泥强度，生物修复可利用微生物将有毒物质分解成可以安全处置的物质；在电子领域，生物技术能够以传统材料能源成本的一小部分生产出像纸一样薄的柔性塑料材料和电路。

表 3　生物化工与生物基材料领域的国内外代表企业及案例

代表企业	国外 化工：巴斯夫（德国）、固特异（美国）等 材料：阿科玛（法国）、帝人（日本）等 国内 化工：丰原生物、海正生物等 材料：凯赛生物、恒天海龙等
主要案例	1. 蓝晶微生物聚羟基脂肪酸酯产品通过 TÜV 奥地利集团淡水可降解认证。 2. 金发科技年产 3 万吨聚乳酸（PLA）项目已于 2022 年底实现成功试车并稳定生产。 3. 中国科学院深圳先进技术研究院合成生物学研究所高翔课题组与美国芝加哥大学田博之课题组合作，构建新型人工体系"人工光细胞"，通过将半导体材料吸收光能产生的电子有效转化为生物能，使原本不能利用光能的工业发酵微生物得以有效利用光能。 4. 中国科学院天津工业生物技术研究所团队利用工程化改造的一种耐酸库德里阿兹氏毕赤酵母，在低 pH 微氧条件下生产 L-苹果酸。L-苹果酸在日化、食品等行业应用广泛，用于酸度调节剂、防臭剂、洗涤剂等生产

（四）生物燃料

随着全球气候变化不断加剧以及传统能源价格持续高位波动，生物燃料逐渐受到各国关注。生物燃料领域的主要产品为燃料乙醇、生物柴油、生物天然气等，其中燃料乙醇的市场发展潜力巨大。利用生物制造技术生产可再生燃料，可用于替代化石燃料，欧盟的生物柴油占其生物燃料市场的 81%。国际能源署《2020—2023 年市场分析和预测》中指出，未来生物能源将成为全球增长最快的可再生能源。

表 4　生物燃料领域的国内外代表企业及案例

代表企业	**国外** 生物燃料：巴斯夫（德国）、汉高（德国）等 **国内** 生物燃料：国投生物、中粮科技等
主要案例	1. 生物能源企业德博与马士基签署合作意向书，计划在中国建造一套年产 20 万吨绿色生物甲醇项目。 2. 北京首钢朗泽科技股份有限公司利用经选育后的乙醇梭菌，可将含 CO、CO_2 的炼钢尾气转化为生物乙醇及新型饲料蛋白等高附加值产品

此外，生物制造产业整体快速发展，为技术、平台、工具、装备类企业带来发展机遇，如，华大智造开发高通量基因测序仪达到国际先进水准，中合基因自主研发国内首台自动化"kb 级基因拼接仪"，分子之心具有自主知识产权的 AI 蛋白质大分子优化与设计平台"MoleculeOS"等。近年来约 30 余家相关企业获得资本市场直接融资，华大智造 B 轮融资超过 10 亿美元。人工智能与生物技术的日益融合为生物制造领域带来了范式转变。未来，包括智能合成生物学等将在基因序列优化算法、指导蛋白质设计、优化代谢途径与生物生产过程、优化发酵过程与放大过程、自动化实验设计等领域获得较大发展。

三、国内外的生物制造领域发展现状

（一）国外的生物制造领域发展现状

在政策端，以美国为首的世界主要经济体围绕生物制造领域政策频出。世界各国高度重视生物制造在国家战略和未来经济社会发展中的重要性，意图在未来国际竞争中抢占制高点，构筑竞争新优势。据不完全统计，全球已有 60 多个国家或地区制定生物制造或生物经济的专门政策，超过 20 个国家制定了关于工业生物技术的国家发展战略。尤其是美国，2012 年就在《国家生物经济蓝图》中将以基因组学、合成生物学为代表的生物制造技术作为重点发展领域加以支持，并在过去两年中发布了旨在推动美国生物技术生产和研究的行政命令及其细化的明确目标。生物技术也是美国"小院高墙"禁止出口的关键技术之一。

表 5　重点国家 / 地区生物制造发展战略

国家 / 地区	发展战略
美国	《生物学产业化：加速先进化工产品制造路线图》提出，在未来十年（2015—2025 年），将通过生物学方法合成化工产品的能力逐步改善，提升到与传统化工方法相媲美的程度。 《生物质技术路线图》提出，到 2030 年生物基产品将替代 25% 的有机化学品和 20% 的化石燃料。 《国家生物技术和生物制造计划》阐述了对全政府推进生物技术和生物制造的愿景，并在 2023 年 3 月 23 日公布了《美国生物技术和生物制造的明确目标》，进一步阐述了具体目标，涵盖 "解决气候变化问题""粮食和农业创新""提升供应链弹性""促进人类健康" 和 "推进跨领域进展" 5 个部分
欧洲	《工业生物技术 2025 远景规划》提出，力争于 2025 年实现生物基化学品替代传统化学品 10%—20%，其中化工原料替代 6%—12%，精细化学品替代 30%—60%。 《面向生物经济的欧洲化学工业路线图》中提出，在 2030 年，在有机化学品原材料和原料中，将生物基产品或可再生原料的替代份额增至 25%。 《欧洲可持续发展生物经济》提出，建立 1 亿欧元的循环生物经济专题投资平台。 英国《发展生物经济——改善民生及强化经济：至 2030 年国家生物经济战略》提出，到 2030 年生物经济规模较 2014 年翻一番，达到 4400 亿英镑
加拿大	打造生物经济支柱企业，并在政策、方案、融资等方面予以支持
日本	将强化创业和投资环境作为《生物战略 2019》九大重点任务之一，并提出建立全球孵化系统，支持生物制造业企业由中小规模向大规模发展，提供长期稳定融资，以及促进工业和学术界合作等具体举措

在产业链端，全球领军企业对底层技术开展布局，国外大型公司均构建起先进的菌种创制研发平台。如，美国杜邦公司历时 12 年、投入 4 亿美元，成功突破了 1，3- 丙二醇的核心生产菌株，彻底颠覆了传统石化合成路线，至今垄断全球。日本的味之素公司也建立了 1700 人的大规模研发队伍，年投入研发经费 3 亿美元，在氨基酸等核心菌种的技术水平长期保持国际领先优势。此外，美国、欧洲、日本等国家或地区通过战略引导推进产业集群发展，加强生物技术基地平台建设，支持创新型企业发展。

表6 重点国家/地区生物制造产业集群

国家/地区	重点产业集群
美国	旧金山、波士顿、华盛顿、北卡罗来纳、圣地亚哥五大生物技术产业集聚区
欧洲	德国莱茵河上游三角地带、法国巴黎"基因谷"及丹麦—瑞典生物谷、挪威挪瓦姆生物医学科技园等多个生物产业集聚区
日本	大阪生命科技产业园、神户医药产业园和北海道生命科技产业园等11个生命科学高新技术主题园区

（二）我国的生物制造领域发展情况

近年来国家对生物制造发展的高度重视。虽然国内起步较晚，随着技术、人才和资金的大量投入，该领域发展迅速，取得了部分大宗产品在产量、规模上的市场优势，生物制造将成为我国继绿色制造、智能制造后，推进新型工业化、提升新质生产力和制造强国建设的又一重要抓手。

从政策环境看，《"十四五"生物经济发展规划》明确将生物制造作为生物经济战略性新兴产业发展方向。全国各省市也发挥自身优势，积极布局生物制造产业。据不完全统计，2021年以来，省级政府发布政策30余项，从集群培育、配套设施建设、技术创新、人才培养、资金扶持等多角度出发支持产业发展。特别是2023年以来，上海、北京、杭州、常州、深圳光明区等五地抢抓产业发展机遇，结合自身区域特点，支持合成生物技术企业落地和产业链布局。其中，杭州、常州与深圳光明区聚焦于合成生物产业，而上海与北京则进一步扩展至生物制造领域。

从产业分布看，据《2023年生物制造产业白皮书》① 发布的信息，经过多年发展，我国生物制造细分子行业门类逐步增多，企业基本覆盖各省级行政区。其中，长三角地区成为重点企业聚集最多的地区；依托科研、人才等要素优势，北京、广东等省份在原始技术创新领域占有优势，同时，也聚集了一批行业重点企业；华北、华中地区，湖北、河北、安徽等省份骨干企业数量较多，具有发展的良好潜力；西部地区以聚焦特色天然产物生物制造、食品配料的生物科技企业为主。

---

① 《2023年生物制造产业白皮书》由工业和信息化部消费品工业司指导，中国电子信息产业发展研究院、河北省工业和信息化厅联合编写，于2023年11月7日发布。

表 7　各地关于生物制造产业优势领域的代表性情况

地　区	产业优势领域
上海市	化妆品原料、生物制药、食品配料、天然产物、生物基材料、生物化工等
北京市	基因编辑育种、酶制剂、二氧化碳合成制造、化妆品原料、生物基材料、AI 辅助蛋白质设计、生物制药等
广东省	化妆品原料、生物基化学品等
江苏省	生物制药、天然产物、基因组学技术、生物化工等
浙江省	生物制药、维生素、食品配料、化妆品原料、天然产物、生物基材料、生物化工等
天津市	DNA 合成技术及装备、药物及材料的精细化学品合成等
安徽省	生物基材料等
湖北省	酵母、功能油脂、基因编辑育种、天然产物等
河北省	生物制药、食品配料、色素等
四川省	食品配料、生物制药等

虽然我国生物制造产业迈出了较大的步伐，但整体上与世界先进国家仍存在一定差距。

一是关键核心技术仍存在差距。生物制造产业中游的工业生物核心技术是支撑生物制造发展的关键，我国中高端配料及装备供给能力不足，部分关键原配料及装备依赖进口。如，国内关键化学物质如丙二醇、聚酰胺等无法突破杜邦公司等海外大化工企业的垄断；工业核心菌种、酶制剂等核心原配料对外依存度在 70% 以上；发酵行业拥有 3000 亿元产值的规模，但高端反应器、培养基和分离纯化介质等仍被国外公司所垄断。2023 年全球最具创新力十大生物技术公司名单中，我国无企业入选。

二是产业规模有较大发展空间。据相关统计数据显示，我国生物制造核心产业增加值占工业增加值比重仅 2.4%，低于美、欧、日的 11%、6.2%、3.2%，2022 年美广义生物制造总额 4388 亿美元，对美经济影响达 43%。未来，更高附加值和高差异化的生物制造产品将更容易获得国际国内市场的认可。

三是专业产业人才储备不足。我国的生物信息学、合成生物学本科专业分别于 2011 年、2019 年增设。山西大学、南京师范大学、青岛科技大学、天津大学已开设合成生物本科专业，清华大学、上海交通大学、山东大学等已开设合成生物课程。但人才数量远不能满足目前高速发展的行业需要，且从生物学科整体情况看，据《2023 年 QS 世界大学学科排名》，生物科学与医学类世界排名前 50 位高校中我国仅北京大学一家上榜（第 37），前 100 也仅四家。

四、上海提升生物制造创新能力的相关建议

上海处于国内生物制造领域的第一梯队，位列众诚智库发布的 2022 年中国生物经济百强城市榜单第一梯队前 10 强的第二名（仅次于北京），是我国最早发展合成生物学的地区之一，也是国内外产品下游客户最为集聚的城市之一。从基础研发到创新应用再到市场推广，上海在生物制造领域已凝练起产业发展的各个重要环节。2023 年 9 月 25 日，《上海市加快合成生物创新策源　打造高端生物制造产业集群行动方案（2023—2025 年）》印发，对加快推进上海合成生物技术创新与产业化应用，打造高端生物制造产业集群提出了具体行动方案。包括浦东新区、金山区、宝山区等在内的各区也于 2023 年开始将生物制造作为发展的一大重点方向，目前浦东新区与金山区已出台相关政策文件。

作为一种新质生产力，生物制造发展前景广阔，正向着多元化原料利用、高效化的生物转化体系和高价值产品方向发展，不仅是在医药领域，在食品、生物基材料、生物燃料等领域也有着更大的发展潜力，但也同时具备了高风险性、长期性和不确定性。在全球科技竞争愈演愈烈的背景下，上海市应强化主动担当，有针对性地瞄准生物制造底层技术与高端终端应用进一步进行支持，加速打造成为具有全球影响力的生物制造领域高地。

（一）瞄准底层技术，抓紧布局提升自主能力

一是研究梳理生物制造领域关键环节清单，制定技术路线图推进底层技术、关键试剂、设备等自主研发与产业化。加强具有新颖合成功能的独创性菌株创制，积极布局下一代共性关键菌株开发。二是加快开发生物学设计工具及软件，建立基于生物大数据和人工智能的数字细胞设计技术，开展 AI 辅助酶分子设计、指导蛋白质设计等技术研究，建设生物制造基础数据库。三是突破定量合成、工业酶设计、细胞设计、超高通量细胞筛选等核心底层技术，推进分离纯化装备、关键组件、新型材料、工艺软件及控制系统等细分领域技术创新与国产化。

（二）把握高端制造，推进生物制造应用突破

一是加快推动前沿新技术、高端新产品研发布局，攻克包括二氧化碳生物转化利

用、可再生化工材料等在内的关键核心技术。二是攻克未来食品关键技术瓶颈，加快蛋白质、食品添加剂及碳水化合物等新兴合成技术研发，促进微生物、细胞工厂等在食品资源领域的开发和应用，推动合成生物食品国内外准入与监管。三是发挥上海航空及船舶等领域的产业优势，研发生物乙醇、生物柴油等先进生物燃料生产技术，加快推动生物燃料在飞机、汽车、船舶等领域的示范应用。四是面向重点领域增强先进生物制造能力对传统制造工艺技术替代，结合产业基础、发展空间、资源禀赋，进一步落实五大领域产业核心载体，先行先试监督管理、市场应用等生物制造领域关键环节改革举措，推动生物制造技术工艺推广应用（如3D生物打印的个体化精准治疗应用等）。

（三）优化产业体系，构建区域产业创新网络

一是学习借鉴美国生物制造发展模式，加快培育生物制造领域核心集聚区，建设生物制造基础设施中心，链接生物制造领域创新中心，依托主要创新机构、龙头企业等加快培育生物制造核心集聚区，推进原始技术创新集聚区与产业发展配套区协作建设，并通过中心加强与中国科学院合成生物学重点实验室、上海交通大学微生物代谢国家重点实验室等国家实验室、科研院所及初创公司等合作。二是加快构建生物制造基础设施体系、面向产业发展的公共服务平台，开展仪器设备共享、小试验证、中试扩产、规模制造等服务。三是搭建生物制造领域产业人才平台，推进重点领域产教融合衔接和定向合作培养。

（四）深化国际交流，开展科技成果深层次合作

一是既要密切跟踪美西方对我国的生物制造领域限制政策，做好风险预警和应对处置，也要及时跟进国外生物前沿技术发展态势，重点关注颠覆性突破及产业化项目，定期研判产业发展方向与重点布局领域。二是积极争取与欧洲、日本等国家与地区科技合作与交流，促进全球技术在沪转化，并鼓励企业对接国际生物制造合作项目进行跨国合作，参与或主导国际标准制修订。三是加强对国际重点目标市场生物制造市场准入、监管审批、产品和技术标准等的研究，推动生物制造企业、产品、装备和解决方案走出去。

（沈屹磊）

合成生物技术进展与应用前瞻

　　加快形成新质生产力是摆脱传统经济增长方式，提升生产力的新发展路径。在国家发布的新质生产力主阵地产业中，生物制造排在首位。生物制造也是我国继绿色制造、智能制造后，推进制造强国建设的又一个重要抓手。近年来，多个省市发布了生物制造相关的产业发展路线图，力图在未来生物经济竞争中占据有利地位。但部分省市的产业规划以合成生物学为发展重点，上海、北京、河北等省市的产业规划则更聚焦生物制造产业。

21 世纪是生物学的世纪，生物制造作为覆盖面最广、渗透力最强的颠覆性制造技术之一，正在成为重塑未来经济形态的决定性力量。在"双碳目标"需求拉动以及合成生物学技术推动的双重加持下，全球正在兴起一场生物经济工业革命。合成生物学的技术突破带来了新一代生物制造的变革，"新生物制造"则成为利用合成生物学技术把产品转化为工业化的重要制造模式。

一、理解生物制造与合成生物学的内涵

（一）生物制造是什么

广义的"生物制造"是指通过生物系统将自然界中的原料转化为产品或服务的制造方法，从这个定义中可以看出，生物制造涵盖了所有利用生物技术进行的生产以及转化。而根据《2023年生物制造产业白皮书》[①]，我国对生物制造的定义是指以工业生物技术为核心的先进生产方式，即以基因工程技术、合成生物学技术等前沿生物技术为基础，利用菌种、细胞、酶等生命体生理代谢机能或催化功能，通过工业发酵工艺规模化生产目标产物的制造过程。目前常提的生物制造实质上可以被认为是"新生物制造"或"先进生物制造"。

1. 生物制造发展历程

生物制造有着长远的发展历史，经历了多次技术迭代。第一次技术革命是基础发酵技术，通过单一培养发酵生产初级代谢物，比如做面包、制酱、酿醋和酿酒等。实际上，发酵就是微生物经过繁殖之后，产生代谢产物的现象。

第二次技术革命是微生物定向发酵，通过筛选自然界中能够生产某种特定物质的细菌或细胞，获得对生命健康有帮助的生物活性物，比如酶、抗菌素、透明质酸等。如，1942年，青霉素深层发酵技术的突破极大程度上提高了青霉素的产量和产率。

第三次技术革命则是目前以合成生物学为核心的生物制造，用工程化手段有目的地改造设计原有生命体，旨在利用廉价可得的原料捕获大气中的碳源为原料，通过工业酶催化剂和工业菌株的设计和开发，形成绿色生物制造获得目标产品。原料以生物体作为生产介质，以糖、淀粉、木质纤维素等可持续再生原料进行制造，产品从医药、食品扩展至了材料、能源、消费品等领域。"生物制造，制造万物"，与传统以产品来划分行业不同，生物制造生产的产品横跨大多数行业。中短期来看，生物制造的发展将更多围绕应用领域的终端需求进行赛道破局，且有望向采矿、冶金、电子信息、环保等领域拓展。

2. 生物制造主要环节

新生物制造主要包括四个关键环节：一是生物基催化剂开发，即酶、细胞（微生物细胞、动植物细胞）等生物基催化剂的实验室设计、培养。二是生物基单体制备，收集

---

① 《2023年生物制造产业白皮书》由工业和信息化部消费品工业司指导，中国电子信息产业发展研究院、河北省工业和信息化厅联合编写，于2023年11月7日发布。

原料，适配高效生物基催化剂，优选短流程工艺路线，开发替代现有石化基单体。三是生物基材料聚合，通过生物或化学工艺处理，将生物基单体聚合为生物基材料。四是产品应用，根据终端需求，通过混配、复合等方式，将催化生成的有机化合物或聚合物实现功能化并最终形成产品。

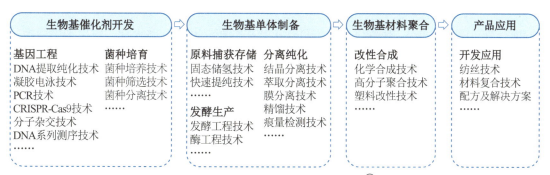

图1　生物制造各环节涉及技术示例①

（二）合成生物学是什么

合成生物学是一门新兴的工程学科，改变了传统生命的研究范式，推动人类实现从"认识生命"到"设计生命"的跨越，被认为是生命科学领域的颠覆性技术。当前新生物制造最关键与核心的技术即合成生物学技术。通过底层技术的创新，以基因合成、编辑为代表的合成生物学在过去20年间有了快速的发展。基因组装、基因编辑、多组学分析、代谢工程、底盘细胞定向进化等多个合成生物学底层技术的体系搭建，打造了以合成生物学为核心的生物制造技术链。

1. 合成生物学的本质

传统生物技术主要关注对自然生物过程的利用和改进，依赖于自然界已有的生物过程和生物体。它通常涉及对生物体或其组成部分（如酶、细胞、组织等）直接应用，以及通过自然选择和育种技术来改善生物特性。合成生物学技术则更侧重于生物系统的设计与构建，用工程化的设计理念，改造或创造超越自然功能的人造生命体系或功能系统。狭义的合成生物学包括了两大技术方向：一是改造生命：应用基因工程和代谢工程等技术，将全新功能引入活细胞等生命体或生物—非生物混合系统；二是创造生命：体

---

① 参考上海市经济和信息化委员会新材料处资料。

外合成全新生命系统，如人工细胞等。广义来看，任何对生命有机体关键要素的创新应用都属于合成生物学，如酶催化合成（催化单元）、无细胞合成（转录和翻译系统）、DNA 存储（遗传密码）等。

合成生物学的关键技术包括：DNA 工程（基因合成、基因组编辑）、生物分子工程（生物元件设计和优化、基因线路设计）、宿主工程（基因 / 转录 / 蛋白 / 代谢多组学品系特征分析、菌株改造）、计算机和数据科学（数据分析、基因回路设计、虚拟细胞建模、仿真测试）等。

2. 合成生物学产业链

根据《中国合成生物学产业白皮书 2024》①，合成生物学产业链可分为上、中、下游三个环节。上游聚焦使能技术开发，中游是对生物系统及生物体进行设计、改造的技术平台，下游则涉及各个领域的应用开发和产品落地。从目前的企业发展来看，中下游企业之间并无明确界限，不少企业中下游一体化布局。

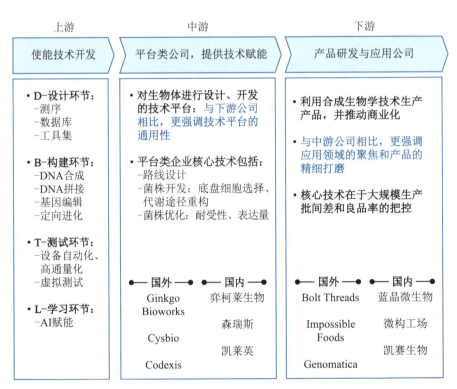

图 2　合成生物学产业链

---

① 《中国合成生物学产业白皮书 2024》由上海合成生物学创新中心、波士顿咨询公司与 B Capital 联合研究共同于 2024 年 4 月发布。

从产业链的层面进行对比，合成生物学产业链更聚焦于前期的技术创新、技术研发与技术赋能，生物制造的产业链则将生产与制造环节进一步打开，更聚焦于制造端。从产业视角看，合成生物学是生物制造最重要、最核心的技术之一，生物制造是合成生物学技术发展的主要应用场景。

3. 合成生物学的核心理念与应用领域

合成生物学的核心目标是创造自然界中尚不存在的人工生命系统。其第一体现了工程设计的理念，将生物体看作可编程的生产系统，从而改变生物体的产出结果。第二则体现了人工设计思想，是根据所需特征和功能进行有计划、有目的设计生命体的过程。合成生物学的这种工程化和设计导向的理念，使其在创新潜力和应用范围上具有更大的扩展性和变革性。

从合成生物学的本质、核心目标与核心理念来看，合成生物学能够设计与改造的生命体涵盖了动物、植物、微生物（细胞）等。着眼未来，合成生物学的发展将在精准医疗和个性化治疗（设计针对特定患者基因型的疗法）、微生物组疗法（调节人体微生物组的新型疗法）、智能生物传感器和诊断（体内或体外检测疾病标志物的传感器）、基因治疗（修改基因治疗遗传性疾病和癌症），及合成生态学（环境修复、生物多样性保护和生态系统服务）等多个领域引发变革。

但由于动物和植物生命系统更加复杂，通过改造微生物（细胞）来进行生产的生物制造已成为合成生物学最先落地也是近年来最重要的应用场景。

随着合成生物学的不断技术突破，上述最先落地应用的部分生物制造已实现了工业化与产业化，取得了众多优质产业化成果，应用于化工、饲料、材料、食品、能源等工业制造领域，特别是在化工领域表现相当突出。欧美等发达经济体早早就将生物制造的重点聚焦于化工领域，美国《生物学产业化：加速先进化工产品制造路线图》提出在2015—2025年期间，通过生物学方法合成化工产品的能力逐步改善，提升到与传统化工方法相媲美的程度；欧洲《工业生物技术2025远景规划》则提出力争于2025年实现生物基化学品替代传统化学品10%—20%。

二、合成生物学催生构建我国生物制造的基础与核心驱动力，从而共同推动生物经济崛起

生物制造是一个由众多生产环节耦合而成的系统性工程，从经济发展维度来讲，是

将生物技术创新产品推向商业规模的引擎，是生物经济的基础。与传统生产方式相比，当前的生物制造核心优势在于"替代、创新以及绿色"，而合成生物学的发展为生物制造提供了有力的支撑，催生了这些优势。

（一）原料以及生产工艺的替代

从原料端来看，生物制造需要大量可用及基本可控的原料。由于地理位置和国情不同，美国富有玉米、巴西富有甘蔗、俄罗斯富有小麦，我国则需要寻求一条与其他国家不同的生物制造路线。随着技术迭代，生物制造所需的原料已经从淀粉、脂肪、木质纤维素（如玉米秸秆）发展到二氧化碳等低碳化合物。通过合成生物学的发展，我国能够以属地常见的生物质废料甚至二氧化碳为碳源开发全新合成路线，打破原料及产品的进口依赖。

从生产工艺来看，以合成生物学为核心的生物制造，能变革未来物质加工和生产模式，被视作驱动生产模式向生物经济转型的核心力量。依赖于传统化工、植物提取等获得产品的生产方式，未来将逐步被从传统生物发酵升级后的生物制造方式所替代。利用传统方式获取天然产物存在含量低、提取工艺复杂耗时以及资源不可持续等问题，且依赖于传统农业种植。而化学合成从原料到最终产物往往要经过数步化学反应，每一步涉及的转化率、催化剂、设备折旧、能源消耗等因素都将增加生产成本，且部分反应需要在高温高压等特殊环境下进行。借助细胞工厂的高效代谢系统快速合成结构复杂的天然产物，是解决天然产物规模化生产的最有潜力方向，原料到产物的一系列化学反应将在细胞内进行，反应条件也更温和。特别是近些年合成生物学的技术发展实现了高通量筛选，即在较短时间内对大量微生物或细胞株进行快速测试，找到最优的产物生产组合，节省时间和成本，并快速找到最有效的生产策略。

（二）创新方式及产品的优化

合成生物学的发展颠覆了传统生物活性物的生产制造方式，以合成生物学为核心的生物制造能够制造疗效更好的药品、可降解且性能更优越的高端化学品或材料等新产品，快速、全面颠覆全球产品供给格局。合成生物学能够定向、高效地设计和构建菌种，从找菌种到找基因，从被动筛选到主动创新，从利用自然菌种到人工设计产生菌，改造或者颠覆了传统产品的研发路径。而生物制造也可以实现化学过程无法合成、或者合成效率很低的石油化工产品的生物过程合成。

特别是基于理性改造技术所构建的工业菌株使得生物活性物的规模化开发及应用变成可能，一方面能够提高生产效率，传统的发酵工艺中，微生物在生长和代谢过程中往往存在一系列的限制因素，如营养物质供应、代谢产物积累等，导致生产效率低下，通过对微生物进行基因组改造和代谢调控，可以消除这些限制因素；另一方面也能够提高产物质量，通过调控微生物代谢通路，增强目标产物的合成能力，同时降低有害代谢产物的合成水平，从而提高产物质量和纯度。

（三）生产模式的可持续与"循环"

生物制造在原料来源、制造、使用处理中均能大幅削减碳排放。生物制造所需原料以可再生原料为主，包括淀粉等粮食原料、秸秆等农业废弃物以及 CO_2、CH_4 等含碳气体。废弃物回收利用以及生物质资源高效利用实现了大规模减排，促进产业向"农业—工业—环境—农业"的良性循环模式升级。合成生物学带来的生产工艺变革则在降低成本的同时减少了副产物和三废生成，实现了环保生产。通过工业生物合成实现植物、动物、稀有微生物等有效成分的制造由传统的种植养殖向高效的生物制造工厂转变，也将节约大量的土地，为"扩绿""降碳"提供土地基础。

总体而言，生物制造与合成生物学在当前的时代需求与技术突破背景下，将呈现科技创新与产业创新相辅相成的发展态势。不论是合成生物学的发展还是生物制造产业的发展，上海都具备了推进快速发展的基础。在合成生物学端应进一步聚焦基因编辑、基因合成与组装等底层技术，紧抓菌种研发、转化工艺设计等卡脖子技术攻关，重点推动生物制造为主、医疗以及生态等领域为辅的应用场景落地。在生物制造端应抓住 AI 大模型激发新一轮技术革命的机遇，加快 AI 对生物制造的赋能，推动合成生物学从科研成果到产品产业化的全链条发展，瞄准先进化工、材料、医药、能源、食品及化妆品等领域，推进生物制造产品生产、制造和应用。

（沈屹磊）

参考文献：

【1】《2023 年生物制造产业白皮书》由工业和信息化部消费品工业司指导，中国电

子信息产业发展研究院、河北省工业和信息化厅联合编写，2023 年 11 月 7 日发布。

【2】杨婷婷、曹丛丛等：《生物活性物的生物制造：现状、挑战和发展趋势》，载《生物工程学报》2023 年第 11 期，第 4335—4357 页。

【3】《中国合成生物学产业白皮书 2024》由上海合成生物学创新中心、波士顿咨询公司与 B Capital 联合研究共同于 2024 年 4 月发布。

【4】朱美乔：《合成生物学技术：触发生物发酵产业变革》，载《中国食品报》2023 年 5 月 18 日第 2 版。

CRISPR 基因编辑技术突破与产业化前瞻

  2020 年 10 月，瑞典皇家科学院将本年度的诺贝尔化学奖颁发给了埃玛纽埃勒·沙尔庞捷（法）与珍妮弗·道德纳（美）两位科学奖，以表彰她们"开发出一种基因组编辑方法"以及在生物化学领域作出的杰出贡献。这种新型的 DNA 剪辑技术便是"CRISPR 技术"。目前"CRISPR-Cas9"被认为是最锋利的基因编辑工具之一，利用该项技术，可以使研究人员以极高的精度改变动物、植物和微生物的DNA，对生命科学研究产生了突破性影响。因此，在 2024 年初《麻省理工科技评论》将其列入"十大突破性技术"榜单之中。上海有着建设全国科技创新中心的重要使命，上海市经信发展研究中心通过分析技术前沿和产业动态认为，发展"CRISPR"基因编辑技术，有助于更好地推进上海新型工业化的发展。

  CRISPR 来自微生物的免疫系统，是细菌抵抗病毒等外源物质入侵的一种方式。当大肠杆菌等细菌在遭到病毒入侵后，能够把病毒基因的一小段存储到自身的 DNA 里一个称为 CRISPR 的存储空间。当再次遇到同病毒入侵时，细菌能够根据存写的片段识别病毒，将病毒的 DNA 切断而使之失效以抵御二次侵染。科学家发现，通过将 CRISPR 与一种称为 Cas9 的特殊编程酶结合起来，可以将其用于编辑人类和其他生物体的基因。具体而言，CRISPR-Cas9 系统通过导向 RNA 序列将 Cas9 酶引导到靶标基因特定点位上，使其能够准确地剪切目标 DNA。一旦 DNA 双链断裂，细胞的修复机制就会介入，并尝试愈合这一断裂点。在修复过程中，科学家可以利用技术手段人工进行靶基因序列的插入、缺失和替换，从而实现基因组的定向改造。正如《麻省理工科技评论》所述，12 年前科学家们首次开发出这种名为 CRISPR 的强大的 DNA 剪切技术。现在 CRISPR 已走出实验室并运用在医学治疗的产业领域跨越式前进。随着该技术真正进入市场，镰状细胞病预计将是首个被 CRISPR 战胜的疾病。

一、基因编辑技术发展前沿动向

（一）全球技术发展情况

CRISPR-Cas9 技术是继 ZFN、TALEN 之后出现的第三代基因编辑技术。在前两代的基础上，改革了 ZFN 和 TALEN 的缺陷，在操作方面，使识别精度、识别效率、剪切效率大幅提升，成本有所下降，商业化前景逐渐明朗。在第三届人类基因组编辑国际峰会上，美国纳什维尔三星百年医疗中心报告称：临床试验中参与 CRISPR 系统治疗的临床试验志愿者在随访 12 个月后，其体内依然有约 46% 的血红蛋白仍是胎儿血红蛋白，且 99.7% 的红细胞中携带这种蛋白；在随访 24 个月时，新型疗法让 31 名可评估疗效的患者中的 29 例患者 1 年以上无严重血管闭塞性危象发作，病情完全消退成功率达到 93.5% 左右。

表 1　三代基因编辑技术情况汇总

项　目	ZFNs 技术	TALENs 技术	CRISPRs 技术
先进性	第一代	第二代	第三代
识别机制	锌脂蛋白	类转录激活子效应	crRNA
识别效率	几十至几百 bp 分之一	几十至几百 bp 分之一	1/8bp
剪切效率	低	一般	高，约为 TALEN 的 100 倍
商业化程度	一般	较高	较高
潜在问题	容易脱靶，且可能产生一系列不可预测的基因突变，引发细胞毒性。	在一定程度上优化了 ZFN 技术存在的脱靶问题，且设计简单，特异性和活性更高。不过针对不同靶点，每次都需重复构建融合蛋白。	暂无

在技术研发倾向中，美国主要由医药企业作为主导，科学家加入公司的方式。如Casgevy 作为全球首款基因编辑治疗方式，由美国福泰制药公司（Vertex Pharmaceuticals）与瑞士 CRISPR 治疗公司（CRISPR Therapeutics）共同开发，通过从患者的骨髓中提取患者自身的造血干细胞，并在实验室中编辑细胞中的基因，最后回输患者体内，使得患者的血红细胞可以产生高水平的胎儿血红蛋白（HbF）。中国则相对而言采用更多"科研机构主导研究＋企业实施应用"的合作模式。例如，中国科学院化学研究所使用 CRISPR/Cas9 技术改造得到的 T 细胞（CAR-T 细胞）已经应用于癌症免疫治疗，这种 CAR-T 新疗法能迅速摧毁血液癌症中的癌细胞，并且新细胞在体内能够长时间存活、持续发挥作用。

（二）CRISPR 技术的新发展方向

自"CRISPR/Cas9"技术在 2012 年被成功开发以来，科学家们便试图不断在技术的精确度、应用场景、合规性及成本等方面做出努力。从未来应用场景看，包括 CRISPR在内的新型基因编辑技术系统，有着医疗检测、靶药开发、生物安全、纳米材料及生物制造等多方面的发展方向：

一是 CRISPR 将提供治疗许多疾病的新方法。生物医学家们已经发现了越来越多类型的 Cas 蛋白，如最初研究人员们主要关注的 Cas9；可以用于疾病诊断的 Cas13；能大段删除 DNA，并如同碎纸机进行切片处理的 Cas3；以及体积更小且有希望在临床上完成介质递送的 CasX。研究人员正试图通过生物工程技术，不断优化这些蛋白乃至整个系统的功能——通过碱基编辑，能对单个核苷酸进行精准修改；通过人为的"激活"或是"沉默"基因，无需改变基因组，就能短暂调控基因的表达。

二是 CRISPR 将带来更"现货化"的细胞基因医疗标准。随着细胞和基因疗法的诞生，各种因人而异的手术环境带来了高度个体化的治疗方案，而生物医药领域期待此类治疗方案能变得更为大众化。要实现这一目的，则必须对基因改造细胞的生产流程进行标准化。这个过程中 CRISPR 基因组编辑技术无疑将成为重要的工具。利用该技术中不同 Cas 蛋白酶的不同基因标靶，可以研发建立针对特定疗法的标准化操作。

三是使用 CRISPR 技术提高发现新药的效率和规模。经过简单的调整，CRISPR 有望在新药发现方面有更多的应用。技术的简便性使其能在产业上进行大规模的自动化筛选，找到在健康生理过程或是致病生理过程中的关键基因，促进研究人员们找到新的药物靶点。这一技术还能与人工智能、大数据模型等互联网发展相结合，让 AI 与机器人分析 CRISPR 技术筛选所产生的大量数据集。同时，使用非病毒载体，包括脂质纳米颗粒（LNPs）、多肽、无机纳米颗粒等基于纳米材料的药物载体，能开发出起效时间更短、更安全的 CRISPR/Cas9 递送药物替代品。

四是应用 CRISPR 技术进行低成本生物标志物检测。依托于该项基因编辑技术系统可批量地敲除或过表达某些基因的能力，因此可用作筛选目标基因，检测来自各种病原体的或生物体的 DNA 或是 RNA 分子结构。再配合相应的功能性实验，即可找出该生命活动或致病原中的生物标志物。例如，来自上海科技大学和广州医科大学附属第一医院的研究团队借助 CRISPR 检测技术，已成功开发出了一种针对冠状病毒且在 15 分钟内实现快速、准确检测的方法，并有望通过后续研究进一步减少成本。

五是让 CRISPR 技术成为疾病预防的工具。例如，在阿尔茨海默病或是心血管疾病中，一些基因的存在会让个体发病的风险更高，另一些基因的表达则会降低疾病的风险。如果能善用 CRISPR 技术于改造这些基因，便可以让民众获得天然免疫力。构建一个人人自带"基因保护伞"的社会，尽可能避免医疗资源的挤占，将会是发达国家政府与世界头部医疗机构、生物企业共同致力推进的发展目标。

六是利用 CRISPR 技术解决农业和食品安全问题。基因编辑技术可用于改良农作物，提高耐逆性、产量和品质，并增加对害虫和病原体的抵抗力。例如，"CRISPR-Cas9"基因编辑抗病方案已经在小麦中广泛应用，对于提高小麦产量、品质和抗逆性的效果颇为显著。此外"CRISPR-Cas9"还可以用于食品安全领域。例如，检测和防治食品中的致病微生物，且更多作物基因改良手段正在研发过程中。

二、各国政策推进与资本市场情况

（一）欧美国家情况分析

1. 欧美发达国家政策

在临床治疗领域，美国食品和药物监督管理局（FDA）于 2023 年 12 月批准福泰制药及其合作伙伴开发的首款基于 CRISPR 技术的开创性基因编辑疗法 Casgevy，用于治疗"复发性血管闭塞危象的镰刀型细胞贫血病（SCD）"的患者，这是 FDA 批准的首款 CRISPR 基因编辑疗法。2024 年初，治疗"输血依赖性 β 地中海贫血（SCD）"成为 Casgevy 获批的第二个适应症。几乎同一时间，欧洲药品管理局（EMA）和英国药品与保健品管理局（MHRA）也对一系列基因编辑产品授予了上市批准许可。包括美国蓝鸟生物的产品 Lyfgenia、英国葛兰素史克与罗氏公司联合研发的 Elevidys 等多款基于 CRISPR 技术的治疗方案被"摆上货架"。

在农业食品领域，美国农业部（USDA）与欧盟委员会在 2018 年、2020 年先后发表声明，宣布撤销对应用 CRISPR 基因编辑技术的农作物进行管理的计划。2023 年 4 月，美国农业部发布了对"监管物品调查函"的回复，表示不会对 CRISPR-Cas9 生产的植物材料进行监管。一些美国政府部门正在重新审视相关拟议规则，例如，美国国家卫生研究所承诺以"不限制创新的审查过程"来平衡"能促进公众信心的监管要求"，为美国利用基因组编辑技术进行植物改良铺平道路。

2. 资本市场反应态度

就医疗革命的新方向来说，CRISPR 技术应该被视为一个价值数千亿美元的机会。根据全球市场研究院（Global Market Research）发布的报告显示，2021 年到 2022 年间，全球基因编辑行业市场规模由 48.11 亿美元增长至 54.12 亿美元，同比增速为 12.49%。预计到 2030 年，全球基因编辑市场规模将达到 360.61 亿美元（约合人民币 2567.15 亿元），年复合增长率约为 22.3% 左右。然而，当前资本市场对于运用 CRISPR 技术的一系列基因编辑类疗法产品的商业化投资仍持较为犹疑的态度。

据华尔街机构（Allied Market）分析的福泰制药财报，预测该项目需向每个基因疗法治疗的患者收取约 200 万美元的主体治疗费用，全阶段整体费用要超过每人 300 万美元，普通家庭的经济能力显然难以承受。因此，该医疗方案目前的推广主要依赖于政府的医疗服务体系，以及保险公司是否愿意支付相关治疗的费用，这成为在涉及前期投资时，风投机构不愿对 CRISPR 技术体系大量押注的主要原因。

（二）我国政策推进与资本市场情况

1. 我国总体政策情况

从国家层面看，我国基因编辑行业的发展目标主要聚焦于探索新技术、应用新产业，与其他相关产业协同发展，达到提升生物医疗、药物研发等产业发展水平。在发展目标和政策编制方面，我国已经颁布了《中国生物学 2035 发展战略》《"十四五"生物经济发展规划》等与基因编辑及 CRISPR 技术相关的政策和规划，同时由科技部牵头，国家发改委、财政部等部门组成的研究小组，正在紧锣密鼓地编撰《国家生物技术发展战略纲要》等更加细化的顶层设计战略。

从上海层面看，上海市政府发布了《上海市促进细胞治疗科技创新与产业发展行动方案（2022—2024年）》等文件，明确了"强化高通量靶点筛选、体外基因修饰系统、新型载体递送技术、高质量源头细胞制备，细胞产品溯源等关键技术攻关"的要求，并最终在"十四五规划"完成前，获得若干个具有自主知识产权的基因编辑核酸酶，达到开发出优于CRISPR-Cas9、产业链自主可控的基因编辑工具的发展目标。

2. 企业与资本市场反应

虽然如今北美占据着CRISPR市场的最大份额，CRISPR技术市场的主要参与者大多集中在美国，但随着政府对于生物医药产业的不断重视，我国在基因编辑领域的产业化正在提速。我国进行CRISPR研发的企业主要集中在南京、北京和上海地区，形成了以江浙沪为核心的研发地带，知名公司包括德泰生物、赛贝生物等21家左右。国内致力于CRISPR技术诊断应用的机构主要有微远基因、克睿基因等。就市场反馈来看，随着基因编辑疗法在多国的获批，国内相关概念股在2023年下半年开始的集体走高，市场对于融资和企业IPO反馈较为积极。例如，上海南模生物在科创板上市，三元基因、诺思兰德、诺禾致源等股价一路水涨船高等。国内进展较快的企业，如邦耀生物、瑞风生物、本导基因等，已从遗传性疾病治疗逐渐扩展到慢性病临床领域，如心血管疾病、HIV感染、皮肤疾病等。

三、我国发展CRISPR技术的主要挑战

从治疗效果的角度看，CRISPR类基因编辑方案在美国已具备较大的优势，我国发展CRISPR技术还面临着包括美国等先发国家的制约在内的挑战。而且药物成本较高、医学伦理问题、法规尚不明确等，也成为制约基因编辑技术普及的核心因素。

痛点一：成本高企与可及性问题。由于尚且没有进行大规模推广、疗法高度定制化等原因，现阶段的基因编辑类治疗方案只能说是"富人的方案"。在大规模产业化之前，各个门类的前期投资较高、政府意愿的不确定限制阻挡了投资机构的信心。

痛点二：医学伦理与合规性问题。基因编辑技术涉及人类遗传信息的改变，因此面临着严格的伦理和法规审查。确保技术的合规性和道德性是CRISPR技术发展的重要前提。传统的基因编辑载体系统，如病毒载体，存在制备困难以及潜在的安全性问题，这限制了CRISPR技术的广泛应用。

痛点三：美国限制与创新性问题。我国的 CRISPR 先行者们为稳固产业化模型，高筑专利城池，相关专利数量超 2000 项，成为相关领域布局最多的国家之一。但美国仍是目前最大的专利来源国，专利布局量大。美政府在对基因编辑类技术上，整体呈现"利用先发优势对外输出技术，利用专利保护遏制他国发展"的态势。我国作为后发国家，需尽快转变技术输入现状，提前进行国际布局，在 CRISPR 等基因编辑技术中迎头赶上。

四、上海基因编辑技术及产业发展动向

（一）整体情况概述

在技术研究层面，上海科技大学季泉江团队开发出的高效微型 CRISPR-SpaCas12f1 基因编辑系统，解决了传统的 Cas 核酸酶分子量普遍太大，在个体基因治疗应用中受限的困境；上海交通大学研究团队基于 CRISPR-Cas 系统，所开发的无靶标扩增检测策略最大限度地减少了检测灵敏度损失，在药物检测方面有所突破；同济大学与上海自主智能无人系统科学中心的联合课题组则聚焦于 AI 模型，完成了 CRISPR 的靶向预测和全基因组优化；包括上海生科院、上海微系统所等均在不同领域对基因编辑技术提出新的发展突破方向。上海的基因编辑研究力量总体较强，但缺少绝对领军人物。由于科学界对 CRISPR 各领域的探索尚未完全成熟，在新方向上，上海存在着形成颠覆性突破的可能。

在实践应用层面，中科院上海药物研究所与华为云合作开发的"盘古"药物分子大模型，结合 AI 与基因技术，能提高 20% 的成药性预测准确率，缩短新药研发周期全一个月，并减少 70% 的研发成本。充分挖掘"基因编辑 +AI"的潜能，不但能开发新的医学新药智能预测平台，也为精准基因调控铺平了道路。2024 年 1 月正序生物（上海）宣布与广西医科大学第一附属医院合作开展的碱基编辑药物 CS-101，在临床试验（IIT）中研究成功治愈了首位患者，并达到持续摆脱输血依赖超过两个月，首次达到全球同类药物最优。和国际相比，上海 CRISPR 产业化发展仍旧处于较为初级的阶段。在医药开发上市和临床试验中相较美国而言稍显落后，需加快进度。

（二）上海发展具有一定优势

一是科研优势，上海 AI 科研领跑全国。例如，上海人工智能实验室与商汤科技等

合作开发的"书生通用大模型"已升级到第二代。充分发挥上海在 AI 领域的科研优势，结合人工智能赋能 CRISPR 技术并衍生产业，能推进基因编辑技术更好的发展。同时，上海拥有较为完善的临床试验和监管体系，为 CRISPR 技术的疗法临床、新药中试等方面，提供了环境、伦理与规范保障。

二是人才优势。作为中国的科创中心，上海虹吸了众多国内外生物、医药、智能化领域的顶尖人才，构成了上海强大生物医药研发力量的基础，也是促进交叉学科相互融合的保障。学术交流方面，上海具有广泛的国际合作基础。在 CRISPR 技术的发展过程中，聚集国际基因编辑领域的资源交流和信息流通，引进先进技术和管理经验。让政府、院校和企业一道，推动 CRISPR 等基因编辑技术产业化、标准化、安全化的发展。

三是产业优势。相较于美国的技术突破往往出现"实验试点优异，产业发展困难"的窘境，上海可以更好地利用产业化土壤，推进基因编辑产业化实践。在"长三角区域一体化发展"的大背景下，通过上海与周边省市的分工合作，能在产业链上下游之间建立更紧密的合作关系，迅速占领产业链路中的重要节点。利用技术端的快速更新与应用端的全面铺开相结合，使得由 CRISPR 技术打造的产品能够更快地应用到实际生产和临床治疗中。

五、对上海基因编辑技术与产业发展的建议

（一）聚焦基因编辑技术的跨产业交叉发展

作为上海打造"3+6"新型产业体系中重要的战略节点，生物医药和人工智能产业应当相辅相成、协同发展。围绕 CRISPR 基因编辑技术，上海应当抓住 AI 产业迭代的浪潮，赋能高端医疗技术的自主研发和不断升级。一是通过政策引导更多相关的 CRISPR 技术企业在上海落地集聚，形成基因编辑科技高地；加强原始创新能力布局，提升 CRISPR 技术智能化和医学领域数据集专用化程度。二是鼓励高校、医院科研成果进行转化突破，形成基于 CRISPR 的创新生态圈及"AI+基因编辑"产业融合的最佳实践场。如划拨部分专项资金，支持高水平技术孵化器、转化平台建设，并制定建设工作计划。三是吸引更多的高端人才和技术团队加入，在源头为基因编辑技术与人工智能研究的产业化发展提供策源支撑和保障。此外，基因编辑工具还可以作为一个突破口，为生物制造与未来材料等新兴研究铺平发展道路，探索新的方向。例如纳米医用材料、合成生物学材料等，均可在 CRISPR 的加持下，得到更好的临床应用。

（二）做好基因编辑技术的临床和应用推广

上海是全国最好医疗资源的城市之一，拥有包括瑞金医院、中山医院在内的一批全国知名且专科方面各有所长的三甲医院。在拓展 CRISPR 的新药研发与临床医疗的应用过程中，需要发挥好上海临床资源集聚优势，支持医疗企业与知名医院建立紧密的临床合作关系，做好"产学研"合作。一是通过大量的实验和案例，不断发现 CRISPR 技术临床应用中新的问题与需求，及时开展改进提升，促进产品的版本迭代。二是利用政府力量，引导医院、协会与企业成立协同创新研究平台，促进数据交流和概念验证快速、准确落地，助力产品的设计开发和系统集成。依托行业领军企业，带动 CRISPR 基因编辑技术的应用推广，构建高效化、个性化、精准化的生物基因医疗体系。三是利用基因编辑技术带动相关产业链整体的发展，充分联动上海的制造业优势，推动基因编辑技术在医药、生物、材料等领域的融合应用和产业化探索实践。在推动 CRISPR 技术时，联动各相关部门协同合作发力，更好地服务于产业加速融合的发展规律。

（三）优化基因编辑技术的相关政策和试点

在行政审批方面，上海可以对 CRISPR 技术相关的行政审批流程、产业推进政策进行适当的进一步优化，减少该技术在产业化推广阶段所产生的堵点。如完善全民医保和商业保险报销范围，积极推动各项基因编辑医疗方案纳入商业医疗保险推荐机制。对基于 CRISPR 技术开发，且具有较高临床使用价值的医疗方案，推荐其申请纳入医保特定保障责任范围。同时争取国家卫健委政策支持，划定上海浦东新区、黄浦区等有条件的区域，在应用端先行先试。鼓励一批已具有成熟实验模型和临床验证的上海 CRISPR 医疗技术企业申报政府政策及资金支持。研究提高使用国产化基因编辑方案的补贴、支持比例，帮助国产 DNA 生物技术企业能在实际场景的应用中逐步具备造血功能。

（四）解决基因编辑技术的标准和成本问题

由于 CRISPR 技术目前依然保持着较大的医疗成本与较高的临床价格，无疑限制了该技术的产业化发展。上海可以从三个方面减少成本：一是制定行业标准。联合高校和领军企业进行 CRISPR 医疗方案的区分定级，借助分级诊疗制度深化改革，规模化发展不同的诊断模式，分摊医疗方案应用的价格。二是拓宽应用场景。不单单着眼于医疗行业，还要深挖该项技术在转基因农作物、食品加工、疾病预防检测等方面的场景和需求。三是加速市场下沉。通过基因编辑技术的智能化、便捷化发展趋势，逐渐补齐基层医疗机构的一些治疗水平短板，解决医疗资源分配的不均衡的问题。最终做到产品价值和目标客户群体相匹配，基因编辑医疗方案标准化应用，CRISPR 技术深入基层医院治疗体系的产业发展态势。

（施雨润）

附件一：部分基因编辑疗法代表性企业

所属国家	公司名称	主要介绍
瑞士	CRISPR Therapeutics	该企业成立于 2013 年。其联合创始人是诺贝尔化学奖得主埃玛纽埃勒·沙尔庞捷，并负责主导研究。 公司的研发方向涉及血红蛋白病、肿瘤学、再生医学和罕见病等领域。目前，该公司的在研的体内基因编辑疗法 CTX310，2023 年进入临床试验，拟治疗心血管疾病
美国	Mammoth Biosciences	由诺贝尔化学奖得主珍妮弗·道德纳于 2017 年创立。 该公司利用 CRISPR 技术完成传染病、肿瘤学和基因突变方面的快速诊断。曾获得由 Mayfield 领投，NFX、8VC、苹果 CEO 蒂姆·库克等参投的融资
美国	Sherlock Biosciences	该公司于 2019 年由美国国家科学院院士张锋参与成立，核心技术由麻省理工学院和哈佛大学授权。 公司基于 CRISPR 技术完成快速诊断，可以检测多种生物或样本类型的遗传基因，直至达到个位数的阿摩尔级
美国	Excisio BioThera-peutics	该公司于 2015 年成立，是美国天普大学的分拆公司。 主要业务是基于 CRISPR-Cas9 专利技术，开发针对遗传疾病和癌症基因编辑治疗
中国	克睿基因	公司成立于 2016 年，是一家由 CRISPR 基因编辑技术应用的先驱者联合创办的转化型生物科技企业。 专注于新型医药、分子诊断领域中 CRISPR 技术原创性应用的开发，致力于解决难治愈性肿瘤、复杂遗传性疾病的临床需求
中国	博雅辑因	该公司建立了体外疗法造血干细胞平台、体外疗法通用型 CAR-T 平台、体内疗法 RNA 碱基编辑平台在内的多个治疗平台。 公司研发的 ET-01 为体外基因编辑细胞疗法，通过单次输注，来实现一次性功能治愈"β-地中海"病
中国	本导基因	成立于 2018 年，是一家基因治疗创新药物研发企业。 致力于为眼科、神经系统、造血系统、病毒感染以及肿瘤等多领域的难治性疾病开发具有全球意义的创新药物。其管线"BD111"，是该公司在研的一款体内基因编辑疗法

肥胖治疗药物创新发展与未来前景

在肥胖导致糖尿病、冠心病、血脂异常等多种慢性疾病风险增加和大众对身材管理的需求日益增多等因素叠加影响下，人们对于肥胖治疗药物的接受度不断提高，推动了该产业市场的增长。2024年初，美国麻省理工学院旗下的期刊《麻省理工科技评论》（*MIT Technology Review*）正式发布2024年度"十大突破性技术"，肥胖治疗药物的发展与产业化成为其中之一。

随着现代生活水平的提高，以及科学技术的进步，肥胖治疗成为生命健康中的重要命题之一，随之而来的肥胖治疗药物的开发与产业化，也开启了生命健康产业发展的新篇章。麻省理工正是基于以上研判将肥胖治疗药物的突破列入"十大突破性技术"行列，也将进一步引发全球对该产业领域发展的关注与跟进。

一、肥胖治疗药物成为生命健康产业重点领域

（一）肥胖成为重要的慢性疾病

据世界卫生组织（WHO）数据显示，自1975年以来，全球肥胖人口增长近两倍，

超 19 亿成年人属于超重，其中 6.5 亿人属于肥胖；预计到 2035 年，全球超 40 亿人会超重或肥胖。与全球趋势一致，中国的肥胖患病率迅速上升。据北京 301 医院母义明教授团队联合诺和诺德及美年健康研究院于 2023 年 8 月发表的论文显示，按照中国人的 BMI 分级，34.8% 的人超重，14.1% 的人肥胖。在此形势下，WHO 已经将肥胖症定为十大慢性病之一。肥胖甚至被认为会形成重大的公共卫生危机。由此观之，治疗或者抗肥胖的药物，将成为未来生命健康领域的一个重点和热点。

（二）肥胖治疗药物突破性进展及其拓展应用将开启生物医药新周期

目前肥胖治疗药物主要围绕抑制胃肠道吸收、抑制脂肪合成、增加能量消耗、抑制食欲等机制进行药物研发，主要涉及 GLP-1、GIPR、GCGR 等靶点；其中 GLP-1 是当前的主流靶点。2023 年 12 月，*Science* 发布的 2023 年度十大科学突破榜单中，GLP-1 药物荣获科学突破性冠军奖，这一革命性突破，有望开启生物医药的新周期：一是在肥胖治疗方面取得超越以往的在安全、有效和耐受方面的突破性进展，二是其突破的靶点以及所开发的 GLP-1 类药物潜在应用场景非常丰富，除了在肥胖治疗之前即适应开发的糖尿病等治疗外，已在心血管疾病、慢性肾病等多项适应症上进行拓展研究，未来可开发适用更多的疾病治疗。

二、GLP-1 类药物革命性突破推动肥胖治疗药物加速发展，口服与多靶点是未来趋势

综观全球肥胖治疗药物的研发和产业化进程，总体历史较长，但是大部分药物由于存在严重的不良反应导致获批后纷纷被撤回使用、或限制使用及退市。而 GLP-1 类药物的革命性就在于其有效性、安全性和耐受度均取得了重大突破，逐渐成为肥胖治疗的主流。

（一）GLP-1 类药物适应症从糖尿病扩展至减重，目前形成利拉鲁肽、司美格鲁肽两大类产品核心

GLP-1 是一种肠促胰素，通过促进胰岛素的分泌抑制高血糖素释放，降低血糖浓度，且在人体内易降解。GLP-1RA 是人工合成的 GLP-1 类似物，经历了从短效 GLP-1 药物到长效 GLP-1 药物的转变过程。

长效 GLP-1 药物最早用于治疗 2 型糖尿病。2005 年 4 月，美国 Amylin 制药 ① 与礼来公司联合开发的艾塞那肽注射液，获美国 FDA 批准用于治疗 2 型糖尿病，是全球首个获批上市的短效 GLP-1RA 的制剂。2012 年 1 月，美国 FDA 批准艾塞那肽长效微球制剂，是全球首个获批上市的长效 GLP-1RA 制剂，开启 GLP-1 药物新纪元。长效 GLP-1 药物逐步用于治疗肥胖，并形成利拉鲁肽、司美格鲁肽两大类产品。2014 年，诺和诺德的利拉鲁肽被正式获批用于治疗肥胖，GLP-1 药物在适应症上也从 Ⅱ 型糖尿病拓展到减重。2021 年 6 月，司美格鲁肽注射液减肥适应证获得美国 FDA 批准上市，GLP-1 药物在肥胖治疗的应用逐渐普及。相比每天需打一针的利拉鲁肽，司美格鲁肽只需每周打一针，使用更方便，患者依从性更好，减重效果更突出。

表 1　2023 年全球主流肥胖治疗药产品汇总

大类	药品名称	产品公司	主要用途及上市时间
GLP-1 单一靶点	利拉鲁肽	诺和诺德研发	➢ 2010 年 FDA 批准治疗 2 型糖尿病 ➢ 2014 年 FDA 批准用于成人体重管理
	司美格鲁肽	诺和诺德研发	➢ 2017/2019 年 FDA 批准治疗 2 型糖尿病 ➢ 2021 年 FDA 批准用于减重适应症注射剂型
	度拉糖肽	礼来公司研发	➢ 2014 年 FDA 批准治疗 2 型糖尿病 ➢ 尚未被 FDA 批准用于减重适应症
	索马鲁肽	诺和诺德研发，基于利拉鲁肽基本结构而开发的长效剂型	➢ 2017 年 FDA 批准治疗 2 型糖尿病 ➢ 2021 年 Wegovy 被 FDA 批准用于减重适应症 ➢ Ozempic 尚未被 FDA 批准用于减重适应症
多靶点	替尔泊肽	礼来公司研发	➢ GIPR/GLP-1R 双重激动剂 ➢ 2022 年 FDA 批准治疗 2 型糖尿病 ➢ 2023 年 FDA 批准用于减重适应症
	玛仕度肽	中国信达生物与礼来公司共同研发	➢ GCGR/ GLP-1R 双重激动剂 ➢ 2 型糖尿病国内 Ⅲ 期临床进行中 ➢ 减重适应症国内 Ⅲ 期临床进行中
	瑞他鲁肽	礼来公司研发	➢ GCGR/ GIPR/ GLP-1R 多重激动剂 ➢ 减重适应症临床 Ⅲ 期进行中 ➢ 相同靶点在研靠前的有韩国韩美制药开发的 HM15211，Ⅱ 期临床进行中，先行用于 NASH。此外，上海民为生物的 MWH101 已获批临床

---

① 美国 Amylin 制药于 2011 年被英国阿斯利康与美国百施美时贵宝联合接手。

（二）围绕 GLP-1 类药物的研发持续推进，全球肥胖治疗药物呈现四大升级趋势，替尔泊肽有望后来居上

一是长效性。GLP-1 作为人体内源肽，在血液中的半衰期较短问题成为首要解决的问题。从氨基酸序列的修饰替换，到引入脂肪酸链，再到微球、水凝胶等长效策略，以及新近的抗体偶联、抗体融合等新策略运用，GLP-1 药物正在不断扩大给药时间频率。在不久的将来有望一年仅需注射数次的肥胖治疗药制剂，且能较好地提高患者依从性[①]，将是 GLP-1 领域的巨大突破。

二是口服化。肥胖治疗药物已实现从注射到口服，但全球首个且唯一上市的诺和诺德的口服司美格鲁肽，服用要求严格、繁琐，因此便捷化的口服给药新剂型是现阶段研究的着力点。随着礼来公司最新研发的 GLP-1 受体激动药物 orforglipron（口服制剂）临床结果的发布，非肽类口服小分子以口服给药、稳定性高、易储存、成本低等优势，成为未来 GLP-1 类药物的研发趋势。

三是多靶点。当前，海外对 GLP-1 类药物的研发趋势已经从单靶点发展到双靶点、三靶点，从单因素调节向多组分、多靶点等多因素调节迈进，以期挖掘更大的治疗潜力。新的开发方向包括将 GLP-1RA 与葡萄糖依赖性的促胰岛素释放多肽（GIP）、胰高血糖素（GCG）等相结合发挥协同作用。其中，礼来公司是全球多靶点减重药研发的领先厂商，多靶点减重药物主要有替尔泊肽、玛仕度肽和瑞他鲁肽三大类。2023 年 11 月，全球首款减重适应症的双靶点（GIP/GLP-1）替尔泊肽已获批在美国上市。

四是联合用药。鉴于肥胖症病因和发病机制不明确且易反弹，传统方案存在治疗延迟，使用复方制剂等联合用药方式能增加疗效、减少不良反应，且能治疗患者的其他并发症。代表产品有诺和诺德司美格鲁肽＋卡格列肽复方制剂 CagriSema 注射液，Ⅲ期临床试验正在进行中，降低糖化血红蛋白效果优于司美格鲁肽单药，更具减重潜力，并具有应对心血管代谢风险因素的潜力。

---

① 患者依从性，也称为顺从性或顺应性，是指患者按照医生的规定进行治疗，并与医嘱一致的行为，是衡量患者接受治疗的重要指标。依从性可以从三个方面来衡量：患者药物服用的准确性、患者对医生的建议的遵守程度，以及患者对治疗过程的理解程度。

三、受市场需求和技术进步驱动，肥胖治疗药物产业加速扩张布局且市场潜力巨大

在巨大市场需求驱动下，肥胖治疗药物产业发展迎来了黄金时代。2024 年 1 月，丹麦制药公司诺和诺德股价上涨 3.1%，成为继奢侈品巨头路威酩轩集团（LVMH）后，第二家达到 5000 亿美元市值里程碑的欧洲公司。显见，随着全球高效肥胖治疗药的陆续上市，预计未来五年内，肥胖治疗药物市场发展空间巨大。

（一）从在研和临床看，全球肥胖治疗药物开发如火如荼

一方面特斯拉 CEO 埃隆·马斯克等知名人士在网络上公开追捧司美格鲁肽注射液（Wegovy），另一方面，诺和诺德、礼来公司、辉瑞、信达生物、仁会生物、华东医药、恒瑞医药等国内外药企正加速布局研发，肥胖治疗药市场处于空前火爆状态。

按照《麻省理工科技评论》的说法，目前全球有数十家公司正在开发新版本的肥胖治疗药物，其中一些可口服。另据不完全统计，当前肥胖治疗药领域共有 14 种主流的疗法（靶点）处于临床 2 期及以上，涉及主流靶点的临床管线超过 500 项。全球最火爆的是以 GLP-1 受体为靶点的药物，共有 289 个在研项目，进入临床阶段的有 27 款。其中，我国项目共有 149 个，占据了半壁江山，但是大部分都处于临床前。现我国已获批临床的肥胖治疗药有 23 个，其中生物制品有 11 个，化药 10 个，中药 2 个。尤其是原研药物利拉鲁肽在中国的化合物专利和晶体专利于 2017 年、2022 年先后到期；司美格鲁肽在中国的专利将于 2026 年到期，使得国内多家药企研发不断加快，生物类似药纷纷展开临床申报。美国和中国相继批准了多款肥胖治疗药物进入临床。

（二）从在售药物看，各国对肥胖治疗药上市审批相对较为慎重，但也正逐步有序推进

截至 2023 年 5 月，全球共有 13 个药物获批用于治疗肥胖症，但已有 5 款肥胖治疗药（盐酸氯卡色林、西布曲明、芬氟拉明、苯丙醇胺和利莫那班）因不良反应（致癌、心脑血管疾病、抑郁和自杀等风险）先后撤市，在售的品种有 8 款。考虑到药物减重适应症突破和应用时间不长，长期服用药物可能带来的负面影响有待深入研究，各国对肥胖治疗药上市审批较为慎重，大部分批准的药物适应症还是以糖尿病为主，如我国批准

的司美格鲁肽目前仅用于糖尿病治疗。随着 2023 年 7 月，我国相继批准减重适应症药物华东医药的利拉鲁肽仿制药和仁会生物的原创药贝那鲁肽注射液上市，司美格鲁肽注射液（Wegovy）2024 年也将在中国获批上市，以及相当部分减重适应症药物已进入或将完成Ⅲ期临床，未来几年的国内肥胖治疗药市场竞争会异常激烈。

（三）GLP-1 肥胖治疗药物的市场潜力空间巨大

从全球来看，辉瑞预测，到 2030 年全球 GLP-1RA 整体市场规模将超过 900 亿美元，其中美国 GLP-1RA 用于减重的规模将达 500 亿—550 亿美元。巴克莱银行估计，未来 10 年，全球肥胖治疗药物的市场价值可能突破 1000 亿美元，有望开启生物医药领域的新成长周期。此外，肥胖治疗药物需求高涨利好配套注射器供应商，对医疗器械等相关产业带动效应明显。从国内来看，据前瞻产业研究院的数据显示，2030 年我国肥胖治疗药物市场规模将达到 153 亿元。

四、全球制药巨头竞相抢滩肥胖治疗药物领域，已形成诺和诺德和礼来公司为核心的群雄争霸格局

肥胖治疗药诱人的市场前景，吸引国内外企业纷纷布局。目前，诺和诺德、礼来两大公司处于市场领先地位，手握多款在研 GLP-1 类药物产品，不断加固其肥胖治疗药"护城河"。辉瑞、安进、勃林格殷格翰等后起之秀也已集结在 GLP-1 赛道。

（一）从国际来看，诺和诺德和礼来公司是公认的两大巨头

诺和诺德的司美格鲁肽带来强劲业绩增长。诺和诺德 2023 年报显示，公司全年营收 337.7 亿美元，同比增长 31%；中国区总收入约 24.3 亿美元，同比增长 3%。按业务来看，糖尿病和肥胖护理业务收入约为 312.8 亿美元，同比增长 38%。其中，GLP-1 类糖尿病产品收入约为 179.0 亿美元，同比增长 48%；肥胖治疗药物收入约为 60.5 亿美元，同比增长 147%，其中，司美格鲁肽注射液 Wegovy（减肥适应症）收入约为 45.2 亿美元，同比暴增 407%。

礼来的替尔泊肽后发制人，且动作频频。礼来 2023 年报显示，公司全年营收为 341.3 亿美元，同比增长 20%；中国区总收入约 15.4 亿美元，同比增长 11%。GLP-1 类药物全年营收为 125 亿美元，约占公司全年营收的 35%；其中 Zepbound（替尔泊肽减

重版）于 2023 年 11 月 8 日在美国获批用于减重，于 2023 年 12 月 5 日开卖，不到一个月已贡献 1.76 亿美元收入，预计将为礼来带来新一轮的业绩增长。

（二）从国内来看，GLP-1 受体激动剂药物虽处于起步阶段，但较高的成长性吸引企业蜂拥而至

目前，我国肥胖治疗药物市场呈现出以进口药品为主导，国内药品为补充的市场结构。进口药品和国内药品分别占据了 52% 和 23% 的市场份额。从新药临床试验申请（IND）申报数量来看，我国 GLP-1 类药物近三年临床申报正处于爆发期。

从国内企业看，仁会生物（上海）、信达生物（苏州）和华东医药（杭州）的进度较为领先。2023 年 7 月，仁会生物（上海）研发的贝那鲁肽注射液获批上市，成为我国减重领域首款原创新药、全球范围内第三款获批的 GLP-1 类减重新药；同月，华东医药（杭州）的利拉鲁肽注射液申请获得国家药品监督管理局批准，是首个国产利拉鲁肽注射液生物类似药。2024 年 2 月，信达生物（苏州）的玛仕度肽注射液上市申请获受理，推测适应症为肥胖。

从产业链角度看，GLP-1 多肽产业链分为三大部分。上游方面，主要是试剂、耗材和设备公司，国内已有昊帆生物（多肽合成试剂）、蓝晓科技（固相合成载体供应）、津药药业（氨基酸）以及纳微科技、东富龙、楚天科技（分离纯化）等公司脱颖而出。中游方面，主要为诺泰生物、翰宇药业、圣诺生物、奥锐特药业、上海胜泽泰等原料药供应商，以及合全药业、凯莱英、九洲药业等 CDMO（合同开发和生产组织）公司，并且原料药厂商在向 CDMO 转型。下游为创新和仿制药企等药物研发企业，包括诺和诺德、华东医药、石药集团、恒瑞医药和通化东宝等。

表 2　国内 GLP-1 产业链主要企业及其产品情况

产业链环节	产品构成	国内代表性企业
上　游	化学试剂、载体	➤ 缩合试剂：昊帆生物（江苏苏州） ➤ 固相合成载体：蓝晓科技（陕西西安） ➤ 氨基酸：津药药业（天津）、梅花生物（河北廊坊） ➤ 分离纯化：纳微科技（江苏苏州）、东富龙（上海）、楚天科技（湖南长沙）
中　游	CDMO、多肽原料药	➤ 合全药业（上海）、凯莱英（江苏苏州）、九洲药业（浙江台州）、诺泰生物（江苏连云港）、翰宇药业（广东深圳）、圣诺生物（四川成都）、奥锐特药业（浙江天台）、上海胜泽泰（上海）等

（续表）

产业链环节	产品构成	国内代表性企业
下　游	创新药	➤ 仁会生物（上海）、石药集团（河北石家庄）、信达生物（江苏苏州）、恒瑞医药（江苏连云港）等
	仿制药	➤ 华东医药（浙江杭州）、通化东宝（吉林通化）、联邦制药（广东珠海）、丽珠集团（广东珠海）、宸安生物（重庆，智飞生物拟收购）等

（三）上海肥胖治疗药物产业发展

从技术上看，目前上海 GLP-1 类药物研发在国内较为领先，拥有仁会生物、民为生物、诚益生物等 GLP-1 创新药研发企业和上海药物研究所等科研机构。其中，诚益生物与阿斯利康达成合作，共同开发和商业化 GLP-1 受体激动剂 ecc5004。当前，全球多靶点药物、联合用药等均在探索研究之中，这为上海利用研发基础和开放优势，支持药物成果导入中国进行临床试验或与国内企业开展药物研发合作，拓宽生物医药领域国际合作机会等形成重要机遇。此外，司美格鲁肽中国核心专利预计于 2026 年到期，这也对上海抢占先机、抓紧布局，加强源头创新、锻造核心竞争力带来机遇、提出要求。

从政策上看，上海等多数省市均提出重点研制新型多肽药物，但还未出台相关政策明确发展减重药，仅湖北省明确提出利拉鲁肽属于高端新型原料药重点发展品种。

五、把握机遇推进上海肥胖治疗药物及相关产业发展的建议

上海应抓住肥胖治疗药物专利即将过期的机遇，鼓励医药企业加大源头创新，完善国内国际合作机制，抢占未来生物医药产业新高地。

（一）抓住肥胖治疗药物仍处于多靶点、联合用药探索阶段的机遇，加快原创靶点开发和创新引领破局

加强原创靶点开发，破局中国肥胖治疗药"0—1"。支持仁会生物等原创药企业做大做强，持续保持较好的发展势头。引导企业和中国科学院上海药物所等高校院所加强合作，深化开展寻找靶点的基础研究，鼓励更多创新力量投入新靶点的概念研究，着力完成靶点的概念证明性验证工程。加快布局口服小分子 GLP-1 药物、双靶点或者三靶点等多肽类的注射类药物开发，争取获得先发优势参与国际竞争，从源头培育新增长点。立足仿制药物创新，加速向原始创新转型。围绕肥胖治疗药物产业链建设统筹强链

补链，引导浦东张江、金山、闵行等区域加强市区协同，支持合全药业、上海胜泽泰等企业继续强化覆盖药物发现、CMC 研究及生产的一站式服务能力，争取部分产能在上海落地。针对相关专利即将到期的机会，鼓励仿制药企业抢抓机遇赛道，产品药效应以司美格鲁肽为基准，加快推进仿制药研发和临床试验，并逐步向自主创新药物开发推进。

（二）加强全产业链政策支持力度

深化产业政策落地，形成持续研发支持机制。完善"张江研发＋上海制造"产业生态，细化"研发、临床、制造、应用"全产业链政策支持体系，将肥胖治疗药物作为重点内容纳入生物医药或生命健康产业领域，从市级生物医药产业发展"十四五"规划、打造高端生物制造产业集群行动方案等支持机制、委办专项和区级专项等给予不同阶段的"接力"支持。引导上海医药等处于早期阶段的企业，做好行业技术和趋势研判，提升肥胖治疗药研发效率，支持肥胖治疗药物产业化。加强产业链供应链紧密衔接。对成果在上海落地产业化遇到的困难及时予以协调解决，提高药物生产工艺和质量控制。坚持监管和发展并行，争取国家方面政策尽快出台。作为市场需求量大、新药物上市时间较短的肥胖治疗药物，要坚持包容审慎的监管原则，减肥版司美格鲁肽（Wegovy）预计今年在中国获批上市，上海市相关部门可构建网上立体管理平台，对药物研发、临床试验和上市应用后的各种数据资料全面梳理，及时向国家有关部门汇报沟通，争取在国家层面尽早制定监管政策和行业指导性文件，放开相关药物的适用范围限制，杜绝超适应症滥用情况。

（三）带动生物医药、医疗器械等产业高质量发展

推动肥胖治疗药物在更多适应症领域的研发和产业化发展。国内外药企针对 GLP-1 类药物正在开发慢性肾病、非酒精性脂肪性肝炎（NASH）、阿兹海默症等多种慢性病适应症，远期肥胖治疗药物市场空间有望加速扩容。上海可利用生物医药产业发展基础并联动相关资源，加快肥胖治疗药物在更多适应症领域的研发和产业化，带动生物医药产业提速扩容。推动相关医疗器械产业加快布局发展。肥胖治疗药物也催化了注射笔 ①、

---

① 注射笔是一种把药物和装置合二为一的革命性新给药方式，全称笔式注射给药器。注射笔具备精准定量注射、自主医疗、使用安全便捷核心优势，精准契合糖尿病、减重等长期用药患者人群需求。

注射笔用针头等医疗器械行业迎来全新发展机遇。受限于专利限制，目前国产注射笔仍在逐步突破。建议上海充分利用在生物医药和医疗器械产业发展中的创新资源、临床资源、医药资源以及人才集聚等优势，鼓励在沪企业增大对注射笔研发投入，提升关键核心技术自主创新能力；并强化协同联动、产业链配套协作机制，加快补齐短板，培育壮大相关产业集群规模和能级。

（四）探索国内外产业合作新机制

把握国际产业动向，深化中外科研产能合作。鼓励上海市初创药企与跨国药企龙头开展技术交流与合作，增进新药研发和生产控制经验，掌握全球肥胖治疗药质量标准体系，有针对性地开展国际化布局。支持上海市有能力的企业推进国际多中心临床试验，支持药物研发成果导入上海进行临床试验，并与上海企业开展合作，在遵循国家相关法规的原则下，加强临床试验的国际监管合作，满足国际市场对质量和安全性的高要求。完善区域合作机制，共同打造世界级产业集群。长三角地区是国内生物医药产业极其发达的区域，已形成全产业链完整的配套体系，要加强与江苏省、浙江省在肥胖治疗药物产业链供应链的合作，建立区域肥胖治疗药物创新联盟，推进项目"一条龙"攻关、特色产业园区共建、贸易品牌共创共享等，并探索园区间的利益共享机制，推动产业资源的跨区域流动，增强区域的辐射带动效应，共同提升国产肥胖治疗药在国际市场的话语权。

（丁雨佳）

西方国家新兴产业发展趋势与动向

上篇：美国生物技术和生物制造发展的新趋势

2023 年 3 月 23 日，美国白宫公布了《美国生物技术和生物制造的明确目标》，这是对上年 9 月颁布的关于美国生物经济"第 14081 号行政令"的回应，进一步阐述了"行政令"的具体目标。该报告涉及内容非常详细，涵盖"解决气候变化问题""粮食和农业创新""提升供应链弹性""促进人类健康"和"推进跨领域进展"5 个部分、21 个主题、49 个具体目标。同时，每个版块中都提出了相应的目标，突出生物技术和生物制造带来的可能性。该报告也被看作是美国未来生物技术发展方向的"指南针"，其中提到的新兴技术或是未来数年内全球范围的行业热点。

从生命健康到气候变化，从食品安全到能源安全，世界正处于由生物技术和生物制造推动的工业革命的风口浪尖。生物经济已被认为是农业经济、工业经济、信息经济之后的第四种经济形态，开始逐步取代能源经济，成为国力竞争的重要领域，世界上不少先进国家都将其列为战略性、前瞻性的重点方向加以推动。2023 年 3 月，美国白宫政府发布《美国生物技术和生物制造的明确目标》报告，由白宫科技政策办公室生物技术和生物经济高级顾问乔治亚·拉古达斯（Georgia Lagoudas）牵头，能源部、农业部、商务部、卫生与公众服务部和国家科学基金会共同编撰完成，设定了新的明确目标和优先事项，用以保持美国在这场由生物技术和生物制造推动的工业革命中的全球领先地位。拜登政府表示：报告中概述的明确目标和研究需求，为公共和私营部门充分利用生物技术和生物制造的潜力和力量，在不同部门开发创新解决方案、创造国内就业机会、建立更为强大的供应链、降低成本以及实现气候目标提供了指导。白宫科技政策办公室将领导制定实施计划，以满足报告中的研发需求。

一、《美国生物技术和生物制造的明确目标》的主要竞争方向参考

2022 年 9 月 12 日，美国白宫发布了拜登总统签署的一项行政命令，阐述了他对全政府推进生物技术和生物制造的愿景，并在"行政令"中提出，在命令生效之日起 180 天内，各机构负责人应提交以下关于生物技术和生物制造的报告，以进一步实现有关的社会目标，确定发展需求。本次报告重点对"计划"具体目标作了进一步阐述，其内容也可视为美国未来生物技术发展方向的"指南针"，其中提到的新兴技术或将是未来数年内全球范围内的竞争热点，可为我国的生物经济未来发展路线提供参考。

生物技术和生物制造可以为基于石油的化学品、药物、燃料、材料等生产提供替代方案。报告中，拜登政府分五个部分并以绝大部分篇幅详细阐述了利用生物技术和生物制造来推进社会发展的目标，并提出了相关研发需求（见附件一），旨在为美国生物经济提供一个广阔的愿景，并通过产业界、学术界、非营利组织、联邦政府和其他组织的协调合力来实现目标。

（一）关于解决气候变化问题

美国在近期针对实现气候目标表现出高度重视的态度，在包括《国家创新路径报告》《2023 国家出口战略》等在内的多份报告里均占据一定篇幅。生物技术可以在减少温室气体排放和从大气中清除碳等方面发挥关键作用，美国要实现 2050 年净零温室气体排放的目标，需要推动生物技术和生物制造创新成果大规模转化和落地，转变燃料、化学品、材料、农业等领域的生产和应用方式。报告概述了 4 个主题、10 个明确目标及

相关研发需求。

表 1　解决气候变化问题的目标

开发生物质燃料	**目标 1.1：** 扩大原料可用性——在 20 年内，收集和处理可转化的专用植物和废物衍生原料 12 亿吨，并利用适合转化为燃料和产品的废气二氧化碳超过 6000 万吨，同时最大限度地减少排放、用水、栖息地退化和其他可持续性挑战
	目标 1.2： 生产可持续航空燃料（SAF）。——在 7 年内，生产可持续航空燃料 30 亿加仑，且比传统航空燃料的温室气体生命周期排放减少 50% 以上（甚至 70%）。2050 年，生产可持续航空燃料将增加到 350 亿加仑
	目标 1.3： 开发其他战略燃料——在 20 年内，用低温室气体净排放燃料取代 50%（超过 150 亿加仑）的海运燃料、越野车辆燃料和轨道燃料
发展生物基化学品和材料	**目标 2.1：** 开发低碳化学品和材料——在 5 年内，生产商业上可行的生物制品超过 20 种，且生命周期温室气体排放将比目前的生产方式减少 70% 以上
	目标 2.2： 促进材料循环经济——在 20 年内，示范并落实具有经济效益且可持续的发展路线，将生物基原料转化为可回收的聚合物，大规模取代目前 90% 以上的塑料和其他商业聚合物
开发具有气候调节作用的农业系统和植物	**目标 3.1：** 为稳定的原料生产系统开发测量工具——在 5 年内，开发新的工具来测量农业和生物经济原料系统的碳和养分通量，为国家框架作出贡献
	目标 3.2： 改造更好的原料植物——在 5 年内，改造植物并调节植物微生物组，生产能够在未充分利用的土地上生长的耐旱原料，将氮和磷的利用效率提高 20% 以上
	目标 3.3： 改造循环食物蛋白生产系统——在 5 年内，示范生产食物蛋白的可行途径，包括利用生物质、废料和二氧化碳，与目前的生产方式相比，生命周期温室气体排放减少 50% 以上，且成本相当
发展二氧化碳清除技术	**目标 4.1：** 开发超大型的生物技术解决方案——在 10 年内，开发技术，在数千万英亩的土地上大规模实施超大型土壤碳封存和管理技术，提高土壤健康和抗旱能力，并实现美国的气候目标
	目标 4.2： 实现生物质脱碳与封存（BiCRS）——在 9 年内，以低于 100 美元/吨的价格示范持久、可扩展的生物质脱碳，实现 10 亿吨级的脱碳

（二）关于粮食和农业创新

生物技术和生物制造能够在促进生物基因性状改良、提高生物产品的附加值方面发挥作用，为植物、动物和微生物的改良带来希望，为美国食品生产系统面临的诸多挑战提供变革性解决方案。报告概述了 3 个主题、10 个明确目标及相关研发需求。

表 2　粮食和农业创新的目标

提高原料生产力	**目标 1.1**：提高农业生产力——在未来 10 年内，实现农业全要素生产力的增长，以满足全球粮食和营养安全的需求，同时加强对自然资源的利用和保护，未来 10 年内实现农业生产力提高 28% 的全球目标
	目标 1.2：增加气候智能型原料生产和生物燃料的使用——到 2030 年，增加常规及替代农业和林业原料的气候智能型生产，用于生物制造、生物基产品和生物燃料；将生物燃料的生命周期温室气体强度降低 50%；将美国液体运输燃料中的整体生物燃料混合率提高 50%
	目标 1.3：减少氮排放——在未来 5 年内，开发减少农业氮排放的技术，包括提高植物的氮利用效率，以及改良肥料产品和生产方式，从而减少对施用氮肥的需求
	目标 1.4：减少甲烷排放——到 2030 年，减少农业甲烷排放，包括增加粪便管理系统的沼气捕集和利用，减少反刍牲畜的甲烷排放，以及减少垃圾填埋场食物残渣的甲烷排放，从而实现美国将温室气体排放减少 50% 的目标，以及将甲烷排放减少 30% 的全球目标
	目标 1.5：减少粮食损失和浪费——到 2030 年，将粮食损失和浪费减少 50%，包括开发新技术并使其商业化，以及鼓励采用新技术和现有技术
改善食品营养和质量	**目标 2.1**：开发新的食品和饲料来源——开发新的食品和饲料来源，包括大规模生产新型或改良型蛋白质和脂肪，以实现在 2030 年前消除全球饥饿现象的联合国可持续发展目标
	目标 2.2：提高食物的营养密度——在未来 20 年内，提高农作物和动物的营养密度，开发未被充分利用动植物的营养密度，并在传统生态知识的基础上，更好地利用和保护具有重要文化意义和营养价值的动植物
	目标 2.3：减少食源性疾病——减少食源性疾病的发病率，包括使用新的和改进的筛查工具，以实现"健康人群 2030"所设定的目标，比如将沙门氏菌疾病减少 25%
促进种养殖过程免受环境压力影响	**目标 3.1**：提高检测和减轻病虫害的能力——在未来 5 年内，提高检测和减轻现有及新型动植物病虫害的能力，特别是传播疾病和破坏性的害虫
	目标 3.2：提高对生物和非生物胁迫的韧性——在未来 20 年内，提高农业和林业的韧性，并开发工具，提高对生物胁迫（病虫害威胁）和非生物胁迫（包括干旱、高温、寒冷和降水）的韧性

（三）关于提升供应链弹性

近年来全球地缘政治冲突、新冠疫情等暴露出了美国供应链的问题，部分企业被迫全面整顿，并重新谋划包括汽车、飞机、医疗器械、电池等所需原材料的采购策略。通过合成生物学等生物技术和生物制造可以颠覆现有生产工艺，创造更加灵活、适应性强的生产方式，长期节省生产成本、缓解供应链阻塞、减轻供应链中断的风险和影响，为多样化生产布局带来新的机遇。在短期内，生物技术平台和先进数据分析能力可以支撑更大规模的产品生产并预测潜在的供应瓶颈。有行业分析表明，在未来 10—20 年内，生物产品的生产和应用可能直接带动 4 万亿美元的经济影响。报告概述了 3 个主题、9 个明确目标及相关研发需求。

生物制造领域，是我国可实现弯道超车的赛道。美国是全球生物技术行业的最大参与者，2022 年美国在全球生物技术市场的份额超过 40%。但美国智库"新美国安全中心"在 2022 年 7 月发表报告，指出美国目前虽然在生物科技上拥有领导地位，但在拓展应用和培养人才方面均渐渐被中国追上。美国政府进一步强调了加强美国生物经济发展，支持在其国内重建供应链并支持创新生态系统建设，保护和促进一个能够自立生长的国内生物制造生态系统，以确保"美国发明能在美国制造"，致力于保持生物技术领先的同时，"狂补"供应链恢复制造能力。此前，美国相关产业链的下游大多转移到了国外，比如大多数小分子药物的原料药是通过中国、印度的化学工艺合成的，75% 的抗生素、维生素等药物均在中国生产。与此同时，美国近年来针对中国的法案层出不穷，2022 年 9 月启动的"国家生物技术和生物制造计划"及此次的"明确目标"虽然没有明确提到"中国"，但仍有不少分析表示，其实际是继"芯片法案"后，拜登政府在高科技领域"针对中国"的又一举动，我国应针对相关领域目标做好布局应对。

表 3　提升供应链弹性的目标

大力推行生物制造方式	**目标 1.1**：改善关键药物的供应链——在 5 年内，部署大量的合成生物学和生物制造能力，生产至少 25% 的小分子药物的活性药物成分（API）
	目标 1.2：促进化学品生产更加绿色可持续——在 20 年内，通过可持续和具有经济效益的生物制造途径至少满足美国化学品需求的 30%
	目标 1.3：加快生物制品的开发——在 20 年内，将新的生物技术应用于生物制造的工作流程，在至少 3 个已知存在供应链瓶颈的行业中，每个行业实现生产 10 种新的生物制品
增强供应链适应性	**目标 2.1**：提高预测能力——在 5 年内，预测至少 50% 的供应链薄弱环节并实时调整生物制造方向，从而解决瓶颈问题
	目标 2.2：实时调整生物制造流程——在 5 年内，将监测系统投入使用，以实时评估和调整生物制造参数
	目标 2.3：自适应供应链——在 20 年内，部署先进的生物制造平台和能力，一旦发现供应链瓶颈，在一周内做出响应
	目标 2.4：供应链灵活性——在 20 年内，实施 80% 可行的生物制造技术，以满足国内的产能需求
加强商业标准与数据基础设施建设	**目标 3.1**：加强数据基础设施建设——在 5 年内，通过数据标准、工具和能力的进步与整合，启动数据基础设施，包括有效且安全的数据共享机制
	目标 3.2：加强标准基础设施建设——在 20 年内，建立稳固的标准基础设施，以实现生物制品和流程的快速发展与部署

（四）关于促进人类健康

人类健康情况的改善受益于生物技术和生物制造的进步，为了促进生命健康产业发展，从预防、诊断和监测到更有效的治疗产品制造，到人工智能驱动的生产，再到基因编辑等生物技术和生物制造的几个新兴领域需要得到加强和发展。报告概述了 5 个主题、10 个明确目标及相关研发需求。

表 4　促进人类健康的目标

无障碍 健康监测	**目标 1.1**：是确定健康的生物指标——在 5 年内，利用新型传感器确定至少 10 个下一代健康生物指标，并作为标准健康生活和预防医学实践的一部分来进行监测，比如免疫能力或微生物组成
	目标 1.2：综合健康诊断——在 20 年内，开发并分发一种简单易用、价格合理的家用诊断分析工具（"健康工具包"），利用新的健康生物指标，在诊所和社区发挥作用，并满足不同人群的需要，将健康结果的误差减少 50%
多组学 精准医疗	**目标 2.1**：提高多组学数据收集能力——在 5 年内，从包含不同人群参与者的大型样本中收集多组学指标，并确定哪些指标与至少 50 种发病率高且影响大的疾病的诊断和管理最为相关
	目标 2.2：实现个体化多基因组学——在 20 年内，开发用于诊断、预防和治疗的分子分型工具，以解决美国疾病相关死亡的主要原因，并通过开发 1000 美元的多基因组学方法来确保上述分子分型工具的可行性
细胞疗法的 生物制造	**目标 3.1**：提高药物疗效——在 5 年内，扩大用于开发细胞药物的技术，使患者体内的细胞活性达到 75% 以上
	目标 3.2：实现规模化生产——在 20 年内，增加细胞疗法的制造规模，以扩大使用范围、减少医疗不公平现象，并将细胞疗法的制造成本降低至十分之一
人工智能赋能 生物医疗	**目标 4.1**：提高生产速度——在 5 年内，利用国家资源实验室网络，来解决现有生物药在自主生产和生物生产方面的障碍，将 10 种常见处方药物的生产速度提高 10 倍
	目标 4.2：增加制造业的多样性——在 20 年内，将人工智能和机器学习（AI/ML）技术纳入国家资源实验室网络，用于设计新型生物药，并将新型药物的发现和生产速度提高 10 倍
开发更先进的 基因编辑技术	**目标 5.1**：提高基因编辑效率——在 5 年内，进一步开发用于临床的基因编辑系统，在最大限度地消除不良反应的前提下，治愈 10 种已知的遗传疾病
	目标 5.2：实现规模化——在 20 年内，加强生物制造生态体系，每年至少生产治疗性基因编辑药物 500 万剂

（五）关于推进跨领域进展

在过去的 20 年，美国在生物设计和创新方面一直处于世界领先地位，但其现有生物系统的规模化与控制的能力并没有与之匹配，导致了开发周期漫长和资源浪费，在构建和评估新的生物系统方面也面临阻碍。报告概述了 6 个主题、10 个明确目标及相关研发需求。

表 5　推进跨领域进展的目标

生物多样性建设	**目标 1.1**：在 5 年内，对 100 万个微生物物种的基因组进行测序，并了解至少 80% 的新发现基因的功能
	目标 1.2：在 20 年内，将所有类型生物体的新基因序列、新陈代谢和功能的发现速度提高到目前的 100 倍
生物预测模型与系统设计	**目标 2.1**：在 5 年内，提高可预测地设计小分子或酶的能力，同时确保其能够与任何靶标选择性结合，并将这一过程所需时间减少到 3 周
	目标 2.2：在 20 年内，利用多学科的理论进步，在从分子到生态体系的所有层级上，实现对有目的的工程生物系统设计的置信度达到 90%
生物系统量化	**目标 3.1**：在 5 年内，开发读写任何基因组、表观基因组、转录组和表达蛋白质组的能力，从而能够在 30 天内构建和评估任何单个细胞
	目标 3.2：在 20 年内，培育出一种可用作生产食品、原料、化学品或药品基底的合成最小植物
生物系统控制	**目标 4.1**：在 5 年内，推进生物流程设计、优化和控制工具，使任何生物流程均能在 3 个月内可预测地扩大到商业生产，成功率达到 90%
	目标 4.2：在 20 年内，推进原料使用、生物体设计、流程设计和最终处置的所有方面与技术经济分析相结合，使 85% 以上的新生物流程在部署后的第一年就能实现可持续性和商业目标
生物制造创新	**目标 5**：在 5 年内，可重复地制造生物和非生物组件的集成设备，比如器官芯片或人机接口，并使组件的活性与连通性保持在 90% 以上，为生物制造创新铺平道路，包括开发关爱老龄化健康的辅助设备
生物技术伦理评估	**目标 6**：在 5 年内，包括广泛的公众和最终用户参与，与社会、行为、经济和社会技术科学的整合，实现从一开始的对所有生物技术和生物制造项目的正式评估

二、《美国生物技术和生物制造的明确目标》推进措施的启示

报告重点阐述了美国生物技术和生物制造领域面临的几大发展堵点：一是缺乏测序和合成能力，以及开放的数据存储库等基础设施；二是相关工作者缺乏所需的科学、技术和工程专业知识，关键技术可能难以进入市场；三是在发展过程中存在对人、动物、

环境造成伤害的风险等。美国政府认为，只有将政府机构、各行各业、学术及非盈利部门联合在一起，才能更好地参与创建一个充满活力的生态系统，并推动国家生物经济目标的实现。报告中除了明确目标及研发需求外，另设三大模块"利益相关方协商""加强生物安全和生物安保"及"公私合作机会"来全流程保障相关目标的落实。

（一）加强多方咨询与研讨

在顶层设计过程中，美国会协调政府及各部门，并深度进行专家咨询和企业调研，明确生产研发端的要素保障需求、应用端的产品规格需求、产品的未来市场规模、操作过程中可能会遇到的困难，对技术发展路线确立发展次序并寻求合理合适的发展模式，相关委办联合提出发展倡议。报告所总结的明确目标和相关研发需求中的部分内容，是以现有的行业和政府分析或是近几年通过研讨会制定的报告和评估为基础，通过发布信息征询来收集利益相关者、专业评论者的公众意见，举行听证会与公共和私营部门利益相关者就专业内容进行磋商、研讨等形式进行研究确定。

（二）绘制生物制造生态系统图

美国在政策实际实施过程中，会衡量评估美国生物经济对经济发展贡献的可行性，加强在医疗技术、药物生产、生物育种、细胞农业等交叉学科领域的基础研究，绘制生物制造生态系统图谱，提前收集能够从早期创新中受益的客户清单，积极促进成果的产业转化。并建立起全生命周期的监督、评估和管理系统，保持持续性评估，并根据需要进行更新。报告提出要制定生物安全保障和创新计划以降低风险，提高生物技术产品监管流程的清晰度和效率。一是建立全政府范围的生物安全和生物安保创新倡议（BBII），提高美国预测、评估、检测的能力，在确定未来投资优先次序的同时减少实施风险；二是建立一个全面的生物安全和生物安保监督系统，由联邦法规、指导方针和政策驱动，评估和管理整个产业生命周期，进行收益及风险的识别和评估，适当减轻风险；三是在测序、制造等设施方面开展技术创新。

（三）实施生物经济数据计划

美国越发重视数据的作用及保护力度，认为关键数据的持续流失是导致美国权力被不断"腐蚀"的主要原因，开始注重对信息资源的保护与维护。报告提出要在数据管理过程中，制定统一的数据标准，推动国家级实验室建设和高质量、多领域的元件库、数据库等基础平台类的建设，促进生物科学数据的可获取性与共享性。同时，提供适当的隐私数据安全保护，并加强与数据保护相关的保护措施。报告提出要构建高质量、多领域、易于访问且安全性有保障的生物数据集，以支撑美国生物经济取得突破。一是优先收集信息并在数据库中提供信息，让相关行业使用者能够公开访问、运用、演示和改善，并以此吸引投资。除了表型和影像学数据外，所有种类的数据都尽可能实现可查找、可访问、可互操作和可重复使用；二是进行数据管理和保护，提供适当的数据安全以保护个人可识别和敏感信息，并加强网络安全和医疗设备数据的保护措施。如，基因组数据、疾病危险因素和知识产权等，防止国际战略竞争对手使用合法与非法手段获取美国技术和数据。同时，使用基于证据的迭代方法来制定与量化生物安全和生物安保的指标。三是制定文献标准、数据标准和参考材料标准等，以标准开发为中心，助力更多地使用有发展前途的生物技术和生物制造方式，来提高供应链的复原力。

（四）加强公私合作模式

报告目标的实现大多需要美国政府、各企业等在资金等各方面的公私联合，在政府的协同布局之外，美国创新公私合作模式。报告明确要鼓励公私多方合作共同参与生物技术和生物制造的发展。一是鼓励国家实验室和私营企业之间进行资助合作，开放在线基础科学分析平台，行业端能够从公共部门的专业知识中受益，私营企业也能对这些数据库进行数据填充。这一类合作也将共同制定标准和验证测试方法，部分基础设施用于研发，并将研究转化为新产品，帮助解决市场准入和扩张的困境。如，美国农业部建立一个基于产业—大学合作研究中心的计划，参与企业每年出资 5 万美元，可参与确定优先研究项目、访问信息和知识产权。二是在设计、制造和应用相关技术时，通过公私伙伴关系了解应用端如患者群体以及各级临床医生等的需求。而随着研发计划的实施，公众可参与到透明和强有力的监管监督之中，包括对特定技术的风险评估等。

（五）增强要素保障途径

在要素提供过程中，需要充分调动政产学研用金各方面的积极性，依据不同目标的重要程度施以相应的政策引导和资金支持，增加生物制造基础设施建设，并重视所有层次人才在生物技术方面的教育。报告提出要加强基础设施的要素保障，一是增加生物制造基础设施建设。如，建立新型植物原料的现场试验，以及用于实验、表型分析和验证的共享平台；二是培训生物安全和生物安全方面的研究人员和专业人员，并在美国各地发展生物制造基础设施中心，推进复杂的新生物产品制造方法，以提供劳动力发展机会。三是建设链接设施的网络，以便企业进行大批量的产品测试；四是通过独特的实验室到市场的激励机制来支持生物技术和生物制造商业化，包括有奖挑战赛、市场采购或贷款计划，以及提供跨学科研究的资金。

美国和中国作为当今全球第一、第二经济体，也是大健康领域排名前二的两大市场，必然成为未来生物技术领域竞争的焦点，拜登政府近年来企图在高科技领域遏制中国的发展，改变中美竞争的平衡。我国在生物技术研发创新领域的发展迅速，但是仍然要看到，我们需要更多高质量创新。美国政府明确目标的提出也给我国及上海生物经济的发展带来方向参考。同时，美国的政策出台与执行具有系统化、集聚化的特点，策略性和针对性明显，从方案的设计初期到相应的保障措施到实际的实施过程再到监督与管理均形成了多方协作、实时跟踪、强化监管、及时调整的模式。在此方面，可以学习借鉴美国经验与做法，为推进上海生物经济的发展制定相应"施工图"。

（沈屹磊）

附件一：美国生物技术和生物制造的明确目标

主 题	研发需求
	解决气候变化问题
开发生物质燃料	开展研究、开发和示范项目，减少原料生产、收集、运输和预处理的碳足迹。 开发具有经济效益且可持续的技术，用于进行异质废物流的预处理和污染物的分离，以提高可用废物原料的数量和质量。 探索可持续航空燃料生产中已知中间产物的新路线，生产新的生物基化合物，用作可持续航空燃料，并减少温室气体排放。 通过开发能够使用各种原料的生产途径，同时建立燃料质量标准和测试方法，优化纤维素原料的生物转化和加工
发展生物基化学品和材料	利用生物技术确定关键分子生产中所涉及的生物途径和生化过程，并提高一系列碳源生产化学品的产量和加工效率。 在生物和化学的交叉领域开发创新，生产能够最大限度减少温室气体排放的平台化合物和最终产品。 扩大流程和研发规模，对废物资源（比如废旧塑料）进行回收和／或再造，包括通过选择性的化学和生物方法，重点是目前未被回收的混合和多组分废物。 加大材料（比如塑料）设计或再设计的力度，以改善材料报废特性，包括视情况提高其可再利用性和／或堆肥能力。 建立试点规模化设施，测试新技术，从合成、制造和聚合物加工到材料和化学合成及回收的生产线应用测试

（续表）

主 题	研发需求
开发具有气候调节作用的农业系统和植物	改进估算、测量和监测温室气体源以及生物质和土壤中碳循环与封存的模型和方法。 建立一个全美适用的框架及相关工具，用于测量和核实生产生物经济原料在农业系统中的碳和养分通量。 对植物（包括藻类）和土壤微生物群落开展研发，并生成相关知识，从而使用低碳密集型方法生产新的专用原料。 制定有关方法，测量改造植物的整体改良情况。 开发生物加工方法，在扩大基于生物技术的蛋白质生产规模的同时，保持质量不变（甚至有所提高），并将大规模废物原料与合成生物学和生物加工工程有机结合。 对现有的食物蛋白生产途径进行严格和透明的流程分析，为可持续生物流程的开发提供参考
发展二氧化碳清除技术	发展遗传工程学和技术工具，使高产作物和林木的根系更深、更顽强，以增加土壤有机碳（SOC）。 填补植物—土壤相互作用方面的知识缺口，了解如何在不减少养分矿化的前提下，促进土壤有机碳的积累，并开发预测性生态整体概念框架，以了解土壤有机质的变化。 确定最具经济效益的生物质脱碳与封存途径，以及将它作为完整碳管理策略的一部分，补充其他生物质用量。 确定通过生物系统生产最长寿的固体碳材料，探索利用仿生或非细胞体系、生物电方法和生物无机材料将大气中的二氧化碳更多地捕集到材料中
粮食和农业创新	
提高原料生产力	更好地了解遗传、生理、环境和生化对产量的制约，研究具有更高生产潜力的植物和动物。 采用快速育种策略和生物技术来改良植物、动物和微生物。 加强对创新方法和技术的研究，包括精准农业以及循环和自然解决方案。重建土壤健康、土壤固碳和土壤有机质。 加快对碳强度更低的气候智能型原料的研究。 开发快速评估和跟踪原料质量的工具。 开发生化和生物制造流程，包括酶促和微生物过程，从而有效且规模化地将原料转化为中间产物和产品。 扩大生物炼制技术，高效地将生物质分解成基本成分（例如，木质素、半纤维素和纤维素），将木质素和半纤维素转化为塑料、黏合剂和低能耗建筑材料；将纤维素纤维转化为纳米材料和纤维素衍生物，用于生产纤维、涂料、可再生包装和其他产品。 继续研究有效的养分管理做法，如精确施用、更有效的输送系统和可持续的肥料配方，以实现更有效的养分循环，同时减少对环境的影响。 通过种植藻类和浮萍等作物作为肥料和生物经济的原料，改进回收废水中氮的方法。 加强对提高氮使用效率的生物刺激剂的研究，并补充土壤中的氮储存，增强生物固氮。

（续表）

主　题	研发需求
提高原料生产力	采用快速育种策略和生物技术培育对投入要求较低的植物，增加对土壤氮和磷的吸收、储存和循环利用。 改善土壤氮平衡和土壤健康的表征材料，特别是可能被视为废物的材料，如生物炭。 开发新技术和创新生产系统，替代稻田种植生产模式，从而减少甲烷厌氧菌的产生。 开发新的和改进现有的工具和模型，以准确评估甲烷排放量的农业系统。 开发可负担的从粪肥管理系统中捕获沼气的高效工具。 加强对饲料来源、新型饲料添加剂和饲料原料的研究，以减少反刍动物和水产养殖的肠道甲烷排放。 使用加速育种策略和生物技术来开发具有延长保质期特性的植物。 改进或制定策略减少食物浪费。 加强对方法、产品和工具的研究，以防止或减少因腐败、虫害、霉菌和气候控制不足造成的食品损失。 制定和扩大战略，以增加大规模的食品回收或再循环计划
改善食品营养和质量	扩大对食品成分的研究，使新的食品更加可口、经济、易于制备，以及更容易制成加工食品。 研究替代性蛋白质（例如，植物蛋白、发酵衍生蛋白和细胞培养蛋白）产品的结构设计和食品结构，包括植物和微生物材料与动物产品的比较。 为食品或饲料生产找到高产量、低成本的蛋白质和脂肪来源，并开展可行性研究，包括精密发酵产品和其他行业的副产品或废物流。 为作物分离、谷物管理与加工以及其他控制措施制定和验证基于科学和风险的流程，以确保动物蛋白生产所需的谷物安全，同时减少食品供应链中潜在的混合以及过敏原交叉接触。 加强对动物饵料的研究，以提高消化率、改善氨基酸分布，包括在动物饵料中添加氨基酸，以提高从饲料到食品的转化率。 加强对牲畜和水产养殖的替代性饲料原料的研究，包括可以改良或替代饲料原料的植物、藻类或海藻。 采用快速育种策略和生物技术，培育营养密度更高的动植物，包括提高微量营养素和保健品的含量。 扩大可用于营养目的的生物体范围，提高目前农业生产中动植物物种的营养密度。 扩大与部落和其他传统生态知识守护者的联合研究，培育具有重要文化意义的粮食。 找准细分市场和机会，扩大具有重要文化意义的非木材森林产品以及湿地和草地粮食品种的生产。 开发基于风险的工具，确定病原体的毒力因子和抗菌素耐药性。 研究方法和缓解对策，减少粮食系统（包括生产环境和加工设施）中引起食源性疾病的病原体。 开发快速筛查、检测和量化技术，建立病原体、化学污染物和物理危害的全国网络

（续表）

主　题	研发需求
促进种养殖过程免受环境压力影响	开发和验证病原体的快速筛查、检测和量化方法，在全美范围内提供方便、及时和准确的实验室服务。 为具有严重传染性的动植物疾病制定商业上可行的对策，包括动物疫苗和抗病毒药物。 着手研究诱导动植物防卫反应的分子技术，包括可以检测、报告、发信号和自我治疗感染的植物。 扩大对携带病原体害虫的综合管理研究，比如生物防治剂、不育、基因驱动、信息素、生物制剂和植物内置杀虫剂。 利用基因组测序来表征新的动植物病原体分离株，并确定其可能的新宿主范围，包括成为人畜共患病的可能性。 扩大对抗病虫害农作物和动物及其近缘野生种的基因组筛选和测序；采用快速育种策略和生物技术，培育具有更好抗病性的动植物。 采用快速育种策略和生物技术，培育适应当前和预测气候、且在非生物胁迫下具有更高产量的动植物，包括益虫。 改进抗性筛选，在本地树种中采用快速育种策略和生物技术，提高对病虫害的抗性；制定辅助的迁移协议，以寻找、培育和推广有韧性的树木。 增进对农业和森林生态体系的了解，特别是其面对不同规模的压力因素时的变化，以增强韧性并改善整体健康状况
	提升供应链弹性
大力推行生物制造方式	开发具有成本竞争力的替代性生物制造途径，比如基于细胞的流程和非细胞体系，用以生产关键的活性药物成分、化学品和其他材料。 设计和测试可持续和具有经济效益的制造能力和功能，以支持对商品材料的大规模生物制造。 推进合成生物学工具和创新的生物加工手段，以回收/获取关键矿物，包括但不限于锂和钴。 进行生命周期成本分析，以确定经济上最可行的生物制造模式，同时确保生物安全、生物安保和生物保护。 制定生命周期管理方法，以实现更可持续的生物制造，并开发生物制造解决方案，通过对现有产品和其他废弃物或副产品的回收或再造，来推进循环（生物）经济。 开发模型来预测最有前景的化学生产流程，寻求以生物制造替代方案实现相同或更大的规模或质量，同时最大限度地提升可持续性。 利用人工智能提高工程生物学平台技术的可用性，以加快并优化新流程和新产品的研发与推广。 应对当前的规模化挑战和监管科学要求
增强供应链适应性	开发预测模型，以确定从生物制造替代方案中受益最多的供应链瓶颈（比如高需求商品化学品或材料），同时预测市场趋势和劳动力需求（比如技能、地理环境、常规和扩增的能力），以应对生物制造和供应链瓶颈问题。 开发准的模型，以整合分散或分布式生物制造生态体系以及辅助的信息技术基础设施，包括国内能力分布图，并预测生物原料的可用性和使用影响，以实现按需的本地生产。

（续表）

主　题	研发需求
增强供应链适应性	开发创新型线上、在线和过程中测量技术，包括基因细胞株和活体评价系统，以实现对质量属性的实时评估和调整。 开发数据集、标准和预测能力（包括使用人工智能、机器学习和数字孪生），以便在适当的访问控制和数据安全的情况下，实现流程控制和供应链数据的实时反馈回路与分析。 推进可无缝集成自动化、软件、设备和人员的智能生物制造，以提高流程速度、可靠性和效率。 开发平台技术和标准，以加快生物制造设备、部件和耗材的开发、生产以及互操作性，并改进生物制造流程和产品的表征和测试。 开发标准的微生物菌株、非细胞体系、关键试剂、已知机能和性能的序列，以及可以按需快速生产、分发并扩大规模的供应链分子与化合物。 制定材料和试剂的标准化质量指标，以实现不同供应商之间互操作性，并制定先进的算法，以便在供应链受限或中断时，能够使用替代原料或流程实现自适应储备。 开发创新设计、稳定的质量管理体系和标准，使生物制造设施得到更有效的利用。 开发可用于有效改造城乡地区现有生物制造设施的技术和相关策略。 开发模块化的生物制造能力，以扩大、缩小或横向扩展规模。 开发一次性技术，以及符合目标且端到端的生物制造平台，从而实现生物体和流程之间的快速切换
加强商业标准与数据基础设施建设	支持开发和集成数据标准、工具和能力，以创建符合政府开放科学措施的数据基础设施，同时尊重知识产权、保护数据安全，并与国内和国际各相关方持续协调其他需求。 创建数据标准（例如，本体、模式和元数据结构），以便开发、集成和利用先进数据分析（包括人工智能和机器学习），并将数字孪生方法投入使用。 设立基准和工具，以便验证或核实材料、系统、流程、设备、软件以及实验室和现场技术数据。 开发分析方法标准以及所依托的测量基础设施，以增进复杂生物系统的可比性。 制定生物加工标准以支持新兴的生物制造能力，包括材料、单元操作、生物反应器和相关的互操作性。 与美国制造业研究所和其他公开论坛合作，将行业基准、工具、能力和成熟做法转化为国际标准，以确保标准能够促进创新，而不是在无意中扼杀创新
	促进人类健康
无障碍健康监测	开发新型传感器及其阵列，用以检测新的生物学指标。 将纵向研究与人类基础生物学研究相结合，并开发相关的人工智能/机器学习模型来整合数据类型，以确定健康和老龄化标志物。 将不同人群（包括种族、性别和区域）的研究整合。 与分散式临床研究和行业伙伴密切合作，设计并推出新的大规模研究模型，用于下一代生物标志物的发现和验证。 跨多个平台协调、集成和分析电子健康记录数据，保护隐私和敏感数据的安全。 开发微型检测器、传感器以及先进易用的多路检测仪表盘。

（续表）

主 题	研发需求
无障碍健康监测	协调和咨询 FDA 和 CMS，以指导健康试剂盒的开发及临床使用。 与公共卫生、护理、患者宣传和许多其他方面的专家建立具体的伙伴关系，以确保健康工具包的设计使所有美国人都能获得和负担得起。 推进新型可穿戴远程传感器、电子病历和其他生理数据来源的验证和商业化，预测疾病的易感性并监测其长期后果。 考虑健康工具包的数据基础设施，包括如何利用数据来改善健康，并与初级保健医生或其他临床医生进行共享，同时继续强调保护患者隐私和数据安全
多组学精准医疗	开发新型传感器，比如体内 DNA 记录器，能够收集更多的数据，从而推动多组学方法的广泛采用。 通过对新型高通量技术的定向投资来降低成本，包括合成生物学和非细胞方法，重点是以每份样本不超过 1000 美元的成本实现整个组织的空间分辨率多组学表征。 与支持开发诊断工具的机构以及批准和支持使用诊断分析的机构协商，制定健全的标准和基准。 制定多组学数据安全和使用契约，以保护患者隐私。 开发变革性方法，用于吸收、共享和分析从实验室到 EHR 数据的复杂多元数据类型，包括改进的数据可视化方法，同时确保数据保护和安全性。 创建标准化的多组学数据收集和分析方法，以支持预测模型。 开发临床研究方法，将多组学与环境、生活方式和其他表型数据相结合，以实现临床上可行的患者分类、诊断和治疗
细胞疗法的生物制造	开发新的基因编辑技术和遗传编程，用以创造下一代细胞疗法。 将合成生物学的创新成果与新型非病毒递送载体（比如脂质或聚合物纳米粒）搭配，以进一步提高两者的效用和有效性。 研究运输储存技术，在不使用有毒防腐剂的情况下保持来源细胞和工程细胞的活力。 开发稳定的临床和基因组指标，以确定可能适合细胞疗法的患者，并开发计算模型，以判断和预测细胞疗法中重要编程质量的疗效。 支持临床团队组建，将临床医生、生物学家、工程师和合成生物学家聚集。 鉴定和开发相比患者细胞更可再生且成本更低的新来源细胞。 按照细胞类型采用不同细胞疗法生产设施的方法与标准，减少成本和等待时间。 开发模块化、平台工程化的细胞技术，以及针对特定患者的配方。 与临床医生和其他医院工作人员合作，编制培训材料。 在商业级生产设施中测试用于下一代生物技术产品的全新生物制造方法，并排除相关风险
人工智能赋能生物医疗	发展国家生物制造资源网络，包括三大核心组成部分：（1）一套分布式、模块化的下一代自主实验室，侧重于各项能力，比如高通量筛选、相关代谢物的灵敏在线传感器、下一代测序、高内涵成像、聚合酶链反应诊断等。（2）一个基于云的虚拟研究机构，所有分布式的自动化实验室都直接与该机构互连。（3）一个将物理实验室与虚拟云环境相结合的联合模式。 为操作这些实验室的技术人员制定培训计划和课程。 创建统一和标准化的实验数据，让美国各地的研究人员均能够近乎实时地获取，以帮助加快生物药的开发。

（续表）

主　题	研发需求
人工智能赋能生物医疗	开发新的人工智能／机器学习方法来设计每一类药物（比如，小分子、生物制剂、肽类和细胞疗法）。 开发比传统技术的检测极限、准确度和精密度高 10 倍的技术。 在生物制造过程中开发和使用新技术，对代谢物、物理参数和生物制品进行在线检测
开发更先进的基因编辑技术	开发基因递送载体、基因编辑器和编辑系统，并利用人工智能／机器学习技术，创建基因编辑器和递送载体配对的标准方法。 与研究界合作开发标准检测方法来评估编辑功效，以及创建利用 AI/ML 技术将基因编辑器和递送载体配对的标准方法。 开发将 AI/ML 用于临床研究的方法，以确定短期和长期基因编辑器的安全性。 成立一个涵盖标准制定、监管规定、工业制造能力以及学术研究等各领域专家的协商小组，制定统一的基因编辑标准。 创建化学、计算机、体外和体内的核心表征设施，用以评估基因编辑期及其递送载体的安全性和有效性。 安装接收、储存和准备基因疗法所必需的设备，以应对临床基础设施问题。 开发可大规模生产的基因编辑平台技术，然后直接应用于多种疾病治疗。 由于基因疗法的高成本，让临床和患者群体参与进来，以解决经济困难。 评估基因治疗的临床工作流程和定价。 为临床工作人员、患者协调员等创建培训材料，并指派各大医院的领军人才担任专家
推进跨领域发展	
生物多样性建设	将个人基因组测序与现有的公共能力连接起来，减少时间和成本。 制定选择生物体进行测序的国家战略，使得比较分析能够揭示出可用于生物设计的功能变异。 加快计算和实验工具的开发，加强对序列和功能元素（比如，调控网络、代谢途径和性状）的比较发现。 创造和改进技术，将基因从一个生物体转移到另一个生物体。 扩大可作为工程生物系统宿主（基底）的生物体数量。 将化学和材料科学的创新与测序和功能分析的结果相结合，扩大"部件"资源库，建立创新实验室，为生物经济的新材料、新设备和新产品提供生物启发式设计。 加强全美范围内数据处理和分析能力，包括网络基础设施和生物信息。 鼓励生物数据（和生物部件）的可查询、可获取、可互操作和可重复使用。加强对网络基础设施和数据架构的支持，允许计算与整合，以发现不同的数据集。在开放数据的需求与尊重知识产权之间取得平衡，既保持对创新的激励，也对敏感数据采取适当的数据保护和安全措施。 加强生活数字化，以成为各种下游应用的数据来源。 通过一定规模的投资支持，实现社区驱动数据的使用和分析
生物预测模型与系统设计	扩大预测生物分子相互作用的能力，以掌握小生物分子和酶的重要功能。 预测细胞、生物体和群落之间的通信模式，以便将其融入生物设计中。 将数学和建模与开发相结合，为人工组织和器官的设计提供数据，或在培养皿上测试。

（续表）

主　题	研发需求
生物预测模型与系统设计	使用人工智能分析来自生态站点和大陆及海洋观测站的生态系统数据，预测设计自然系统和人类系统混合的方法，使其能够适应气候变化的影响。 在各个层级推进理论、计算和实验工具，以了解驱动生物系统变异的进化和适应机制，并预测如何利用进化变异对生物设计产生积极影响。 开发全新的计算算法和自动化工作流程，将能够预测可能构造的逻辑和规则与预测模型和生物部件库及其相关功能结合起来。 结合热力学、物理学、机械学、生理学等知识来定义和约束设计空间。 将人工智能与进化过程的知识相结合，超越蛋白质设计，加快生物组织所有尺度上的生物设计。 探索生物设计的局限性，以构建非细胞体系、合成细胞、最小细胞或生物体系统
生物系统量化	开发先进技术，以精确调节生物体（从微生物到动植物）的基因组、转录组、蛋白质组和代谢组，进而实现对复杂表型的高度可预测的空间和时间控制。 开发和部署多方面的能力来扩展生物材料设计，包括非天然生物聚合物及其构建模块、元素周期表的化学功能、能够感知和响应环境的生物材料以及用于生物医学部件的生物相容性材料。 利用关于不同调节途径和开关控制器的知识，建立对生物分子和细胞进行精确高通量化学修饰的平台。 开发全新的模态，将细胞精确地组装成器官、生物体或生态体系，并将非生物成分作为关键控制或感应元件。 开发不干扰细胞功能的生物和非生物传感器和换能器，利用量子、光学、磁学和其他传感模态，接收外源信号并与生物系统对接。 开发平台技术，全面读取表达的基因组、蛋白质组和代谢组，以实现对任何生物体的高通量精确表型。 开发平台和工具，用于在相互关联的自然和建筑环境中对来自细胞和多细胞系统的复杂信号进行快速、多模态的测量。 开发传感器／换能器系统，既能测量又能传输信号，使计算响应生效，从而实现生物系统的开放或闭环控制。 建立一个全国性的生物铸造厂网络，使人们能够民主地使用虚拟和实体设施，在非细胞、细胞、类器官和整个生物体系统中，完成对现代生物技术的设计—构建—测试—学习周期。 将生物铸造厂与广大公众可获取的"部件"和传感器资源库连接起来
生物系统控制	培养预测细胞、生物体、生物体系统，以及它们在复杂生产和加工环境中使用及生成的分子的性能与行为（包括进化）的能力。 利用生物铸造厂的数据推进理论驱动和人工智能的多尺度建模，将生物系统性能与生物工艺性能的模型相结合。 整合生物流程所有方面的参数优化，包括设计、上游和下游流程、产品报废，以及非常规生物流程环境。 推进流程设计方法从（半）批量流程过渡到连续和强化流程，包括通过使用模块化、地理分布和潜在可重新配置的流程或设施，从而增强生物产品供应链的韧性。

（续表）

主　题	研发需求
生物系统控制	在广泛的应用领域（包括发酵罐内和发酵罐外的应用）中推进数字孪生功能。 利用现有的美国制造业研究所和其他公共和私人基础设施，通过原型和按比例放大或缩小的系统来支持模型验证。 为技术经济分析和生命周期评估开发强大的工具，整合到设计过程中。 提高开发流程控制策略的能力，包括在细胞层级和整个系统层级的控制。 推进基于模型的流程优化和控制，能够明确兼顾生物和物理系统中的生物不确定性、随机性和变化。 提升预测评估技术，用以预测生物制造流程中无法直接测量的诸多状态（例如，细胞表型、蛋白质表达或酶活性）
生物制造创新	提高利用生物基纳米机械和设计的纳米制造能力。 开发工程生物和生物制造系统，用以生产生物聚合物，并就地进行规模化加工，从而仿制自然界中存在的生物材料，比如昆虫丝或外骨骼。 推进使用 DNA、病毒和细菌的生物流程的发展。 推进生物打印的能力，用以生成细胞支架、骨骼或软骨替代物，以及模仿或替代活体组织的多材料结构。 推动生物打印在燃料、电子和材料等方面的应用。 整合新的细胞和组织的潜力，用于传感、驱动、数据采集、反馈、修复，以及扩大制造打印活体材料的可重复性。 提高制造功能性神经元或脑类器官装置的能力，既可用于神经元的刺激和修复，也能用于潜在的生物计算应用。 发展与可穿戴和普及技术相关的制造业，从而提供更强的灵活性、促进沟通，并满足日常需求。 创造适当的技术来提高劳动者的生产力和生活质量，包括协作式生理和认知辅助、无缝增强现实和远程呈现，以及私密和安全的健康与保健监
生物技术伦理评估	在社会科学领域开发新的研究机会，重点关注生物技术和生物制造。 推动公众参与生物技术和生物制造，并建立基础。 制定计划将社会科学家纳入生物技术和生物制造相关领域的研究团队中。 对与生物技术和生物制造有关的伦理问题进行研究。 开发新方法和流程，将伦理、社会和经济研究纳入生物技术发展各个阶段决策中。 提升评估生物经济产品和工艺风险的能力。 扩大研究投资，对产品和工艺进行监管。提升生物技术和生物制造多样性和公平性。 扩大科学投资，如美国国家科学基金会（NSF）与科学和技术政策办公室（OSTP）合作领导的公平分析计划（Analytics for Equity Initiative）和其他研究的支持，为整个美国推进更好、更公平的成果。 制定教育和培训途径，扩大群众参与度，在生物技术和生物制造研发中纳入不同观点。 扩大对无障碍环境的投资，使所有个人都能参与并从中受益

附件二： 联邦部门和机构正在进行的与明确目标主题相关的研发活动

部门（牵头机构）	主　题	能源部	农业部	商务部	卫生和公众服务部	国家卫生基金会	国防部	环境保护署	航天局
解决气候变化问题（能源部）	开发生物质燃料								
	发展生物基化学品和材料								
	开发具有气候调节作用的农业系统和植物								
	发展二氧化碳清除技术								
粮食和农业创新（农业部）	提高原料生产力								
	改善食品营养和质量								
	促进种养殖过程免受环境压力影响								
提升供应链弹性（商务部）	大力推行生物制造方式								
	增强供应链适应性								
	加强商业标准与数据基础设施建设								
促进人类健康（卫生和公众服务部）	无障碍健康监测								
	多组学精准医疗								
	细胞疗法的生物制造								
	人工智能赋能生物医疗								
	开发更先进的基因编辑技术								

（续表）

部门 （牵头 机构）	主　题	能源部	农业部	商务部	卫生和 公众服 务部	国家 卫生 基金会	国防部	环境 保护署	航天局
推进跨领 域进展 （国家科学 基金会）	生物多样性建设								
	生物预测模型与系 统设计								
	生物系统量化								
	生物系统控制								
	生物制造创新								
	生物技术伦理评估								

下篇：日本半导体、新能源和太空等新兴产业发展动向

2022 年以来，减碳化浪潮、俄乌军事冲突以及能源危机等多重冲击，迫使世界各国将供应链的可靠性和安全性置于成本和效率之上。尤其是在国际政治经济形势日趋复杂的当下，日本经济发展的不确定、不稳定因素日益增加，为摆脱国内生产总值（名义 GDP）可能被德国超越的困境，日本政府和产业界近期动作频频。本文梳理了日本在半导体、新能源、太空和机器人等领域的发展动向，为上海掌握产业竞争动态提供参考。

据日本《产经新闻》2023 年 1 月 23 日报道，由于近期日元贬值导致以美元计价的日本 GDP 增长萎缩，再加上被称为"日本病"的低增长影响了经济，日本国内生产总值（名义 GDP）可能在今年（2023 年）被德国赶超，跌至第四位。而在日本内阁府发布的数据中显示，在经济合作与发展组织（OECD）38 个成员国的排名中，日本的人均 GDP 已经下降 1 位至第 20 位。日本正陷入经济增长的困境之中，着力提振日本经济已成为日本政府和产业界目前最重要的任务。

一、日本开启重振半导体之路

近年来，在国际贸易摩擦日益加剧的情况下，各国日益重视半导体制造的本土化进程，以确保本土设计企业的供应链安全。日本作为半导体传统强国，在陷入低迷后近两年来复苏的野心越发彰显。2021 年 12 月，日本首相岸田文雄就曾表示，政府将为半导体产业发展提供超过 1.4 万亿日元的巨额投资（约合 782 亿元人民币），总体愿景是在 2030 年达成半导体企业年收入增长 3 倍，提升至 13 万亿日元的目标。

日美两国政府持续对我国半导体产业施压。据日本共同社 2022 年 12 月 29 日报道，为培养拥有尖端半导体技术的人才，日美两国政府将加强合作，两国决定在人工智能和超级计算机等下一代技术方面，实现各自擅长领域的技术能力互补。日本已于 2022 年 12 月设立了产业技术综合研究所和东京大学等参加的"技术研究组合最尖端半导体技术中心"（LSTC），美国将于 2023 年 2 月建立"国家半导体技术中心"（NSTC）。

与此同时，美国拜登政府正敦促日本和荷兰配合其针对尖端半导体的技术、制造设

备和相关人才禁止与中国的交易。2023 年 1 月中旬，拜登总统与日本、荷兰的首脑相继举行会谈，直接提出要求。1 月 27 日，彭博通讯社报道称日美荷三国已达成共识，日本与荷兰也将实施美国政府已启动的对华出口管制的一部分，但具体实施或需要数个月时间。日本共同社 2 月 4 日报道说，日本政府准备修改相关外汇法规以便在 2023 年春季开始限制向中国出口高端芯片制造设备。

日本产业界力争重塑日本半导体竞争优势。在日本政府的推动下，东京电子、丰田汽车、索尼、NTT 等 8 家日本企业已携手出资 73 亿日元设立一家新的晶圆代工企业 Rapidus，目标在 2025—2030 年间实现 2 nm 及以下制程逻辑芯片的研发和量产。现 Rapidus 已与 IBM 签订了合作协议，开发基于 IBM2 nm 制程技术，并表示将于 2027 年在日本晶圆厂大规模生产芯片。

罗姆半导体集团于 2022 年 12 月在福冈县南部的主力基地正式启动了日本国内首座专门生产碳化硅功率半导体的新工厂，产品设想用于纯电动汽车（EV）的马达控制、电池充放电、为周边设备供电等用途，到 2023 年晶圆尺寸由现在的 150 毫米扩大到 200 毫米，并计划到 2025 财年（截至 2026 年 3 月），把全球份额从目前的 1 成左右提高到 3 成，成为全球第一。根据罗姆半导体集团 2023 年 2 月 2 日发布的 2022 年 4—12 月合并财报，净利润与营业利润增长乐观，分别比上年同期增长 40% 和 34%，达到 679 亿日元和 754 亿日元。用于纯电动汽车（EV）和工业机械节能性能的功率半导体、大规模集成电路（LSI）表现强劲。

日本企业加大关键产业链布局。据日经中文网 2022 年 12 月 16 日消息，索尼集团开始考虑在熊本县内建设半导体新工厂，计划投资数千亿日元建设智能手机图像传感器工厂，预计新工厂最快于 2024 年开工建设，2025 年度后可望投入使用。根据此前消息，台积电将在日本熊本县建设 22 nm 和 28 nm 的半导体生产线，预计于 2024 年开始量产。通过此次在台积电附近新建工厂，索尼集团将构建传感器生产一条龙体制。

日本国际电气公司（生产半导体晶圆加工设备）于 2022 年 11 月斥资 240 亿日元在日本砺波市建厂，这是该企业自 2017 年被美国对冲基金 KKR 从日立手中收购以来的最大一笔投资，计划于 2024 年完工，预测产能是 2020 财年规模的两倍左右。

二、日本聚焦推进新能源与太空产业发展

基于日本资源能源匮乏的特殊自然条件，日本供给侧以太阳能发电为首、需求侧以新能源汽车为首的新能源产业取得了较大程度发展。而日本《第四次宇宙基本计划》定稿后，为之后 10 年的太空政策指定了方向，近两年太空商业热度的提升也让日本加大

了相关产业布局。

日本政府积极推动新能源产业发展。日本政府2022年12月22日决定的"面向实现GX（绿色转型）的基本方针"中写入了"开发并建设新型核电站"。首相岸田文雄强调将推进开发新一代反应堆，"在确保安全性和当地理解的大前提下，将推进改建的具体化等步伐"。日本政府在福岛核事故后曾提出降低对核电的依赖度，但在能源危机等背景下将大幅改变政策，最大限度利用核电站。

加强引导建筑配置设施支持光伏发电规模持续增长。光伏发电是日本可再生能源的支柱，随着日本适合设置光伏面板的地方越来越少，支持利用屋顶进行光伏发电成为日本政府的另一个选择。日本经济产业省将从2024年度开始实施相关制度，高价购买企业设置在工厂或仓库屋顶的光伏面板产生的电力。通过该项固定价格收购制度（FIT），预计将比收购平地的光伏电价高出2—3成，按照光伏面板设置场所来区分FIT价格，在日本尚属首次。此举将促进屋顶面积较大的物流仓库等引入光伏面板，为实现2030年度温室气体排放削减目标作出贡献。

加大氢能发展支持力度。氢能是日本政府的"王牌"，氢气的成本则一直是发展的核心问题。2022年12月举行的第七次氢能政策小组委员会会议期间，日本经济产业省METI编制一项临时安排计划：到2030年左右建立起日本氢能供应链系统，扩大氢气和氨气在日本国内的使用范围。据该计划内容，日本政府将对氢和氨和现有化石燃料之间的差价进行补贴，为期15年。在新的补贴制度中，氢气的价格将和液化天然气LNG的价格互相参照，而氨的价格将和煤炭的价格进行比较。日本政府也计划制定新的立法，对氢和氨供应链生产相关行业，以及相关基础设施的发展进行财政支持。

努力突破充电基础设施匮乏这一制约日本提高汽车产业竞争力的问题。据界面新闻2023年1月4日援引日经中文网消息，日本政府将采取措施普及几分钟就能为小型纯电动汽车（EV）充完电的大功率充电桩。计划在2023年，大幅放宽与大功率设备的安装和操作相关的限制，使其能够采取与低功率充电桩同等的措施，以提高使用方便性。

日本车企加速纯电动汽车和智能网联汽车布局。丰田在2022年虽然保住了全球销冠的宝座，但纯电动车销量并不理想。日本丰田于2023年1月26日宣布，执行董事佐藤恒治（53岁）将于4月1日升任社长兼首席执行官（CEO），丰田今后将在佐藤的领导下，加快向纯电动汽车（EV）等转型。日本《朝日新闻》报道，丰田正在开发一个电动汽车专用平台，以提高其电动汽车的竞争力和效率，并削减生产成本。新电动汽车专用平台的开发将决定着丰田在电动车领域的全球竞争力。丰田旗下的核心企业电装公司为打破"制造企业"和"零部件厂商"等界限，将逾一半的研发费投向软件，寻求在电动化和自动驾驶的"CASE"时代寻得竞争优势。

本田中国发布公告称，本田将于 2023 年 4 月 1 日起新设电动事业开发本部，旨在进一步加速电动事业和扩展移动领域的产品和服务。早在 2022 年 3 月，本田和索尼集团宣布合作生产纯电动汽车，并在 2023 年 1 月的国际消费电子展（CES）上由合资企业索尼本田移动出行公司宣布推出新汽车品牌 Afeela。2022 年 12 月，本田发布了最新的燃料电池堆封装氢安全开发技术，采用类似丰田的防水透气阀方案。2023 年 2 月本田围绕氢能源事业战略规划，提出未来将围绕"碳中和""清洁能源"和"资源循环"三大支柱开展工作，积极拓展氢能源的应用。计划 2020 年代中期开始每年对外销售 2000 套燃料电池系统，争取到 2030 年每年销售 6 万套，到 2030 年代后半期每年销售数十万套。未来几年，新能源化、智能化转型将成为本田主攻方向之一。

此外，日产汽车和法国汽车巨头雷诺集团也已达成基本协议，日产汽车将投资雷诺集团创立的纯电动汽车和软件企业 Ampere，并将成为该企业的战略股东。

日本积极加入商业太空产业发展轨道。2023 年 1 月初，索尼集团在位于佛罗里达州的美国宇航军队基地成功发射了从宇宙拍摄地球和星球的超小型人造卫星，使用的是埃隆·马斯克经营的美国 SpaceX 公司的火箭，并将在 2023 年春季在日本启动从太空的自由视角拍摄地球的卫星服务。索尼集团将提供使用 EYE 环绕地球过程中从自由视角拍摄的服务，价格设想在 50 万日元左右，还准备提供套餐形式的低价项目。

2023 年 1 月 13 日，日美两国政府在美国华盛顿举行了太空领域相关合作协定的签字仪式，将推进日本参与美国主导的探月"阿尔忒弥斯计划"等并深化合作。据美国国家航空航天局介绍，合作协定把太空探测、运输和科学研究等广泛共同活动作为对象。而在近日，欧洲航天局官员在新闻记者会上宣布，因"预算有限"不再计划向中国天宫空间站派遣宇航员。美国对我国航天技术全方位的封锁和孤立仍在持续。

三、日本持续发力迈入数字化、智能化时代

日本在全球工业用机器人领域一直是领导者，在其他领域的机器人开发上也有着长远的发展历史。日本正准备借由将该技术与经济、社会的各层面结合，将机器人推向一个新的高度。而随着养老政策持续修正完善以及健康产业的蓬勃发展，智能设备在日本也不断迭代升级。

日本政府持续扶持机器人产业。2023 年 1 月 23 日，日本政府举行机器人革命促进

会议，发布未来 5 年的战略草案，将借助政府的支援，向 500 多家中小企业提供机器人引进方面的咨询，并推进廉价机器人的开发。日本将重点扶持护理、医疗、农业、中小企业等人手短缺日趋严重的领域，包括接待客人和旅馆的后台业务等也将引进机器人。除了将增加适用护理保险的机器人之外，医疗机器人也将加快审查。不但将通过放宽监管来提高产业的生产效率，政府与民间企业还将携手投入 1000 亿日元资金，将相关产业的市场规模扩大至 4 倍共 2.4 万亿日元。

健康与养老相关智能方案成为重要议题。日本已步入超级老龄社会，然而在老龄化比例如此之高的情况下，90% 以上的老年人依然选择居家养老的模式。日本政府与企业对如何提供智能而又人性化的设备与服务、如何让"互联网 + 医疗健康"更为安全便捷等命题的思考与行动功不可没。

2023 年 1 月 26 日，日本在全国启用"电子处方"系统，把纸质处方电子化，有望防止多家医疗机构对患者重复用药，或开出不能与其他药物同时服用的处方。日本厚生劳动省在官网上公开了可使用"电子处方"系统的医疗机构和药店一览表，截至 1 月 15 日有 30 个都道府县 178 家设施引进了该系统，还有约 3 万家设施已申请引进。

索尼集团计划在 2025 年之前，原则上把所有商品和服务都进行适老化适残化改进，调整为对残障人士和老年人友好的规格，包括电视、音响、相机和智能手机在内，几乎所有主要商品均会对此实现支持，预计相关品类将达到数百种（不包括小型配件）。索尼集团将把采纳残障人士的意见列入企业内部的开发规则，除了电视及相机等主要部门之外，还将为医疗、网络服务、新业务等配置残障人士与老年人关怀领域的专门负责人。

AISilk（日本可穿戴初创公司）在 2023 年国际消费电子展（CES）上带来了一款新的触觉手套，仅通过导电纤维 LeadSkin 即可让用户感觉、抓握和控制的 VR 手套，以一种完全不同的方式实现触觉反馈和手指追踪。手套本身没有任何附带的机械部件，其内置的手指弯曲传感器，以及佩戴者手背上的控制按钮均由导电纤维制成，通过布料传输电脉冲，从而对手掌和手指的触摸行为提供触觉反馈。

无人配送产业寻求突破。日本率先建立健全了无人配送制度规范体系，而随着日本修订后的《道路交通法》正式实施，远程操控的自动送货机器人或于 2023 年 4 月正式在公共道路上岗。企业方面，日本无人配送赛道领先的入局企业包括川崎重工、ZMP、TIS、TierⅣ、日本邮政、松下、本田、乐天集团等在 2022 年 2 月成立了一般社团法人机器人配送协会，具体工作包括"制定和修订机器人配送服务的安全基准""建立基于机器人配送服务安全基准的认证等机制"等内容。机器人开发企业 ZMP 和 ENEOS 集团等联手研发的"Deriro"机器人储存了附近人行道路的地图数据，并安装了 6 个可以感知行人的摄像头，还能识别红绿灯颜色及主动发出声音提示行人避让。JR 东日本和 KDDI 于 2023 年 1 月 10 日宣布，将在东京的写字楼开展机器人送便当等实证试验，争取实现用人工智能（AI）分析写字楼摄像头的影像数据。我国在近年来发展无人配送产业，但各地对于无人车的管理措施还不统一、自动驾驶测试区与实际需要区域有所差别，硬件成本、运营成本仍较高，未来还需加快突破。

放宽无人机配送限制。2022 年 12 月，日本新修订的航空法放宽了对在人口密集地区飞行的无人机的管理，允许无人机在住宅区上空等自动飞行，进一步扩大了无人机送货范围。企业方面，2022 年 12 月，日本邮政与无人机制造销售公司 ACSL 宣布共同开发出了货物配送无人机，一次最多可运送 5 公斤重的货物，飞行距离可达到约 35 公里。共同社 2023 年 1 月 26 日报道，日航和 KDDI 等 2 月 1 日起将在东京都内实施为期 1 个月的实证试验，使用远程操控自动飞行的小型无人机来运送医疗物资。无人机的成本更低且空中航线更加畅通，我国未来应关注如何配套无人机物流的政策及突破技术限制，继续降低无人机成本。

2021 年 10 月，岸田文雄上台之后提出实施"新资本主义"经济政策，主张实现基于增长和分配的良性循环的"令和版收入倍增"目标，但受乌克兰危机溢出效应和日美息差持续扩大等因素影响，日本经济和产业发展的现状不容乐观。在国际货币基金组织（IMF）的经济预测数据中，到 2023 年名义 GDP 日本将被德国超越，让日本政府与产业界有了更为强烈的紧迫感。而在日本政府把新冠病毒在《感染症法》上的定位下调为"5 类"后，日本政府与企业将更为大胆地进行布局与规划。对上海而言，日本的发展重点如半导体产业、绿色产业等领域，都是我们当下和未来产业发展的创新动能。上海应密切关注包括日本在内的世界先进国家的产业、企业动向和技术变革，进一步做好扬优势、补短板、强弱项的谋划布局。而日本在健康、养老、无人配送等领域的发展，也值得我们学习借鉴和深化合作交流，以提振现代服务业领域的智能化水平。

（沈屹磊）

参考文献：

【1】裴健如：《丰田汽车迎最高负责人变更 人事调整后与特斯拉终有一战？》，载《每日经济新闻》2023 年 1 月 30 日，第 3 版。

【2】秦兵：《日本的产业发展及对中国的启示》，载《东北亚经济研究》2022 年第 5 期，第 59—74 页。

推动汽车产业焕新提质接续新动能

新型工业化不只关注工业增加值，更关注其背后的科技含量、经济效益、资源消耗、环境污染、人力资源等情况，是更为全面和更高质量的工业化。党中央、国务院多次反复强调要深刻分析把握国内外形势变化和我国新型工业化的阶段性特征，扎实做好各项重点工作，全面提高工业发展质量、效益和国际竞争力。汽车产业是我国工业经济的重要组成部分，也是上海的优势产业，具有产值大、产业链长、产业乘数效应明显等特点，如何重塑经济增长方式和产业发展路径，兼顾短期稳增长、长期构建新发展模式的双重目标，既是产业自身发展的需要，也是上海整体推进新型工业化的重要着力点。

近年来，我国汽车产业取得了举世瞩目的成就。据公开信息报道，2023 年我国实现汽车产销量超过 3000 万辆，连续 15 年成为全球最大的汽车产销国；实现新能源汽车产销量超过 900 万辆，连续 8 年成为全球最大的新能源汽车产销国；出口汽车 491 万辆，首次成为全球最大的汽车出口国。但与此同时，我国汽车产业在先进材料、基础软件、关键零部件等方面自给率较低，在高端品牌、单车利润率等方面与先进国家差距较大。

因此，深化汽车产业与战略性新兴产业、未来产业的融合发展，推动汽车产业向产业链价值链的高端延伸是下一个阶段我国汽车产业发展的重点。对于上海而言，汽车产业是上海传统优势产业，拥有良好的产业发展基础，把握好这轮产业转型升级契机，是提升上海汽车产业乃至整个上海工业经济竞争力的关键。

一、推动汽车产业新型工业化势在必行

（一）全球汽车产业正在发生深刻变革

汽车是第二次工业革命的重要成果，过去一百多年的时间里深刻改变了人们的交通出行和生活方式，带来了经济增长和就业机会。当前，随着全球经济的发展变化，汽车产业正在经历重大的产业变革，主要有以下三个方面：

一是随着各国对环境和能源问题的日益重视，节能降碳成为汽车产业发展的共识，汽车动力来源正加速从纯燃油转向混动与新能源。据公开数据统计，2020年之前全球新能源汽车（含混动）年销量占比一直低于5%，而到了2023年该占比已超过20%，2020年至2023年全球新能源汽车（含混动）年销量平均增速超40%，其中我国增速超70%。二是在物联网、大数据、人工智能等新兴产业不断影响和赋能下，智能网联成为汽车产品的基本特征，汽车定义及功能正加速从出行工具转向移动智能终端。由于车规级芯片性能及其背后算力算法的优劣是影响汽车智能网联功能强弱的关键，因此已成为汽车产业竞争的新焦点，目前华为、特斯拉等企业的整体算力已超过2E FLOPS，英伟达即将于2024年量产的车规级芯片Thor算力可达2000TOPS，接近现有最强车规级芯片的8倍。三是受多个全球性事件导致的芯片"断供"影响，保障供应链的稳定安全变得至关重要，汽车供应链正加速从全球化向本土化转变。各个国家都希望跨国车企在本土构建产业链和供应链，如欧美等国已陆续通过税收抵免、组建电池联盟、加大电池关键矿物原料的生产与回收等措施推动新能源汽车供应链的本土化。

（二）汽车产业新型工业化的三个着力点

1. 产业链现代化。当前全球汽车产业正处于变革之中，汽车产业链的宽度和深度在不断增加，为实现我国汽车产业的新型工业化转型需要推动汽车产业链现代化，使汽车产业链具备高端链接能力、自主可控能力及持续发展能力。具体表现为以下三个特点：一是产业链的高可塑，高可塑体现在可以根据汽车产业技术工艺变化或因与其他行业融合发展需要及时调整优化产业链。二是产业链的高自主，高自主体现在对汽车产业链的整体掌控，包括关键核心环节在内的产业链完整，不受外部环境影响。三是产业链的高价值，高价值不仅体现在掌握产业链价值链中的高价值部分，更体现在产业链的整体面貌，具备科技含量高、经济效益好、资源消耗低、环境污染少、人力资源优势得到充分发挥等方面。

2. 产业基础高级化。目前我国汽车产业的整体水平已取得明显进步，尤其在新能源汽车发展上处于全球领先位置，但在产业基础方面仍存在较大的不足，为实现我国汽车产业的新型工业化转型需要推动汽车产业基础高级化，夯实汽车产业发展基础。具体表现在以下三个方面：一是产业基础结构优化，解决汽车产业基础中低端过剩、高端不足甚至缺失的问题，形成结构体系完整，价值链比例合理的产业基础结构。二是产业基础能力提升，解决汽车研发设计软件、车用传感器等汽车产业基础中的技术"卡脖子"问题，形成自主可控的产业基础能力。三是产业基础质量巩固，解决车用轴承、线束等汽车产业基础中的质量稳定性及耐用性问题，形成具有市场竞争力的产业基础质量。

3. 数字全球化。伴随着数字技术的快速发展，经济全球化也正步入数字全球化新时代，为实现我国汽车产业的新型工业化转型需要推动汽车产业数字全球化，助力汽车产业革新与走出去。具体表现在以下三个方面：一是数字全球化的高开放与高共享，数字全球化使汽车贸易内容从实物商品扩展到无形数字资产，不同规模车企甚至自然人都可以参与其中；二是数字全球化的高实时与高动态，数字全球化使汽车研发实时协作成为可能，更广的参与范围、更短的响应时间与更快的迭代速度成为汽车研发常态；三是数字全球化的新要素与新驱动，数字全球化使数据、通信、算力等新生产要素不断注入汽车产业，驱动汽车产业在产品形态、产业范式及创新生态等全格局迈向智能化时代。

例如，在软件定义汽车以及 AI 赋能升级的趋势下，原先非汽车制造商的华为，从车载通信模块入手，结合 5G、鸿蒙系统等技术优势，布局智能座舱、自动驾驶、算力平台等智能网联核心模块，通过对数据、通信、算力等关键要素的高效开发与运用，形成了从移动端到计算中心端的全栈式汽车智能化核心能力，可能推动未来汽车产业的产品革新与范式变革。

二、上海汽车产业在新型工业化转型中的地位及问题挑战

（一）上海汽车产业新型工业化之路具有标杆性作用

上海作为国内主要的工业经济城市，在众多产业领域处于领先位置，对于促进我国新型工业化的进程责无旁贷，其中汽车产业在工业经济中所处的地位决定其新型工业化之路备受关注。一是上海汽车产业在营业收入、利润总额等主要经济效益指标上占有重要份额（见表1），汽车产业的任何波动将显著影响上海的工业经济。二是汽车产业自身正处于重大产业变革中，以新能源汽车、智能网联汽车为代表的汽车新形态及众多造车新势力正在改变原有的产品体系与市场格局，如何通过新型工业化把握机遇，对于上海汽车产业的未来发展至关重要。三是汽车产业与其他产业的关联度高，能关联和影响材料、装备制造、能源、交通、销售、服务等众多行业，汽车产业的新型工业化在一定程度上代表了整个工业体系的新型工业化成效和水平。

表1　2019—2023年上海汽车制造业主要经济效益情况表（单位：亿元）

年份	上海规上工业企业营业收入	上海汽车制造业规上企业营业收入	上海规上工业企业利润总额	上海汽车制造业规上企业利润总额	营业收入占比	利润总额占比
2019	39937.39	8080.77	2927.07	795.31	20.2%	27.2%
2020	39524.92	7727.78	2882.67	599.09	19.6%	20.8%
2021	45402.33	8554.33	3164.63	594.34	18.8%	18.8%
2022	45968.09	9623.91	2788.19	544.89	20.9%	19.5%
2023	45859.00	9603.01	2519.49	370.12	20.9%	14.7%

资料来源：上海市统计局。

（二）上海汽车产业推进新型工业化面临的问题挑战

1. 合资变弱，自主未强

从合资品牌看，以上汽大众和上汽通用为代表的上海合资车企正在变弱。一直以来，上汽大众和上汽通用是上海汽车产业发展的两大引擎，在产值、产量及产业集聚等方面发挥着重要作用，但随着新能源汽车的快速崛起，上汽大众和上汽通用的汽车年产量显著下降。以2017年与2023年对比为例（这两年我国汽车年产量接近，分别为2901.5万辆与3016.1万辆），我国新能源汽车年产量从2017年的79.4万辆增长至2023

年的 958.7 万辆，上汽大众年产量从 2017 年的 206.9 万辆下降至 2023 年的 120.2 万辆；上汽通用年产量从 2017 年的 200.5 万辆降至 2023 年的 101.8 万辆。由于汽车产量与销量紧密相关，汽车产量下降的背后是市场销售疲软，并带来库存积压、产能空置等一系列问题。两大引擎的减速，不管对上汽集团还是上海汽车产业而言都带来巨大影响，其中上汽集团年产量从 2017 年的 698.7 万辆下降至 2023 年的 502.1 万辆，上海汽车年产量从 2017 年的 291 万辆下降至 2023 年的 215 万辆。

从自主品牌看，上海在推进自主品牌方面做了诸多努力，持续支持了上汽集团打造荣威、名爵、智己、飞凡等自主品牌，培育和引进了蔚来、威马、天际、爱驰、华人运通、恒大、集度、摩登等造车新势力，但上海自主品牌在国内市场中的份额较低，部分品牌已离开上海或已在竞争中倒下。以自主品牌乘用车为例，2023 年上海自主品牌乘用车在国内零售销量情况是荣威（14.5 万辆）、名爵（9.8 万辆）、智己（3.8 万辆）、飞凡（2 万辆）、华人运通（0.48 万辆），与国内主要自主品牌乘用车如比亚迪（256.8 万辆）、长安（96.9 万辆）、吉利（91.4 万辆）等，存在较大的数量级差距。且从上汽集团与上海汽车年产量整体下降来看，显然上海自主品牌未能弥补合资品牌所失去的市场份额。

近年来，虽然上海成功引入了特斯拉，弥补了新能源汽车上的不足（2020 年至 2023 年，特斯拉新能源汽车累计产量占比超七成），但由于上海合资品牌与自主品牌的乏力，在整体汽车产量上不仅与广东的差距越拉越大，2023 年更被重庆超过，近三年以来首次降至全国第三，与安徽、山东的产量也已十分接近（见图 1）。

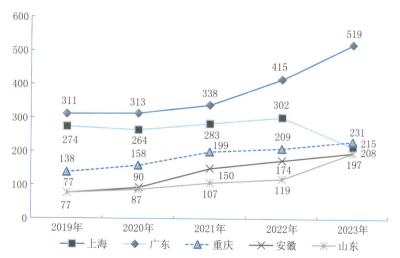

资料来源：国家统计局。

图 1　2019 年至 2023 年上海等省市汽车产量图（单位：万辆）

2. 传统新兴，融合不易

从汽车产业看，上海汽车产业以传统研发设计与生产制造为主，保留着显著的传统产业印记，而在与新兴产业融合与自身转型的过程中，必然会在一定程度上改变汽车产业原有在产品设计、生产制造、经营管理等方面的习惯。对于传统汽车产业而言，融合与转型都意味着不确定性的风险与成本，由于上海汽车产业占全市工业经济的比重高且留存大量传统汽车产业链下的配套体系，都使上海汽车产业与新兴产业的融合与转型过程更为复杂，既无法回避汽车产业的变革，也要化解好在融合与转型过程中对现有汽车产业结构的冲击。

从新兴产业看，新兴产业主要以汽车"新四化"为切入口进行融合，以此推动汽车产业实现电动化、网联化、智能化与共享化，但由于新兴产业介入汽车产业的时间太短，受制于现有技术水平及对汽车产业理解上的不足，新兴产业对汽车产业的改变更多的是做加法而非重塑，在融合成果上缺少颠覆性产品。以人工智能与汽车产业的融合为例，目前智能座舱和自动驾驶是人工智能在汽车产品层面的典型应用。在智能座舱方面，国内人工智能主要表现为非驾驶功能的人机交互，将原本的手动操控改为语音操控，尚未在驾驶功能上实现对车辆的有效控制，虽然技术实现受制于很多因素，但能说明目前人工智能在掌握车辆行驶参数上的不足；在自动驾驶方面，国内人工智能主要表现为结合雷达感知与地图数据的车路协同人工智能，相比特斯拉 FSD 基于视觉识别的单车人工智能，对车辆硬件及配套场景要求高，考虑到成本及适用条件，以及特斯拉依托自身不断增长的汽车存量，在数据采集与技术迭代上的便利，特斯拉 FSD 可能更具发展优势。

3. 国内国际，隐忧已现

从全球整体看，汽车产业的转型还在进行中，燃油车与新能源汽车的竞争结果及市场格局尚未明确，受制于三电等关键技术水平及充换电基础设施不足，目前新能源汽车在场景适应性、使用便捷性、产品安全性等方面与燃油车存在差距，如果仅靠市场机制，新能源汽车短期内无法取代燃油车。以 2023 年全球汽车销售为例，在全球近 9000 万辆的汽车销量中，传统燃油车仍占比近 80%，全球车企的销量冠军是丰田，尽管其在纯电动汽车上的销量占比一直低于 1%，但丰田仍以全球销量超 1123 万辆，同比增 7.2% 的成绩，连续第四年保持全球车企第一。且虽然全球普遍认同新能源汽车取代燃油车是汽车产业未来发展的趋势，但各国及主要车企对于"何时取代""取代多少"等问题上有不同的认识，出于自身经济利益及战略竞争需要在"由谁取代"问题上更是会有激烈的较量。

从国内视角看，我国一直以来积极推进燃油车向新能源汽车转型，2023年我国新能源汽车销量占全球比重超五成，充分显示了我国在全球新能源汽车市场中的重要地位。但国内新能源汽车市场一方面在加剧"内卷"，另一方面"内卷"质量却不高。在加剧"内卷"方面，新能源汽车与燃油车、不同品牌新能源汽车、不同驱动形式新能源汽车等市场竞争日益激烈，同时各地为赢得汽车产业的发展优势区域间竞争也在加剧，"内卷"的背后不仅导致大部分新能源汽车厂商无法盈利，也出现产能过剩问题。在"内卷"质量方面，以油电混动、电池容量提升代替三电等关键性能提升，以座舱人机交互优化、服务功能丰富代替自动驾驶等关键技术提升，从而导致虽然国内汽车市场很"内卷"，但市场上缺少关键性的产品差异，未来汽车产业如在三电及自动驾驶领域实现重大突破，现有过渡性产品的技术及市场优势将不复存在。目前特斯拉全自动驾驶FSD软件V12版本需要人工干预的频率已减少到上一版本的百分之一，丰田计划最早于2027年向市场投放配备"全固态电池"的纯电动汽车（EV）。

从国际视角看，汽车产业的转型尤其是绿色低碳领域的转型最早由欧美等发达国家推动，这些国家也最具备推广新能源汽车的基础，但目前这些国家正收紧对新能源汽车的扶持政策更强调本地生产，在推动燃油车向新能源汽车转型方面也有放缓迹象。在本地生产方面，欧盟计划于2027年前实施电动车本土化新规，要求进口欧洲的电动汽车成本的55%、电池组成本的70%需来自英国或欧盟，否则将加征10%关税；美国计划于2024年起对使用中国电池零部件的电动车不执行补贴，于2025年起对使用中国重要矿物的电动车不执行补贴。在放缓转型方面，欧盟计划修订《2035年欧洲新售燃油轿车和小货车零排放协议》，允许使用合成燃料的车型；英国在2022年3月将原本于2030年禁止新汽油和柴油车型的政策推迟五年。

三、上海汽车产业新型工业化转型的对策建议

新型工业化是加快形成产业新质生产力的主阵地，推进上海汽车产业新型工业化，不仅是构建上海"（2+2）+（3+6）+（4+5）"现代产业体系的重要一环，更是上海汽车产业加快构建新发展格局，实现产业高质量发展的内在要求，是上海汽车产业应对汽车产业变革的战略选择。为实现上海汽车产业新型工业化转型，建议基于上海汽车产业实

际，以产业链现代化、产业基础高级化及数字全球化为指引，从优化发展格局、强化技术研究、细化功能定位、深化跨界融合、转化产品思维等五个方面系统推进。

（一）用好三大引擎，优化发展格局

传统合资、新势力外资及自主品牌是上海汽车产业的三大引擎，目前以上汽大众、上汽通用为代表的传统合资车企正努力将燃油车优势转换到新能源汽车，以特斯拉为代表的新势力外资车企正积极抢占燃油车的市场份额，以上汽集团为代表的自主品牌正把握汽车产业转型契机赶超海外车企。为推动上海汽车产业的转型，建议围绕三大引擎优化政策支持，打造"产业结构合理，传统新兴融合，整零协同共进，国内海外兼顾"的产业发展格局。

对传统合资车企重点把握"稳"，留住传统合资车企及其供应商在上海推进新能源汽车转型，稳妥用好传统合资车企富余产能转海外出口或提供代工服务。对新势力外资车企重点把握"引"，借助新势力外资车企吸引其上下游供应商布局上海，将本土供应进一步转化为上海供应，打造上海汽车产业新集群，加强人才与资本在上海集聚。对自主品牌车企重点把握"合"，上海自主品牌车企的市场集中度高，应在做好车型及品牌区隔的同时，强化资源整合，尤其是加强对车辆数据的汇集与共享。目前特斯拉已构建起自己的车辆数据库有力地支持了自动驾驶研发，华为也正在联合多家车企构建车辆数据库以提升智能座舱与自动驾驶研制能力。

（二）聚焦关键领域，强化技术研究

汽车智能网联与节能低碳的实现依赖于汽车产业在汽车电子、车联网、自动驾驶、三电系统、汽车轻量化等方面的技术能力，而这些技术能力的背后，是汽车产业在关键技术软件和硬件两方面的突破，其中软件方面以操作系统和算法模型为代表，硬件方面以汽车芯片和先进材料为代表。为推动上海汽车产业的转型，建议聚焦关键领域与核心环节，精准化专项扶持政策，以重点任务揭榜挂帅、链主链长制等方式强化技术研究，鼓励企业构建关键性产品优势，积极应对突破性技术挑战。

在操作系统方面，聚焦嵌入式软件体系结构、轻量级高安全实时网络协议栈等关键技术研究，打造具有安全可靠、实时性高、可移植拓展的车载操作系统，鼓励推动东软睿驰、普华基础软件等加强基础研究。在算法模型方面，聚焦感知、预测、规划及控制

等主要使用场景，加强在数据挖掘、模型构建、模型训练等关键领域研究，鼓励推动零束科技、商汤绝影等优化场景算法。在汽车芯片方面，聚焦分析运算、功率转换、环境感知等三大功能实现，加强在汽车逻辑芯片、功率芯片及传感芯片上的研制能力，鼓励推动复旦微电子、华大半导体等提升产品性能。在先进材料方面，聚焦汽车轻量化、再生可降解、车规级半导体及新型动力电池等汽车新材料主要应用方向，加强在基础科学、生产工艺、成果转化等方面的研究，鼓励推动宝武碳业、杉杉锂电等加快量产实现。

（三）围绕要素革新，细化功能定位

生产要素内涵和外延需要与时俱进，在当前数字经济快速发展之下，数据、通信、算力等新生产要素应运而生，在推进上海汽车产业的转型过程中，应重视生产要素革新对上海汽车产业的发展影响，满足上海汽车产业对新生产要素的使用与管理需求。为积极应对新一轮产业变革下生产要素革新的现状，更好实现上海汽车产业的转型，建议从上海汽车产业的整体定位出发，实现从传统要素向新兴要素延伸，从要素使用向要素控制转变，细化上海汽车产业功能定位，打造上海汽车产业新标签。

上海是土地资源少、商务成本高的城市，也是人才资源优、科技创新强、资本集聚多的城市，应结合上海的资源禀赋扬长避短。在产业选择上，上海应聚焦汽车产业链价值链的高端部分，发展具有附加值高、科技含量高、社会责任高的高阶产业，高阶产业不仅包括新兴与未来产业，也包括在传统产业上的做深和做精；在生产要素上，上海要加强对数据、算力等新生产要素的使用，积极探索包括自动驾驶趋动下汽车产业的产品、功能、模块及系统革新，并基于上海自身优势实现对区域间新生产要素的优化配置，提升新生产要素的体量影响、质效能级、配置调度、统筹协调等综合把控能力，充分助力上海以新生产要素释放新质生产力，引领产业创新和变革，如打造区域乃至全国的汽车数据交易中心、汽车算力交易中心等，摆脱同质化竞争桎梏。

（四）拓展应用场景，深化跨界融合

后市场服务是汽车产业的重要一环，在发达国家成熟的汽车产业链中，后市场服务产值占比能超过汽车产业总产值的50%，而目前我国后市场服务产值占比在10%左右，从产值构成上看汽车维修及保养约占其中的近七成。随着汽车产业的转型，新兴产业不仅进一步丰富了后市场服务的应用场景，也开始对整个汽车产业链进行赋能，如元宇宙

在汽车设计环节、新一代通信在汽车制造环节及数字经济在汽车流通环节的应用等，为提升上海汽车产业的发展空间，建议围绕汽车产业链积极拓展新应用场景，深化不同产业的跨界融合，构建"制造＋服务"汽车产业发展双引擎。

为实现新兴产业与汽车产业的深度融合，建议做好以下两方面工作，一是加强新兴产业对汽车产业理解，汽车产业作为已发展百年的传统产业，在产品设计、质量控制、供应链管理等方面有其规范要求，应推动新兴产业及其所代表的非传统汽车供应商加强对汽车产业相关标准及规范的认识，以实现更有效和精准的赋能。二是紧扣汽车产业转型目标开展融合，围绕智能与节能两大核心转型目标，以满足用户需求与促进产业发展为导向，用好汽车产业强大的链接能力，实现应用场景的快速迭代与推广，其中在智能方面以打造汽车成为移动智能终端为重点，在节能方面以实现全产业链的绿色低碳为重点。

（五）注重品牌建设，转化产品思维

汽车作为耐用消费品，具有显著的品牌效应，以 2023 年全球汽车出口额为例，尽管德国汽车出口量仅排世界第三，但德国汽车出口金额却是世界第一，且几乎是我国汽车出口金额的两倍，这背后是以奔驰、宝马为代表的德国汽车高端品牌所具有的高额品牌溢价。品牌建设对于上海汽车产业的转型具有重要意义，为提升上海汽车产业的品牌价值，建议在现有品牌建设支持政策下出台针对汽车品牌建设的专项政策，鼓励上海汽车品牌参与国内外市场竞争并提供具体配套支持，推动上海车企系统性开展品牌建设，从产品思维转向品牌思维，在品牌建设上修好内功练好外功，打响具有市场影响力的上海汽车品牌。

在修内功方面，注重提升产品质量、技术能力及服务水平，打造规范科学的集汽车产品研发、生产、销售及服务体系，在三电系统、自动驾驶等核心技术领域形成产品优势，聚焦市场需求及产业痛点，不断加大优秀产品供给，以过硬的产品质量、优秀的产品性能、良好的产品服务等构建品牌发展基础。在练外功方面，注重提升品牌曝光度，在用好传统营销手段的同时，更广泛的采用联合 IP、品牌人格化等新形式做好品牌宣传推广，讲好品牌故事，强化市场调研与市场数据分析能力，形成科学合理的车型定价机制，实现有效的车型差异化定位和价格梯度，积极抢占有利市场位置。

（王呵成）

推动独角兽企业成长壮大构筑新动能

独角兽企业作为产业新业态升级的引领者，具有创新性强、成长性好、资本认可度高等特征，是新经济发展的"风向标"。本文根据《高成长企业分类导引》（GB/T 41464-2022）定义独角兽企业[①]，结合长城战略咨询发布的中国独角兽企业名单（2019—2023 年），分析过去五年上海市独角兽企业的发展和演化趋势，并提出独角兽企业培育建议。

独角兽是衡量地区创新能力和创新创业生态的重要指标，《上海市推动制造业高质量发展三年行动计划（2023—2025 年）》提出要滚动培育一批"独角兽""瞪羚"等科技型企业。根据长城战略咨询发布的《中国独角兽企业研究报告 2023》，截至 2022 年底，上海市独角兽企业达 63 家，占全国独角兽企业数量的 17.65%，全国位列第二位，仅次于北京（76 家）。独角兽企业总估值达 1376.8 亿美元，平均估值约 21.9 亿美元，其中小红书为超级独角兽，2022 年估值为 200 亿美元。总体而言，2022 年全球独角兽企

[①] 独角兽企业标准：1. 成立年限不超过 10 年；2. 获得过专业投资机构的私募投资，且尚未上市；3. 最近一轮融资的投后估值超过（含）10 亿美元。

业增速明显放缓，新晋独角兽企业 315 家，其中美国 157 家（占比 49.8%），中国 76 家（占比 24.1%），印度 16 家（占比 5.1%）。

表 1　2018—2022 上海市独角兽企业概况

年度	2018	2019	2020	2021	2022
总数（家）	38	36	44	60	63
占全国独角兽企业比重	18.81%	16.51%	19.91%	18.99%	17.65%
当年新晋数（家）	—	6	15	31	16
上市数量（家）	—	3	4	9	8
总估值（亿美元）	845.9	792.5	1029.6	1458.8	1376.8
平均估值（亿美元）	22.3	22.0	23.4	24.3	21.9

一、上海市独角兽企业的发展情况分析

（一）近五年上海市独角兽企业数量持续增长

2018—2022 年上海市独角兽企业数量总体呈上升趋势，年均增长率约 14.58%（图 1），其中 2021 年增速最大（36.36%），新增独角兽企业 31 家，占 2021 年独角兽企业总数的 51.67%。受乌克兰危机、经济下行等大环境影响，2022 年资本市场进入寒冬，独角兽企业数量的增速明显下滑，同比仅增长 5%。其中 2022 年存量独角兽企业[①]因独角兽企业超龄（成立超 10 年）、估值下跌（不满 10 亿美元）等原因除名 13 家，新晋独角

图 1　上海市 2018—2022 年独角兽数量增长

---

① 年度存量独角兽企业与年度新晋独角兽数量之和为当年度独角兽企业数量总和。

兽企业数量 16 家，降幅达 48.38%。过去 4 年，在沪独角兽企业累计上市 24 家，平均每年上市独角兽企业数量约为当年度独角兽企业总量的 11.82%，上市培育进展良好。

（二）三大核心产业成为独角兽企业增长最快领域

上海市独角兽企业科技属性强，从 2022 年数据来看，主要分布在软件、人工智能、集成电路、生物医药、产业互联网、机器人等领域（图 2），其中软件领域独角兽企业 15 家，占全市总数的 23.81%，估值占比 34.11%，累计上市企业 2 家，为上海市独角兽企业传统优势领域；三大核心产业独角兽数量增速最大，独角兽企业共 27 家，占全市总数的 42.86%，与上海市现代化产业体系规划高度匹配。其中，集成电路领域增长最快，独角兽企业首次出现在 2020 年，到 2022 年已增至 9 家，占全市总数 14.29%，年均增速 56.25%，5 年内累计上市企业 2 家；人工智能领域次之，独角兽企业 10 家，占全市总数 15.87%，年均增速 52.08%，暂无企业上市；生物医药领域位列第三，独角兽企业 8 家，占全市总数 12.7%，年均增速 24.4%，5 年内累计上市企业 9 家，独角兽培育生态成熟度最高。

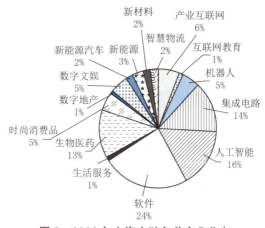

图 2　2022 年上海市独角兽企业分布

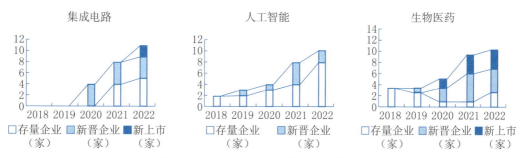

图 3　三大核心产业独角兽企业发展情况

（三）行业内独角兽企业呈现地域聚集性

从空间格局上看，上海独角兽企业呈现地域聚集性，2022年独角兽企业数量前五的行政区域分别为浦东新区（19家）、闵行区（10家）、杨浦区（8家）、徐汇区（7家）、嘉定区（5家）。过去五年，浦东新区独角兽企业培育增长最快，年均增长38.36%；闵行次之，年均增长32.5%。

从各区行业分布来看，浦东新区以生物医药、集成电路、人工智能为主，企业数量最多，增速最大，上市企业最多；闵行区聚焦机器人、集成电路；杨浦区向三大核心产业聚集；徐汇区以数字经济为主，向人工智能、医疗服务聚焦；嘉定区聚焦汽车行业，包括新能源整车制造，自动驾驶、智能出行等。

二、上海市独角兽企业培育面临的挑战

（一）市级独角兽企业专项培育政策尚未出台

独角兽企业作为创业期企业，仍需当地政府通过建立完善的全链条培育机制和生态予以挖掘、培育，北京、深圳、成都等独角兽聚集地区自2016年起相继开展独角兽专项培育工作。例如，北京成立独角兽服务联盟，并于2020年12月发布《中关村国家自主创新示范区独角兽企业服务行动工作方案》、2023年9月发布《关于进一步培育和服务独角兽企业的若干措施》，从主动挖掘培育独角兽企业、开展独角兽企业战略级创新服务、精准支持企业创新发展、探索营造包容审慎的监管环境等四方面支持北京独角兽企业发展，企业最高可获亿元资金支持；《深圳市培育独角兽企业行动方案》出台，设立深圳市独角兽企业培育发展子基金；成都设立全国首家新经济促进机构——新经济发展委员会，发布《关于支撑新经济企业入驻独角兽岛的若干政策》。

2023年2月份，《上海市重点服务独角兽及潜力企业发展报告2023》公布上海市重点服务独角兽及独角兽潜力企业名单，发布独角兽（潜力）企业相应的培育和服务计划，独角兽企业培育机制初现端倪，但跟兄弟城市相比，精准性、包容性政策还有待丰富，相关独角兽企业专项培育政策有待补充。

（二）城市间独角兽企业培育竞争加剧

研究表明，企业集聚有利于在特定区域形成市场和社会关系网络，对降低创新风险、缩短创新周期和加速创新成果扩散有积极影响，独角兽尤其是高科技属性独角兽在空间分

布上呈现明显"逐科创资源而居"的趋势。结合表 1 中 2018—2022 年上海市独角兽企业占全国比重数据，上海独角兽企业数量占全国比重在 18% 上下浮动并呈下降趋势，可见上海市独角兽企业增长放缓并低于全国平均水平。同时，自 2020 年起，深圳、广州、苏州等城市发力独角兽企业培育，企业数量增长迅速，企业群落已具备相当规模，独角兽企业的集聚将助力该区域科创资源能级提升，进一步促进未来独角兽企业的萌发。以深圳为例，深圳独角兽企业数量年均增速 34%，2022 年独角兽企业总数 36 家，位列全国第三，当年新晋独角兽数量 14 家（上海 16 家），和上海培育潜在独角兽企业形成正面竞争。

（三）行业领域间新晋独角兽企业数量差距大

近三年，上海市新晋独角兽企业主要分布在人工智能、集成电路、生物医药、软件领域，先进材料、高端装备等重点产业领域内独角兽企业较为少见。其中，商业航天领域新晋独角兽企业主要集中在北京；新材料领域新晋独角兽企业分布在合肥、深圳。四大新赛道产业中，区块链独角兽企业出现在杭州，VR/AR 独角兽企业出现在杭州、深圳，3D 打印独角兽企业出现在广州。

三、进一步加强独角兽企业培育工作的建议

（一）加快独角兽企业发展的顶层设计和整体谋划，探索新经济制度与治理模式创新

聚焦（2+2）+（3+6）+（4+5）现代化产业体系，以三大核心产业为模板，结合上海市重点企业培育扶持等相关工作，研究制定独角兽企业发展的专项行动方案，建立"潜在独角兽—种子独角兽—独角兽"独角兽企业梯队分层培育体系。持续创新新经济制度，发起未来产业领域独角兽、准独角兽企业跨产业融合大调研，以此建立包容创新、混业监管的创新型审慎监管制度，为独角兽企业提供"试错空间"。从主动发现、系统培育、精准施策、规范发展四个维度制定全链条政策，从空间、时间、资金、人才等角度切实满足独角兽企业发展需求。

（二）谋划成立"上海市新物种培育基地"，试点"教授 + 国资引导基金"投资模式

以政府要素（特色产业园区）、智力要素（知名院校）、集聚要素（平台企业）、资

金要素（金融机构）为独角兽企业吸引力模型，搭建在沪独角兽及潜在独角兽企业和政府、高校、投资机构、产业龙头企业的交流平台。以上海市新物种培育基地为试点，充分利用上海交通大学、复旦大学等入选"全球前2%顶尖科学家榜单"的教授资源，在高精尖领域鼓励有创业成功经历、丰富项目带教经验、熟悉科技成果转化的教授与国资背景投资机构合作成立科学家基金，孵化培育科技独角兽和准独角兽企业。

（三）鼓励各区特色产业园区开展独角兽企业培育工作，建议独角兽企业数量弱势区域错位发展

鼓励各区特色产业园区积极探索与社会机构的合作模式，建议奉贤、青浦、金山、崇明等独角兽企业培育弱势区域错位发展，聚焦发力先进材料、高端装备、元宇宙等赛道。开展以独角兽企业为核心的新物种企业培育，根据"哪吒—瞪羚—潜在独角兽—种子独角兽—独角兽"企业分类制定培育计划，以《中国潜在独角兽企业研究报告2023》中113家上海市潜在独角兽企业为企业库开展企业服务包工作，护航初创、小规模企业发展。

（冯森裕）

参考文献：

【1】长城战略咨询：《中国独角兽企业研究报告2023》，http：//www.gei.com.cn/yjcg/8726.jhtml。

【2】长城战略咨询：《中国独角兽企业研究报告2022》，http：//www.gei.com.cn/yjcg/8638.jhtml。

【3】长城战略咨询：《中国独角兽企业研究报告2021》，https：//mp.weixin.qq.com/s/GTgWLDyERPwTn8KZ1447TA。

【4】长城战略咨询：《2019年中国独角兽企业研究报告》，https：//mp.weixin.qq.com/s/LZktG7qpstWi4ur3eqJdaA。

【5】长城战略咨询：《2018年中国独角兽企业研究报告》，https：//mp.weixin.qq.com/s/MDrEhxDSbCc0T-UhxKM47g。

【6】吕波、漆萌、葛鑫月：《独角兽企业创新能力与区域创新生态系统耦合机制研究》，载《科技管理研究》2023年第3期。

推进民营企业创新发展激发新动能

　　民营企业是上海科技创新的重要主体，上海市 80% 以上的高新技术企业、90% 以上的科技型中小企业都是民营企业。面对全球科技竞争加剧、国际供应链重构等因素影响，民营企业创新协作环境和创新活力遭遇挑战。本文通过问卷调查（针对拥有企业技术中心、专精特新企业进行样本调查，回收 687 份问卷）、企业座谈和部门访谈，梳理民营企业创新取得成效与不足，剖析上海民营企业创新活力面临的问题瓶颈，提出科学家敢干、资本敢投、企业敢闯、政府敢支持的创新资源优化配置方式。通过激发各类社会创新要素向高风险创新领域进军，进一步发挥民营企业创新的增量器作用，加快形成新质生产力，推动民营经济高质量发展。

一、上海民营企业创新成效与不足

　　从企业取得的创新成效来看，上海民营企业在硬核科技领域焕发创新活力。胡润研究院《2023 年全球独角兽榜》中，上海以 66 家位列全球第四（旧金山湾区 181 家位居第一、纽约 126 家排名第二、北京 79 家位列第三），除国科量子外均为民营企业，人工智能、集成电路、生物医药、机器人等硬核科技领域独角兽不断涌现。形成一批特色民营企业创新集聚区。例如，以在线新经济为主导的张江在线、长阳秀带集聚美团点评、哔哩哔哩、字节跳动、叮咚买菜等一批新生代互联网民企总部；以优质数字化平台企业为特色的虹桥临空数字经济产业园集聚携程、爱奇艺、亦非云等一批行业内的民营龙头企业；市北数智生态园则集聚了博尔捷数字科技、锦砺信息科技、琛全景数字科技等民营中小信息科技服务企业。

但上海民营企业创新也存在一些不足。一是创新引领能力不强，缺乏领航型、旗舰型的龙头企业。上海企业未入围全球前 10 独角兽；全球前 50 独角兽企业（估值超 100 亿美元的超级独角兽）中，共 17 家中国企业，其中北京 4 家，深圳 3 家，上海仅有 2 家。二是大型民营企业研发投入不足。全国工商联《2022 研发投入前 1000 家民营企业创新状况报告》中，上海入围民企的研发人员数量只有北京的 23%，研发费用只有北京的 20%，研发投入远低于北京（主要原因是上海大型民企集中在传统产业）。三是创新型企业中民企地位不够突出。上海科创板企业中，民营企业数量占 69%，低于全国 82% 的平均水平，也低于北京（86%）、深圳（88%）和苏州（90%）的水平。

二、上海民营企业创新面临的问题瓶颈

（一）创新全过程面临共性问题

一是创新资源配置和市场准入需要进一步突破。创新资源配置大量集中在高校、科研院所，面向企业特别是民营企业开放的项目资源有限。同时，受资源禀赋和产权性质限制，民营企业面临市场进入的壁垒较高。二是创新人才供给和政策支持需要进一步聚焦。民营企业最缺乏技术与管理能力兼具的复合型高层次人才以及专业技术人才，而现有人才政策偏泛化，缺乏对重点行业细分领域人才给予突出的倾斜，这些人才面临外省市"抢人"的诱惑。三是创新服务支持需要进一步集成和精准化高效对接。企业最关注的是创新服务政策实施覆盖面、申请流程简单明了，在调查受访企业中 84% 的企业希望政府为其量身定制"服务包"。

（二）应用基础研究阶段面临问题

一是支撑开展应用基础研究的资源条件不够。民企往往因身份属性或先天条件，面

临相关资源要素困境。例如民企对于临床前研究资源、医疗数据共享与开放应用等关键创新要素的获取能力受限。二是通过产学研合作开展应用基础研究路径不畅。企业与高校院所对接机制不畅，问卷调查显示，47% 的高成长性企业认为信息不对称、缺乏合作机会是制约产学研合作的主要因素。企业在已有产学研合作项目中主动权小，例如有企业反映现有产学研项目主要由高校牵头展开，高校和企业的利益诉求不同，研究过程中易产生分歧。高校研发成果与市场需求存在差距，有企业反映由于高校的前端技术积累不够、成果技术成熟度不高，合作达不到预期要求。

（三）开发试验阶段面临问题

一是研发支持力度有待提高。开发试验阶段需要快速、大量的研发投入，但企业反映目前政府对研发支持力度不够，问卷调查显示，95% 的高成长性企业希望得到研发投入补助。例如有企业反映现有政策侧重于对资产投入进行补贴，对研发投入的补贴力度较小，希望能增加针对轻资产企业的研发补贴。二是研发费用加计扣除政策针对新研发模式的适应性机制有待优化。当前企业在开发试验阶段呈现出一些研发与制造环节分置的新形式，而研发费用加计扣除等政策对此类情况还未进行适应性调整优化，导致自主研发但委外生产的企业无法享受政策。三是开发试验所需创新平台建设不足。17% 的中小型企业认为缺少技术创新服务平台是制约企业创新的主要因素。例如有企业反映所在细分行业（电线电缆）只有一些规模较小的研发服务机构，缺乏权威性的共性技术研发平台，一定程度上制约了行业技术创新。四是技术成果转让的支持政策需要突破。83% 的高成长性企业希望获得科技成果转移方面的资金补贴。与北京中关村特定园区相关政策相比，上海在技术转让企业所得税支持方面还有待加强。五是开发实验阶段风险资本支持不足。民营企业在开发试验阶段对风险资本支持的需求更强，但目前风险投资、各类投资基金与资本市场支持比重有待提高。

（四）应用推广阶段面临问题

一是企业参与应用场景建设的迫切需求还未能充分满足。问卷显示，63% 的民营企业希望加大场景开放力度。如有企业反映其先进储能技术的示范应用场景主要在外地，希望上海对民企参与应用场景示范给予更多支持。二是创新产品应用推广需要加强支持。相较于国企，民营企业难以在"揭榜挂帅"中独立取得项目推广主导权，在取信市场、进入供应链体系等方面也存在较大难度。如有企业反映新增医疗服务项目（创新医疗技术）从申请到完成医保准入的周期长，影响广泛应用。

三、上海进一步激发民营企业创新活力的建议

（一）营造激发创新良好环境

1. 推进深层改革，营造鼓励创新良好环境

强化由市场配置创新资源的创新环境。加强重要政策及资源要素配置中的公平竞争审查，建立主要由市场决定的技术创新项目、资金分配、过程监理、成果评价的运行机制。突破新兴领域的市场准入壁垒。兼顾包容与约束，建立适应更加具有前沿跃进创新特征的柔性监管机制。例如，进一步取消对数字经济造成不必要干预的审批环节，推动"一照多址"登记改革落实落地。

2. 注重培育宣传，激发和弘扬企业创新精神

构建"亲""清"的新型政商关系，以市场化、法治化、国际化的营商环境，充分调动企业家的积极性和创造性。着力培育一批懂科技、懂资本、懂市场、懂金融的"四懂"战略企业家。鼓励和支持企业家推动创新，聚焦科技自立自强和产业链自主可控，让一批技术精湛、具有职业精神和家国情怀的奋斗者脱颖而出。探索设立民营企业创新百人榜单，加强对民营企业科技创新典型案例经验的总结与宣传。

3. 强化精准施策，加大创新人才培育力度

研究出台针对性强的重点行业细分领域创新人才政策，提高重点产业领域人才专项奖励资助力度，赋予企业对专项奖励资金的分配权。进一步发挥产学研融合对产业人才培育的作用。推动企业、科研机构与高校合作，培育专业技术人才。引导更多的科学家、技术领军人才在民企设立创新实验室、科研工作站等。

4. 加强服务保障，探索建立企业综合服务包

建立重点企业专项服务机制。探索建立动态的民营培育型龙头企业和高增长企业"白名单"，构建企业服务专员机制并量身定制诉求解决方案。推动从个性问题解决迈向必要的普惠机制建设。政府各部门间建立高效协同机制，以个别困难化解促进共性问题解决，逐步推动将个性化政策转化为普惠性政策。强化创新政策集成，组织战新重大项目、产业高质量专项、产业人才、知识产权和标准等政策集中宣讲，提高政策享受的覆盖面。

（二）鼓励开展应用基础研究

1. 支持有条件的企业开展应用基础研究

支持有条件的大型民营企业开展基础研究和关键核心技术攻关。建议研究出台支持民营企业参与重大科技创新的政策，积极引导支持民营企业围绕国家战略和上海市需要开展重大技术创新项目，在市级重点研发计划、科技成果转化等项目中设定由民营企业参与组织实施的一定比例。

2. 完善创新研发平台建设

支持参与重点科研平台建设。支持民营企业参与国家级和市级重点科研平台建设，打造"产学研用"深度融合的高端协同创新平台，促进形成内生驱动力、核心竞争力、先进生产力。搭建重点产业关键技术研发所需的共性服务平台，例如，建议由相关行业主管部门牵头，建立人工智能药物研发所需的医院临床数据平台，加快创新药研发。

3. 加强产学研深度合作

设立创新需求直通解决机制。建议设立"创新需求直通车"等机制，定期为民营企业梳理诉求、推荐创新资源。对于有条件的民营企业，联合行业上下游、产学研科研力量组建创新联合体进行"揭榜攻关"予以更大力度倾斜支持，同时建立有效的激励约束机制。

（三）加强开发试验阶段支持

1. 分类施策，加大创新资金支持

建议研究制定民营企业开发试验的专项支持计划，在市级科技创新专项资金中划出一部分比例支持民营企业创新。根据企业不同的成长阶段及形态分类施策。对于初创期创新能力较强的中小民营企业，更多地以普惠性的方式支持其开展关键技术创新、开发试验。对于高成长性企业，采取后补助资金支持。对于前沿企业，采取"事前补助＋股权投资"方式给予支持。根据企业创新涉及不同领域特征分类施策。对具有大潜力但高风险的领域创新，探索设立专门基金，建立基金投入容错机制，允许一定比例的失败。对具有大潜力但长周期的领域创新，设计创新机制吸引耐心资本投资。对急迫突破"卡脖子"、参加全球竞争的关键领域，更大幅度提升政府专项资金的支持规模和力度。根据不同需求强化政府资金及国有资本的多元引导力量。针对早、小、硬核、市场相对失灵等方面，变"锦上添花"为"雪中送炭"，充分发挥政府资金先期投入、带动社会资本积极跟进的作用。针对国有主体占重要地位的产业链内创新活动，探索优化投资考核机制，支持国有资本投向链上开展技术创新活动的中小民营企业，并适行更加包容简捷高效的监管机制。

2. 探索突破，着力降低企业创新成本

完善研发费用加计扣除政策，优化认定模式，适当扩大加计扣除政策适用范围，例如，扩展至将生产环节委托给其他企业、待生产完成将其购入再销售的创新型企业；提高研发费用加计扣除比例，建议在现有研发费用加计扣除 100% 的基础上进一步提高比例。提高技术转让所得税起征标准，借鉴北京经验，积极争取国家支持，在张江国家自主创新示范区内率先将技术转让企业所得税起征点由 500 万元提升至 2000 万元，并逐步向全市推广。

3. 应开尽开，完善创新转化设施

促进创新基础设施开放共享。完善考核与激励机制，以约定性、强制性方式，推进高校、科研院所等机构重点实验室、大型科学仪器、概念验证中心、公共测试平台、中试基地等创新基础设施进一步向民营企业开放。完善企业孵化转化体系。按照"一平台一方案"的方式，支持部分民营企业建设专业化、品牌化、国际化的概念验证中心。

（四）加大创新产品推广应用

1. 放宽准入门槛，鼓励创新产品推广应用

放宽创新技术产业化的市场准入门槛。支持关键领域"补短板"、填补国内（国际）空白、技术水平国内（国际）首创的技术产品应用。鼓励上海市国有企业、事业单位在同等条件下，优先采用纳入国家和上海市重点目录的创新产品。探索建立创新型技术应用审批快速通道。如建立新增医疗服务项目入院医保审批快速通道，缩短审批周期。

2. 支持场景驱动，加大应用场景开放力度

定期发布应用场景项目清单，支持民营企业参与人工智能、元宇宙、前沿材料、5G等新产品、新技术在进口博览会、数字化转型示范区、东方枢纽、洋山港码头等国家和上海市具有引领性、示范性重大应用场景的建设和应用。在场景建设中加大对上海市属地化关键领域技术产品的支持。探索建立关键技术及产品创新突破与应用鼓励及奖励机制。扩大"三首"政策支持范围及力度，鼓励支持更多民企在重大装备、核心零部件、

基础材料、关键技术等方面开展创新突破。如扩大首台套保险目录范围、加强首台套支持力度等。

3. 探索国民融合创新，助力民企融入创新生态圈

推进上海市国有企业协同民企打造联合创新机制。以国企创新成效考核为牵引，推进其积极纳入民企力量，围绕产业链构建相互补充、相互促进的联合创新机制。推进国有企业向民企开放自己所掌握的交通、港口、电力、通信、能源等方面应用场景，以合作的方式实现场景方面的创新，共同打造场景技术解决方案（支持开放创新的成效可列入国有企业业绩）。

（高世超　高文迪）

参考文献：

【1】张通社：《总估值超10000亿，上海最强独角兽榜单来袭！》，https：//www.zhangtongshe.com/article.html?id=9427（"张通社"官网，发表时间：2023.04.23）。

【2】郭晋晖：《千家头部民企研发总费用超万亿，广东浙江北京居前三》，https：//www.yicai.com/news/101531757.html（"第一财经"官网，发表时间：2022.09.08）。

【3】诸竹君、袁逸铭：《民营经济助力中国高质量发展》，https：//www.cssn.cn/skyl/skyl_skyl/202308/t20230814_5678636.shtml（"中国社会科学网"，发表时间：2023.08.14）。

推动长三角产业联盟高质量发展

      产业联盟能够通过合作研发、制定标准、完善产业链协作、共同开发市场等，解决一国或一地区产业发展中的外部性等市场失灵问题，进而提高一国或地区特定产业的整体竞争力。从实践来看，无论是倡导"自由经济"的美国，还是相比之下对产业干预程度较高的日本，都在积极推动产业联盟建设，以抢占高新技术制高点，重塑本国的优势产业。本文通过参鉴全球产业联盟的发展经验，为推动长三角产业联盟建设中理顺政府市场关系、明确政府角色定位等诸多方面提供启示。

      产业联盟[①]是介于企业和市场之间的整合创新资源的新型产业组织形式，20 世纪 70 年代末作为产业联盟的形式之一的"数控加工中心"联盟开始在美国、欧洲、日本等发达国家和地区蓬勃发展。据资料显示，自 1985 年以来，产业联盟组织的年增长率高

[①]　产业联盟（Industry Alliance）是指为确保和打造合作各方的市场优势，寻求新的技术、规模、标准、机能或定位，应对共同的竞争者或将业务推向新领域等目的，企业间结成的互相协作和资源整合的一种合作模式。

达 25%。2002 年，中国第一个产业联盟"TD 产业联盟"在北京中关村诞生。10 余年间，产业联盟呈现出发展速度快、影响力强、类型多样、聚焦战略性新兴产业等特点。产业联盟的优势在于可以吸纳和集聚国内（区域）外创新资源，搭建公共服务平台，解决企业遇到的共性问题，最大程度降低企业的创新成本。我国现处于工业化中期向后期的过渡阶段，从产业链低端向中高端的跨越尚未完成，亟须构建一批重点领域的高层次区域产业链联盟，协同突破产业发展的基础性、关键性、战略性技术瓶颈，推动创新链、产业链、资金链、人才链深度融合，加快运行和分工体系迭代升级，加快形成区域产业高质量发展的利益共同体。

一、发达国家的产业（链）联盟与产业创新趋势高度契合

一是"基于研发合作的战略产业联盟"，主要通过促进产学研用紧密合作，开展基础性和应用性研发。此类产业联盟开发的技术主要瞄准事关产业竞争力提升的关键核心技术，能起到国家（科研机构）作为重大产业计划的实施主体支撑作用，其倾向于业界的基础性技术研发，这主要是因为联盟成员包含竞争性的企业，把研究重点放在不易改变彼此竞争地位的产前竞争阶段的基础性研究，可以有效降低企业对保持竞争优势技术外流的担心。在这一方面，比较典型的案例是美国量子经济发展联盟（Quantum Economic Development Consortium，QED-C），其是由发起主体按照《国家量子倡议法案》要求所建立，是一个囊括了全美主要量子科技公司、高校、科研机构和其他组织的大型产业联盟（见图 1），以增强政府在战略科技产业方面的非市场化控制力。虽然美国

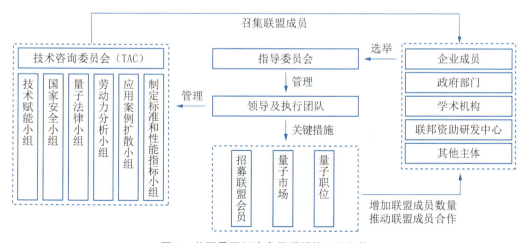

图 1 美国量子经济发展联盟的运行架构

非常强调市场竞争，并不遗余力地打击国内的垄断行为，但在战略新兴领域，特别是可能对美国的传统优势产业构成严重挑战的产业领域（如芯片制造、人工智能、量子科技等产业），却大力推动本国大型企业联合组建战略产业联盟，旨在加强经济和国家安全，促进共性技术的开发。1984年美国就颁布了《国家合作研究法案》，打破了《反垄断法》对战略产业联盟的限制，鼓励建立战略性技术研发联盟，并提供了公司企业开展合作、研究开发的法律保障，为战略产业联盟的发展奠定了基础。

二是"基于技术标准和产业链合作的产业联盟"，主要通过制定技术标准、延伸产业链等方式，抢占产业发展制高点。此类产业联盟的目标是为了协同解决联盟成员共同面临的产业发展方向或共性标准技术等瓶颈和难题。例如2021年，欧盟积极筹组半导体产业联盟，拟邀请意法半导体、恩智浦、英飞凌、ASML等企业加入，以减少对外国制造商的依赖，该联盟是基于共性技术开发和标准制定为协作纽带的创新性区域产业联盟。在德国拥有最大晶圆厂的格芯率先响应了联盟的号召，与欧盟内部市场委员的Thierry Breton团队及欧盟委员会、德国政府和整个欧洲其他主要公共机构保持密切联系。目前，欧盟筹组芯片联盟计划还在初期阶段，而且其完全不同于美国提出的芯片"四方联盟"，是非排他性的区域产业链联盟，包括英特尔在内的美国大厂都意欲加入该联盟。该联盟的设立可能涵盖一项名为"共同欧洲利益重要计划"（IPCEI）的泛欧洲计划，允许欧盟各国政府根据更宽松的国家援助规范出资，企业也可参与整个计划。

三是"基于市场合作的产业联盟"，主要通过搭建和运营公共服务平台，集聚成员单位的技术和产品，形成整体解决方案。此类产业联盟多由中小企业构成，发起的主要原因是单个企业没有能力独自承担周期长、投入高、风险大的产品开发或制造，为分摊风险，必须组建产业联盟，联合联盟成员共同进行研发或制造。例如，2021年，11家美国公司宣布已合作组建"氢未来"（Hydrogen Forward）联盟，其旨在推进美国的氢能发展，该联盟由液化空气集团、英美资源集团、布鲁姆能源公司（Bloom Energy）、CF实业控股（CF Industries）、查特工业（Chart Industries）、康明斯公司、现代、林德、迈克德莫特国际（McDermott）、壳牌和丰田等11家公司共同创建。该产业链联盟由基于共同经济利益的上下游企业，在市场驱动下，联合构建而成，致力于更加节能环保的氢能技术开发和应用，并使之成为美国新能源产业链的标杆。该联盟的发展目的是帮助"氢"产业链上的中小企业在各类减排环节中，实现脱碳目标，并降低其使用清洁能源或环保技术的成本和风险。包括航运和运输、发电、精炼、炼钢、化工生产、采矿、制造和其他行业。由于所有的"氢"都是在美国本土制造的，美国将收获氢能价值链的全部经济利益，包括就业机会和收入等。

二、发达国家的产业联盟发展基于政府和市场的双重作用

尽管西方发达国家在政府干预产业的手段、体制和法规等方面有所不同，但在促进产业联盟发展过程中，政府的角色定位却具有一些共性。

（一）政府不断完善促进区域新兴产业联盟发展的制度安排

在制度建设方面，以美国、日本、德国等为代表的发达国家政府主要在两个方面发挥作用。一方面是鼓励与规范并重，在激励共性技术创新活动和促进市场竞争之间寻求平衡，既鼓励企业和研究机构以联盟形式开展创新、提高资源配置效率和产业竞争力，又制定合作研发创新的法律规范，减少对市场竞争的负面影响。例如，欧盟"生物基产业联盟"在《地平线 2020》框架下运行，由战略创新和研究议程推动，该联盟是非盈利组织，其成员涵盖了整个基于生物领域的价值链，包括大工业、中小型企业、区域集群、大学、研究和技术中心、欧洲贸易协会和欧洲技术平台。欧盟生物基产业联盟的目标是确保和促进欧洲生物工业的技术和经济发展，是比较典型的政府主导区域战略产业联盟。在与公私伙伴利益攸关方广泛磋商的基础上，欧盟生物基产业联盟制定了《战略创新和研究议程》，其描述了欧洲发展可持续和有竞争力的生物产业主要需要克服的技术和创新挑战。另一方面是提高产业联盟研发的积极性和效率，推动产业联盟组织架构、参与成员、成果转化等方面构建一系列有利于产业联盟发展的政策、市场环境，减少产业联盟的经营成本，如日本在高性能碳纤维领域得以迅速发展，主要得益于政府政策的有力推动，更得益于其产业联盟模式和人才培养方式。日本不断放松高性能碳纤维等战略新兴产业联盟成立的条件，将产业联盟覆盖范围扩大到企业、大学、独立行政法人研究机构，并且还不断提升联盟组合的灵活性，推动产业联盟适应市场运营的需求。

（二）政府对产业联盟运作给予组织协调并提供公共研发服务

在产业联盟组建和运行过程中，政府主要起到组织协调和沟通作用，促进各方合作（见图 2）。一是找到保障国家利益、行业利益和企业利益的平衡点，来组织建立联

盟。为克服公共品供给难题，形成研发和产业合力，这些国家政府协调各方利益，借助政府公信力在相关成员之间建立互信关系、引导相关成员结盟。二是加强产业联盟成员的沟通和合作，将官产学研各方联系起来协同工作，保证产业联盟各成员能够相互理解和支持，促进产业技术创新联盟高效运行。例如，日本政府非常重视自动驾驶技术的发展，将自动驾驶技术纳入经济发展战略，并在政府机构引导下，形成了"自动驾驶产业联盟"，相对于谷歌等"单打独斗"的企业，该"联盟"将结束各个汽车制造商闭门造车的局面，形成发展合力，将极大促进日本自动驾驶技术的研发和自动驾驶产业的发展。2017年《官民ITS行动/路线计划》出台，促进产业和学界深度合作，迅速构建起符合时代发展要求的、与自动驾驶车辆的测试、安全条件、责任界定等相关的标准和制度，促进日本自动驾驶科研成果产业转化，因此，日本的自动驾驶在产业和学术研究间并不是泾渭分明的，其自动驾驶初创企业中有许多都是由官产学研共同孵化而来。

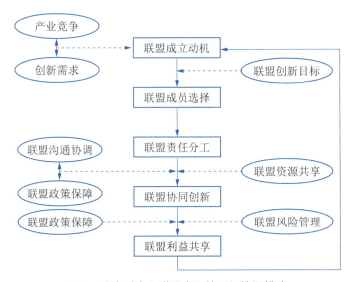

图2　政府对产业联盟发展的组织协调模式

政府对产业联盟的支持还体现在建立、开放基础设施研究机构，促进国家公共研究平台为产业联盟服务。这方面最为典型的是日本，日本政府不仅资助民间企业建立共用研究设施，还廉价开放国有试验研究设施供民间共性技术研发使用。例如，2018年日本宇航局（JAXA）和工业界共同组建的"电动飞行器产业联盟"，其由官方背景的"下一代航空技术创新中心"牵头，横跨政府、工业界和学术界构建起新兴技术—产业协作平台，在合力开发前沿的电动飞机技术的同时，为航空工业界的创新型企业提供孵化环境，刺激日本在全球下一代绿色航空市场上获取竞争优势。

（三）政府给予产业联盟财税政策性支持并对其进行发展评估

大多数建设产业联盟的国家都在一定程度上加大了对产业联盟的财税支持。日本产业联盟的研究经费，除部分由成员企业分摊外，主要来自政府的研究补助。例如，2019年开始日本就开始以财团产业联盟方式进行氢能产业培育，就算一直强调市场经济的美国也从未放松对产业联盟的财税支持，如美国政府通过大量的经费投入（特朗普时期曾签署 PNT 行政令，要求拨款数十亿美元用 PNT 系统替代 GPS，增强关键基础设施弹性），保证了如开放 PNT（定位、导航与授时）联盟等高新技术产业联盟的顺利运作，以支持国家重大基础设施产业的发展，该产业联盟是美国比较典型的旨在加强经济和国家安全而给予重点资金支持的高新技术产业联盟。对于民间单一企业难以承担的大型研发设施，日本政府也会出资建设或以国家补助、企业联合出资的方式兴建。此外，一些国家在给予产业联盟资金支持等基础上，还会监督产业联盟的运行状况，跟踪产业联盟对国家资金的使用情况，甚至对产业联盟的研发进度、联盟管理情况以及产业发展水平进行评估（见图 3）。例如，欧盟在 2022 年发起组建"欧洲太阳能光伏产业联盟"时，就对联盟的"战略工业行动计划的实施""管理会员资格""收集和传播市场情报"管理沟通以及运营联盟的"商业和投资平台"等方面发展提出了评估指标。并对该产业联盟制定了发展计划框架，如产业联盟运行偏离发展规划，将适度调整其资金投入和政策性支持，当其发展路线符合或超出规划预期，欧盟官方将为其提供更多的融资渠道和商业化途径，并且为验证光伏系统的新技术，营造产品创新生态而启动一个官方投资、产业联盟主导运营的研究院。

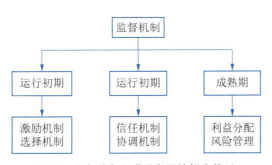

图 3 政府对产业联盟发展的督查体系

三、全球产业联盟对长三角产业联盟高质量发展的启示

（一）政府推动构建的高层次的产业联盟不仅将加快企业的技术进步，还提升区域产业链的整体竞争力

一是高层次的产业联盟都具有明确的目标。产业联盟是政府、企业、科研机构等组织和机构的联合体，产业联盟能够融合创新资源，跨越企业边界，接近、内化新技术和诀窍，利用规模经济和范围经济优势，与联盟伙伴分担创新风险，获得产业技术层面的创新突破。二是大多数高层次的产业联盟都建立了顺畅的利益分享机制，通过这一利益分享机制将联盟成员紧密联系起来，能够充分发挥出联盟企业的主观能动性和比较优势，推动新技术、新工艺的开发，并迅速打开新市场，快速提升产业链整体竞争力。三是在产业联盟建设中政府与企业的边界定位清晰，政府主要定位于营造产业联盟运行的制度环境，并适时在联盟发展初期适当引入财税政策支持、推动产业联盟的快速发起和运营，大大提升联盟的运行效率。

（二）对不同目标和处于不同阶段的产业联盟，采取不同的支持方式

政府要适当加大对产业联盟的支持力度，但针对联盟的不同特点和不同阶段，要采取不同的支持方式。从产业联盟目标来看，对于研发合作联盟，政府要采取资金支持、加大协调以及政策激励相结合的方式，既要在资金上支持联盟从事共性技术研发，也要促进联盟成员企业的沟通与合作，激励这些成员企业提高积极性和主动性；对于其他目标的产业联盟，如技术标准联盟和市场合作联盟等，政府则要在协调力度上加大对这些联盟的支持，例如可以通过官员挂职、人才交流等方式促进成员企业的沟通，形成有利于成员企业互信合作的联盟氛围。从产业联盟发展阶段来看，对于在产业联盟建立初期，采取资金支持和参与管理的方式，参与联盟的管理；联盟运行平稳后，政府通过政府采购和配套支持的方式，引导联盟对产业的共性技术进行研发；待联盟运行成熟后，政府退出参与，只在政策上加以引导，不断优化联盟发展的软硬环境。

（三）联盟目标选定要重在解决外部性等市场失灵问题

产业联盟能否聚合联盟成员企业，能否保持长期稳定发展，关键在于联盟选择的目标能否吸引成员企业，能否让联盟成员企业之间沟通合作，消除利益冲突。因此，产业

联盟选定的目标必须要明确，并通过选定目标将联盟成员企业紧密联系起来，吸引联盟成员增加投入，分享本企业的研究成果和其他资源。更为重要的是，联盟目标的选定一定要重在解决外部性等市场失灵问题，避开企业的个性发展战略，减少成员企业间的利益冲突，充分发挥政府在解决市场失灵方面的优势。为此，产业联盟选定的目标可以包括这几个方面：一是产业共性技术的研发，特别是要力争解决制约本国特定产业发展的核心技术和关键环节等产业共性问题；二是行业产品的标准构建和品质评级等，要为行业发展建立规则和制度；三是解决需要上下游企业等多个创新主体相关联创新行为的协调问题；四是联合多家企业和科研机构，推动高投入、长周期、高风险行业的研发和创新。

（吴寄志）

图书在版编目(CIP)数据

培育新质生产力 构筑战略新优势 / 上海市经济和信息化发展研究中心编著. -- 上海 : 上海人民出版社, 2025. -- (经信智声丛书). -- ISBN 978-7-208-19178-5

Ⅰ. F120.2

中国国家版本馆 CIP 数据核字第 2024T30X07 号

责任编辑　于力平
封面设计　零创意文化

经信智声丛书

培育新质生产力 构筑战略新优势

上海市经济和信息化发展研究中心 编著

出　　版　上海人   出版社
　　　　　　(201101　上海市闵行区号景路 159 弄 C 座)
发　　行　上海人民出版社发行中心
印　　刷　苏州工业园区美柯乐制版印务有限责任公司
开　　本　787×1092　1/16
印　　张　28
插　　页　2
字　　数　357,000
版　　次　2025 年 1 月第 1 版
印　　次　2025 年 1 月第 1 次印刷
ISBN 978-7-208-19178-5/F·2895
定　　价　128.00 元